GW01606462

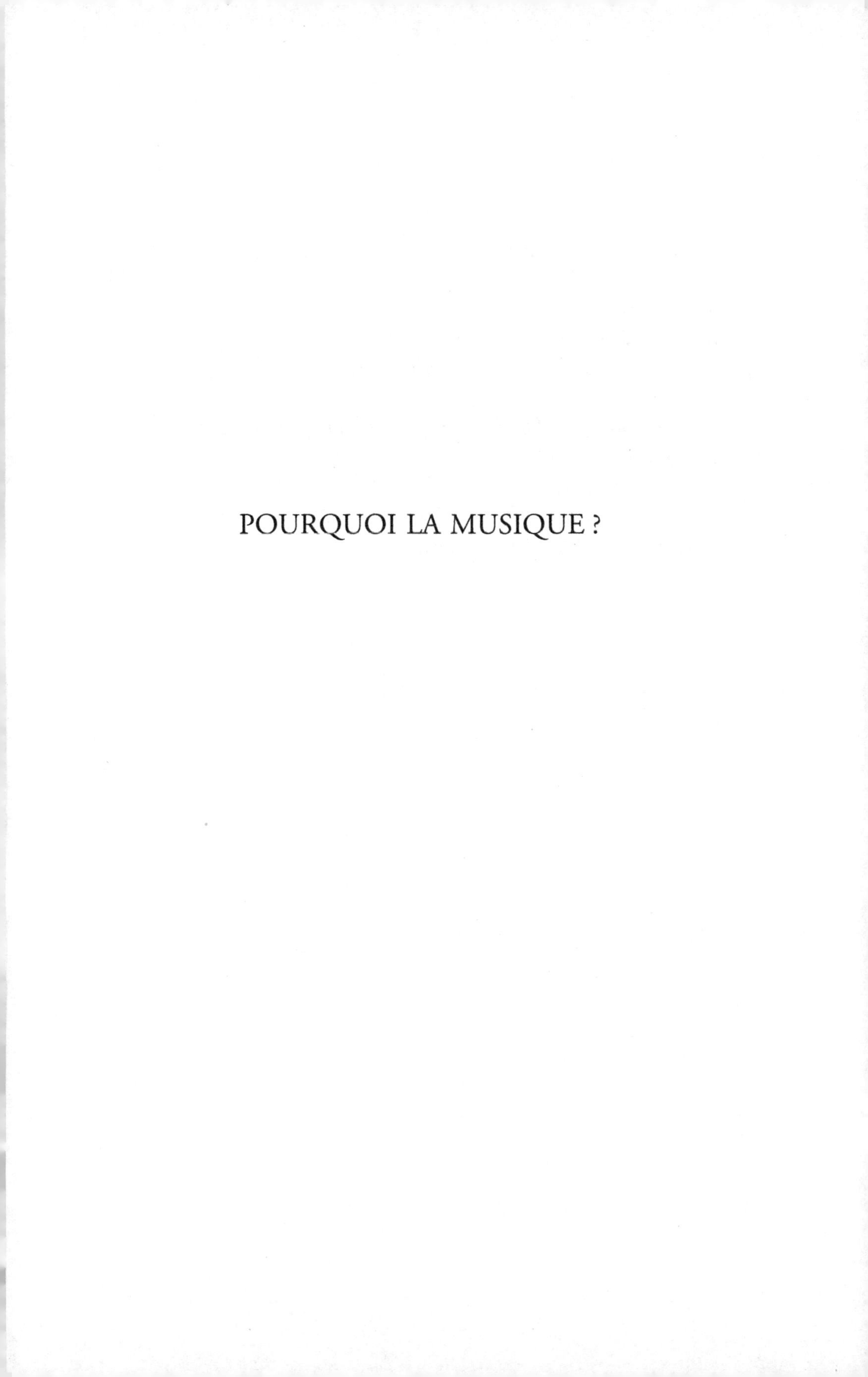

POURQUOI LA MUSIQUE ?

DU MÊME AUTEUR

Notre Humanité. D'Aristote aux neurosciences, Fayard, 2010.
Le Mal nie-t-il l'existence de Dieu ? (en collaboration avec H.-J. Gagey), Salvator, 2008.
Philosophie de la corrida, Fayard, 2007, rééd. Pluriel, 2011.
Pourquoi y a-t-il quelque chose plutôt que rien ? (dir.), PUF, 2007, rééd. 2013.
L'Être, l'Homme, le Disciple. Figures philosophiques empruntées aux Anciens, PUF, 2000.
Dire le monde, PUF, 1997, rééd. 2004.
Aristote et la politique, PUF, 1997, rééd. 2008.
Socrate, PUF, 1985, rééd. 2000.

Francis Wolff

Pourquoi la musique ?

Fayard

Couverture : Stéphanie Roujol
Illustration : Henri Matisse, « La Musique (esquisse) » (1907)

ISBN : 978-2-213-68580-9

Ce livre est le fruit de la passion d'une vie et de quelques longues années de travail. L'amitié lui doit aussi. Car il aurait été bien plus imparfait sans les observations judicieuses et généreuses de ceux qui se sont donné la peine d'une première lecture : Karol Beffa, Paul Clavier, André Comte-Sponville, Sabine Lodéon, Anne-Sophie Menasseyre de la Vaissière, Oliver Schwartz et Bernard Sève. Qu'ils trouvent ici le témoignage d'une reconnaissance publique dont ils n'ont nul besoin. Ils comprendront aisément que ce livre est

pour Françoise
bien sûr

Sommaire

Au lecteur

Pourquoi la musique ? est un livre de philosophie qui porte sur la musique. Que ceux qui n'ont aucune compétence en ces deux disciplines se rassurent : je me suis efforcé de réduire au maximum le jargon que l'une ou l'autre paraissent exiger.

Une des difficultés de ce livre est pourtant qu'il mobilise des concepts philosophiques qui lui sont propres ou certaines notions de théorie musicale réinterprétées de façon parfois inhabituelle. Que le lecteur savant en philosophie ou en musique « oublie » provisoirement ce qu'il sait, et ne fasse confiance qu'à sa perception de la musique ou à la force de conviction des idées ici avancées. Comme tout lecteur, il demeurera seul juge de leur vérité.

Il se peut aussi que tel passage apparaisse trop technique à tel ou tel autre lecteur. Qu'il les parcoure rapidement ou les saute sans scrupule. Il trouvera forcément quelques pages plus loin des passages qui lui parleront davantage. La cohérence de ce livre est, je l'espère, suffisante pour supporter quelques élisions de lecture ; les difficultés locales devraient s'éclairer progressivement et trouver leur solution à la fin du parcours.

Il existe des milliers d'études sur le son, le rythme, l'émotion musicale, le sens de la musique, etc. J'ai rarement discuté les diverses théories existantes, ne serait-ce que pour éviter que ce livre, déjà gros, ne le soit quatre fois plus. J'ai donc pris le parti d'exposer directement ma pensée. Je salue avec reconnaissance tous les penseurs que j'ai médités, et dont les écrits, même quand ils soutenaient des thèses opposées aux miennes, m'ont permis de construire mes analyses.

Pourquoi la musique ?, enfin, présente des relations étroites avec un travail précédent, *Dire le monde* (PUF, 1997 ; réédition complétée, PUF, collection « Quadrige », 2004). Ces deux livres forment les volets d'un diptyque : *Dire le monde* en explorait la dimension logique et *Pourquoi la musique ?* en expose le pendant esthétique. Mais il n'est nullement nécessaire d'avoir lu *Dire le monde* pour comprendre le présent livre. Celui-ci n'est pas l'application d'une grille spéculative construite ailleurs, mais expose une problématique complète et autonome. Comme toute entreprise philosophique telle que je la conçois, elle ne reconnaît d'autre autorité que celles de l'argumentation et de l'expérience – ici celle que nous faisons de la musique[1].

Car que serait un travail philosophique qui ne s'efforcerait pas de mettre un peu de raison dans notre expérience du monde ?

Et que serait une musique qui ne ferait ni chanter, ni danser, ni pleurer ?

1. Des extraits de certaines musiques citées, numérotées de ❶ à ㊳, peuvent être écoutés sur le site Internet www.pourquoilamusique.fr. Le livre est aussi disponible sous la forme d'un ebook enrichi de ces extraits musicaux.

Prélude

Il y a de la musique,

Il y a Bach, Beethoven, Berlioz, Bruckner, Brahms, Bizet, Bartók, Berg, Britten, Berio, Boulez, Beffa,

Il y a la cantate, la sonate, la fugue, la symphonie, le concerto, le lied, la messe, l'opéra, l'oratorio,

Il y a la musique (dite) contemporaine, sérielle, dodécaphonique, aléatoire, concrète, spectrale, électroacoustique,

Il y a les musiques (dites) actuelles, la pop, le rock, le folk, le rap, le heavy metal, la soul, le funk, la house, la techno,

Il y a Art Tatum, « Duke » Ellington, Charlie Parker, Miles Davis, John Coltrane (*Olé*), Ornette Coleman,

Il y a la nouba arabo-andalouse, le tchar mezrâb persan, le raga indien, le malouf tunisien, la country américaine, l'afindrafindrao malgache,

Il y a la « chanson française », la MPB brésilienne, la « bande originale », la musique légère,

Il y a le menuet, la valse, le fox-trot, le charleston, le tango, la rumba, « le » samba, le frevo, la sevillana,

Il y a des musiques comme un cri, la *seguiriya*, une plainte, le blues, une larme, le fado, il y a les chansons d'amour,

Il y a l'appel du muezzin, la prière des morts, la psalmodie de l'officiant,

Il y a la musique qu'on chante en chœur ou en bande d'occasion, celle qui se scande, celle qu'on accompagne en frappant dans ses mains, en tapant du pied, en criant « ¡ asa ! », en murmurant les paroles, debout, la main sur la poitrine,

Il y a des musiques à tout faire, de la musique pour tous usages : pour danser, pour se sentir ensemble, pour s'étourdir, pour se marier, pour accompagner les funérailles, pour communiquer avec les ancêtres, pour cueillir le coton, pour appeler le troupeau, pour souligner un moment de suspense (ou couvrir le bruit du projecteur), pour vendre des cosmétiques, pour apaiser les passagers de l'ascenseur, pour faire pleuvoir, pour arrêter la pluie, pour réveiller la nation, pour marcher au pas, pour aller à la guerre et pour célébrer la paix.

Une musique vous poursuit : elle vous peine, vous terrasse, vous désespère, vous exalte, vous enivre.

Une autre ne vous dit rien.

Il y a des musiques qui donnent envie de croire. Mais à quoi ?

Il y a celles qu'on écoute. Simplement. En silence.

Partout où il y a des hommes, il y a de la musique.

Pourquoi ?

PREMIÈRE PARTIE

Qu'est-ce que la musique ?

Introduction

La musique est-elle quelque chose ?

On ne peut dire *pourquoi* il y a de la musique sans définir d'abord *ce qu'est* la musique. Mais la question « Qu'est-ce que la musique ? » à peine formulée, un doute surgit. Pire : un scrupule. Est-elle « correcte » ? Est-il juste de parler de « la » musique ? N'est-ce pas là une généralisation imprudente ? Ne conviendrait-il pas de respecter la diversité, la richesse, l'infinité des manifestations musicales et de parler « des » musiques, sans préjuger de l'essence ni même de l'existence de quelque chose qui serait « la » musique ?

C'est l'objection des ethnomusicologues : on croit qu'il y a un universel anthropologique là où il n'y a que des particularismes culturels. Après tout, il n'y a peut-être rien qui soit la musique en général, rien de commun entre le *Clavier bien tempéré* de Bach, le tapage des rituels grecs de possession dionysiaques, la stylisation du chant d'oiseau chez les Kaluli et un concert de Booba. L'objection a une connotation morale : pour nous, « Occidentaux », il y a de la musique. Mais avons-nous le droit de parler de « musique » pour des peuples et des cultures qui ne reconnaissent ni le mot, ni la chose, sans les danses, les chants et tout le rituel religieux ou profane dont elle est inséparable ? Dans certaines langues, comme le sesotho d'Afrique australe, un seul verbe désigne chanter et danser – deux faces d'une même activité. Ce fait traduit d'ailleurs une réalité générale : la majorité des musiques dans l'histoire et dans le monde sont indissociablement des musiques chantées et dansées. C'est à cette seule condition qu'elles peuvent assumer la fonction de coordination des actions motrices et plus généralement de cohésion sociale que lui attribuent les anthropologues. Même le mot *mousikè*, en grec ancien, d'où dérive notre « musique », ne peut pas être traduit par musique, puisqu'il couvre tout le domaine des Muses, et donc aussi bien la poésie que la danse.

À cette objection ethnomusicologique, il y a trois réponses possibles.

Il n'y a d'abord aucun ethnocentrisme occidental à parler de musique comme d'un mode d'expression humaine autonome. Dans toutes les grandes aires civilisationnelles, les « hautes cultures » comme on dit parfois (iranienne, arabe, indienne, sud-est asiatique, indonésienne, chinoise, coréenne, japonaise, éthiopienne, et donc aussi « occidentale » – si l'on tient à ce terme, pourtant nettement plus équivoque que celui de « musique »), *il y a de la musique*, c'est-à-dire un domaine propre de la culture fondé sur les sons et destiné, entre autres, au loisir. Même la théorie musicale, par exemple la mathématisation, n'a rien d'occidental : on la trouve certes en Grèce ancienne – les Pythagoriciens –, chez les Arabes qui la transmettent à l'Occident moderne[1], mais aussi dans la Chine ancienne ou en Inde. Toutes les cultures « savantes » connaissent donc de la musique au sens que nous donnons à ce terme ; un grand nombre d'entre elles l'écrivent ; et beaucoup en font la théorie – ce qui retentit sur sa pratique.

Deuxièmement, et plus généralement, on peut bien parler de « musique » dans les petites sociétés traditionnelles, même celles qui n'en reconnaissent pas le concept et dans lesquelles elle ne se sépare pas des autres formes d'expression symbolique. Il en va de même du concept d'art. La plupart des formes d'expression que nous appelons artistiques sont nées dans des sociétés qui ne reconnaissaient pas l'existence de l'art comme tel : les cathédrales, les pyramides, les icônes orthodoxes, les masques dogon, et sans doute Lascaux et Chauvet, ont été produits sans qu'il y ait ni volonté ni même conscience de « faire œuvre d'art », mais seulement d'apaiser les dieux, de leur rendre hommage, de communiquer avec l'au-delà, de manifester sa foi, de prier, etc. Est-ce à dire qu'on n'ait pas le droit de considérer ces manifestations comme ce que *nous* appelons désormais « art » dans notre langage – qu'on le considère comme porte-parole de l'universel ou comme le mode d'expression de notre tribu particulière ? N'a-t-on pas le droit d'étudier la « religion » de peuples pour lesquels elle ne constitue pas un domaine séparé de l'existence humaine ou qui ne distinguent pas le profane du sacré, ni le laïc du spirituel ?

1. Gilbert Rouget, « L'enquête ethnomusicologique » dans *Ethnologie générale*, Gallimard, Bibliothèque de la Pléiade, p. 1364.

Et, troisièmement, que répondre à l'objection relativiste ? Les ethnomusicologues ont raison d'insister sur l'extrême variabilité du sens et des fonctions de ce que nous appelons musique. Mais est-ce à dire qu'il n'y a rien de propre et de commun à toutes ces manifestations ? Est-ce à dire qu'il n'y a pas d'universaux de la musique ? L'ethnomusicologie du XXe siècle était une science relativiste par vocation. Une science plus récente, la biomusicologie, est universaliste par méthode. Elle regroupe la musicologie comparée (que pratiquent désormais de nombreux ethnomusicologues) qui étudie les traits universalisables des systèmes musicaux (par exemple la présence d'échelles fixes de hauteurs des notes, la pulsation isochrone, etc.) et des comportements musicaux ; la musicologie évolutionniste qui étudie entre autres l'origine de la musique et les pressions sélectives conditionnant l'évolution musicale de l'espèce humaine ; la neuromusicologie qui étudie les aires cérébrales impliquées dans l'écoute ou la production de musique et l'ontogenèse des aptitudes musicales[1]. L'ethnomusicologie insistait sur l'incommensurabilité des cultures musicales. La biomusicologie redécouvre l'universalité de l'expression musicale humaine.

On peut en conclure : oui, partout où il y a des hommes, il y a bien de *la* musique, dans le sens que nous, « Occidentaux modernes », donnons à ce terme et quelque sens qu'ils donnent, eux, à cette pratique.

Pourtant l'objection revient sous une autre forme. Il ne s'agit pas simplement de remarquer que la musique est le plus souvent mêlée à d'autres manifestations symboliques ; car non seulement elle n'est pas une pratique clairement délimitée, mais même *son concept* n'est jamais nettement délimitable. Qu'est-ce qui est musique et qu'est-ce qui ne l'est pas, même « chez nous » ? Dans l'immense majorité des cas, passés et présents, ici comme partout ailleurs, la musique est accompagnée de paroles. Mais dans ce mixte parole-et-musique, où faire passer la frontière, s'il en est une, entre la parole et la musique ?

Considérons un segment horizontal et inscrivons-y, de gauche à droite, tous les modes d'expression sonore depuis la « parole pure » (case 1) jusqu'à la « musique pure » (case 10).

---

1. On peut considérer que l'ouvrage de Nils L. Wallin, Björn Merker et Steven Brown, *The Origins of Music*, MIT Press, 2000, marque la date de naissance de cette nouvelle science.

1 *parole pure*	2	3	4	5	6	7	8	9	10 *musique pure*

Il y a, entre les deux cases extrêmes et dans tous les genres, une infinité de formes intermédiaires, plus ou moins parlées, plus ou moins musiquées.

En (1), nous mettrions mythes, contes, légendes, discours de griot, romans, etc. Mettons en (2) la déclamation (« Entre ici, Jean Moulin… »), le slam, la poésie philosophique, la poésie dramatique et finalement la poésie lyrique. Entre (1) et (2), il faudrait caser les multiples formes de prose rythmée, voire les slogans, politiques ou publicitaires, qui jouent sur les assonances ou les allitérations[1]. En (3), nous pourrions mettre la comptine, la psalmodie, la mélopée antique, le répons (dans le chant grégorien), la cantillation qui soutient la lecture des versets sacrés. La hauteur relative des notes acquiert ici une importance qu'elle n'avait pas en (2). En (4), nous pouvons mettre, par exemple, le récitatif (*recitativo secco*) de l'*opera seria* où la ligne vocale doit épouser le débit de la parole et ses inflexions, afin de rendre la dynamique des pensées et des émotions du personnage et de faire avancer le drame. Dans la même case, mais relevant d'un autre moment de l'histoire de l'opéra, on mettrait le *Sprechgesang* (« chant parlé »), à mi-chemin entre déclamation et chant, celui de Schönberg dans le *Pierrot lunaire* : le phrasé y compte plus que la mélodie. On pourrait mettre, non loin, les joutes traditionnelles d'improvisation poético-musicale comme la cantoria du Nordeste brésilien ou le trovo andalou. Peut-être pourrait-on y joindre certaines performances de Billie Holiday, lorsqu'elle est la plus poignante, c'est-à-dire quand elle semble soliloquer. Ajoutons-y le rap, ou la technique du « parlé-chanté » de certains chanteurs français (Serge Gainsbourg, Barbara, Alain Bashung) ou de certains groupes de rock[2] [écouter Patti Smith chanter « Gloria » ❶ ou encore son déchirant « Birdland », l'un et l'autre dans son album *Horses*]. À l'autre bout de notre histoire et

1. C'est ce que Roman Jakobson appelait la « fonction poétique » du langage, centrée sur les sons du message (voir « Linguistique et poétique », *Essais de linguistique générale*, Minuit, 1963).

2. « Expérience », autour du chanteur Michel Cloup, ou « Mendelson » autour de Pascal Bouaziz.

de l'échelle reçue des valeurs esthétiques et spirituelles, le plain-chant pourrait entrer dans cette catégorie. Dans cette case (4), aux frontières forcément floues, le trait essentiel d'expressivité est l'intonation du texte, qui se détache sur le fond de certains traits de musicalité. Par exemple, dans le *récitatif*, le « contour[1] » mélodique est privilégié, quoiqu'il suive au plus près les intonations de la parole, la mesure est libre et l'accompagnement instrumental réduit au minimum ; dans le rap, c'est la scansion rythmique qui est privilégiée ; dans le plain-chant, il n'y a pas du tout d'accompagnement instrumental, aucune polyphonie et le chant est non mesuré.

Avec les cases centrales (5) et (6), la fusion texte et musique s'opère, et leurs éléments propres d'expressivité tendent à s'équilibrer, plus favorables au texte en (5), plus favorables à la musique en (6). La case (5) marquerait la naissance du chant. Mettons-y le blues originel [écouter Robert Johnson, par exemple « Sweet Home Chicago ❷], la *saeta* andalouse chantée lors de la semaine sainte [écouter par exemple « Maria tu no conoces » par Canalejas de Puerto Real ❸], la plupart des musiques country des États-Unis ou *sertaneja* au Brésil ; en musique classique, le récitatif accompagné de l'*opera seria* se distingue du « sec » de la case précédente par un accompagnement d'orchestre et une plus grande autonomie de la ligne de chant par rapport à l'intonation parlée, et même, parfois, des ornementations vocales. Entre (5) et (6), on placera le « récitatif mélodique » du *Pelléas et Mélisande* de Debussy, ou l'*arioso*, la « mélodie infinie » de Wagner. Par différence, on mettrait dans la case (6) l'aria d'opéra. La fusion du texte et de la musique s'opère cette fois par l'autre bout. Les exigences de structure propres à la composition musicales d'un air (par exemple la répétition, la reprise thématique, voire la structure A-B-A de l'*aria da capo*) l'emportent sur la dynamique dramatique qui est, elle, linéaire et irréversible. La musique exprime par ses moyens ce que le texte dit dans son médium, mais la temporalité et la forme musicales l'emportent. Ces airs, on peut les siffloter, les chantonner, les retenir facilement. Plaçons dans cette case la « mélodie française » (Debussy, Fauré), le lied allemand, la ballade jazz, les chœurs des cantates sacrées et tout ce qu'on appelle les « chansons » (monodies harmonisées), avec leur alternance de couplets et de refrains

1. On nomme « contour » le rapport de montée ou de descente entre les notes successives d'une mélodie indépendamment de la mesure des intervalles.

– forme dite en rondo. On pourrait nuancer, et mettre Brassens ou une aria de Monteverdi plus « à gauche » (quelque part entre 6 et 5 !) et Les Beatles ou Verdi plus « à droite », débordant vers (7). Et encore ! *Falstaff* est plus près de (5) et *La Traviata* plus près de la case (7). Celle-ci est symétrique de la (4), celle du récitatif, mais cette fois la musique « domine », et quand le texte intervient, c'est à condition de s'intégrer parfaitement à une mélodie dont la forme est musicalement prédéterminée : tel est le cas des mouvements de symphonie avec chœur ou avec voix, la *Neuvième* de Beethoven, la *Deuxième* de Mendelssohn « *Lobgesang* » (« Chant de louanges »), les *Deuxième*, *Troisième*, *Quatrième* et *Huitième* de Mahler, sans doute les représentants symphoniques les plus typiques de cette case. Dans un autre genre, on y ajoutera toutes ces sessions de jazz pendant lesquelles telle chanteuse « prend son chorus » de 32 mesures, ni plus ni moins qu'un instrumentiste de big band. Mais la meilleure illustration jazzique de cette contrainte du texte par la musique est le style de chant dit *vocalese* : des paroles sont composées (parfois même improvisées) pour correspondre très exactement à la ligne mélodique préexistante et déjà enregistrée d'un solo instrumental [écouter Eddie Jefferson, « Body and Soul » ❹].

Le texte lui-même peut s'effacer plus ou moins complètement au point de disparaître. C'est ce qui se passe dans le style de chant opposé au *vocalese*, le *scat*, qui aurait parfaitement sa place dans une case (8) et dont Louis Armstrong et Ella Fitzgerald sont les maîtres [écouter les fameux « How High the Moon » ❺ ou « Oh Lady Be Good »]. Il n'y a plus de texte, seulement des onomatopées *(bap ba dee dot bwee dee)* et la voix est traitée comme un instrument. Situation connue dans le chant classique, l'improvisation en moins : qu'on écoute les vocalises insérées dans des airs de virtuosité, depuis les opéras baroques de Haendel jusqu'aux « grands airs » de *bel canto*, en passant par Rossini ou Mozart (la Reine de la nuit de la *Flûte enchantée*). Il y aurait aussi la réinterprétation des œuvres instrumentales de Bach par les Swingle Singers ou les *chabadabada* de Pierre Barouh dans *Un homme et une femme*. Dans les musiques populaires, pensons, par exemple au *jodl* tyrolien, aux chants de gorge (inuit, tibétain), aux chants diphoniques des Mongols, à l'*ayeo* du flamenco (l'introduction d'un *cante jondo* par une voyelle psalmodiée pour en installer le climat), les mélismes ornementaux des chants arabe ou andalou, etc.

La situation de la case (8) est symétrique de celle de la case (3). En effet, par opposition à (8), l'harmonie et la mesure sont absentes dans la psalmodie de (3) ; il ne reste de la mélodie qu'un contour vague et de la dynamique musicale que des accentuations sur quelques consonnes privilégiées au service du discours. C'est le contraire dans la vocalise ou le scat de (8) : le texte a disparu et il ne reste de la parole que les inflexions vocales, exprimant au moyen de quelques voyelles privilégiées telle ou telle émotion, l'effervescence, la jubilation, le ravissement ou la colère, la malédiction, la folie, etc., et souvent, le simple délice de la virtuosité.

Dans la case (9), même la voix, instrument de la parole, a disparu. Pourtant, il peut rester dans la musique elle-même quelque chose d'un discours : comme une description parfois (le leitmotiv wagnérien), comme un récit souvent. Telle est l'ambition de la musique « instrumentale à programme », par exemple les poèmes symphoniques de Franz Liszt. On dira, avec raison, qu'on peut apprécier ces morceaux sans savoir ce qu'ils racontent et les entendre comme de la musique « pure ». C'est vrai. Il en va de même, *mutatis mutandis*, des textes de la case (2). On peut n'entendre dans la poésie philosophique de Lucrèce que la philosophie épicurienne, sans se soucier de l'hexamètre dactylique qui la porte ; on peut n'entendre *Phèdre* de Racine que comme un drame, ce n'est pas un contresens. Mais il est absurde de prétendre que le vers lucrétien ou racinien ne sont pour rien dans la force expressive de ces poèmes ; et il l'est tout autant d'affirmer que la narration qui sous-tend *L'Apprenti sorcier* de Paul Dukas ou de *Une nuit sur le mont-Chauve* de Modeste Moussorgski ne contribue nullement à la puissance expressive de ces poèmes symphoniques : *Fantasia* de Walt Disney n'est pas une trahison ! On ne peut prétendre comprendre complètement une tragédie de Racine sans entendre la musique de ses vers ; on ne peut prétendre comprendre complètement *L'Apprenti sorcier* sans en entendre la structure narrative (introduction, développement, drame, reprise, final), et percevoir les thèmes qui s'affrontent ou se mêlent (mélodie du balai et joie de l'apprenti) et dont les harmonies se modifient selon les états d'âme du personnage : doute, peur, frayeur, etc.

Reste donc à la case (10) : musique « pure », sans parole, sans voix, sans prétention descriptive ou narrative. À côté de quelques musiques traditionnelles instrumentales, on y trouverait une bonne partie de la musique classique depuis la fin du XVIIIe siècle (sonates, concertos, symphonies, quatuors à cordes, etc.), l'essentiel du jazz, la techno, etc.

Ainsi, toutes les formes de fusion parole-musique sont possibles et s'inscrivent sur un continuum. Et finalement, les formes d'expression extrêmes (littérature sans aucun trait de musicalité, musique sans aucun texte) sont les plus rares. En outre, chaque forme est parfaite en son genre, non au sens où elles se vaudraient toutes mais où aucune ne *manque* de quoi que ce soit : les formes plus à gauche ne sont pas plus « privées de musique » que celles plus à droite sont « privées de parole ».

1	2	3	4	5	6	7	8	9	10
roman, mythe …	*déclamation, slam…*	*comptine, cantillation* …	*récitatif sec, rap* …	*récitatif accompagné, blues* …	*aria, lied, chanson* …	*chœur symphonique, vocalese…*	*vocalises, scat* …	*musique à programme* …	*sonate, techno* …

De ce schéma, trois lectures sont possibles, toutes discutables. Elles renvoient à trois conceptions de la musique.

La première lecture serait diachronique et évaluative. De gauche à droite, il y aurait comme un sens de l'histoire. Ce vecteur reflèterait l'évolution de la musique savante jusqu'au XIXe siècle : la conquête par la musique de son autonomie, s'émancipant lentement de la parole[1]. Achevant son parcours et son devenir, elle ne servirait plus aucun maître : ni les festivités royales ou princières, ni les divertissements populaires, ni la liturgie, ni le théâtre, ni (donc) le Verbe : de (1) à (10), la musique est enfin devenue absolue ! Triomphe de la Forme éthérée des sons sur le poids des mots. C'est du moins ce que pensaient certains théoriciens et musiciens du XIXe siècle. En devenant purement instrumentale, la musique serait libérée de tout assujettissement à un autre médium. Elle serait finalement elle-même. C'est, au XIXe siècle, Brahms ou Mendelssohn contre Liszt et Wagner. Au XXe siècle, c'est la lutte des compositeurs formalistes contre les facilités de la musique illustrative. Selon cette lecture, la musique, la vraie musique, se trouverait dans la case (10), tous les modes précédents

1. C'est la conception romantique (allemande) que décrit Carl Dahlhaus dans *L'Idée de musique absolue. Une esthétique de la musique romantique*, Contrechamps éditions, 1997.

d'expression n'étant que des approximations de cette essence réalisée. *La musique serait l'aboutissement d'une quête d'autonomie.*

Une deuxième lecture de notre tableau est pratiquement inverse de la précédente. Elle serait moins généalogique qu'archéologique. Ou même paléoanthropologique. Il faudrait lire diachroniquement le tableau, non pas de gauche à droite mais à partir du milieu, si l'on peut dire. La fusion quasi-universelle de la musique et de la parole attesterait d'une origine commune. La forme archaïque de la communication humaine ne serait ni linguistique, ni musicale, mais plutôt « musilinguistique ». Selon certains biomusicologues, le proto-langage et la proto-musique auraient ainsi été originellement fondus dans un seul médium, le « musilangage » qui aurait conjoint (encore très grossièrement) leurs pouvoirs respectifs[1]. Deux points communs actuels témoigneraient de cette fusion primitive : syntaxique et sémantique. Dans le langage comme dans la musique, l'unité fonctionnelle de base de la « communication » serait la *phrase*, articulation diachronique d'unités sonores discrètes, notes ou phonèmes. Qu'elle soit linguistique ou musicale, la phrase s'oppose ainsi au grognement ou au cri. En outre, ces deux médiums servent l'un et l'autre à communiquer et à exprimer des « pensées » entre humains au moyen de sons vocaux – lesquels ont été ensuite médiatisés par des instruments ou par l'écriture. Il y aurait donc une forme originaire unique avant séparation et spécialisation : au langage proprement dit, la communication des « informations » ; à la musique, celle des « états d'âme ». Dans cette seconde lecture, *la musique serait un mode universel d'expression des émotions* difficilement séparable du langage, sinon tardivement et pour ainsi dire artificiellement.

On proposera une troisième lecture, d'abord par réfutation des deux précédentes. On se défiera de leurs spéculations historiques ou archéologiques. On s'en tiendra alors prudemment à une lecture synchronique du schéma et à une vision égalitaire de ses cases. À la première interprétation, on refusera l'idée que la musique « pure » serait meilleure ou plus « évoluée » que les autres formes, mais on retiendra au moins que cette forme existe, et qu'elle est donc possible ! *Il y a* de la musique pure. De là une question : comment est-

1. Voir Steven Brown, « The "musilanguage" Model of Music Evolution" », dans Nils L. Wallin, Björn Merker et Steven Brown, *The Origins of Music*, *op. cit.*, p. 273-300.

ce possible ? Et une règle heuristique : toute réflexion sur le sens, la valeur, la raison d'être de la musique en général, devra s'appuyer de façon privilégiée sur cette musique pure : non pas parce qu'elle est plus musique que les autres, mais parce qu'elle l'est *autant*, et que des réponses qui ne lui seraient pas applicables ne seraient valables pour aucune autre.

L'idée que la musique ne serait qu'une espèce lointainement dérivée d'un genre plus fondamental – le « musilangage » – laissera perplexe, du moins en attente de preuves empiriques dont on se demande bien en quoi elles pourraient consister. Cependant, on retiendra de la seconde interprétation l'idée qu'il y a différents *degrés de musique* (ou de musicalité). La musique ne serait pas une essence pure, elle ne désignerait pas toujours une entité déterminée mais une propriété variable. C'est à cette musique-propriété que Verlaine se réfère dans l'« Art poétique » quand il écrit « De la musique avant tout chose… », parlant des rythmes et des sonorités. Il y aurait de la musique, sinon partout, du moins ailleurs que dans la musique – ailleurs que dans la musique-entité, et d'abord dans la poésie, voire dans la danse et, pourquoi pas ?, de proche en proche, dans toutes les activités qui comportent rythmes ou vocalisations. De là deux questions : comment mesurer ce plus et ce moins de musicalité par lesquels se définirait la musique ? Y a-t-il un seuil où commence la musique-entité ? Et une autre règle heuristique : aucune comparaison empirique entre les différentes cases du tableau ne permettant de répondre à ces deux questions, il faudra recourir à un autre type d'expérience, une « expérience de pensée », et à un autre type de méthode, proprement philosophique, une méthode déductive.

Quelle que soit la lecture qu'on en fasse, ce tableau nous confirme bien que « la » musique existe. Elle est donc bien quelque chose. Mais quoi ?

Chapitre 1

De l'univers sonore au monde musical

Lorsque j'étais enfant, j'apprenais la « théorie musicale » dans de petits manuels (je ne sais pas s'ils existent encore) partagés en deux : le livret vert des questions et celui rouge des réponses. La première question du premier cours de la première année était la suivante : « Qu'est-ce que la musique ? » ; et sur le livret rouge, il était écrit : « La musique est l'art des sons ». Quel ne fut pas mon éblouissement, à l'âge de huit ans, en découvrant cette définition. Je ne sais pas si ce fut mon entrée dans la « théorie musicale » mais je crois que ce fut mon entrée en philosophie. Il y avait dans cet énoncé tout le pouvoir magique des formules définitionnelles. Elle concentrait en quelques mots simples le mystère des choses impalpables. Je me répétais avec délices cette expression « La musique est l'art des sons », et je me disais « Mais oui, c'est ça, c'est exactement ça, la musique, en effet, est l'art des sons, rien de plus vrai, ma foi ». Je faisais de l'art des sons sans le savoir. Je n'ai guère changé d'opinion : la musique est bien l'art des sons. C'est plus tard que je découvris le piège des définitions. Parce que, semblant donner une bonne réponse à un seul qu'est-ce que, *elles nous imposent de nouveaux* qu'est-ce que *sans réponse. « Qu'est-ce que l'art ? » et « Qu'est-ce qu'un son ? » – et ainsi de suite à l'infini.*

« La musique est l'art des sons »

Dès lors qu'on a ainsi défini « la » musique, deux voies sont en effet possibles : « Qu'est-ce que l'art ? » ou « Qu'est-ce qu'un son ? ».

Le philosophe sera évidemment tenté par la première.

Il a tort.

Le philosophe aime les concepts, à condition qu'ils soient abstraits, généraux et si possible éminents. C'est pourquoi la question « Qu'est-ce qu'un son ? » ne retient guère son attention : le son est trop concret, trop sensible, trop empirique, trop vulgaire en quelque sorte, bon pour l'acousticien, qu'il soit physicien ou psychologue. En revanche, quoi de mieux pour le philosophe que l'« art » et qu'une interrogation sur l'*art*, concept idéal et légitime par excellence ? C'est justement là le piège de cette notion, ambiguë s'il en est. Art se prend d'abord au sens large (la technique, le savoir-faire, comme lorsqu'on dit l'« art de découper la viande » ou l'« art de la guerre ») ou au sens étroit de « beaux-arts » : l'architecture, la sculpture, la peinture, la musique, la poésie, la danse, le cinéma, et puis où s'arrêter ? Mais il est une équivocité plus dévastatrice. Dire « c'est de l'art », c'est rarement décrire ou classer (dire « ce que c'est »), c'est presque toujours dire « ça a de la valeur » – esthétique par exemple. Ce n'est pas catégoriser, c'est évaluer.

Voyez par exemple ce genre de dialogue :

« Vous trouvez vraiment que c'est de l'Art, ces boîtes de merde de Manzoni qui valent aujourd'hui plus de 30 000 € sur le marché ?

– Oui, monsieur, c'est ça l'Art aujourd'hui ! Qu'est-ce que vous pouvez être réac ! »

Ou cet autre :

« Alors vous, vous admettez que cette composition de John Cage qu'il a osé intituler « 4'33" pour piano » et qui sont en fait 4'33" de silence, c'est de la musique ?

– Oui, madame, c'est à la fois le fondement de toute musique et la critique de son concept traditionnel !

– Ah oui ? Moi je dirais plutôt que c'est se moquer du monde ! » Etc.

Le mot « art » a toutes les caractéristiques de ces idées creuses, mi-descriptives, mi-normatives, et qui ne sont clairement ni l'une ni l'autre, « un de ces détestables mots qui ont plus de valeur que de sens, qui chantent plus qu'ils ne parlent », comme disait Valéry ; et en l'occurrence, c'est le cas de le dire.

Ce glissement du concept d'art, de la description à l'évaluation, est si ancré dans la langue qu'il est difficile de l'éviter. Parler des arts, ce n'est pas désigner une tendance générale de l'esprit humain, mais ce qu'offrent à notre admiration les artistes (véritables). Cet usage ordinaire du mot privilégie le point de vue du spectateur (ou du moins du récepteur) sur celui de l'acteur (l'artiste) : l'art, c'est moins quelque chose qu'on fait que quelque chose qu'on admire. C'est l'Art avec un grand A, qu'il soit populaire (comme le rock ou la photographie) ou savant (comme Miró ou Schönberg). Et l'Art, pense-t-on, ce sont ses *œuvres* ; celles qui recueillent l'approbation des publics ou des critiques, celles qui ont été consacrées par l'histoire ou par l'institution, celles qui peuplent les musées, les expositions, les concerts ou les bibliothèques, celles qui sont reconnues pour leur valeur esthétique (« c'est beau, c'est sublime, c'est *fort*, c'est dérangeant », etc.), pour leur technique (la maîtrise, l'habilité, la virtuosité, l'équilibre, le rendu, etc.), leur qualité expressive, c'est-à-dire leur capacité à exprimer ou à susciter des émotions (l'allégresse, la tristesse, la gêne, l'inquiétude…), leur valeur historique (c'est nouveau, c'est original, inventif, créatif ; ou au contraire : c'est du *revival*, du retour aux Anciens, de la citation, de l'intertextualité, etc.), religieuse (foi, ferveur, dévotion, extase, etc.), politique (l'éveil, la prise de conscience, la critique, la révolte, l'avant-garde, etc.).

Mais les œuvres sont-elles le meilleur chemin de l'art ? Rien n'est moins sûr. Nous nous demandons : pourquoi la musique ? Nous voulons en comprendre l'universalité anthropologique. Nous ne pouvons donc pas distinguer *a priori* celles qui relèveraient de l'histoire institutionnelle de l'art et les autres. Nous ne devons pas nous référer exclusivement à la musique des Grands Compositeurs, ni même à celle des compositeurs, grands ou petits. Nous ne pouvons pas nous appuyer d'emblée sur Schubert ou Stravinsky, ni sur « Duke » Ellington ou Charlie Parker. Il nous faut d'abord prendre « musique », et donc « art », en un autre sens, plus modeste. Nous devons commencer par éviter le chef-d'œuvre admirable ou bouleversant, trop complexe, trop singulier, trop exceptionnel, pour nous interroger d'abord sur quelque chose de plus banal, d'élémentaire, mais aussi d'universel ; présent dans toutes les cultures humaines (sûrement depuis le Paléolithique moyen) et chez tous les enfants depuis leur plus jeune âge. Tous tapent en rythme avec un bâton, tous dessinent des bonshommes. La musique est un besoin universel de l'esprit humain. C'est cela l'essentiel : là où il y a de l'humanité, quelle qu'elle soit, il y a de la musique. De la « Danse des canards » à l'*Art de la fugue* ! Bonnes ou mauvaises, c'est une autre question, nullement secondaire, mais seconde. Elle vient après la question « Qu'est-ce que ? ».

Il y a pourtant une continuité entre les deux types d'arts, du besoin général de l'esprit humain aux œuvres exceptionnelles. Il n'y aurait sans doute pas d'Art avec un grand A, s'il n'y avait d'abord partout de l'art. Inversement, les « grandes œuvres » dénotent certainement des vertus éclatantes qui tentent déjà de s'exprimer inchoativement dans les formes les plus humbles. Il ne s'agit nullement de réduire la puissance saisissante et la richesse de sens des opéras de Mozart ou des autoportraits de Rembrandt à l'expressivité des comptines ou des graffiti de W.-C. De même, il serait absurde de s'écrier, face à l'enfant à qui on retire sa cuillère pour qu'il arrête de taper sur son assiette : « C'est Mozart qu'on assassine ! » Néanmoins, une réflexion sur l'art conçu comme un universel anthropologique contribue sûrement à l'intelligence du phénomène de l'art en général, jusqu'à ses plus grands chefs-d'œuvre, ainsi peut-être qu'à la compréhension de l'esprit humain.

Il faut donc prendre le risque d'interroger la musique par son côté le plus pauvre. On choisira souvent les exemples les plus indigents : l'air qu'on sifflote, le rythme qu'on tapote, la ritournelle qu'on répète machinalement. Il faut saisir la musique à sa genèse, déterminer l'atome de musique. Souvenons-nous de Wittgenstein : « Quand "Je lève mon bras", mon bras se lève. D'où ce problème : Que reste-t-il donc [*übrig bleibt*] quand je soustrais le fait que mon bras se lève du fait que je lève mon bras ? » (*Investigations Philosophiques*, § 621). Avant d'essayer de comprendre ce que sont les plus graves actions humaines (sauver des vies au péril de la sienne, envoyer d'un geste des hommes à la mort), il faudrait pouvoir comprendre l'atome d'action, l'acte le plus banal, le plus pauvre, « je lève mon bras » : il met en évidence les conditions suffisantes de tout ce qui mérite d'être appelé un acte, par exemple l'« intention » ou les « raisons d'agir ». Avant de pouvoir comprendre la *Cinquième* de Beethoven ou *Pithecanthropus Erectus* de Charlie Mingus, il faut se poser la question suivante : « Que reste-t-il donc quand on soustrait d'une musique quelconque, la plus simple possible, le fait que c'est une suite de sons ? » *Ce qui reste, ce sont les conditions suffisantes de la musique.* C'est ce reste qui nous importe.

Voilà pour la question « Qu'est-ce que l'art ? ». Une fois dépourvue de toute connotation de valeur, il n'en reste presque rien. Ne parlons donc plus ni d'Art ni d'« œuvres », qu'elles soient écrites ou improvisées, ne pensons pas à la « grande » musique ni à la « petite ». Ne pensons plus à Beethoven ni à Charlie Mingus, à Bach ni au rap, aux chants des esquimaux ni aux ragas indiens. Ou plutôt, pensons à tout cela et plus encore, mettons pour l'instant sur le même plan tout ce qui est nommé « musique », avec un petit m, jusqu'à l'air qu'on chantonne, le matin, sous sa douche. De la musique, il reste cette pauvre formule trop englobante : tout ordonnancement de sons (non phonétiques) produit intentionnellement par des êtres humains à quelque fin que ce soit.

Puisque la question « Qu'est-ce que l'art ? » se révèle si peu féconde, partons donc de l'autre question : « Qu'est-ce qu'un son ? »

On répondra spontanément quelque chose comme « c'est une vibration de l'air qui se propage et la sensation auditive qui en résulte ». Certes, mais de quoi le son est-il le signe ? D'objets qui sonnent ou qui bruissent ? Jamais directement pourtant. Les sons ne sont pas signes des personnes ou des choses matérielles, mais de ce qu'elles font ou de ce qui leur arrive. Autrement dit, des *événements*. Lorsqu'on dit, trop rapidement, qu'on entend *quelqu'un* ou *quelque chose*, on entend en réalité quelqu'un *faire* quelque chose (venir, parler) ou on entend quelque chose *se produire*. Il faut que quelque chose se passe pour qu'il y ait son. Par exemple : ça bouge. Sans mouvement, pas de son. C'est une condition suffisante. Dès qu'il y a événement, c'est-à-dire changement, ou mouvement d'un corps physique, il y a vibration de l'air (ou d'un fluide) et donc production de son, même s'il n'est pas toujours audible : un sourire ne fait pas de bruit. Il y a un lien essentiel entre son et événement alors qu'il n'y a qu'un lien indirect entre son et objet. Les sons ne sont pas des *qualités* des objets mais des événements[1]. Car ce qui produit le son, ce n'est pas l'objet lui-même, mais le mouvement de l'air ou de quelque autre fluide. Les couleurs ne nous disent pas directement *ce que sont* les objets sensibles, mais *comment* ils sont. Les sons ne nous disent pas comment sont les objets et ne nous disent qu'indirectement *ce qui* arrive, mais ils nous indiquent directement *comment cela arrive*. Les sons, objets propres de l'ouïe, sont, *dans l'ordre des événements*, analogues aux couleurs, objets propres de la vue, *dans l'ordre des choses*. Les sons, du moins les sons audibles, sont donc pour nous des indices des événements[2].

Ce n'est pas en vain. Ils semblent bien avoir une fonction naturelle. Olivier Revault d'Allones la définit ainsi : « C'est comme si les millions de siècles qui ont façonné nos organes auditifs avaient pris soin que

1. Roberto Casati, Jérôme Dokic, *La Philosophie du son*, Jacqueline Chambon, 1994, p. 37.

2. Pour Roberto Casati et Jérôme Dokic, *ibid.*, les sons ne sont pas seulement des conditions suffisantes des événements mais ils sont eux-mêmes des événements.

nous possédions un véritable système d'alarme permanent qui nous dit presque immédiatement ce qui se passe, quand il se passe quelque chose ; et nous dit si cet événement nous menace, nous conforte, nous intéresse, bref nous concerne[1] ». C'est parce que les sons ne se limitent pas à nous informer sur ce qui se passe, mais qu'ils éveillent ou réveillent à chaque instant notre système d'alarme biologique, que l'univers sonore est immédiatement un univers *émotionnel* – ce que n'est pas par lui-même le monde des objets vus. Du moins tant qu'ils ne bougent pas. Être à l'écoute, c'est, pour l'animal, être en position d'attente des événements. Un son, un bruit, c'est le signe que quelque événement a brisé la régularité rassurante par laquelle la vie se conservait. Voyez le chat qui s'éveille brusquement. L'animal est aux aguets. Car un bruit n'est généralement pas bon signe dans l'univers du vivant. Parfois si, cependant : maman revient, maman est là.

Tension de l'écoute, à laquelle succède la *détente* du retour au calme ou à la régularité, la reconnaissance du familier – ou le silence. « Que peut-il se passer ? Que s'est-il passé ? Que va-t-il se passer ? » Cette opposition de la tension de l'être vivant face aux événements inattendus et de la détente face aux événements attendus ou au repos du monde est fondatrice de la plupart de nos émotions. Elle est aussi au fondement de toute émotion que nous pouvons éprouver à l'écoute d'une musique.

Mais, pour l'heure, faisons abstraction de toutes les émotions que peuvent nous causer les événements réels ou musicaux. Il s'agit seulement de *définir* la musique, *toute* musique, même avec un tout petit m.

La caverne sonore et la méthode déductive

On peut vouloir caractériser l'« art des sons » par deux méthodes.

Une méthode inductive consisterait à dresser la liste des traits communs à toutes les musiques existantes. Mais puisque les frontières entre ce qui est musique et ce qui ne l'est pas sont vagues, comme l'atteste le tableau de la p. 24, cette méthode est difficilement

1. Olivier Revault d'Allones, « Musique et philosophie », dans *L'Esprit de la musique. Essais d'esthétique et de philosophie*, sous la direction d'Hugues Dufourt, Joël-Marie Fauquet et François Hurard, Klincksieck, 1992, p. 37.

praticable. En outre, il y aurait là un cercle vicieux : il faudrait déjà savoir *ce qui est* musique pour pouvoir déterminer *ce qu'est* la musique.

Nous choisirons donc une méthode déductive : que faut-il pour qu'il y ait musique ? Autrement dit, nous chercherons, non pas à dégager ce qui reste d'une musique quand on en soustrait que c'est une suite de sons (comme le prescrivait la méthode de Wittgenstein pour définir l'action), mais plutôt à établir, inversement, ce qu'il faut ajouter à une suite de sons pour qu'elle soit entendue comme une musique. Ce seront là les conditions de possibilité de toute musique.

La méthode déductive suppose donc qu'on recoure à une expérience de pensée plutôt qu'à des comparaisons empiriques. Supposons donc que nous n'ayons de notre monde, de *ce* monde lui-même où nous vivons, qu'une expérience sonore. Et supposons, du moins pour l'instant, que cette expérience que nous en faisons, se fasse sans émotion, sans désir et sans crainte. Ça ne nous fait rien. Nous entendons tout ce qui arrive autour de nous sans autre but que de tenter de le comprendre, à la manière dont les prisonniers de la caverne de Platon s'efforcent de comprendre leur univers. Platon compare en effet la condition naturelle de l'homme, privée de l'éducation scientifique et philosophique, à celle de prisonniers dans une caverne[1]. Poings et pieds liés depuis l'enfance, ils ne peuvent que regarder ce qui se passe devant eux : sur le mur auquel ils font face, ils ne voient que les ombres des objets portés par des personnes qui passent derrière le feu au-dessus d'eux, à l'air libre. Ils prennent donc ces ombres pour les réalités mêmes – comme nous le faisons nous-mêmes au cinéma. Les prisonniers sont condamnés à s'efforcer de connaître leur environnement, qu'ils ne peuvent cependant pas vraiment connaître parce qu'ils n'en perçoivent que des représentations. Ils sont observateurs d'un monde qui se dérobe à leur observation. Les choses vues et entendues n'ont donc pour eux que peu d'impact émotionnel. N'ayant pas à vivre et encore moins à survivre, ce qu'ils voient ou entendent ne leur apparaît ni menaçant ou rassurant, ni dangereux ou apaisant, mais intéressant, significatif, clair ou obscur. Ils cherchent à « distinguer avec le plus d'acuité les choses qui passent » et à deviner, à partir de celles qui passent, celles qui vont venir (*République*, 516 d). Autrement dit, ils cherchent à répondre aux deux questions

1. Platon, *République*, VII, 514 a-517 a.

fondamentales pour qui veut expliquer le monde : *qu'est-ce que ?* à propos des choses qu'ils tentent d'identifier et de reconnaître ; et *pourquoi ?* à propos des événements qu'ils tentent de prévoir. Mais ils ne pourraient vraiment y répondre qu'à condition de sortir de la caverne pour s'apercevoir qu'ils y étaient. Ils ne peuvent donc que conjecturer ce que sont ces choses et pourquoi tout ce qui arrive arrive.

Notre expérience de pensée est analogue. Mais, par différence avec l'allégorie de Platon, qui est une sorte d'hymne à la vue et une ode à la lumière, notre caverne est seulement sonore. Demandons-nous comment nos prisonniers pourraient comprendre leur monde. Il y a deux moyens. Autrement dit, il y a deux manières de sortir de la caverne : une, celle de Platon, consiste à remonter des sons à leurs causes, c'est-à-dire aux événements *réels* dont les sons ne sont que l'ombre : c'est la « compréhension cognitive ». Une autre consiste à s'en tenir aux sons et à tenter de les comprendre par eux-mêmes : c'est la « compréhension esthétique ». Ça, c'est la musique. Encore faut-il comprendre comment on y parvient.

Nos prisonniers contemplent notre monde même. Mais ils sont aveugles. Au lieu de voir des ombres des *choses* réelles, ils ne font qu'entendre les échos des événements[1] : ceux-ci se suivent, plus ou moins inattendus, plus ou moins surprenants, sans ordre. Nos contemplateurs n'ont qu'une préoccupation : comprendre. Accordons-leur mémoire et raison : ils cherchent donc à maîtriser la série des événements, à prévoir leur advenue, à embrasser leur succession en un ordre intelligible, et cela à partir des seules *qualités* des événements, les sons, et indépendamment de toutes choses qui en soient le substrat, puisqu'ils n'en ont pas connaissance. Leur rapport perceptif au monde est purement théorique. S'ils se demandent ce qui va se passer à présent ou dans l'avenir étant donné ce qui vient de se passer, ce n'est pas pour des raisons pratiques puisqu'ils n'ont rien à espérer ou à craindre de la vie. Leur vie, c'est cela : tenter de comprendre le

1. Les conséquences ontologiques qu'on peut tirer de l'expérience de pensée d'un monde seulement sonore ont été souvent discutées dans la philosophie analytique contemporaine, notamment depuis Peter Frederick Strawson, *Les Individus*, trad. fr. par A. Shalom et P. Drong, Seuil, 1973, I, « Les particuliers », chap. 2 « Les sons ». Voir aussi Élisabeth Pacherie, « Peut-on penser l'objectivité sans l'espace ? » dans *Philosophes en liberté. Positions et Arguments 1*, sous la direction de Francis Wolff, Ellipses, p. 46-66.

monde. Pour ces prisonniers, pas de corps dans l'espace ; seulement des événements dans le temps. Privés de vue et de toucher, nous serions comme eux : nous ne parviendrions jamais à concevoir qu'il existe des objets physiques permanents, des animaux ou des personnes – ce que l'on peut appeler de façon générale des « choses[1] ». Dans un rapport purement sonore au monde, nous n'aurions sans doute aucun moyen de concevoir l'existence de l'espace. Nous ne pourrions pas distinguer clairement entre notre intériorité et l'extériorité, entre subjectivité et objectivité, entre nos états mentaux et les objets externes[2]. Dans cet univers sonore, les sons que nous entendons sont-ils en nous ou hors de nous ? (Cette voix, ces bruits, sont-ils en moi ? Mais que pourrait donc signifier *hors de* moi ? Pourrais-je même comprendre cette question ?) Quoi qu'il en soit, l'ouïe seule nous conduit à la représentation d'un univers radicalement événementiel – sans choses.

Pour les prisonniers, les sons se suivent donc, imprévisibles, incompréhensibles, indistincts. Car les événements dans la caverne souffrent de deux déficiences. Une déficience ontologique et une déficience étiologique. Ils n'ont ni existence claire ni cause assignable : à ces deux manques, la musique remédiera. À proprement parler, les prisonniers ne perçoivent pas même *des* événements. Car les événements, ou plutôt leur manifestation sensible, les sons, n'ont aucune consistance définie. Ils constituent un matériau dans lequel l'individualisation et l'identification demeurent théoriquement impossibles. En effet, si l'on fait abstraction de tout rapport à leur substrat matériel et objectif (les choses qui sont les porteurs de l'événement : le chat, le verre) et si l'on se borne aux sons eux-mêmes, il est généralement impossible d'*individualiser* les sons, c'est-à-dire de distinguer ce qui vaut pour *un* événement et ce qui vaut pour un *autre* – et donc de les compter. Par exemple : un son qui dure est-il un seul et même

1. Ici, comme dans les trois premières parties de ce livre, nous entendrons par « choses » non pas seulement les objets matériels, mais toute entité spatiale, quelle qu'elle soit : personne, animal ou objet. La distinction, dans la classe des choses, entre objets seulement matériels et êtres animés (notamment des « personnes ») sera faite dans la quatrième partie. Jusque-là, nous opposerons toutes les *choses*, essentiellement visibles, aux *événements*, essentiellement audibles. De la même façon, dans le développement cognitif de l'être humain, la distinction des objets et des personnes, bien que très précoce, est néanmoins postérieure au repérage des objets spatiaux en général.

2. Voir Peter Frederick Strawson, *Les Individus*, *op. cit.*, p. 65-96 ; Roberto Casati et Jérôme Dokic, *La Philosophie du son*, *op. cit.*, p.132-133.

son ? Quand devient-il un deuxième son ? Qu'est-ce qui permettrait de décider ce qui vaut pour *un* son ? L'absence de silence qui l'interrompt ? Le critère est contestable : un glissando sur un instrument non tempéré (un violon) est-il *un* son – et si oui pourquoi ? et sinon « combien » de sons entend-on ? Deux sons de même timbre et de même hauteur, séparés par un court silence, sont-ils le *même* son ? Un son qui demeure à la même hauteur (ou fréquence) mais change d'harmoniques (de timbre) ou de puissance (crescendo ou decrescendo) est-il toujours lui-même ? Difficile d'en décider, sinon de façon arbitraire. Dans le déroulement temporel, il n'y a pas de repère permettant l'individualisation des événements.

Certes, le miaulement du chat ou le bruit du bris de verre nous paraissent bien produire *un* son et un seul. Mais ce qui crée l'illusion de cette individualisation, c'est que, dans l'expérience sonore ordinaire, qui n'est jamais purement auditive, chaque son est rapporté comme à son substrat à une chose (qui bouge, qui change) relevant du monde des corps visibles. Le miaulement du chat semble être « un » événement parce qu'il est l'action « une » accomplie par le chat, qui est *visiblement* un individu. Dans les conditions de perception ordinaire, où le sonore n'est qu'une composante modale de notre perception, où l'audible ne se sépare pas du visible et où le champ sonore est déjà organisé selon les catégorisations nécessaires à la vie, on croit individualiser les événements sonores eux-mêmes, alors qu'on ne fait que distinguer les *choses* (objets ou personnes), celles qui existent séparément dans l'espace, indépendamment les unes des autres. L'individualisation de l'événement sonore se fait grâce à la chose visible (ou palpable) à laquelle il est rapporté. Mais à la pure écoute, le miaulement du chat cesse d'être un – sans d'ailleurs devenir vraiment multiple. Sans choses singulières considérées comme leur substrat, les événements sonores n'ont pas d'existence clairement délimitée.

Car ils ne sont pas plus *identifiables* qu'ils ne sont individualisables, et pour la même raison. On ne peut pas dire ce qu'ils sont. En effet, ils ne sont pas les sons *de* quelque chose, ils ne sont signes de rien, puisqu'il n'existe rien d'autre, dans cet univers, que des événements sonores, et rien (aucune chose changeante, mouvante) à quoi rapporter ces événements. Ils ne sont pas des manifestations d'événements qui arrivent à des choses (objets ou personnes), ils ne sont pas non plus des qualités *des* événements, ils *sont* les événements, les seuls événements, de purs événements. Et pas plus qu'on ne peut les compter, c'est-à-dire les individualiser, on ne peut les identifier, parce qu'on ne peut pas les réidentifier. On ne pourrait reconnaître un événement que s'il se reproduisait de façon absolument identique. Mais, même ainsi : est-ce le *même* ou est-ce un *autre* ? La question n'a guère de sens. Dans l'univers sonore, on ne peut distinguer l'identité numérique (c'est le même être) et l'identité spécifique (c'est un être identique de la même espèce). Il n'en va pas de même des objets que nous voyons autour de nous. D'une chose (une balle, un chat) qui va d'un endroit à l'autre, même si elle ne nous apparaît pas toujours sous le même angle, si nous ne voyons pas la même chose, nous la reconnaissons, nous voyons en fait que *c'est la même chose* ici et là ; et si elle a momentanément ou définitivement disparu de notre vue (passant sous la chaise), nous ne pensons pas que c'est une autre chose (une autre balle, un autre chat) quand elle réapparaît, nous ne croyons pas qu'elle cesse d'exister lorsque nous ne la voyons plus : un enfant de 18 mois a acquis le schème de la permanence des objets visibles. Mais comment nos prisonniers pourraient-ils identifier et réidentifier les événements, dire : « c'est le même, maintenant et tantôt » ?

L'univers sonore de la caverne est un brouhaha, un « drone urbain » comme disent parfois les acousticiens. Loin d'être vraiment un monde d'événements, ses manifestations demeurent floues, ni distinctement individualisables ni clairement identifiables. Sans choses, le matériau événementiel du monde où nous vivons demeure informe. Il n'a pas de structure ontologique définie.

Mais il y a plus : il n'a pas non plus de structure étiologique. Prisonniers de l'univers sonore, nous sommes non seulement incapables de distinguer les événements, mais plus encore de les expliquer. Dans notre perception ordinaire, il n'y a pas de problème. Les choses visibles ne sont pas seulement le *substrat* des événements auxquels elles donnent leur individualité et leur identité, elles sont aussi la *cause* de ces mêmes événements. C'est le chat qui produit le miaulement, c'est le verre qui, en se brisant sur le sol, produit ce bruit d'éclat. D'ailleurs, c'est à cette identification de la source que, dans la vie, le son est utile. Entendre permet de savoir qu'il se passe quelque chose. Mais cette écoute nous conduit généralement à rechercher la cause du son. Le vivant perçoit d'abord qu'il y a un *événement* : alerte !, il se passe quelque chose, le monde n'est plus en repos, la vie est potentiellement menacée. Cette connaissance lui est généralement donnée par l'ouïe. De là, il en vient, pour des raisons vitales, à la recherche de la source du son, laquelle n'est autre que la chose dont il dépend ou qui l'a produit. J'entends « bong ! », c'est la pierre qui tombe. Un bruit de pas ? C'est le loup qui arrive, ou c'est maman qui revient. Dans le monde de la vie, le son est l'indice de l'événement, qui lui-même dépend d'une chose qui en est le substrat : la pierre, le loup, maman. Pour le vivant, « Pourquoi ce son ? » signifie d'abord « *Qu'est-ce que* cette chose ? » Dans la perception ordinaire, on explique les sons par les événements et ceux-ci par les choses.

Cette même perception ordinaire, est *complète* : les choses visibles sont le substrat et la cause des événements audibles. Il n'en va pas de même dans l'univers seulement sonore – autrement dit dans la caverne. Les événements ne peuvent en effet s'expliquer ni par les choses (absentes) ni par d'autres événements, puisqu'ils se succèdent sans rime ni raison. La perception purement sonore est donc une expérience doublement incomplète. Comprendre leur monde, pour les prisonniers de la caverne sonore, ce serait pouvoir combler sa double faille, ontologique et étiologique. Ce serait pouvoir individualiser et réidentifier les événements à partir de leurs qualités sonores (pouvoir dire, comme les prisonniers de la caverne platonicienne : « ceci est un chat, car c'est la *même* ombre que cela »), et pouvoir trouver un ordre ou une raison d'être des événements sonores dans les événements sonores eux-mêmes. Dans la caverne sonore, c'est impossible.

Pour retrouver une expérience sensible complète sans autre sens que l'ouïe, il faudrait donc sortir de la caverne. Mais cela peut avoir deux sens car la compréhension du sensible est de deux sortes : cognitive et esthétique.

Les prisonniers de Platon sont dépourvus de tout intérêt vital : ils n'ont ni faim, ni froid et n'ont aucun autre désir que celui de comprendre. Cette absence de besoin est la condition négative de l'attitude cognitive. Qui meurt de faim ne se demande pas, comme Newton, ce qui meut la pomme qui tombe de l'arbre. Il ne l'observe pas, il la dévore. Le rapport cognitif au monde, du moins de celui qui cherche vraiment à savoir ce que sont les choses et pourquoi les événements arrivent, suppose le relâchement de toute pression vitale. Certes, on peut soutenir que, ultimement, il y a toujours une finalité pratique à tout questionnement ou à toute recherche théorique. Mais, quoi qu'il en soit, l'attitude théorique face au monde est fondamentalement distincte de l'attitude pratique et nécessite une mise entre parenthèses provisoire de toute relation d'assimilation ou de modification de l'environnement. Cette suspension est insuffisante : la contemplation théorique n'est pas la simple indifférence au monde. C'est même le contraire. L'absence de toute relation pratique aux choses doit se doubler d'une extrême *attention* à elles. L'attitude cognitive suppose positivement une contention de l'esprit cherchant à rendre raison des choses et des événements : *qu'est-ce que ?* et *pourquoi ?*

Il en va de même de l'attitude esthétique qui est une autre forme de contemplation. Elle aussi est caractérisée négativement par le « désintéressement » au sens que lui donnait Kant, qui nomme « intérêt la satisfaction que nous lions avec la représentation de l'*existence* d'un objet » et donc en relation avec un désir[1]. Qui juge qu'un palais est beau s'en tient à la satisfaction que lui donne la « représentation » du palais, non à celle que pourrait lui procurer sa possession[2]. En d'autres termes : Qui meurt de faim ne se demande pas si la pomme qu'il a devant lui est belle, ni si sa position s'harmonise avec celle du gobelet d'argent posé à côté, comme Chardin peignant sa nature morte. L'attitude esthétique est celle d'une « distance psychique[3] », comme dit Edward Bullough, autrement dit la suspension de toute attitude pratique à l'égard des choses. Mais cet aspect négatif est insuffisant à caractériser l'attitude esthétique. Pas plus que la contemplation théorique, la contemplation esthétique n'est une simple indifférence au monde. Au contraire. L'attitude esthétique a une face positive qui est en un sens la même que celle de l'attitude cognitive : une extrême attention aux choses, une *tension* du regard ou de l'écoute. Mais cette concentration perceptive ne se porte pas sur les choses elles-mêmes, comme dans l'attitude cognitive, mais sur leur simple représentation, leur pure apparence : couleurs, formes, sonorités. Cette attention est dans les deux cas interrogative, mais différemment. Dans l'attitude esthétique, l'esprit, tout entier concen-

1. Voir Emmanuel Kant, *Critique de la faculté de juger*, §2.

2. Notons que Kant caractérisait ainsi la satisfaction liée au jugement de goût, et plus particulièrement à l'appréciation du beau, alors que nous en faisons un caractère général de l'attitude esthétique, indépendamment de tout *jugement* et de toute satisfaction liée au *beau*.

3. « "Psychical Distance" as a Factor in Art and an Aesthetic Principle », *British Journal of Psychology* 5, n° 2, 1912. Cet article souvent repris et cité est une des sources de l'esthétique anglo-saxonne du XXe siècle.

tré dans ce regard ou cette écoute, tente de rendre raison du sensible *lui-même* et *par lui-même.*

Dans l'attitude cognitive, on cherche à rendre raison de l'*existence* des choses et des événements ; dans l'attitude esthétique, on cherche à rendre raison de leur simple *apparence.* La première prend l'apparence pour la manifestation de quelque autre chose. Les prisonniers de Platon tentent donc d'identifier et d'expliquer les choses qu'ils voient et qu'ils prennent pour des choses existantes : c'est ceci, c'est cela. (Comme nous autres humains, regardant le soleil et les étoiles, ignorant ce qu'ils sont vraiment et pourquoi ils se meuvent, nous *conjecturons* qu'il s'agit de divinités suivant des trajectoires parfaites autour de nous, qui sommes au centre du monde.) Ces prisonniers traitent bien le sensible comme une apparence de quelque chose d'existant, mais ils ne pourraient comprendre de quoi il est l'apparence qu'en sortant de la caverne. (Comme nous autres humains, lorsque nous nous convertissons à une attitude scientifique, nous découvrons ce que sont réellement les astres et les raisons de leur mouvement, et pourquoi ils semblent se mouvoir alors que c'est nous qui nous mouvons autour d'eux.) La sortie de la caverne sera pour ces prisonniers leur satisfaction cognitive : ils pourront expliquer les apparences par les réalités et comprendre le sensible, plus ou moins chaotique, indistinct et imprévisible, par l'ordre immuable et mathématique de l'intelligible.

L'attitude esthétique, elle, ne prend pas le sensible pour la manifestation extérieure de choses ou d'événements sous-jacents, mais elle le considère lui-même. Elle tente elle aussi de le comprendre. Elle cherche elle aussi à saisir l'ordre intelligible du sensible. Mais elle cherche cet ordre et cette intelligibilité *dans le sensible lui-même* : le rapport d'harmonie entre ces couleurs et ces formes ici présentes par exemple, le contour de ces pommes et du gobelet d'argent. Telle serait la satisfaction esthétique à laquelle aspirent nos prisonniers, par différence avec ceux de Platon : non pas comprendre le sensible par un intelligible au-delà du sensible ; non pas comprendre le sonore par un au-delà du sonore, une chose « visible » (si toutefois cela avait un sens), autrement dit un intelligible, mais le comprendre dans son ordre propre, par les relations *intelligibles* internes perceptibles en lui.

Mais Platon n'envisage que le caractère insatisfaisant de notre condition cognitive. Il cherche seulement à justifier la nécessité de l'arrachement à la caverne vers la philosophie et la science. Et il est vrai que, dépourvus d'instruction ou de savoir, nous cherchons à comprendre le monde et nous n'alignons que des conjectures hasardeuses, ou bien nous nous perdons dans des controverses oiseuses. Illusions au lieu de réalités. Le salut ne peut venir que des savoirs et de la vérité. Mais on peut envisager une autre insatisfaction, celle de notre condition esthétique : nous cherchons à comprendre le monde d'une autre manière. Nous tentons d'admirer le monde et nous ne trouvons, dans le sensible, que désordre et confusion, rien d'intelligible. Le salut ne peut alors venir que des arts et de la beauté – ou de toute autre forme de satisfaction esthétique, car la beauté n'en est qu'une parmi beaucoup d'autres. La satisfaction consiste en effet à trouver dans le sensible ce qu'on y cherchait : sa complétude, son autonomie, et généralement un ordre propre. Toute *satisfaction* esthétique suppose une attitude esthétique préalable : la tension préalable du regard ou de l'écoute. Mais toute écoute tendue vers un objet sonore quelconque n'est pas pour cela musicale. Car toute attitude esthétique face au monde ne débouche pas forcément sur une expérience esthétique complète, si la tension de l'écoute ne trouve pas à se satisfaire au sein du sensible qui lui est offert – et il en irait de même de la tension du regard.

La sortie esthétique de la caverne, c'est donc la découverte d'une raison d'être dans le sensible lui-même, laquelle, la plupart du temps, ne s'y trouve pas. Car le sensible tel qu'il nous est donné, n'a aucune *raison d'être*. Ou plutôt, il n'a ordinairement d'autre raison d'être que les choses mêmes dont il n'est que la manifestation.

Toutefois, la sortie esthétique de la caverne ne se passe pas tout à fait de la même façon selon que la caverne est visuelle ou sonore. Visuelle, la marche peut être longue, mais elle ne comporte qu'une étape. Sonore, elle en comporte forcément deux. En effet, pour admirer visuellement le monde, il n'est besoin que de découvrir les relations d'harmonie entre les apparences des choses. À cela suffit une simple conversion du regard. On pourrait l'accomplir en concentrant son attention sur telles perspectives singulières ou tels paysages apaisants, la douceur de ses courbes, le contraste de ses plans, l'intensité de ses couleurs. On pourrait aussi, surtout, créer des *images* satisfaisantes, peindre la beauté des choses absentes, inventer des mondes visuels possibles. Une étape serait suffisante pour percevoir l'intelligibilité du visible. Il n'en va pas de même de la sortie de la caverne sonore : la longue marche vers la contemplation auditive se fait en deux temps. La raison en est ontologique. Les couleurs et les formes sont les manifestations immédiatement visibles des choses. Celles-ci sont d'emblée individualisables et identifiables : leurs contours sont marqués, leur réidentification ne pose pas de problèmes. *Le monde visuel est d'emblée un monde bien habité*, même si, en général, il n'est pas spontanément bien ordonné. Il est habité par des « individus » que l'on peut distinguer les uns des autres et compter un par un : la chaise, la maison, la pierre, mon chien, le facteur, etc.

Il n'en va pas de même de l'univers sonore. Les choses visibles relèvent d'un monde structuré, les événements sonores d'un univers indéterminé. Alors que les couleurs et les formes sont les qualités immédiates des choses, les sons sont les qualités sonores des événements ; mais ceux-ci sont à leur tour les accidents des choses. Les sons n'existent donc qu'au troisième degré ontologique si l'on peut dire, parce que les événements ne sont pas les premiers habitants de notre monde : leur existence dépend des choses. L'ordre du sonore est donc moins immédiat que l'ordre du visible. Il n'est guère de « paysage sonore » naturel spontanément offert à notre admiration – si ce n'est, peut-être, quelques chants d'oiseaux. Ainsi, non seulement l'univers sonore n'est pas immédiatement bien ordonné, mais il n'est pas d'emblée bien habité. L'ordre du sonore devra donc être entièrement *créé*. Ce sera la musique.

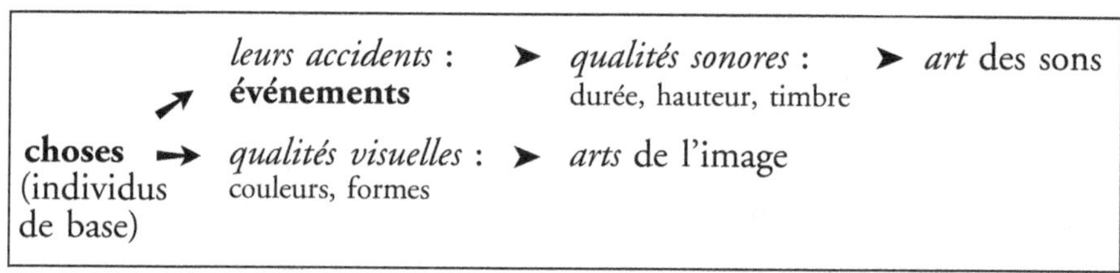

Les différences ontologiques des qualités visuelles et des qualités sonores. Les deux étapes qui mènent à l'art des sons

La création de la musique se fera donc en deux étapes. Il faudra d'abord les conditions de l'individualisation et de l'identification des sons : on passera alors de l'univers sonore à un monde « bien habité » – que nous appellerons un « monde musical » – aussi bien habité que le monde visuel des choses. Il faudra ensuite une deuxième étape : celle de la musique proprement dite.

Dans un premier temps, nos prisonniers sortiront de l'univers sonore pour entrer dans un monde musical – ce qui remédiera au défaut *ontologique* de l'univers sonore : les sons deviendront clairs, distincts et identifiables. Puis viendra, à partir du monde musical lui-même, l'entrée dans des musiques particulières – ce qui palliera le défaut *étiologique* de l'univers sonore : les sons retrouveront une *causalité* mais au niveau même du sensible ; elle sera sonore. La musique sera donc une expérience sonore complète et cohérente. Autrement dit : l'art des sons.

Première étape de la libération : le monde musical

Les prisonniers de la caverne de Platon doivent en sortir pour pouvoir comprendre qu'ils y étaient et saisir ce qu'était réellement ce qu'ils voyaient. Il en va de même des prisonniers de notre caverne sonore. Pour comprendre l'univers événementiel où ils vivent leur pauvre existence amputée, ils doivent sortir de la caverne, ce qui leur permet d'entendre distinctement les sons et de les comprendre.

Mais peut-être que, avant de vouloir *sortir* de la caverne, c'est-à-dire d'un environnement où l'on vit pieds et poings liés, où l'on subit des événements sonores chaotiques sans rien y entendre distinctement ni rien y comprendre, la première chose que voudraient faire nos prisonniers libérés, ce serait justement de *faire* quelque chose ! Curieusement, on ne libère les prisonniers de Platon que pour leur faire voir les réalités qui se trouvent derrière eux. On ne les laisse pas s'essayer à faire eux-mêmes des ombres sur le mur, avec leurs mains, leurs bras ou leur tête, dès lors que, délivrés de leurs liens, ils pourraient se livrer à cette activité aussi libératrice qu'éclairante. Pour comprendre un mécanisme, ne vaut-il pas mieux l'utiliser que l'observer ? Le meilleur moyen pour saisir comment une cause produit un effet, n'est-ce pas de le causer soi-même ? Agir, c'est en effet s'éprouver soi-même comme agent d'une fin, et donc comme cause première d'un effet. La pratique des ombres chinoises permettrait aux prisonniers de comprendre le monde où ils vivent. Pourtant, non, ce n'est pas à ce moyen que recourent les libérateurs « idéalistes » de Platon : la délivrance des prisonniers ne se fait que par une contemplation intellectuelle et passive du monde réel qu'ils seront *forcés* de regarder malgré leur éblouissement et leur résistance.

Il n'en va pas de même de « nos » prisonniers délivrés de leurs chaînes. Leurs liens une fois rompus, ils commencent à claquer dans leurs mains pour produire ces bruits[1] qu'ils ont si souvent entendus et les comprennent enfin : c'était donc ça ! Ils se mettent à taper du pied sur le sol, à frapper les murs de la caverne, ravis, hilares. Plus fort, moins fort ! Plus vite, moins vite ! Rien que pour entendre l'effet que ça leur fait de faire ce qu'ils ont jusqu'ici subi. C'est le premier moment de délivrance. Ils ne sont pas encore sortis du chaos événementiel mais ils ne le subissent plus tout à fait. C'est le premier pas vers la musicalité : au lieu que les sons naturels soient subis, ils sont produits volontairement. Telle est la première différence, et peut-être la principale, entre la nature et l'art. L'art consiste à faire *activement* – donc à produire – ce qui d'habitude est seulement *passivement* perçu – et donc subi.

On voit pourquoi, du point de vue du *faire*, un être vivant rationnel aurait besoin de « musiquer », c'est-à-dire de produire lui-même des sons organisés. Les événements – et donc les sons – sont ce qu'un être vivant subit par excellence, ce qu'il ne fait que subir (ça arrive hors de lui, malgré lui, quand ça veut, comme ça peut). Sous leur forme la plus brute, ils sont les manifestations d'un environnement constamment imprévisible. Pour l'animal sans cesse menacé, leur advenue est inquiétante. Mais, même pour l'être vivant en toute sécurité, elle lui semble la preuve permanente qu'il est étranger au monde. De là le besoin de se faire le centre de cet univers d'événements sonores, d'en devenir imaginairement le maître tout-puissant en y introduisant *son ordre propre*. Ainsi fait déjà le nourrisson qui s'essaye, du gazouillis au babil, à produire des sons articulés, qui deviendront plus tard phonèmes (« pa-pa ») ou mélodie (« la-la-la »). Ainsi fait l'enfant qui s'efforce de frapper avec régularité sur une caisse avec son bâton (même s'il n'est pas Mozart !) ou qui joue avec la répétition, les ritournelles, etc. Les événements étrangers deviennent actes, les siens. Le plaisir de « *faire* du bruit » se double du plaisir gestuel. Les gestes se font causes des sons, le corps discipline les événements environnants, l'esprit produit des sons *ad libitum* et selon la règle qu'il se donne. Ce sont, dans la caverne où nous vivons, comme des ombres chinoises

1. Nous ne distinguons pas systématiquement les sons de la caverne des bruits. On appelle ordinairement « bruits » des sons obscurs, confus ou indésirables. Dans la caverne, c'est-à-dire sans langage ni musique, tous les sons sont confus (non individualisables) ou obscurs (non identifiables).

purement sonores. La meilleure façon de se libérer d'un univers si étrange qu'on s'y sent étranger consiste à se mettre à y *habiter* par ses actes. Là commence le rapport à un monde et le sentiment du soi. Ou du « nous ». « Tapons tous ensemble dans nos mains ! »

Ce premier moment de délivrance, mi-contemplatif mi-actif, mi-contemplatif mi-émotif, ne fait pas encore sortir nos prisonniers de la caverne. Mais, artisans libres de leurs sons, ils sont prêts à être libérés et à découvrir l'art des sons. Ils peuvent se mettre en route.

La première étape de la sortie de la caverne va faire passer les prisonniers d'un univers chaotique à un *monde musical* bien ordonné où les sons vont accéder à une existence claire et à une identité distincte. Pas encore à des musiques. Un monde musical n'est que la mise en forme des sons de l'univers sonore ; une musique sera la mise en forme des sons d'un monde musical. Toute musique singulière[1] introduira un second ordre entre des sons appartenant à un ordre sonore préalable, constituant une totalité close.

Si tout son se définit (au moins) par son timbre, sa durée et sa hauteur[2], tout monde musical suppose une organisation *a priori* des timbres, des durées et des hauteurs des sons. Car les trois éléments de détermination du phénomène sonore relèvent d'un ordre rationalisable et renvoient à ce qui constitue trois traits constants[3] de la musicalité qui sont aussi trois universaux de la musique.

Dans le monde musical, les *timbres* des sons deviennent constants, reconnaissables et donc identifiables. Ils ne sont pas obscurs et indistincts comme dans la vie, c'est-à-dire dans l'univers des prisonniers, où le nombre et la confusion des harmoniques « inharmoniques » qui composent chaque son, chaque bruit, le rendent indéterminé, où les variations timbrales sont constantes pour une même source et où le

1. Il y a évidemment des exceptions dans la musique, sur lesquelles nous reviendrons en fin de chapitre.

2. Il y a aussi l'intensité, qui joue un rôle important dans l'exécution des musiques particulières (notamment dans leur dynamique, les nuances) mais qui ne participe pas à la détermination du monde musical organisé.

3. Par traits constants, nous n'entendons pas nécessairement une universalité réelle, c'est-à-dire des traits propres à toute musique existant ou ayant existé. Nous entendons les traits qui se trouvent au moins dans tous les systèmes musicaux de toutes les « grandes ères civilisationnelles » ; et la plupart de ces traits (sinon tous) se retrouvent dans toutes les cultures musicales.

nombre de sources est indéfini. Dans le monde musical au contraire, chaque chose (instrument qu'on fabrique, voix qu'on travaille, partie du corps qu'on frappe) sonne à *sa* manière. Et le nombre des choses qui « sonnent », c'est-à-dire dont la sonorité, toujours semblable, peut être provoquée et contrôlée à volonté, est limité. À chaque chose son timbre. Tout son étant défini par la combinaison du son fondamental (la fréquence dominante, généralement la plus grave, qui détermine la hauteur du son perçu par l'oreille) et d'un grand nombre de ses harmoniques dits partiels (les différentes fréquences multiples de la fréquence fondamentale), le timbre est essentiellement dépendant du spectre harmonique (même si d'autres facteurs acoustiques sont déterminants, comme l'attaque), autrement dit de l'intensité des différents harmoniques qui le composent : selon les instruments, il est constitué presque exclusivement des harmoniques naturels (les multiples de la fréquence dominante) ou il intègre des fréquences inharmoniques, dans les percussions notamment ou dans certains instruments mélodiques comme les *steeldrums* des orchestres de Trinité et Tobago [écouter par exemple *Calypsonians, Steelpans and Blue Devils* « We jammin again » du Sagicor Steel Exodus Orchestra, élu « champion du monde 2005 des *steelbands* » ❻]. Toujours est-il que la fixation des timbres, au moyen d'objets quelconques utilisés à cette fin ou d'instruments fabriqués exclusivement dans ce but, est une constante des mondes musicaux. C'est même un universel anthropologique[1]. On a retrouvé, dans la grotte de Hohle Fels près de Tübingen, des morceaux d'une flûte en os datant de l'Aurignacien (de 37 000 à 29 000 ans avant l'ère commune). Mais les humains (« modernes », voire néandertaliens) usaient sans doute d'instruments pour faire de la musique depuis beaucoup plus longtemps, puisque l'immense majorité des instruments préhistoriques n'a pas pu nous parvenir, soit qu'ils fussent faits de matériaux naturels « détournés » (roseaux, calebasse), soit qu'ils fussent fabriqués dans des matières périssables, comme une majorité d'instruments à vent, les tambours, hochets, etc. Ainsi, la détermination timbrale des sons, par la fabrication d'instruments définis, est le premier trait universel de musicalité.

Dans tout monde musical, les *durées* des sons deviennent mesurables et commensurables entre elles au moyen d'une unité de mesure.

1. Voir Bernard Sève, *L'Instrument de musique. Une étude philosophique*, Seuil, 2013, chap. « L'instrument de musique. Un universel anthropologique », p. 78 *sq*.

Les sons cessent d'être plus ou moins longs ou brefs, comme dans la vie, mais leurs durées sont rationnellement organisées comme des multiples d'une durée minimale fixe. Et en effet un deuxième trait de musicalité, c'est l'idée de *pulsation isochrone* (pom, pom, pom...), d'où dépendent celle de tempo, de « mesure », et, en partie du moins, celle de rythme[1]. Le temps dans lequel se déploient les sons de l'univers environnant cesse d'être chaotique. Chez Platon, le temps-*chronos*, « image mobile de l'éternité[2] », vient mettre fin au devenir fou en y instaurant la sagesse du nombre grâce au retour régulier des jours et des nuits, des mois ou des années ; de la même façon, le temps musical introduit de l'ordre dans l'univers de la caverne en structurant le devenir des sons par des relations d'égalité (durées égales ou inégales) ou d'identité (répétition de la *même* succession de durées, de temps forts ou accentués) – relations qui, en toute rigueur, retiennent la fuite des événements de sombrer dans le pur devenir. La commensurabilité temporelle des sons est le deuxième trait universel de musicalité.

Dans tout monde musical, enfin, les *hauteurs* deviennent identifiables, par opposition à la majorité des sons naturels dont la fréquence n'est pas constante ou dont les harmoniques trop nombreux ne permettent aucune identification d'une hauteur déterminée. C'est une spécificité de la musique, par différence avec le mètre, commun à tous les arts du temps (comme la poésie, et dans une certaine mesure, la danse). Mais surtout ces hauteurs sont organisées en des échelles fixes. C'est là un troisième universel de la musique. Certes, il n'y a pas d'échelle universelle mais tout monde musical comporte une échelle[3] et elles ont toutes des traits communs. Dans toute échelle musicale, le continuum naturel de l'univers sonore est remplacé par un ordre institué de hauteurs étalonnées, comme autant d'unités discrètes et égales[4]. Toute échelle s'inscrit dans un cadre universel, l'octave, qui

1. Sur le rythme, voir Deuxième partie, chap. 1, « Ce que la musique fait au corps », où nous préciserons les sens de pulsation, mesure et rythme.

2. Platon, *Timée*, 37 d.

3. Comme pour les autres « universaux », il y a des exceptions en musique contemporaine, la musique spectrale ; et, dans les musiques actuelles, les symphonies de Glenn Branca du mouvement dit « no-wave » ou la musique bruitiste et électronique du groupe Whitehouse. Nous reviendrons en fin de chapitre sur le problème des exceptions.

4. Souvent, les musiciens et musicologues préfèrent employer « échelle » pour désigner l'étalonnement *inégal* des hauteurs auquel recourt implicitement telle ou telle musique. Le mot est alors pris dans un sens proche de celui dans lequel nous

est l'intervalle séparant deux sons dont la fréquence fondamentale de l'un vaut le double de la fréquence de l'autre, en même temps qu'elle est le premier harmonique du son fondamental. Deux sons séparés par une octave sont perçus à la fois comme différents (l'un est plus aigu que l'autre) mais analogues, autrement dit *semblables*. À toutes les octaves, l'échelle, c'est-à-dire le nombre de degrés et les intervalles les séparant les uns des autres, se reproduit identique à elle-même. La quinte, qui est le deuxième harmonique naturel, semble elle aussi connue de toutes les cultures et reconnue par presque tous les mondes musicaux. Le nombre de degrés de l'échelle à chaque octave est donc limité et clos : par exemple dans la musique occidentale depuis l'âge classique, il y a les douze degrés de la gamme chromatique ; l'échelle indienne comporte 22 *shrutis,* l'échelle arabe 24 « quarts de ton » (au moins depuis la fin du XIXe siècle). Rien de musical ne pourra être produit qui ne s'appuie sur ces quelques sons aux hauteurs *a priori* déterminées. Appelons-les des notes.

Le monde musical paraît ainsi, à première vue, ou plutôt à première ouïe, infiniment plus pauvre que l'univers sonore naturel : quelques degrés déterminés viennent se substituer aux infinis bruissements de la vie. C'est du moins ce que penseraient sans doute nos prisonniers sortant de la caverne. Ceux de Platon, éblouis par l'éclat du soleil, ne peuvent pas d'abord apercevoir la richesse et la luxuriance des vraies formes et des couleurs des objets du monde[1]. Il en va sans doute de même des nôtres. Habitués à l'extraordinaire profusion des bruits de l'univers dans lequel ils vivaient, ils demeurent peut-être d'abord abasourdis par la clarté et la distinction des sons musicaux. De même, le compositeur d'avant-garde du siècle dernier Henri Pousseur souhaitait « intégrer à la musique toute la richesse sonore du monde[2] ». Mais, en fait, le monde musical est beaucoup plus riche, parce que

---

employons « mode ». Nous préférons la solution adoptée par Nathalie Ferrando (« Échelles et modes : vers une typologie des systèmes scalaires », in *Musiques, une encyclopédie pour le XXIe siècle,* sous la direction de Jean-Jacques Nattiez, tome V, « L'unité de la musique », Actes Sud/Cité de la musique, 2007 p. 945 *sq.*). Il nous semble en effet qu'il n'y a pas d'étalonnement inégal sans un étalonnement égal préalable ou du moins sans une commensurabilité présupposée. Il en va de même que pour les durées : il n'y a pas de rythme sans une commensurabilité implicite, c'est-à-dire sans une isochronie au moins présupposée.

1. Voir Platon, *République* VII, 515 c-e.

2. Henri Pousseur, *Écrits théoriques, 1954-1967,* choisis et présentés par Pascal Decroupet, Éditions Mardaga, 2004, p. 274.

ses constituants, les notes, sont porteurs de cette individualité dont les bruissements obscurs et confus de la caverne étaient dépourvus. Si, dans l'univers sonore, les sons semblaient plus nombreux, c'était là pure illusion, puisque justement ils n'étaient pas dénombrables. Les notes, elles, le sont.

Pourtant, un monde musical est généralement encore plus riche, parce que le nombre de degrés utilisés y est encore plus restreint que dans l'échelle et que les intervalles y sont encore plus contraints que par l'échelle. Dans la plupart des mondes musicaux, il y a en effet non seulement une échelle de degrés séparés par des intervalles égaux, mais il y a aussi, à l'intérieur de cette échelle, un certain nombre de modes. Le mode[1] est une sélection de quelques degrés de l'échelle (sept plus ou moins deux, soit entre cinq et neuf[2]) hiérarchisés, séparés les uns des autres par des intervalles *inégaux*. Par exemple, notre gamme diatonique majeure sélectionne sept degrés parmi les douze possibles de l'échelle chromatique : les 1er, 3e, 5e, 6e, 8e, 10e et 12e. La gamme « Sa-grama » sélectionne les 1er, 4e, 6e, 10e, 14e, 17e, 19e et 22e degrés d'une échelle *shruti* de vingt-deux intervalles. Mais les modes les plus répandus dans les mondes musicaux des diverses cultures sont pentatoniques (cinq degrés) : gamme chinoise, japonaise, gamme « blues », etc. L'échelle est presque toujours divisée de façon asymétrique, tout en préservant une certaine régularité de distance entre les degrés, en dépit de l'asymétrie : dans la tonalité majeure, la dominante divise l'octave une quinte au-dessus de la tonique inférieure et une quarte au-dessous de la tonique supérieure. La gamme diatonique répartit ses deux demi-tons de façon asymétrique après deux tons et après trois tons. La gamme pentatonique chinoise (fondée sur une série de cinq quintes successives) répartit ainsi les degrés : un ton, un ton, un ton

1. Lorsqu'on parcourt tous les degrés d'un mode à partir du premier, on parle plus volontiers de gamme, mais le vocabulaire est ici flottant. Signalons que, dans nombre de musiques traditionnelles, l'usage d'un mode particulier implique aussi le recours à des règles harmoniques ou des tournures mélodiques propres et suppose la création d'un certain climat émotionnel.

2. Voir G. A. Miller, « The magical number seven plus or minus two : some limitations on our capacity for processing information », *Psychol. Review*, 63, 1956 ; cité par John A. Sloboda, *L'Esprit musicien. La psychologie cognitive de la musique*, Éditions Mardaga, 1985, p. 348. On sait en effet que notre capacité cognitive à traiter les informations est optimale lorsqu'il y a entre 5 et 9 signaux à mettre en relation. Sur l'universalité des échelles et leurs traits constants, voir tout le développement de John A. Sloboda, *ibid.*, p. 346 *sq*.

et demi (tierce mineure), un ton, un ton et demi (tierce mineure) – ce qui équivaut à jouer sur les notes noires du piano ; la gamme Freygish, beaucoup utilisée dans la musique klezmer : un demi-ton, un ton et demi (seconde augmentée), un demi-ton, un ton, un demi-ton, un ton, un ton. Etc.

On reconnaît à cette propriété de distance inégale deux fonctions. Une fonction psychologique d'abord : c'est elle qui permet à l'auditeur d'avoir à tout moment le sentiment précis de l'« endroit » où se situe la note qu'il entend par rapport à l'échelle, et particulièrement par rapport à son degré fondamental. On a pu démontrer que l'asymétrie de l'échelle favorise le repérage[1] dans l'espace des hauteurs, exactement comme dans l'espace physique : comment se repérer dans une pièce qui serait parfaitement hexagonale et régulière, sans autre repère ? Comment l'oreille peut-elle se repérer dans l'échelle chromatique, sinon grâce à une sous-échelle asymétrique ?

Cette asymétrie acquerra aussi une fonction syntaxique lorsqu'il s'agira de produire un « discours musical ». Car toute règle de production d'un « discours », dans la musique comme dans le langage, exige qu'on puisse saisir les différences, voire les oppositions, entre les sons puisque c'est elles qui sont à l'origine du sens ; en musique, cette inégalité des différents degrés du mode est à l'origine de leurs *valeurs* respectives. C'est ainsi que, le plus souvent, ces degrés sont hiérarchisés, en fonction de leur plus grande proximité harmonique avec le premier degré : par exemple dans le mode majeur du système tonal, la hiérarchie fonctionnelle entre la tonique (Ier degré), la dominante (Ve degré) et la sous-dominante (IVe degré), a pour conséquence que l'enchaînement fondamental est celui de trois accords principaux (IV-V-I), qui se « résout » sur l'accord « parfait » majeur.

L'échelle théorique divise donc le continuum sonore des hauteurs en unités discrètes de degrés égaux – ce qui rend les sons identifiables et réidentifiables ; de même, la pulsation isochrone divise théoriquement la durée continue entre unités de temps égales – ce qui rend les événements sonores repérables dans le temps. Au second degré, un mode sélectionne pratiquement des degrés de l'échelle séparés par des intervalles inégaux ; de même, un rythme sélectionne des

1. Voir les expériences sur les enfants selon Sandra Trehub dans « Human Processing Predispostions and Musical Universals », dans Nils L. Wallin, Björn Merker et Steven Brown, *The Origins of Music*, *op. cit.*, p. 433-448.

battements temporels séparés par des intervalles de temps inégaux (padadam, pam, pam)[1] à l'intérieur d'une échelle théorique divisée en intervalles égaux (pom, pom, pom, pom, pom…)[2]. Grâce à la subdivision asymétrique des unités de temps, le rythme permet à un auditeur d'avoir le sentiment précis de la localisation temporelle à l'intérieur de l'unité métrique. *Le rythme joue donc le même rôle dans le temps que le mode dans les hauteurs.* Une égalité théorique (entre intervalles de hauteurs, entre intervalles de temps) sert de grille rationnelle par opposition à la continuité naturelle ; sur cette toile de fond, une inégalité de fait (entre degrés d'un mode, entre durées d'un rythme) permet le double repérage des événements sonores les uns par rapport aux autres.

Tel est l'ordre triple (de timbre, de durée, de hauteurs – celles-ci doublement structurées selon une échelle et des modes), définissant un monde musical de notes par opposition à l'univers des sons. L'existence préalable de cet ordre est universel. Le monde musical est un monde humain, spécifiquement et universellement humain. Ce qui est particulier et infiniment variable, selon le génie des peuples et la fécondité des cultures, ce sont les timbres des instruments, les façons de mesurer le temps musical, la manière de découper une échelle dans le continuum des fréquences et de hiérarchiser les degrés de l'échelle selon différents modes. Le monde musical en général est aussi contraint par des règles universelles que le langage humain en général. Et il est aussi variable selon les cultures que les différentes langues : c'est en lui que se produit toute musique particulière. Car, sauf dans quelques rares cas de musiques savantes occidentales (qui se proposent, justement, de faire exploser les règles universelles du monde musical ou d'en explorer les limites), il n'y a pas plus de musique hors d'un monde musical qu'il n'y a de discours possible hors d'une langue.

Une objection se présente. Toute musique, dira-t-on, n'est pas composée de notes ainsi définies. Il y a des musiques purement rythmiques, sans timbres définis. Il y a des musiques purement vocales, sans instrument : chœurs ou chant *a capella*. Il y a des musiques sans pulsation isochrone. Il y a des bruits dans certaines musiques[3] et même

---

1. Voir ci-dessous p. 105 *sq*.
2. Voir John A. Sloboda, *L'Esprit musicien*, *op. cit*, p. 355.
3. Voir Michel Chion, *Le Son*, Armand Colin, 1998, p. 178-181.

des musiques faites seulement de bruits : les musiques « concrètes ». Il y a des musiques qui se passent d'échelles prédéfinies de hauteurs : musiques psalmodiées, musique « spectrale », etc. C'est vrai. Il y a trois réponses à cette objection.

Première réponse. Nous avons distingué divers *degrés de musicalité*. Il y a donc des musiques qui n'utilisent pas tous les constituants du monde musical dont elles relèvent (timbres instrumentaux, pulsation isochrone, rythme, échelle, mode). Elles n'en sont pas moins parfaites en leur genre – dès lors qu'elles sont des musiques (voir chapitre suivant). Ce qui ne signifie évidemment pas qu'elles sont équivalentes. Il ne faut donc pas confondre une musique particulière et le monde musical dont elle relève. Les universaux s'appliquent aux différents mondes musicaux (la tonalité « occidentale », la musique grecque, arabe, indienne, etc.), non aux musiques particulières qui peuvent y être inventées, composées ou jouées. Telle musique particulière peut toujours se passer de tel ou tel niveau de musicalité existant dans le monde musical dont elle relève – comme il y a en français des « phrases nominales », ce qui ne contrevient nullement à la règle selon laquelle toute langue comporte des verbes.

Deuxième réponse. Comme tous les universaux anthropologiques, les universaux musicaux peuvent souffrir des exceptions. Un contre-exemple isolé ne suffit jamais à réfuter un trait tenu pour universel mais doit au contraire être analysé dans ses raisons d'être propres. Il en va de même de la notion de « nature » telle que l'entend Aristote. Ce qui est « naturel », ce n'est pas forcément ce qui est nécessaire dans tous les cas sans exception, mais ce qui se produit généralement et de façon réglée : c'est la notion aristotélicienne de « dans la plupart des cas ».

Troisième réponse. Il ne faut pas confondre ces exceptions naturelles, avec la volonté délibérée de certains compositeurs de musique « contemporaine » du XXe siècle de nier tel ou tel universel, d'en jouer, ou de s'en priver délibérément, soit pour élargir les capacités expressives de la musique, soit pour « dé-définir » le musical. Nous entendons par « dé-définition[1] » le procédé consistant à légitimer une nouvelle définition d'un concept, d'une pratique ou d'un art par négations successives de chacune des déterminations de sa défini-

1. Nous reprenons cette expression à Harold Rosenberg, l'auteur de *La dé-définition de l'art*, Jacqueline Chambon, 1992.

tion admise : on peut vouloir dé-définir la musique par souci de distinction (eu égard aux musiques « populaires »), d'innovation (par rapport à « la » tradition) ou d'expérimentation (« pour voir »). Le comble de la dé-définition de l'art en général est de substituer un procédé purement aléatoire au savoir-faire appris, maîtrisé et réglé en quoi consiste ce qu'on appelle en général un « art » ; la limite de la dé-définition de la peinture est la toile blanche et celle de la musique comme « art des sons » est une composition qui ne serait faite que de silences[1]. Plus d'art ; plus de sons. Cette opération est tantôt la marque de certains génies originaux, signant une volonté révolutionnaire de « faire table rase du passé » ; tantôt la manifestation d'un désarroi face à l'épuisement supposé des formes classiques et des règles du monde musical hérité.

Quoi qu'il en soit, la conséquence de l'institution d'un monde musical préalable permet de combler un des deux manques de l'expérience purement sonore, autrement dit de l'univers événementiel de la caverne. Du point de vue « ontologique », tout change en effet lorsque l'on passe de l'écoute de sons à l'écoute des notes. Certes, lorsqu'on entend le chat se promener sur le clavier du piano, on ne fait pas (encore) une expérience musicale. Mais on ne fait plus l'expérience chaotique de la caverne. L'ordre rationnel *a priori* créé par l'existence des notes suffit à pallier la défaillance ontologique de l'univers sonore. Car c'est un « ordre » dans un des deux sens du terme : un système total d'éléments organisés, un « ordre-cosmos ». L'organisation *a priori* du matériau sonore permet de rendre les sons individualisables, les *événements* sonores se mettent à exister dans leur individualité et sans le secours des choses. On pourra dire c'est *une* note, et on pourra les compter. Le monde sonore est désormais habité. Au lieu d'être pauvrement saturé, il est richement peuplé.

Les « habitants » de ce monde musical, les notes, jouissent en effet de tous les signes de l'identité. Les notes sont reconnaissables par elles-mêmes, sans le secours du support des choses, on peut les identifier parce qu'on peut les réidentifier. On peut dire : c'est un *do*, le *même do* que tout à l'heure. (La question n'est pas de savoir reconnaître que c'est un *do* ou de pouvoir le nommer – d'avoir l'« oreille absolue » –,

1. Comme le (trop) célèbre « 4'33" » (« Four minutes, thirty-three seconds ») de John Cage.

la question est seulement de pouvoir utiliser la relation d'identité). On peut aussi, très précisément, distinguer identité numérique (c'est le même *do*$_3$) et identité spécifique : le *do*$_1$, le *do*$_2$, le *do*$_3$, etc., les uns plus graves, les autres plus aigus, sont entendus comme spécifiquement identiques. On peut aussi distinguer deux notes « substantiellement » identiques mais « qualitativement » différentes : c'est le même *do*$_3$ mais avec un timbre différent ; ou inversement substantiellement identiques mais « quantitativement » différents : c'est le même *do*$_3$ joué par le même instrument, une flûte, mais deux fois plus long. Appartenant à une échelle discrète, les notes sont des individus *substantiels*, relevant d'une *espèce* (car l'échelle se répète d'octave en octave), dotés de *qualités* déterminées (les timbres), de *quantités* déterminables (les durées), de *relations* entre elles (leur hiérarchie à l'intérieur du mode) et repérables dans le *temps* (avant, après ou en même temps que telle autre). En somme, dès lors que les sons, matériau purement sensible, relèvent de l'ordre rationalisé des notes, ils sont susceptibles de toutes les relations rationnelles (l'identité et la différence, avec toutes leurs variantes et subtilités, similitude, analogie, etc.) et relèvent d'un véritable système catégorial complet : « substances premières » (ce *do*$_3$), autrement dit « individus », « substances secondes » (le *do* comme « espèce »), qualité, quantité, relation, temps[1]. Ils deviennent manipulables logiquement comme des choses.

Le monde musical ainsi obtenu par réduction s'oppose à l'univers sonore de la caverne. Celui-ci, avec son immense matériau de bruissements, de bourdonnements, de claquements, de clappements, de craquements, de chuintements, de frémissements, de grincements, de ronflements, de sifflements, de tintements, de vrombissements, voire de gémissements, de cris, de clameurs, de hurlements, est parfaitement adapté à sa fonction : manifester l'infinité des événements qui surviennent dans le monde de la vie et nous en avertir. Ces bruits et ces sons naturels attirent notre attention sur ce qui se passe et sur ce qui le cause. Mais dans cet univers vital, ils se révèlent incapables d'expression propre. Comme tout matériau indéfini, ils ne peuvent

1. Nous reprenons ici les distinctions ontologiques traditionnelles héritées du système catégorial d'Aristote, dans le traité des *Catégories*. Les substances premières sont les individus (Socrate, ce cheval), les substances secondes, les espèces naturelles ; et les unes ou les autres sont dotées de « qualités », elles sont « quantifiables » (dénombrables ou mesurables), elles peuvent être mises en « relation », voire « datables ».

rien signifier d'autre que ce dont ils témoignent. Au prisonnier qui regimbait à sortir de la caverne, ou plutôt à Henri Pousseur qui déplorait la pauvreté des sons musicaux sélectionnés par rapport à l'infinie richesse des bruits du monde, Nicolas Ruwet répliqua d'une façon cinglante : « C'est comme s'il disait préférer la richesse du babil enfantin, où tous les sons possibles et imaginables trouvent place, à la pauvreté des systèmes phonologiques du français et du chinois, ou encore comme s'il opposait la variété des conduites amoureuses des grands singes aux limitations qu'imposent les systèmes de parenté humains » – ou, ajouterons-nous, à la pauvreté expressive de toutes les grandes œuvres de la littérature amoureuse et érotique universelle[1]. Claude Lévi-Strauss remarquait dans le même sens : « La diversité des sons que l'appareil vocal peut articuler est pratiquement illimitée ; chaque langue ne retient cependant qu'un très petit nombre parmi tous les sons possibles. [...] Chaque langue opère donc une sélection, et d'un certain point de vue, cette sélection est régressive : à partir du moment où elle s'instaure, les possibilités illimitées qui étaient ouvertes sur le plan phonétique sont irrémédiablement perdues. » Cependant, ajoutait-il, et tout est là : « Le babillage n'a pas de sens, tandis que le langage permet aux individus de communiquer entre eux[2]. »

Le monde musical est donc infiniment expressif parce qu'il est habité, tandis que l'univers sonore ordinaire est expressivement pauvre parce qu'il est saturé. Le monde musical est un univers sonore à la mesure perceptive de l'homme. Il est aussi bien habité que l'univers *visuel* ordinaire, peuplé de choses qui sont autant d'individus clairs et distincts. Les notes sont comme les substances premières d'un monde sonore autosuffisant. Et chaque musique de ce monde sera comme un microcosme dans ce macrocosme, un monde possible à elle seule, issu de ce monde de possibilités indéfinies qu'est son monde musical.

La première étape de la libération nous a fait passer de l'univers chaotique des sons à un monde peuplé d'individus en relation possible les uns avec les autres. Reste à les mettre *réellement* en relation. Reste à les mettre en ordre.

Restent les musiques.

---

1. Nicolas Ruwet, *Langage, musique, poésie*, « Contradictions du langage sériel », Seuil, 1972, p. 26.

2. Claude Lévi-Strauss, *Structures élémentaires de la parenté*, Mouton, 1973, p. 109-110.

Chapitre 2

Du monde musical à la musique

Nous escaladons la colline qui nous mène hors de la caverne. Nous sommes à mi-pente. Un regard en arrière sur la méthode déductive : nous avons d'abord fait abstraction de ce que nous disent et de ce que nous font ordinairement les sons de la vie. Telle est l'attitude contemplative. Nous avons restreint notre perception à l'ouïe : nous étions dans la caverne. Sans choses, l'univers paraissait inintelligible, et notre perception était doublement incomplète : ontologiquement, il n'y avait plus d'individus repérables, tout était confus ; épistémologiquement, il n'y avait pas moyen d'expliquer pourquoi ce qui arrive arrive, les événements étaient chaotiques. Au point où nous en sommes, l'obstacle ontologique est passé. Reste l'obstacle épistémologique.

De l'ordre propre à la musique

« Ordre » a deux sens. Il y a d'abord l'ordre comme système, l'ordre synchronique, le *cosmos* grec : chaque chose est à sa place dans une totalité organisée et hiérarchisée. C'est en ce sens que le monde musical est un ordre qui se distingue de l'univers sonore naturel. L'univers est immense et illimité, le monde est un ordre total et limité. Les notes y font système. Mais toute musique, si elle suppose un monde musical *a priori*, se déploie empiriquement dans le temps ; de là le second « ordre » auquel elle est soumise : l'ordre comme succession intelligible, l'ordre dynamique, la *taxis* grecque. Cette seconde mise en ordre à laquelle se soumet toute musique vient remédier à la seconde conséquence du manque des choses, l'absence de causalité des événements. Dit en d'autres termes : la musique suppose des notes qui sont des sons organisés synchroniquement ; mais entendre de la musique, ce n'est pas seulement entendre des notes, c'est entendre des notes organisées diachroniquement. La musique est la mise en ordre successif de l'ordre systématique du sonore. Pour le dire de façon pédante, c'est la *taxis* d'un *cosmos* sonore.

Nos prisonniers vont pouvoir enfin sortir de la caverne des sons pour aller entendre les musiques du monde. Ils seront bientôt libérés du brouhaha de leur univers et pourront accéder à un monde sonore, seulement sonore, et pourtant entièrement intelligible. Un monde où les sons ont un sens par eux-mêmes, c'est-à-dire les uns par les autres.

L'univers simplement sonore manquait des choses qui puissent *individualiser* les sons mais puissent aussi les *causer*. Dans la musique, hors de la caverne, elles ne manqueront plus. Car toute suite de notes, si et seulement si elle est musicale, crée, dans le monde musical, un ordre sonore qui va rendre les choses superflues. À la causalité verticale, synchronique, matérielle, des choses aux sons, va se substituer une causalité horizontale, diachronique, imaginaire, des sons aux sons[1]. Un coup de clairon ? Vous sursautez. Le son renvoie à sa cause réelle, la chose, le clairon. Un air de quelques notes jouées au clairon ? Les sons vous renvoient à d'autres sons. Vous les entendez comme s'ils étaient causés les uns par les autres. Car il y a, pour tout auditeur, un effet musical (que celui-ci soit ou non produit par de la musique composée à cette fin) dès lors que, en entendant une suite de sons, au lieu qu'il rapporte chacun d'eux, séparément, à la source physique qui le produit, les rapporte à ceux qui les précèdent. La relation verticale et synchronique qui, dans l'écoute ordinaire, renvoie l'auditeur, pour des raisons pratiques, d'un événement sonore à la chose présente dans l'espace comme à sa détermination nécessaire (« que se passe-t-il ? »), devient, dans l'écoute musicale, une relation horizontale et diachronique qui, sans autre raison que la tension de l'*écoute esthétique*, renvoie l'auditeur d'un événement sonore à ceux qui le précèdent dans le temps comme à sa détermination suffisante. En d'autres termes, dans la musique, les sons se mettent à être entendus comme étant *causés* non par des choses (ni par le chat, par le verre, par le vent, ni même par la trompette) mais *par les sons eux-mêmes, c'est-à-dire par d'autres événements*. Plus besoin de choses !

1. C'est ce qu'a fort bien vu Roger Scruton, *The Aesthetics of Music*, Clarendon Press, 1997, p. 39.

Voilà le monde imaginaire où nous conduisent les musiques : un monde sans choses et où elles ne manquent pas. Un monde idéal d'événements autonomes. Ce qui ne signifie pas, évidemment, qu'on n'entend pas le clairon, ni qu'on ne puisse pas savoir, par ailleurs, que le son entendu est produit par un clairon ! Mais cette perception n'est pas nécessaire à l'effet musical. Elle enrichit généralement l'écoute, et donc la musicalité, mais elle peut aussi, parfois, l'affaiblir en la détournant de la temporalité proprement musicale. Elle ne fait pas partie des conditions nécessaires pour qu'il y ait musique. Quoi qu'il en soit, il y a de la musique, pour un auditeur donné, lorsque les sons semblent constituer par eux-mêmes un ordre autonome, c'est-à-dire lorsque les événements sonores, au lieu de seulement se succéder (sans ordre) dans le temps comme autant d'événements épars, semblent se suivre de façon ordonnée en paraissant *causés* par ceux qui les précèdent et *causer* ceux qui les suivent. Nous tenons donc la réponse à notre question : que faut-il ajouter à une suite de sons pour qu'elle soit entendue comme musique ? Une relation imaginaire de causalité. À condition, bien sûr, que les sons soient des événements bien déterminés.

La musique est l'art des sons. Mais les sons ne nous paraissent arrangés par l'art que lorsqu'ils sont intelligibles par eux-mêmes. En sorte que de la définition triviale de la musique comme art des sons, on peut déduire qu'une musique, toute musique, est la *représentation d'un monde imaginaire d'événements purs*. « Purs » est à prendre au sens de « sans choses ». Et « représentation[1] » est à prendre ici au double sens de l'acte de représenter (point de vue du musicien : produire un tel monde) et de l'effet de la représentation (point de vue de l'auditeur : entendre ce même monde).

Pour produire un effet musical, il faut donc composer, dans un monde musical *a priori*, une suite diachronique de notes entendues comme liées par des relations de causalité internes. Il y a certes des cas où des musiques ne produisent sur les auditeurs aucun « effet musical » en ce sens : par exemple lorsque l'auditeur n'est pas familiarisé avec le monde musical dans lequel la musique est jouée ou lorsqu'on a affaire à certaines recherches musicales de la musique savante. (Les recherches ne sont d'ailleurs généralement pas faites pour produire

1. Nous justifierons ce concept de « représentation », dans la Troisième partie, chap. 2.

cet effet musical et, comme leur nom l'indique, elles poursuivent d'autres buts). Mais il y a des cas inverses : un effet musical peut être entendu par un auditeur sans être l'effet de l'Art ni même de l'art.

Écoutons naître la musique. C'est ce que nous appellerons la scène originaire.

Considérons un exemple purement rythmique. Nous sommes dans un train à l'arrêt. Soudain, il démarre : fracas des bogies contre les rails. « Que se passe-t-il ? » On cherche la cause du son en une *tension pratique d'écoute*. Surprise ou inquiétude. C'est l'attitude vitale ordinaire. Les sons du monde sont signes des événements (les coups frappés) et ceux ci sont tenus pour causés par les choses matérielles (les bogies, les rails). Par la suite, la régularité rassurante des frappements fait cesser toute recherche de causalité réelle et amène la suspension de toute relation pratique. L'animal en nous est apaisé. Il n'y a plus de nécessité d'écoute, c'est la *détente* : on peut s'endormir. Mais on peut aussi, alors, se mettre à écouter les sons comme de purs événements détachés du monde des choses et rattachés seulement entre eux. C'est l'attitude esthétique, purement humaine : écouter les sons comme sons, pour eux-mêmes. On est à nouveau en position d'écoute, celle d'une phrase musicale, d'un rythme : pa-pa-*pam*[1], pa-pa-*pam*, pa-pa-*pam* ; etc.

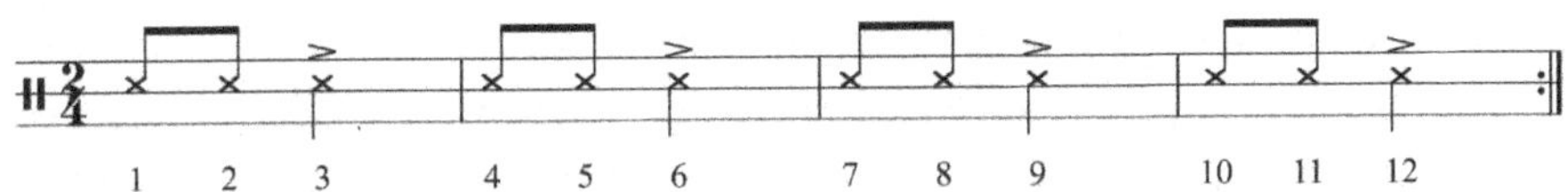

On entend de la musique !

On peut même, avant de s'endormir, imaginer la suite… et entendre la voix de Freddy Mercury scander : « We will rock you ! » ❼. Rêve-t-on déjà ?

Les sons cessent d'appartenir au monde des choses réelles qui les causaient, ils semblent venir d'un monde imaginaire : on entend dès lors une seule *phrase* sonore, chaque frappement semble causé par ceux qui les précèdent. Non pas évidemment que tel frappement apparaît causé par celui qui le précède immédiatement. Ainsi, le frappement 9

1. Ici et dans toute la suite de ce livre, nous codons les rythmes en mettant en italiques les battements accentués. La virgule code un silence équivalent à un battement.

semble certes amené comme un point d'appui par le frappement 8 (non accentué) qui le précède et paraît bien causer (imaginairement) son advenue ; sans 8, 9 n'aurait pas pu se produire musicalement. Mais le frappement 9 a d'autres causes : en tant qu'il appartient au groupe 7-8-9 (c'est du moins ainsi que, musicalement, on entend 9, solidaire de 7 et 8), 9 apparaît aussi causé, à un second niveau, par l'ensemble du couple 7-8 qu'il vient compléter et pour ainsi dire clore ; et, à un troisième niveau, puisque le trio 7-8-9 est entendu comme la répétition à l'identique des deux trios précédents, 4-5-6 et 1-2-3, ce trio est entendu comme causé par eux : ils sont ce sans quoi il n'existerait pas. Ainsi, 9 apparaît comme l'effet de 6 (dont il est l'homologue) et plus lointainement de 3, etc. On voit dans cet exemple, pourtant extrêmement simple et minimalement musical, comment l'écoute musicale tisse des relations de causalité *imaginaires* entre les événements sonores et ceux qui les précèdent, là où l'écoute vitale n'entendait que des relations de causalité *réelle* entre chaque son et l'événement singulier auquel il était rapporté.

Telle est l'écoute esthétique, laquelle suppose la suspension de toute tension pratique et implique une nouvelle forme de tension, ou d'attention : au lieu de chercher la cause du sensible dans sa source réelle, les choses, l'écoute musicale cherche la causalité du sensible dans le sensible, et imagine les causes des sons dans d'autres sons, dans un monde de purs événements sans choses. Sans doute, l'écoute esthétique du rythme régulier des cahots du train n'est-elle pas encore vraiment écoute d'une « musique », si la musique est l'*art* des sons[1]. Car une seule des exigences d'un monde musical est ici remplie : la mesure des durées des événements. Un rythme est seulement un premier degré de musicalité. Mais ce niveau est suffisant pour faire entendre une suite de sons *comme* de la musique. Écouter une suite de sons *comme une musique*, c'est substituer à la simple succession temporelle l'ordre interne de la causalité. Ce n'est pas forcément de l'art, mais c'est ce même effet que vise l'art et c'est à cette même écoute que l'art des sons nous invite.

Prenons à présent l'exemple d'une musique composée à cet effet, mais encore réduite à sa plus simple expression, une mélodie, ou même une ligne mélodique, donc monodique, pas même harmonisée,

1. Mais le rythme d'un train est un matériau utilisable par la musique : ainsi *Pacific 231* d'Arthur Honegger ou *Different Trains* de Steve Reich.

réduite elle-même à quelques mesures d'un *air* – apparemment donc, une simple suite de notes. Elles sont empruntées à une aria célèbre, « *La donna è mobile* » (en français : « Comme la plume au vent ») extraite du *Rigoletto* de Giuseppe Verdi.

Fredonnons donc, ou écoutons cet air ❽ :

La donn'è mobile
Qual pium'al ve-ento
Muta d'accento
e di pensiero.

Ou dans la version française :

Comme la plum(e) au vent
Femme est vo-la-a-ge
Est bien peu sa-a-ge
Qui s'y fie un instant.

Ce qui produit l'effet mélodique (donc musical) sur l'auditeur, c'est que la note longue sur laquelle tombe « vent », loin de paraître déterminée par sa cause physique dans le monde réel, la chose (l'instrument ou la voix) nécessaire à en produire le son, apparaît musicalement causée par les notes qui précèdent (sur « plum' » et « au ») ; de même, la note longue de la fin du deuxième vers (le « -ge » de « volage »), c'est-à-dire de la deuxième paire de mesures rythmiquement identiques (pam, pam, pam, pa, pa-paam[1]), apparaît non seulement causée par les deux notes, « la-a », qui la précèdent immédiatement, mais aussi par l'ensemble des notes depuis le début de la mélodie, et notamment par cette longue note sur laquelle tombe « vent », puisque l'air du deuxième vers est la transposition un degré plus bas de l'air du premier vers dont il est aussi la répétition rythmique (pam, pam, pam, pa, pa-paam). On pourrait montrer comment, d'une manière plus complexe, les notes de l'air du quatrième vers semblent causées non seulement par celles qui les précèdent immédiatement, mais plus généralement par toutes les précédentes. À l'analyse, elles se révèlent être le compromis exact, ou encore la résultante, entre la puissance

1. pam, = une noire ; pa, = une croche pointée ; pa- = une croche ; paam = une blanche.

causale (notamment rythmique) de l'air du vers précédent et la puissance causale (notamment harmonique) de l'air des deux premiers vers. Une telle analyse (en Annexe 1) permet de mettre en évidence la différence entre une simple suite de notes et une mélodie : elle fait apparaître un entrelacs complexe de causalités, qui tiennent au rythme, à l'harmonie et au contour. Il s'agit pourtant d'une simple phrase mélodique, c'est-à-dire là encore seulement d'un des éléments de la musicalité. Conformément à notre méthode déductive, il nous faudra donc, pour entrer dans la compréhension des musiques particulières, complexifier l'analyse et distinguer plusieurs *niveaux* de puissance causale internes à la musique et quatre *types* de causalité imaginaire[1]. Mais cet exemple suffit pour l'heure à montrer comment on passe d'un univers sonore à une expérience musicale : de l'univers sonore chaotique est issu un monde musical rationnellement organisé ; et à l'ordre systémique de ce monde de notes, le déroulement du discours musical ajoute *a posteriori* un ordre causal.

Il faut ici répondre à diverses objections[2]. Cette définition de l'« art des sons » suppose-t-elle une conception *globale* de l'œuvre musicale pour laquelle chaque événement sonore a une seule place dans le tout, déterminée par l'ensemble des relations causales avec tous les autres ? C'est le contraire. Elle n'implique nullement la notion d'« œuvre », ni même celle de « composition », elle s'applique tout aussi bien à la musique que nous entendons dans quelques notes sifflotées, dans un solo de batterie improvisé ou dans les bruits d'un train qui démarre. Et encore moins suppose-t-elle une conception totale voire holistique de la musique, puisque les relations de causalité que nous entendons dans une suite de sons pour pouvoir l'entendre comme musique sont avant tout *locales* : elles sont saisies « sur le vif[3] » ; et lorsqu'il nous

---

1. Voir Deuxième partie, dans le chap. 2, « La compréhension intellective de la musique », p. 156.

2. Certaines d'entre elles ont été formulées par Bernard Sève dans *L'Instrument de musique*, *op. cit.*, p. 278-280, à l'encontre d'une version précédente de la thèse ici présentée.

3. Cette expression reprend le titre français, et l'idée directrice, d'un ouvrage de Jerrold Levinson, *La Musique sur le vif* (titre original : *Music in the Moment*, Cornell University Press, 1997), trad. fr. de Sandrine Dardel, Presses universitaires de Rennes, 2013. Nous expliciterons dans un chapitre ultérieur, les différents types de causes « locales » et générales entendues dans une musique.

arrive d'entendre des relations causales entre événements sonores plus éloignés dans le temps (ce qui est le cas à l'écoute des œuvres), elles ne font que se surajouter à celles que nous imaginons, au présent, entre les événements actuels et ceux qui les précèdent ou les suivent : la perception de causes lointaines peut enrichir la perception de causes immédiates, elle n'est nullement nécessaire à entendre la suite des sons comme une musique.

Mais alors, cette conception de la musique ne la réduit-elle pas à certaines conditions de l'écoute ? Plus gravement, ne réduit-elle pas cette écoute musicale à une écoute abstraite et appauvrie, une suite organisée de sons, indépendante des conditions réelles de leur production ? Si la musique n'était, comme nous le soutenons en effet, que la représentation d'un monde sonore autonome, à quoi bon s'embarrasser du concert, de la musique *live*, de la présence réelle des musiciens, qui n'ajouteraient rien à ce qu'est la musique, et qui même, nous distrayant de l'écoute, appauvriraient la musique entendue ? Certes. Il est évident qu'une musique réelle, même une de celles qui sont destinées à la seule écoute, une musique classique ou un morceau de jazz par exemple, est infiniment plus riche en concert qu'en disque. Et non seulement parce qu'il s'y ajoute toutes les émotions des arts vivants (qui sont considérables), non seulement parce qu'on entend toujours plus clairement en concert qu'en disque (du moins la musique acoustique), mais bien parce que cette écoute *live* enrichit notre écoute proprement *musicale* – au sens étroit que nous avons défini. Car notre regard et toute notre attitude sont alors entièrement concentrés sur la musique en train de se faire, sans rien qui appelle au relâchement de la tension de l'écoute, laquelle est alors la seule chose qui se donne à faire. (Notre imagination peut bien papillonner, mais forcément moins fébrilement qu'à l'écoute d'un enregistrement où tout l'environnement s'offre à la divertir.) Une expérience *a contrario* montre même que le regard sur la musique et les musiciens, lorsqu'il ne dépend pas de la concentration de notre écoute, mais des décisions d'un metteur en images, vient au contraire appauvrir voire détruire l'écoute musicale. La plupart des concerts télédiffusés souffrent de ce défaut. Un passage solo des trompettes ? Le réalisateur croit bon de nous montrer en très gros plan le premier trompettiste, les joues gonflés, qui s'époumone dans son instrument pour en extraire le plus beau son. Quelle incohérente perception ! Quel rapport entre cette image laide d'un visage de profil rougi et déformé par l'effort, et le son merveilleux et même surnaturel que nous entendons alors ? Ce n'est pas ce type d'image qui peut soutenir et encore moins enrichir l'écoute ; c'est la concentration de tous nos sens sur une musique en train de se faire : la saisie (notamment visuelle) de la provenance des sons peut y contribuer, parce qu'elle aide à mieux distinguer les plans sonores et *par conséquent* les causes internes de la musique.

Reste dira-t-on, que les musiques, en *live* ou en disque, ne sont jamais entendues seulement comme des suites de sons liés entre eux. Nous lions aussi, forcément, le son à sa cause *réelle* : nous n'entendons pas un sol_3, purement et simplement, nous entendons bien « un sol_3 de violon » et cela est bien différent que d'entendre « un sol_3 de clarinette », par exemple. C'est ainsi que nous entendons forcément la musique. Là encore, il faut concéder cette évidence. Mais l'objection méconnaît l'objet de la méthode déductive et les fruits qu'on peut en attendre. Il ne s'agit pas de savoir comment de fait nous entendons, dans toute leur richesse, toutes les musiques, ou plus exactement tout ce qui est institutionnellement appelé « musique ». Il s'agit, au contraire, plus modestement mais plus décisivement, de dégager les conditions minimales pour qu'*il y ait* musique. Il s'agit de se livrer à une expérience de pensée par laquelle on enrichit une suite de sons jusqu'au point où elle nous apparaît comme musique ; mais on pourrait aussi bien dire qu'elle consiste à appauvrir la Grande Musique empiriquement entendue jusqu'à la limite où elle est encore musique, juste avant qu'elle ne s'abîme dans le néant d'une suite de sons. Cette limite est ce que nous appelons la causalité entre les sons. Vient-elle à ne plus être entendue, la musique disparaît avec elle.

Resterait alors la dernière objection : ce critère n'est-il pas en fait un caractère propre à l'écoute musicale plutôt qu'un trait distinctif de la musique elle-même ? Là encore on concèdera que ce qui est *entendu comme musique* par certains (selon leur sensibilité ou leur culture) ne l'est pas nécessairement par tous. Mais il faut ajouter immédiatement que le critère de la causalité est bien celui de la musique elle-même et non d'une disposition particulière de l'écoute subjective. Car, voilà le point important : lorsque nous entendons des sons consécutifs quelconques, même extrêmement exotiques, qui semblent s'apparenter, même lointainement, à notre expérience de la musique (nous y reconnaissons des timbres instrumentaux, ou un travail sur la voix, ou quelque autre trait qui pourrait relever de la musicalité, ou même seulement d'une intention, et non de la nature ou du *seul* hasard), notre écoute est à la *recherche* de cette causalité dans cette suite de sons. Chercher la musique dans cette séquence sonore, ce n'est pas seulement l'écouter d'une certaine manière, ce n'est pas seulement se disposer à une écoute esthétique, c'est-à-dire chercher à la percevoir en elle-même et pour elle-même ; c'est tout cela, bien sûr, mais c'est plus encore : c'est tenter de percevoir dans cette suite un *ordre*, local sans doute et qui ne peut guère s'étendre au-delà de ce que la mémoire immédiate nous permet, c'est s'efforcer de trouver quelque relation de causalité qui lie entre eux ces sons. En sorte que notre définition de la musique par l'ordre causal des événements sonores se trouve confirmée même dans les cas où l'écoute n'en distingue aucun. Ce que nous attendrions de la musique, de *toute* musique, de ce que *tous* nous appelons musique, qui que nous soyons, quelles que soient notre sensibilité ou notre culture, c'est d'y trouver ces relations causales.

Il faut encore, sur ces termes de « cause » et d'« événement », donner quelques précisions. Car, dans le monde des musiques, les événements et les causes imaginaires ne sont pas tout à fait du même type que dans notre monde ou dans la caverne.

Événements réels, événements musicaux

Dans le monde de la vie, les événements sont individualisés et causés par le mouvement des choses. C'est ainsi que nous percevons : un son par événement et un événement pour chaque son. Mais dans la musique, l'événement élémentaire, *constituant du « sens »*, ce n'est pas la note. La note est sans doute un événement sonore mais elle n'est justement pas un événement musical – puisque ce qui distingue la musique d'une suite de sons, c'est la *relation* de causalité qui les lie. Vous entendez un do_3 venant d'un clairon. C'est un événement sonore. Il vous renvoie à sa source : votre voisin qui se réveille, le soliste de la fanfare qui s'exerce, etc. Ce n'est pas un événement musical. La plus belle note du monde ne peut donner que ce qu'elle est : du son, pas de la musique. Elle ne peut pas être un événement musical puisque la musique suppose une relation de causalité qui n'est plus la relation verticale vers sa cause réelle mais la relation horizontale à une autre note. Vous entendez *do-sol* au clairon : c'est un événement musical. Beau ou laid, intéressant ou non, là n'est pas le problème. Il faut au discours musical un minimum de temporalité, le passage d'une note à l'autre. Il commence à la deuxième note, laquelle permet d'entendre la première comme première. Le discours musical suppose qu'il se passe quelque chose, que ça change, et qu'on s'éloigne d'où l'on était parti. Mais vous ne pouvez savoir (c'est-à-dire entendre) que vous êtes parti *de* quelque part que lorsque vous savez que vous êtes arrivé ailleurs. L'événement élémentaire du discours musical, c'est l'intervalle entre deux notes (tierce, quarte, quinte, etc.), l'écart, à la fois de temps, de hauteur et de causalité, à une note initiale. Ce passage au deuxième événement sonore constitue le premier événement musical. C'est quand vous entendez ce qui suit que vous entendez ce qui précède comme précédant ce que vous êtes en train d'entendre. Car c'est la deuxième note qui donne sa valeur à la première et qui, par exemple, la fait entendre rétrospectivement comme tonique. L'événement de base, c'est cette relation minimale. Le premier élément *significatif*, c'est ainsi une quinte ascendante, *do-sol*, premier événement et par là premier élément de « sens » peut-on dire – c'est-à-dire de ce qui est entendu et compris comme musical. Il y a « toujours déjà » du temporel en musique parce qu'il y a « toujours déjà » passage d'une note à l'autre.

Mais si l'intervalle est principe et élément musical, il n'est pas encore musique. L'intervalle entre deux notes, si significatif qu'il soit, ne peut lui aussi donner que ce qu'il a : de l'événement musical, pas de la musique. Il faut, pour qu'il y ait de la musique, non seulement qu'il y ait du sens, mais que quelque chose soit « dit » – pour ainsi dire. (Les mots, si l'on veut, ou les morphèmes n'y suffisent pas, il faut les combiner en une phrase.) Deux notes font un événement musical et un élément de sens mais il faut au moins deux événements pour faire une phrase, c'est-à-dire pour qu'il y ait une relation de causalité entre eux, le deuxième événement apparaissant rétrospectivement comme causé par le premier. Par exemple : *do-sol-do. Sol-do*, deuxième événement, apparaît causé par *do-sol*, premier événement : le second apparaît comme un « retour » parce que le premier apparaît, rétrospectivement, comme l'« aller » (un éloignement). De même qu'il faut au moins deux événements sonores liés entre eux pour faire un événement musical (car la seconde note apparaît rétrospectivement causée par la première), il faut au moins deux événements musicaux liés entre eux – et pour ainsi dire causalement – pour faire un discours musical (car alors le second événement apparaît rétrospectivement causé par le premier). Il y a dès lors l'unité d'un discours élémentaire, ou du moins une sorte de proposition ou de *phrase* liant deux événements. Et bien sûr, de même que c'est le deuxième événement sonore qui donne son sens au premier en constituant le premier élément musical, c'est la fin de la phrase – et, dans cet exemple élémentaire, le deuxième élément musical, qui donne sens au premier, et ainsi de suite. Les événements prennent sens à partir du moment où s'instaure l'unité musicale (celle, minimale de la phrase, plus lointainement celle de l'air, du sujet ou du thème, ou encore du couplet, quelquefois du mouvement ou de l'œuvre quand il y a œuvre), unité qui conjoint une diversité d'événements en une totalité selon une relation de dépendance causale.

La causalité dans la musique

La notion de causalité que nous avons introduite comme élément constitutif de la musique, de toute musique, est par là en partie éclaircie. Elle pourrait prêter pourtant à de nombreuses objections. Le terme de causalité paraît inadéquat, il est trop fort : il semble s'appliquer aux phénomènes mécaniques, aux enchaînements prévisibles, à la nécessité inéluctable réglée par les lois de la nature. Comment ce concept pourrait-il valoir pour des phénomènes esthétiques, pour des enchaînements musicaux le plus souvent imprévisibles, comment pourrait-il laisser place à la contingence, à la nouveauté, à l'inventivité indéfinie du discours musical, voire à la créativité et au génie des musiciens ? Qu'une comptine enfantine puisse, à la rigueur, obéir à des mécanismes « réglés comme du papier à musique », soit ! Mais comment le recours à une prétendue causalité interne pourrait-il éclairer l'écoute d'un scat improvisé par Ella Fitzgerald, d'un prélude de Debussy, ou même d'une fugue de Bach, quelle que soit la rigueur des règles auxquelles celle-ci s'astreint ? À cette objection de bon sens, nous répondrons d'abord que, en effet, deux conceptions de la causalité ne sont pas ici pertinentes : ni celle de la loi nécessaire, ni celle de la chaîne.

Il n'est pas question de soutenir que l'ordre interne du discours musical est nécessaire ou qu'il est réglé par des lois. C'est même tout le contraire. C'est précisément parce qu'il ne l'est pas que le concept de *causalité* lui convient. Les physiciens recourent de plus en plus rarement à la relation de causalité (sauf peut-être en théorie de la relativité restreinte pour caractériser la relation entre deux événements successifs, justement, dès lors qu'ils appartiennent au même cône de lumière), lui préférant la notion de lois, c'est-à-dire de rapports constants, réglés et nécessaires entre phénomènes – rapports exprimables par des formules mathématiques. Mais comme on sait, les lois n'expliquent rien, elles ne permettent pas de comprendre, de répondre à la question « Pourquoi ? ». Car nous avons besoin, pour comprendre le monde humain dans lequel nous vivons, de recourir en permanence à de la causalité – une causalité ni nécessaire ni exprimable en une formule générale, encore moins en une loi nécessaire. En musique, comme en histoire, il n'est pas question de phénomènes, toujours généraux et répétables, comme dans les sciences naturelles, mais d'événements, toujours singuliers. C'est aux phénomènes naturels que s'appliquent les lois nécessaires et non aux événements. Certes, on dit par principe que « les mêmes causes produisent les mêmes effets » ; mais lorsqu'on veut expliquer un événement par ses causes, si l'effet attendu ne s'est pas produit étant donné ses causes apparentes, c'est que, en réalité, les causes n'étaient pas *vraiment* les mêmes. Veut-on par exemple expliquer la Révolution française ? On ne cherchera pas à dégager une loi générale des révolutions s'appliquant à la révolution anglaise, à l'américaine, à la russe, à la chinoise, etc. – loi qui n'expliquerait rien – pas plus qu'on rendrait compte de la sonate « *Hammerklavier* » de Beethoven par les supposées lois générales de la forme sonate. Il n'y aurait pas de sens à dire que les mauvaises récoltes, comme en 1788, sont toujours suivies d'une insurrection populaire. Pourtant, on peut soutenir que, sans elles, il n'y aurait pas eu d'émeutes dans les grandes villes françaises en 1789. Tout dépend du contexte, c'est-à-dire de l'ensemble indéfini de toutes les causes. Cela n'aurait pas non plus de sens de dire que, dans la tonalité, l'accord de dominante précède toujours, en conclusion, l'accord de tonique. C'est vrai dans la « cadence parfaite » (dans un grand nombre de musiques populaires, ou dans chacune des douze pièces du cycle pour piano *Papillons* de Schumann, à chaque fois avec des variations) mais ce n'est pas vrai dans la « cadence plagale » (où l'accord de tonique final est précédé par un accord de sous-dominante, comme dans la conclusion de l'Alléluia du *Messie* de Haendel ou du 1er mouvement de la *Symphonie fantastique* de Berlioz) ni dans le blues et le rock qui combinent souvent les deux (V-IV-I). Il n'en demeure pas moins que, dans la cadence parfaite, l'accord de dominante est bien entendu comme *cause* de l'accord de tonique, de la même façon que, dans la cadence plagale, l'accord de tonique est entendu comme *causé* par celui de sous-dominante. Tout dépend du contexte. On a donc beau soutenir la vérité du principe de causalité (« les mêmes causes produisent les mêmes effets »), on ne l'applique en fait, dans l'ordre des événements humains, que de façon négative : comme on ne constate jamais exactement les *mêmes* effets, dans la musique[1] ou dans l'histoire, on n'en conclut pas qu'il n'y avait pas de cause du tout mais on cherche à chaque fois les causes singulières qui ont causé ces effets particuliers.

C'est pourquoi une autre conception de la causalité, apparemment plus propre aux événements, se révèle aussi inadéquate que la conception « nomologique » pour penser la causalité musicale ou historique : celle selon laquelle les événements sont sériels et *s'enchaînent* inéluctablement, en sorte que l'un quelconque d'entre eux est causé par *celui* qui le précède et causerait à son tour *celui* qui le suit selon une chaîne unique de déterminations successives. On ne peut pas non plus se contenter des causes tenant à l'enchaînement apparent des événements, comme on décrit parfois la révolution de février 1917 en Russie : la généralisation des grèves à Petrograd *entraîne* la mobilisation par le Tsar des troupes de la garnison, dont une partie rejoint le camp des insurgés, ce qui *amène* le Tsar à dissoudre la Douma et à nommer un comité provisoire, etc. ; un musicologue décrirait de la même manière la surface du discours musical : le premier mouvement de la sonate « *Hammerklavier* » de Beethoven commence par une série d'accords *fortissimo* en si bémol majeur qui forment l'essentiel du premier thème et cette même série d'accords *permet d'introduire* le second sujet, forcément plus lyrique, dans la tonalité submédiante (c'est-à-dire une tierce mineure sous la tonique) de *sol* majeur, ce qui *entraîne* à son tour un développement dont le sujet fugué descend continuellement par tierces, etc. Sous leurs allures explicatives, ces analyses sont purement descriptives ; elles se contentent d'habiller dans le vocabulaire de la causalité de simples rapports de succession.

1. Il y a cependant un cas où un équivalent du principe « les mêmes causes produisent les mêmes effets » s'applique à la causalité interne de la musique. Voir ci-dessous p. 183.

Mais ce que nous entendons, ce ne sont pas des successions d'événements. Et la musique est l'art des sons.

Le concept de causalité que nous retiendrons n'est donc ni celui de loi ni celui de réaction en chaîne, c'est simplement celui de *condition factuelle* : ce sans quoi tel événement ne se serait pas produit. C'est ce que nous pouvons appeler la « causalité événementielle ». Et le modèle le plus adéquat pour comprendre cette causalité dans le discours musical est la manière dont elle est utilisée en histoire. Lorsqu'on veut expliquer un événement historique, on en dégage rétrospectivement les *causes*. On distingue par exemple des *causes structurelles* profondes de la Révolution française, auxquelles se sont combinées des *conditions conjoncturelles*, le contexte moral, politique, social, culturel (les philosophes des Lumières), ainsi que, évidemment, les événements précédents, lesquels ont joué leur rôle, à condition de savoir les repérer et de pouvoir mesurer leur poids respectif. L'analyse est évidemment interminable, ce qui ne signifie nullement qu'elle soit vaine ni que l'événement fût nécessaire. Il en va de même en musique. Pour seulement *entendre* tel passage, telle mesure, voire tel accord, avec tout son sens, on percevra, sans même s'en apercevoir, le poids respectif des causes structurelles profondes (les règles de la tonalité), celui du contexte harmonique (modulation), rythmique (répétition d'une cellule), timbral, mélodique (ponctuation de la phrase, inclusion de chacune de ses parties dans un groupe plus large, imitation d'une phrase antérieure), voire les causes immédiates, qui sont les événements musicaux précédents (selon les « lois » de l'attraction tonale, par exemple). Face à des œuvres, l'analyse musicologique pourrait aussi venir au secours de l'écoute. Mais pas plus que l'historiographie, rendant raison de l'histoire par ses causes, ne la rend nécessaire, la musicologie ne rend nécessaire la musique qu'elle « explique ». Ce qui dans l'histoire s'appelle profusion, hasard, rencontre de séries causales indépendantes, s'appelle en musique fécondité, et parfois créativité, génie – lequel consiste souvent à faire entendre des enchaînements d'événements *nouveaux* comme des événements *causés* par le déroulement du discours, même lorsqu'ils sont destinés à créer la surprise de l'auditeur (« ah ! c'était donc ça »), voire à les faire sonner comme des événements nécessaires, alors que, précisément, rien ne les rendait tels avant leur invention par le musicien (« c'est cela même ! »).

Il faut cependant noter ceci : plus le discours musical est simple, réduit à un air ou à une cellule rythmique, par exemple les comptines, les berceuses, les chansonnettes, les prières scandées, plus la causalité semble déterministe. À l'auditeur ou à l'interprète (sauf s'il est absolument novice, comme l'enfant), la séquence des événements donne alors le sentiment d'une inéluctabilité, voire d'une prévisibilité quasi-absolue – qui d'ailleurs ne retire souvent rien au plaisir musical, et parfois même l'accroît. Par exemple, Leonard Bernstein a pu montrer l'universalité de certaine comptine enfantine, dérivée d'une petite cellule de trois notes (*sol* blanche, *mi* blanche, *sol* blanche) par lesquelles tous les enfants s'interpellent les uns les autres[1]. Il montre comment cette cellule est dérivée de la progression naturelle des harmoniques. On a ici une causalité prémusicale (les lois du son) dans le discours musical lui-même. Mais, même dans les musiques « composées », il y a certaines causes immédiates (au niveau le plus étroit de l'enchaînement des notes ou des accords avec leurs prédécesseurs) qui semblent dérivées du système lui-même, ce que nous avons appelé le « monde musical ». Et plus les musiques sont complexes, plus « jouent » différents types et niveaux de causalité internes entrelacés[2]. Et « jouer » doit ici s'entendre au double sens de jouer un rôle et de jouer les uns avec les autres en laissant du jeu entre eux pour l'inventivité.

La cause suffisante

Mais pour définir la musique, point n'est besoin de cette distinction entre types de causes. Qu'est-ce qu'entendre une suite de sons *comme* une musique ? La réponse est double : il faut d'abord que les sons en question soient distincts (ce qui n'est pas le cas lorsqu'on entend à l'aveugle la bande son, sans musique, d'un film d'action – comme dans la caverne) et que la série de sons soit entendue comme possédant une causalité interne – ce qui n'est pas le cas lorsqu'on entend le chat courir dans tous les sens sur les touches du piano.

Cette causalité, disions-nous, est imaginaire. Elle l'est par opposition à la causalité réelle des sons, celle qui est déterminante dans l'écoute vitale : telle colonne d'air dans le tube, telle vibration de

1. Leonard Bernstein, *The Unanswered Question. Six Talks at Harvard*, Harvard University Press, 1976, p. 16.
2. Voir ci-dessous p. 204.

peau tendue, tel pincement de cordes, ou encore la voix, la trompette, le tambour, le clavecin, etc. Elle est imaginaire par opposition à une autre causalité réelle, quand il s'agit d'œuvres, qu'elles soient écrites ou improvisées : dans ce cas, la musique a bien été réellement causée par… le compositeur ou le musicien. Mais celui-ci ne fera de la musique que si les sons qu'il a mis en ordre produisent à l'*écoute* un ordre causal imaginaire. Car la musique… est l'art des sons. Le musicien est certes cause de *cette* musique, mais il n'est pas cause de ce qui en elle est musical ; car cela dépend à la fois du monde musical *a priori* (le système synchronique des notes) et de l'ordre causal *a posteriori* (la dépendance diachronique entendue entre les notes).

Cette causalité est imaginaire en ce sens qu'elle dépend de l'esprit humain. Sans lui, il y a sans doute des effets sonores, mais pas d'effet musical – lequel suppose l'intelligibilité du sensible et l'*imagination d'un ordre rationnel* dans le sonore[1]. C'est pourquoi, au contraire de la causalité réelle qui existe à la fois ontologiquement de la cause vers l'effet (la cause *produit* l'effet) et épistémologiquement de l'effet vers la cause (la cause est *comprise* à partir de son effet), la causalité imaginaire n'existe, dans notre compréhension, que rétrospectivement, de l'effet vers ses causes : on entend presque toujours l'événement comme *ayant été causé* par ceux qui précèdent, on l'entend rarement (sauf certaines musiques élémentaires) comme causant ceux qui les suivent.

La causalité est imaginaire, mais elle n'est nullement fictive parce qu'elle est la résultante de l'ensemble indéfini des causalités qui sont réellement en jeu dans le discours musical. La musicalisation du sonore opérée par l'esprit humain projette la causalité réelle, appartenant à l'axe de la simultanéité chose-événement, sur l'axe imaginaire de la succession entre événements. Dans la musique, en effet, le son paraît privé de sa fonction naturelle de signaler perceptivement (verticalement) l'événement et de référer ainsi à la chose qui le cause. Mais une fonction interne (horizontale) s'y substitue : « ceci se produit *parce que* cela s'est produit ».

1. Selon les primatologues David et Ann Premack, les chimpanzés sont insensibles à la préservation du contour mélodique et n'entendent pas qu'une mélodie transposée à une autre hauteur ou à un autre tempo demeure la même : « Un bébé humain, si on lui joue la même chanson à différents tempi ou dans différentes tonalités, reconnaît l'équivalence, le singe, non » (*Le Bébé, le Singe et l'Homme*, Odile Jacob, 2003, p. 47).

Causalités et interaction

On entend de la musique dès lors qu'on n'entend plus une simple succession sonore mais un unique processus musical. Mais l'écoute peut être plus complexe, surtout lorsqu'il s'agit de musiques polyphoniques ou polyrythmiques. Le discours musical est entendu comme unifié par de multiples causalités internes liées entre elles, autrement dit non comme un processus mais comme une pluralité de processus simultanés. Les diverses lignes causales sont entendues comme autonomes, au sens où chacune paraît obéir à ses propres règles, *ce qui ne signifie pas qu'elles soient indépendantes*, puisque justement on entend leur dépendance. Cette dépendance peut être de deux types : causale de l'une sur l'autre, ou en interaction l'une avec l'autre.

Prenons un exemple simple : un canon. C'est une forme polyphonique dans laquelle les différentes voix interprètent la même ligne mélodique de manière différée.

Écoutons « Frère Jacques » ❾.

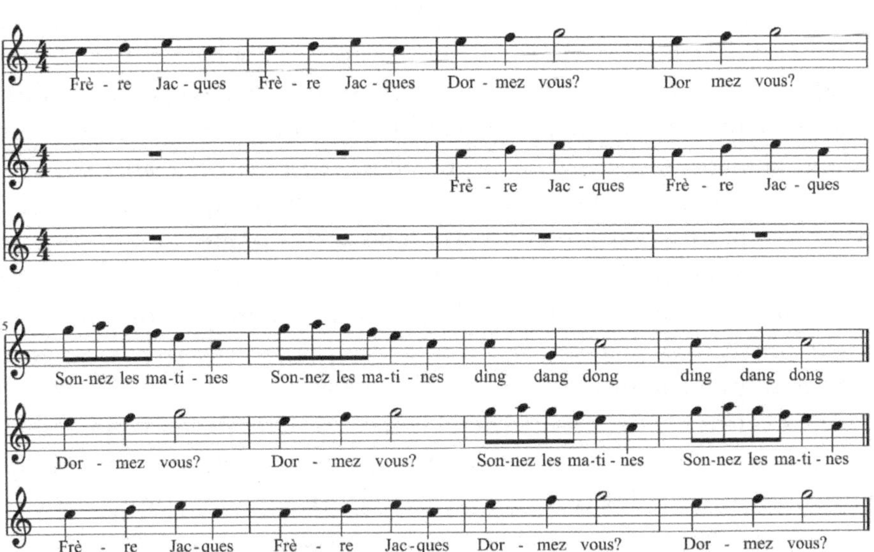

On peut y entendre trois types distincts de relations internes.

Il y a d'abord les relations causales qui constituent la ligne mélodique. Ainsi, le *sol* blanche (« -vous ») est entendu comme causé par la montée des deux notes qui précèdent (*mi-fa* : « Dor-mez ») et comme une pause provisoire après la montée depuis le *do* initial ; et ces trois notes elles-mêmes (*mi-fa-sol*) sont entendues comme causées par les trois premières, qu'elles imitent une tierce au-dessus. Voilà (entre autres causes) *pourquoi* se produit ce *sol* ! Et ainsi de suite pour la première voix...[1] Ses causes internes constituent les « moteurs » de la ligne mélodique.

Lorsque la deuxième voix commence, on entend un deuxième type de causalité. On n'entend plus seulement des notes causées par celles qui les précèdent, on entend cette deuxième voix comme causée par la première. Cette deuxième causalité est externe à la ligne vocale (à la séquence de ses propres notes) mais interne à la musique.

La différence entre les deux types de causalité est claire : la première est de type « événementiel ». C'est celle à laquelle on a affaire en histoire, où les événements sont individualisés et n'arrivent qu'une fois – ce qui n'empêche ni la compréhension rétrospective de leurs causes, ni leur caractère toujours imprévisible et nouveau. La seconde est de type « générique ». C'est celle à laquelle on a affaire dans les sciences naturelles qui mettent en rapport, non des événements singuliers, mais des facteurs génériques : la gravitation, en général, fait tomber la pierre ; l'alcool cause l'ivresse, etc. C'est à ce type de causalité que convient la formule « les mêmes causes produisent les mêmes effets ». La connaissance de ce type de relation causale peut nous donner l'image d'un déterminisme intégral et par conséquent d'une prévisibilité complète, ce qui n'est jamais le cas pour la causalité de type « historique ». C'est ce qui se passe ici : pour savoir ce qui va se produire dans la deuxième voix, il faut et il suffit de savoir ce qui s'est passé dans la première. La deuxième voix est entièrement déterminée par la première et donc absolument prévisible. Et il en va de même de la troisième par rapport aux deux précédentes.

Mais outre ces deux types de causalité, on entend dans un canon un troisième type de détermination interne à la musique. On entend l'interaction entre les voix. C'est une relation qui, au contraire de la relation de causalité, est synchronique au lieu d'être diachronique, et bi-univoque au lieu d'être univoque. Lorsqu'on entend à la deuxième voix « Frè-re Jac- », on ne l'entend pas seulement comme déterminé

1. Voir ci-dessous p. 187, où nous analyserons plus précisément les différentes causes internes à cette même ligne mélodique.

par son propre moteur interne, ni par le « Frè-re Jac- » de la première voix, on entend aussi l'interaction harmonique entre le *mi* de la première voix et le *do* de la deuxième. Et il en va de même pour les deux notes suivantes. On entend donc une suite de trois *tierces.*

Remarquons cependant comment cette interaction est elle-même en relation complexe avec les deux relations causales.

Ainsi, quand on entend le « -mez » de la deuxième voix (un *fa*), on entend qu'il est causé par le *mi* qui précède (tout en menant au *sol* qui suit), et par le même « -mez » antérieur de la première voix, mais on n'entend pas vraiment son interaction avec le « les » (un *sol*) de la première voix avec lequel il est supposé être en interaction synchronique ; car ce *fa* et ce *sol* seraient entendus comme dissonants ; en fait, ce qu'on entend ici, plutôt qu'une interaction note à note, c'est une interaction entre les motifs simultanés des deux voix : le *sol-la-sol-fa-mi* (« Son-nez les mati- ») de la première voix semble une descente du *sol* vers le *mi*, tandis que, en interaction synchronique avec elle, la deuxième voix est entendue inversement comme une montée du *mi* vers le *sol* (la dominante, dirait un musicologue). Si bien que, en réalité, on entend, dans le cas d'un canon, d'une part deux types de relations de causalité (événementielle à l'intérieur de chaque voix et déterministe entre les voix), et d'autre part une relation d'interaction variable entre les voix, tantôt plus événementielle (d'événement sonore à événement sonore) tantôt plus générique (entre motifs, c'est-à-dire entre événements eux-mêmes liés causalement).

Cette paraphrase de quelques mesures de « Frère Jacques » montre que, entendre une musique, c'est entendre trois types de connexion : c'est entendre les notes successives comme un processus sonore indépendant (causalité événementielle) ; c'est entendre l'éventuelle dépendance causale (causalité générique) des différents processus, tout en entendant les éventuelles interactions entre notes ou processus simultanés.

Eh oui ! On entend tout cela, et plus encore, dans quelques mesures de « Frère Jacques ». Il en va de même dans un contrepoint à peine plus complexe comme une « invention » (voir Annexe 2), et plus encore évidemment dans une fugue.

On voit en quoi la causalité musicale n'est pas une connexion quelconque. Car l'interaction entre les notes simultanées d'un canon est bien une connexion mais elle n'a rien de causal. La dépendance causale et l'interaction sont l'une et l'autre imaginaires puisque rien, en réalité, ne cause rien ni n'interagit sur rien, mais nous les entendons l'une et l'autre dans la musique. La dépendance causale, qu'elle soit intrinsèque à une série de notes (événementielle), ou extrinsèque entre séries causales décalées (générique), est conforme à l'ordre du temps : c'est donc elle qui est constitutive de la musique. C'est elle qui nous permet d'entendre une suite de notes *comme une musique*. Au contraire, l'*interaction* simultanée entre notes (dans un accord ou dans une musique privilégiant l'harmonie verticale) ou entre voix (dans un canon, une fugue ou dans toute musique privilégiant la superposition de voix autonomes), n'implique aucune succession temporelle : elle est présente dans de nombreuses musiques, qu'elle enrichit de façon décisive, mais elle n'est nullement nécessaire à la production de la musicalité – laquelle se satisfait du sentiment de causalité interne. Autrement dit : si nous n'entendions pas, dans un canon, les relations d'interaction simultanée entre les voix, nous ne l'entendrions pas dans toute sa richesse. Mais si nous n'entendions pas les relations causales entre notes, nous ne l'entendrions pas du tout comme une musique.

Entendre une musique polyphonique, c'est donc entendre trois types de relations internes entre sons : causalité événementielle, générique, interaction. Et il en va de la polyrythmie comme de la polyphonie. Car si la musique dite occidentale a surtout développé les relations de causalité internes aux lignes mélodiques ou aux séquences harmoniques (ainsi que les relations de dépendance entre elles), il n'en va pas de même des musiques d'Afrique de l'Ouest qui ont atteint une richesse comparable par le développement des relations de causalité internes aux lignes rythmiques et à leur superposition. Chaque instrument à percussion joue un schéma rythmique qui possède son propre moteur interne (et aussi son propre degré de prévisibilité) ; ils se superposent les uns aux autres, et se rencontrent parfois. L'auditeur entend donc chacune des séries causales indépendantes (puisque chacune est soumise à sa causalité interne) ; et il les entendra comme dépendantes ou non, selon qu'il entendra ou non une relation de causalité externe voire une interaction bi-univoque entre telle et telle ligne rythmique. Mais, ici comme dans le cas précédent, il y a musique si et seulement si on perçoit la (ou les suites) de sons comme mus par une causalité interne, les éventuels effets de rencontres polyrythmiques ne faisant que renforcer l'effet musical (et enrichir la musique, bien sûr) ni plus ni moins que les effets d'harmonie renforcent l'effet musical et enrichissent la musique polyphonique.

Atonalité et causalité

On dira peut-être que cette relation de causalité entre les événements dans l'œuvre musicale n'a guère de sens pour la musique dite « atonale ». En effet, pour que la phrase musicale constitue, à chaque instant, sa fragile unité, pour que chaque nouvel événement musical redonne un sens rétrospectif à certains de ceux qui l'ont précédé en se fondant avec eux dans une nouvelle unité, il faut qu'existe un langage et des règles harmoniques, comme celles de la tonalité ou d'un mode quelconque. En d'autres termes, comment la musique atonale, ou plus précisément dodécaphonique, pourrait-elle donner à l'auditeur ce sentiment d'enchaînement causal sans les *attentes* harmoniques, certes toujours légèrement détournées par l'art du compositeur, mais pourtant jamais entièrement frustrées, grâce à l'existence d'un langage (qu'il soit tonal ou modal), comment le pourrait-elle, elle qui est tout entière construite sur l'évitement de toute attente ? « Même la plus petite réminiscence de l'écriture tonale causerait ici la confusion, car elle créerait un faux sentiment d'attente de certaines conséquences et de certains prolongements[1] », écrit Arnold Schönberg. La série dodécaphonique est en effet fondée sur l'imprévisibilité et interdit tout enchaînement d'intervalles qui évoquerait une forme quelconque de *résolution* – qui est la forme la plus simple de l'*enchaînement de causalité* dans l'harmonie classique. Le paradoxe veut même que les *lois* très strictes de l'écriture contrapuntique sérielle (série sous sa forme « droite », « rétrograde », « inversée » ou « rétrograde-inversée »), qui devraient rendre la musique aussi prévisible que dans un système physique déterministe, ne l'empêchent pas d'être *entendue* comme totalement imprévisible, non seulement parce que, comme on l'a souvent remarqué, la série est *visible* sur la partition mais rarement *audible* comme telle (étant donné qu'elle court sur plusieurs voix ou registres), mais aussi parce que la succession des sons qui la composent évite

1. Arnold Schönberg, « La composition avec douze sons », dans *Le Style et l'Idée*, trad. fr. de C. de Lisle, Buchet Chastel, 2011, p. 167.

toute relation qui serait *entendue* comme causale. Paradoxalement, des lois déterministes de succession réelle des sons empêchent d'y entendre des causalités imaginaires. La musique atonale serait ainsi incapable de représenter un monde dans lequel les événements sont liés causalement, elle qui est entièrement faite pour déjouer ce sentiment. Nous serions alors face à un dilemme : ou prétendre que la musique atonale n'est pas une musique ou abandonner la définition que nous donnons de la musique.

Pour sortir de ce dilemme, il faut d'abord remarquer que la musique atonale n'a été possible, historiquement et théoriquement, que sur le fond de tradition de la tonalité et pour s'en *distinguer*. Elle en est la négation et le prolongement. C'est parce qu'elle s'en démarque qu'elle en reçoit son sens. Tout l'effort de Schönberg est de trouver une nouvelle écriture qui puisse d'abord, et sans doute *essentiellement*, se définir négativement par évitement de la tonalité, des tensions et détentes qu'elle implique, des retours et des attentes qu'elle procure auditivement. La musique atonale serait ainsi une exception qui suppose la règle de la causalité musicale et la confirme : sans cette règle, elle perd son sens et son intérêt. Cet argument historique a son pendant esthétique. Quelques-unes des incontestables réussites de cette musique, celle de la période dite de l'« atonalité libre[1] », par exemple les courtes pièces pour orchestre de Webern dont la brièveté extrême est un élément essentiel de l'aboutissement, présentent bien, elles aussi, une succession d'événements. Mais ces événements semblent justement réduits à leur advenue. Il y a bien des phrases où les événements s'enchaînent – c'est du moins ce que semblent garantir, à l'écoute, l'unité de timbres[2] et la continuité des lignes instrumentales. On entend bien de la musique. Et l'écoute y cherche la condition essentielle de la musicalité : la cause liant entre eux les événements. Mais l'absence de tout repère tonal, de toute stabilité harmonique, et donc la disparition des forces d'attraction entre notes

1. C'est la période (1909-1923) qui sépare les premières compositions de Schönberg, où il s'interdit toute relation tonale, jusqu'à l'invention du système dodécaphonique. André Boucourechliev en parle comme d'une « période heureuse qui aura vu naître *Pierrot lunaire op. 21*, les *Quatre Lieder avec orchestre op. 22* de Schönberg, l'opéra *Wozzeck* de Berg et tant d'autres chefs-d'œuvre parmi lesquels ceux du premier Webern sont peut-être les plus admirables » (*Le Langage musical*, Fayard, 1993, p. 44).

2. Sauf dans le cas de « mélodies de timbres » (*Klangfarbenmelodie*).

et intervalles rendent ces lignes absolument imprévisibles. La musique qu'on entend semble manquer de ce que la tension de l'écoute y cherche. C'est comme dans ces morceaux de rêve où les épisodes se suivent à la fois *inéluctablement* et *sans raison*. Les *Cinq pièces pour orchestre op. 10* de Webern semblent provenir d'un monde d'événements purs d'où la causalité s'est absentée. Elles disent les éclats d'un monde éparpillé. La désarticulation atonale alliée au dépouillement de l'écriture et au rétrécissement de la durée disent bien, indirectement, un monde ordonné causalement, mais elles suggèrent que ce monde est ailleurs, ailleurs que dans cette fragmentation, ailleurs que dans cette contingence absolue – ou peut-être insinuent-elles que l'ordre même du monde est désormais perdu et son ordonnance à jamais impossible. La musique atonale est la représentation d'une *temporalité sans causalité*. Elle prouve bien, au moins *a contrario*, que la musique est un art des événements purs, c'est-à-dire sans choses.

On dira que c'est mal comprendre ce type de musique. C'est au contraire être parfaitement fidèle à son projet esthétique. Ce que voulaient les fondateurs de la seconde école de Vienne, c'était justement cela : se défaire de la causalité interne, qui est un autre nom des tensions harmoniques et mélodiques propres à la tonalité et à presque tous les mondes musicaux. Les contraintes qu'ils se donnaient étaient donc purement négatives. « Ce n'est pas, écrit Schönberg, que l'art nouveau ait découvert une nouvelle loi naturelle, c'est simplement qu'il est la manifestation d'une réaction. Il n'a pas sa motivation théorique propre, mais il entend s'opposer à un état de choses existant et, par conséquent, il en adopte les lois comme point de départ de sa contestation[1]. » En déduirait-on pour autant, que, selon la définition que nous en avons proposée, ce n'était pas de la musique, si toute musique implique, à l'écoute, le sentiment de causalité ? Nullement. Car, c'est là où la nature se venge de l'histoire. En appliquant cette contrainte négative au seul « langage », c'est-à-dire au « mode » (aux rapports de hauteurs entre notes) qui obsédait les compositeurs viennois à cette époque, et en conservant tout le reste des conditions de la musicalité (l'échelle chromatique, la commensurabilité des durées, la mesure, les timbres et les instruments du XIXe siècle), ces compositeurs créèrent, et nullement à l'insu des plus clairvoyants d'entre eux, une

1. Arnold Schönberg, « La composition avec douze sons », *Le Style et l'Idée*, *op. cit.*, p. 155.

musique *pleine de sa causalité absente*, si l'on peut dire. Ce n'est pas un jeu de mots : car incitée par le fait qu'on entend de la musique, l'écoute ne cesse de rechercher entre les hauteurs des relations de causalité qu'elle entend dans les autres constituants de la musicalité et qu'elle ne trouve pas entre les hauteurs. Cette causalité entre hauteurs successives est l'objet introuvable de l'attention sonore. Car, en même temps, on en entend d'autres, et même toutes celles auxquelles on est habitué. On entend donc quelque chose qui se donne comme de la musique « classique ». On y entend notamment les notes du monde musical tonal. Car ce n'était pas à n'importe quelle échelle qu'ils recouraient, c'était à celle des douze sons. Or cette échelle des douze demi-tons égaux (autrement dit le tempérament égal), a été constituée historiquement pour permettre la généralisation du langage tonal et la possibilité de moduler à volonté, c'est-à-dire de passer dans la même pièce de toute tonalité à toute autre, même la plus éloignée, comme souhaitait le prouver Bach par son *Clavier bien tempéré*. C'est une musique qui réunit *toutes* les conditions de la causalité musicale, mais à laquelle manque, dans la survenue temporelle de ses événements sonores, la réalisation même, en acte, de cette causalité dont on entend l'évitement permanent. La causalité est donc là en creux, elle est pour ainsi dire « absente en personne » ou mieux absente « en chair et en os », si la chair et les os de la causalité musicale sont la mesure, les timbres et l'échelle des notes. On entend la causalité vouloir sourdre dans un discours qui lui refuse l'entrée alors même qu'il dispose de tous les attributs pour l'accueillir. On entend bien de la musique, réellement et pleinement musicale, et même *plus que* musicale si l'on peut dire, puisque, comme le néant chez Bergson s'ajoute à l'être plus qu'il ne s'en soustrait, à cette musique entendue *s'ajoute* l'absence même de sa musicalité attendue. C'est par ce subtil jeu d'absence et de présence qu'elle peut parfois nous toucher et parfois nous laisser de marbre.

Il en va de même, *mutatis mutandis*, de l'art dit « abstrait ». À la même époque, et pour des raisons analogues, la peinture s'est définie *négativement* comme non-figurative, exactement au sens où la musique, dans la seconde école de Vienne, s'est faite atonale. Sur la toile, qui se présente comme une toile, et même comme le quadrilatère classique de la « fenêtre » ouverte sur le monde, s'étalent des formes colorées, exactement comme dans la représentation classique. On est bien dans l'univers de la représentation à cela près que, ce qui manque, c'est le représenté. On reconnaît toutes les conditions *a priori* de la représentation classique (le cadre, le plan), on voit même sa chair et ses os (les formes et les couleurs), exactement comme dans la musique atonale on reconnaît les conditions *a priori* de la musique tonale (jusqu'à l'échelle de douze sons), mais il n'y manque que la représentation même. Une sorte d'image d'où l'image même aurait disparu, comme une image iconoclaste. C'est, plus encore que chez Kandinsky[1], dans les toiles de Mondrian de 1913-1914, l'époque même des *Cinq pièces pour orchestre* de Webern, que l'on peut assister à cette disparition de l'image, à sa mort en scène si l'on peut dire. Dans « Le Pommier en fleur » de 1912, on voit l'arbre s'effacer derrière ses formes, alors que dans « Composition n° VI/Composition 9 » de 1914, les façades d'immeubles qu'elle représente n'y sont plus présentes que par leur absence même.

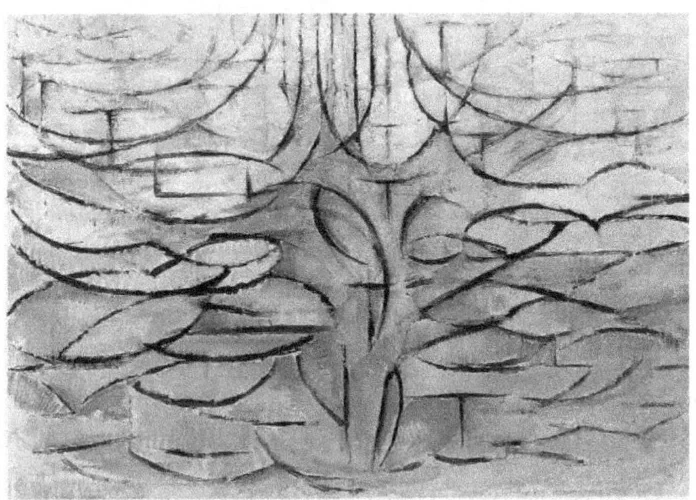

Piet Mondrian, « Le Pommier en fleur » (78 cm × 106 cm), 1912, Gemeentemuseum, La Haye.

1. C'est pourtant Kandinsky qui, ayant assisté à un concert d'Arnold Schönberg à Munich, lui écrit pour lui dire qu'il perçoit sa musique comme un équivalent de son propre travail : « Vous avez réalisé dans vos œuvres ce dont j'avais, dans une forme à vrai dire imprécise, un si grand désir en musique. Le destin spécifique, le cheminement autonome, la vie propre enfin des voix individuelles dans vos compositions sont justement ce que moi aussi je recherche sous une forme picturale », Lettre de Kandisinky à Schönberg du 18 janvier 1911, dans *Schönberg-Kandinsky, Correspondance, Écrits*, Contrechamps, n° 2, avril 1984, L'Âge d'homme, p. 11.

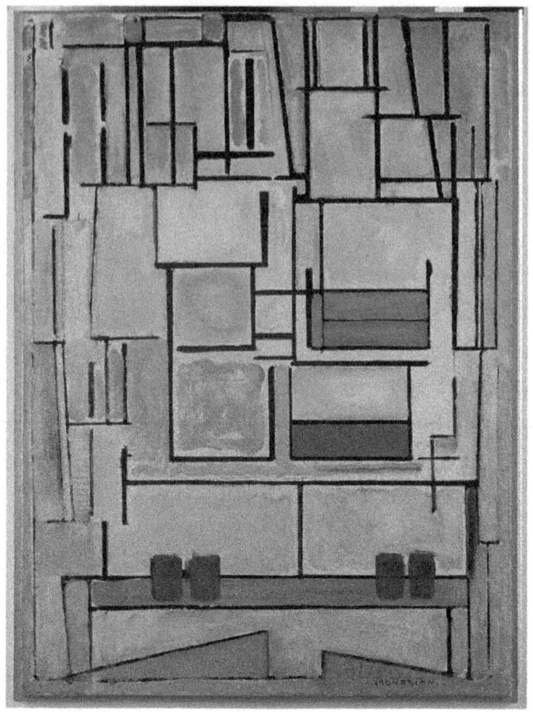

Piet Mondrian, « Composition n° VI »
(huile sur toile, 95,5 × 68 cm), 1914,
Fondation Beyeler, Bâle.

Ce mouvement historique parallèle des arts visuels savants et de la musique savante peut être interprété de la même façon dans les deux cas. C'est pour ainsi dire le passage de la représentation à la représentation des conditions mêmes de la représentation. Dans un cas, au lieu de représenter des choses par des images (des formes colorées), on se met à représenter formes et couleurs pour elles-mêmes, comme l'écrit en janvier 1914 Mondrian à son ami Bremmer[1]. Au lieu de représenter la relation entre événements par la musique, on représente les événements sonores eux-mêmes. C'est ce qu'on peut appeler le « tournant transcendantal » (ou peut-être, plus simplement, « réflexif ») des arts savants au début du XXe siècle. Pour des raisons comparables dans lesquelles la

1. « Je construis des lignes et des combinaisons de couleurs sur des surfaces planes afin d'exprimer, avec la plus grandes conscience, une *beauté générale.* » Cité par Brigitte Léal, *Mondrian*, Éditions du Centre Pompidou, 2010, p. 8.

concurrence externe de nouvelles formes plus populaires de représentation (photographie, cinéma pour les arts visuels ; apparition du jazz et de nouvelles formes de musique aisément diffusables et reproductibles) et le sentiment interne de l'épuisement des formes traditionnelles de la représentation (langage tonal parvenant à sa limite dans le chromatisme wagnérien, langage perspectiviste parvenant à sa limite chez Cézanne) pèsent d'un poids équivalent, les arts savants durent s'émanciper des conditions reçues de la représentation visuelle ou auditive.

Il en alla de même, *mutatis mutandis*, de ce qu'on appelle l'histoire de la métaphysique et de son tournant transcendantal avec Kant. Sur fond du sentiment de l'épuisement de toutes les solutions possibles aux problèmes classiques de la métaphysique, il fallut changer le mode de questionnement. Non plus se demander si Dieu existe ou non, si le monde est ou non infini dans l'espace et le temps, si l'homme est libre ou déterminé, mais mettre en évidence les conditions mêmes qui rendent à la fois nécessaires ces questions dans le sujet qui se les pose, et impossibles leurs réponses. Et donner à la connaissance métaphysique ce nouvel objet même : remonter du *fait* à sa *possibilité*, connaître les conditions mêmes de toute connaissance et analyser ses éléments nécessaires (concepts d'un côté, intuitions de l'autre). De même, certains des premiers artistes abstraits ou atonaux inversèrent la question de la représentation : non plus représenter quelque chose, mais représenter les conditions de la représentation : faire voir les éléments de toute peinture possible, les formes, les couleurs (Kandinsky et surtout Malevitch), faire entendre les douze sons de toute musique « représentative » – avant la causalité si l'on peut dire (chez Schönberg et les Viennois) ou même, plus tard, les sons bruts antérieurs à tout monde musical (chez Stockhausen ou Xenakis). Mais le devenir des arts, et notamment celui de la musique au XXe siècle – qui restera comme une des époques les plus riches et les plus fécondes de l'histoire – montre que ces voies de sortie n'étaient pas les seules possibles ni le remède le plus efficace contre le symptôme de l'épuisement. Car nous continuons bien d'entendre la causalité interne dans les musiques populaires, jazziques ou métissées, ou même chez la plupart des grands compositeurs de la musique savante du siècle : Strauss, Mahler, Debussy, Ravel, Stravinsky, Bartók, Milhaud, Janáček, Ives, Ellington, Sibelius, Nielsen, Hindemith, Chostakovitch, Copland, Britten, Dutilleux, Bernstein, Reich, Adams, même Messiaen, ou

Ligeti, et tant d'autres génies non dogmatiques[1]. La musique n'est pas plus morte de son tournant transcendantal ou sous les coups de sa dé-définition, que la métaphysique n'est morte après Kant ou de sa « déconstruction » par Heidegger.

La musique comme perception complète

La perception ordinaire, vitale, intéressée, est complète : les choses vues sont distinctes et identifiables ; elles sont supports et causes des événements entendus. L'expérience perceptive de la caverne sonore est doublement incomplète ; mais l'écoute musicale, pourtant elle aussi purement sonore, redevient une expérience perceptive complète, car les sons sont entendus – et compris – comme existant *par* eux-mêmes (ils relèvent de l'ordre comme système) et comme causés *par* eux-mêmes (ils relèvent de l'ordre de succession causale). On voit comment se complètent les deux conditions du passage des sons à la musique : la condition ontologique (un monde musical bien habité) et la condition épistémologique (un ordre sonore explicable par lui-même). La dépendance diachronique des notes entre elles est dépendante de l'indépendance existentielle préalable des notes. Les deux conditions d'intelligibilité de la musique concourent au même effet : les événements sonores doivent pouvoir se suffire à eux-mêmes, *la musique étant l'intelligibilité de l'autonomie du sonore.* Pour cela, ils doivent, dans le monde musical préalable, avoir une existence *indépendante* et être entendus distinctement les uns des autres. Inversement, dans les musiques réelles, ils doivent avoir une existence *dépendante* des autres, et être entendus dans leur relation de dépendance causale avec eux. Les deux conditions semblent aller dans deux sens opposés. Dans le premier cas, il s'agit de créer du discret (une temporalité divisible, une échelle de degrés) avec du continu (le temps infiniment divisible, l'univers sonore indéfini). Dans le second cas, il s'agit au contraire de créer de la continuité

1. L'excellente histoire de la musique du XXe siècle par Alex Ross, *The Rest is Noise. À l'écoute du XXe siècle. La modernité en musique*, trad. fr. L. Slaars, Actes Sud, 2010, atteste de sa diversité et de sa richesse et suffit à prouver qu'elle ne se résume pas à ce qu'en a retenu l'histoire officielle des avant-gardes (de Vienne à Darmstadt) telle qu'on l'enseigne encore parfois dans les écoles.

(l'unité du discours) avec du discret (des notes). La musique est donc la transformation d'une série discrète d'événements sonores en un processus unique mû par son moteur propre. C'est comme s'il fallait d'abord, à partir d'un matériau informe et continu, produire des éléments discontinus servant ensuite à reformer une continuité significative. En fait, ce sont les deux conditions, opposées et complémentaires, pour produire du *sens* en général. Ainsi, pour qu'il y ait langage, il faut qu'un nombre restreint d'éléments discrets, phonèmes ou morphèmes, soit disponible *a priori* avant la production de tout discours ; et l'infinie productivité du langage est due justement à la combinatoire des éléments discrets, c'est-à-dire à la richesse de leurs oppositions distinctives. L'infinie richesse de la musique, de tous les genres de musique, est à ce double prix.

Épilogue de l'apologue : la sortie de la caverne

Revenons à nos prisonniers aveugles. Nous les avons quittés, au chapitre précédent, encore enfermés dans la caverne. Affranchis depuis toujours des charges de la vie et à présent délivrés des entraves de leurs liens, ils s'étaient mis à frapper partout. On pouvait penser, et même espérer, qu'ils se mettraient à sauter en rythme, à frapper en cadence, voire à chanter et danser. Ils ne le peuvent pas encore. Leur corps est trop lourd, leur voix grossière, leurs oreilles engourdies. Surtout : ils n'en sentent pas le besoin. Ils veulent juste pour l'instant entendre ce que ça fait de faire ce qu'ils entendent.

Les voilà cependant qui s'aventurent à escalader le long chemin qui mène à l'air libre. Pendant la montée, ils entendent au loin des sons qui n'ont plus rien du brouhaha confus auquel ils étaient habitués. Quelles sonorités inouïes !

Ils pressent le pas pour atteindre la plaine. Mais l'harmonie des sons qui leur parviennent de plus en plus puissants et distincts est trop assourdissante pour leurs oreilles encore gourdes. Certains veulent rebrousser chemin. Là-bas, disent-ils, tout était confus mais au moins nous ne risquions pas de perdre l'ouïe. D'autres, plus hardis, tentés par ce monde nouveau dont ils commencent à distinguer les contours, les tirent par la main.

Mais même eux, les curieux, les audacieux, ne peuvent s'empêcher de se boucher les oreilles en arrivant en haut, tant les accords qu'ils entendent paraissent éclatants à leurs oreilles inexpertes. Il leur faut tout un jour pour s'habituer à cette clarté nouvelle. Le soir, cependant, le battement à deux temps d'un tambour, aussi régulier que le souffle de leur respiration ou que le battement de leur cœur, les tient éveillés alors qu'ils vont s'assoupir. Certains d'entre eux se lèvent et commencent à se balancer d'un pied sur l'autre.

Le lendemain, à la tombée du jour, ils dressent l'oreille dans l'espoir d'entendre à nouveau les battements réguliers de la veille. Cette fois, c'est différent : un *tam* fort suivi de deux tam faibles, un *tam* fort suivi de deux tam faibles, etc. Les plus dégourdis comprennent. La danse vient de naître.

Bientôt, ils chantent pour de bon. Ils réalisent alors que leurs paroles elles-mêmes, dans leurs échanges, sont devenues plus distinctes. Parfois ils ignorent s'ils parlent ou s'ils chantent. Plus tard, ils se mettent à fabriquer des flûtes en canne, des tambours en peau, des anches avec des roseaux pour soutenir leurs chants diurnes ou leurs danses nocturnes.

Longtemps après, leur nouveau monde leur paraît enfin tel qu'il est. Ils perçoivent comment les événements du monde peuvent se combiner, se suivre et s'accorder. Ils comprennent que le monde où ils se trouvent n'est autre que celui qu'ils ont quitté. Mais ce monde nouveau est intelligible. Il suffit de l'entendre : les événements y sont bien tempérés. En fait, nul ne saurait dire lequel des deux est le reflet de l'autre : les musiques qu'on y fait et qu'on y entend ne sont-elles que les images idéalisées des péripéties possibles de l'univers d'en bas ? Ou au contraire, le monde qu'ils habitent désormais, sans y vivre à proprement parler, est-il le seul monde réel, dont ils ne percevaient naguère que l'image dégradée ? Rêvent-ils ou veillent-ils ? Ils ne savent plus.

Un jour, ils s'assoient calmement et, pour la première fois sans rien faire, sans que leurs corps s'agitent ou s'affairent, sans que leurs lèvres disent ou chantent mot, ils se mettent à écouter. Simplement. En silence. Certains pleurent.

Mais pourquoi ?

DEUXIÈME PARTIE

Ce que nous fait la musique

Introduction

La musique est l'« art des sons ». C'est l'art qui rend les sons autosuffisants. Mais cela ne nous dit pas pourquoi elle nous fait danser, chanter, pleurer. Ni pourquoi, partout où il y a des hommes, il y a de la musique.

Imaginons en effet des créatures d'une autre planète, qui seraient en tous points comme nous – corps, esprit, langage, société, etc. – à ceci près qu'elles ne connaîtraient pas de musique. Elles seraient amusiques[1]. Imaginons-les venant nous visiter, nous observer et tenter de comprendre, en anthropologues, pourquoi, chez nous les hommes, il y a de la musique. Nous aurions beau leur expliquer que, la musique étant l'art des sons, elle représente un ordre sonore d'événements purs, ils ne seraient guère avancés : à quoi bon tous ces sons étranges qui sortent de vos engins et de vos gosiers ? nous demanderaient-ils. Le langage ou les images ne sont-ils pas des moyens plus simples et plus directs pour communiquer ou pour représenter ? Il faudrait alors leur confesser : « Si, chez nous, il y a de la musique, c'est que *ça nous fait* quelque chose. » Perplexité de nos extraterrestres amusiques : « Quoi donc ? » Et leurs ethnologues, munis d'un carnet de notes et d'une honnête méthode d'observation participante, parcourraient notre planète à la recherche d'informateurs susceptibles d'éclairer ces étranges phénomènes. Comment se fait-il que, en entendant une bourrée auvergnate, les hommes et les femmes s'agitent ensemble, visiblement hilares ? Comment expliquer que les jeunes de votre planète écoutent sur leurs dispositifs audio des suites de sons qui ne veulent

1. Nous prenons ce mot au sens de « souffrant d'amusie », sorte de surdité à la musique (au rythme, à la mélodie et aux accords) chez des sujets par ailleurs parfaitement entendant.

rien dire mais qui leur font balancer la tête en souriant, l'air ailleurs ? Mais où ? Pourquoi les êtres humains, réunis dans de grandes salles fermées, écoutent en silence ce qu'ils appellent des « concerts » – c'est-à-dire des sons de toutes sortes mélangés de toutes manières et issus d'instruments sophistiqués visiblement conçus à ce seul effet ? Le fait est qu'ils ont l'air d'aimer cela puisqu'ils manifestent à la fin bruyamment leur enthousiasme. Qu'est-ce que tout cela peut leur faire ?

Alors, à défaut de pouvoir d'emblée leur *expliquer* pourquoi ça nous plaît et *comment* ça nous émeut, nous autres humains, ces sons mis en cet ordre, nous pourrions commencer tout simplement par leur lister quelques-uns des plaisirs qu'ils nous donnent. Nous leur tiendrions à peu près ce langage.

Le premier et le grand plaisir de la musique, c'est d'en faire, dirions-nous. Avant d'être un acte contemplatif, une écoute ou un spectacle, un art chez nous est d'abord un savoir-faire. Avant le plaisir du concert ou du disque, il y a pour l'enfant le ravissement de produire un rythme avec ses mains et ses pieds. Et le babillage est autant la satisfaction de s'essayer aux sons qu'à s'initier au sens. Avant le mp3, avant le disque, avant même le concert, il y avait la musique de chambre pratiquée entre amis ; encore avant, il y avait le chant et les danses des jours de fête, la flûte et les tambours à la veillée ou dans les banquets. La musique existe pour être faite avant d'être faite pour être entendue. On éprouve un plaisir plus intense à jouer, mal, une fugue de Bach au piano qu'à l'entendre bien jouée par les meilleurs interprètes, ne serait-ce que parce qu'en la jouant soi-même, on la comprend infiniment mieux, on en perçoit plus distinctement les différentes voix, on entend ce qu'on n'arrive à rendre que maladroitement, comme un acteur comprend à force de lectures les mille nuances d'une réplique dont il ne peut traduire qu'une faible partie. (Il est vrai aussi que certains interprètes nous permettent de découvrir des aspects d'une œuvre que nous n'avions jamais entendus.)

Mais la musique nous plaît souvent à être simplement écoutée.

Il faudrait faire la part des plaisirs extrinsèques, ceux dont la musique n'est que la cause occasionnelle. Les émotions négatives d'abord : la détente qu'elle est chargée d'apporter aux passagers qui s'installent dans la cabine de l'avion ou l'excitation qu'elle procure, à leurs corps défendant, aux chalands des grands magasins pour mieux les disposer à l'achat.

Il y a les émotions positives qui relèvent des sympathies fédératives : les vibrations vécues en chœur (les grands rassemblements des concerts de rock, les défilés de musique électronique), la reconnaissance empathique de sa communauté d'appartenance dans un langage musical (le rap, les musiques « celtiques », etc.) ou dans certains morceaux (un hymne national ou international, un chant des partisans, etc.), le sentiment de puissance collective que l'on éprouve à chanter à tue-tête dans un groupe de rencontre, à prier de conserve à l'office, ou à marcher du même pas joyeux au-devant de la mort en chantant. La musique fonctionne alors comme marqueur d'identité ou comme instrument d'identification ; l'émotion qu'elle suscite se confond avec cette impression dont elle est à la fois l'effet et la cause : « cette musique, c'est nous ! ». J'existe dans et par ce « nous » dont j'entends bien dans la musique qu'il est plus fort que « moi ».

Extrinsèques encore, il y a toutes ces associations subjectives qui pénètrent en nous par les voies impénétrables de la mémoire involontaire. Il est difficile de distinguer l'émotion que nous éprouvons à entendre telle musique des émotions qui relèvent des circonstances personnelles dans lesquelles nous l'entendons, ou, plus encore – tant la musique est affaire de répétition – du contexte dans lequel nous l'avons entendue la première fois et qui en surdétermine chaque nouvelle écoute. « … Ce fameux adagio que j'ai entendu autrefois à Vienne lorsque j'étais enfant. » Ces émotions, fugaces ou tenaces, associées à des morceaux de vie, sont forcément privées. Elles ne sont pas *dans* la musique. Elles obéissent aux mêmes mécanismes de l'éveil nostalgique que toute autre expérience sensorielle vécue, qu'elle relève de l'art ou de la vie, à cela près que la musique, liée comme elle est à la mémoire, se prête, mieux encore que le goût des madeleines trempées dans le thé ou que la sensation des pavés inégaux dans la cour de l'hôtel de Guermantes, à ces affects indistincts dans lesquels le passé s'invite au présent.

(Et moi-même, dirais-je, je ne peux entendre « Der Lindenbaum » *(« Le tilleul ») du* Voyage d'hiver *de Schubert sans que les larmes me montent aux yeux. Est-ce parce que ma mère me le chantait en allemand quand j'étais enfant et que je l'écoutais avec un mélange de plaisir, parce qu'elle me le chantait, et de peine, parce qu'elle chantait faux ? Ou est-ce à cause de la beauté si simple de ces quelques mesures initiales ? Et il m'est arrivé d'éclater subitement en sanglots en entendant « Au-devant de la vie », chantée par la Chorale populaire de Paris du Front popu-*

laire (« Debout ma blonde, Chantons au vent, Debout amie, Il va vers le soleil levant, Notre pays »). Est-ce parce que j'entends son insouciante joie martiale comme déjà assombrie par la catastrophe qu'elle semble irrésistiblement annoncer ? Ou est-ce à cause de la perfection de cette mélodie faite de trois bouts de ficelle dont j'ai découvert tardivement qu'elle était due au génie de Chostakovitch ?)

Il est ainsi difficile de distinguer ce qu'il y a dans la musique et ce qu'elle a signifié pour nous. C'est pourquoi on prétend parfois qu'elle serait incapable de susciter d'autres émotions que celles dont la source obscure gît dans la singularité contingente et insignifiante de nos existences ou de nos goûts.

Encore extrinsèques à la musique, plus troubles et parfois plus intenses que ceux qu'elle nous donne par elle-même, il y a tous ces plaisirs liés aux conditions objectives de sa réception : l'excitation due au cadre du concert et à son rituel (comme le flacon de cristal et les gestes de l'œnologue exaltent le goût du vin), la douce appréhension du *live*, la joie de l'événement, la fierté d'en être, la fièvre de pouvoir entendre la musique connue en train de se faire ou de voir enfin « la » vedette en chair et en os.

Plus proprement musicales, et en tout cas esthétiques, il y a toutes ces émotions liées au mariage de la musique avec ses « autres » dans lesquelles il est difficile de faire la part qui lui est propre. Car lorsqu'elle s'unit parfaitement avec un autre art – le cinéma, la danse, la poésie, le théâtre – les émotions musicales fusionnent avec celles que nous donnent le film, le ballet, la chanson ou l'opéra, chaque moyen d'expression s'avérant capable de magnifier les autres au sein de l'œuvre totale. Ainsi, les paroles d'une « chanson d'amour » réussie nous touchent, alors même que, sans la musique, les mêmes paroles nous sembleraient plates ou mièvres. Telle est la secrète alchimie des alliages heureux. Jusqu'au paradoxe : plus un opéra est accompli, plus forte est l'émotion que nous ressentons à sa musique, à la *musique* elle-même, et moins pouvons-nous la distinguer de celle que nous donne le livret. C'est comme si la musique et le théâtre, aussi étroitement unis l'un à l'autre qu'ils peuvent l'être (dans les *Noces de Figaro* de Mozart par exemple), étaient assez modestes, ou assez épris l'un de l'autre, pour ne pas vouloir prendre le dessus dans l'émotion qu'ils nous offrent, comme un ténor et une soprano s'efforçant dans un duo de ne pas chanter plus fort que l'autre.

On pourrait encore énumérer d'autres émotions dont la musique n'est que la cause occasionnelle.

Cependant, nos visiteurs amusiques auraient tout lieu de demeurer perplexes. Il faudrait donc arriver à l'essentiel et leur dire finalement ceci.

Oui, il y a des plaisirs propres à la musique, des plaisirs qu'elle seule recèle. Oui, nous éprouvons des *émotions musicales*. Et cela même peut se déduire de ce que sont pour nous les sons. Tout son nous informe sur ce qui arrive. Mais ce n'est pas une information qu'il nous suffirait d'enregistrer comme un ordinateur dans notre base de données sur l'environnement. Quand quelque chose se passe, ça nous fait quelque chose. Et c'est pourquoi l'univers sonore est d'emblée un espace émotionnel. La musique nous plonge dans un monde imaginaire mais sonore. C'est donc un monde d'*émotions*, puisqu'il est sonore ; mais c'est un monde d'émotions *épurées* puisqu'il est imaginaire.

S'il y a de la musique pour nous, êtres humains de cette planète, c'est d'abord par ce qu'elle nous *fait*. Elle nous *touche*. Et ceci à son tour, s'entend en deux sens : littéral ou figuré.

Littéralement la musique touche notre corps (chap. 1).

Métaphoriquement elle nous émeut, elle touche notre esprit (chap. 2).

Chapitre 1

Ce que la musique fait au corps

Le premier effet musical, le plus simple, le plus direct, est physique. Au commencement de la musique, avant le verbe, était le corps. Certaines musiques mettent en transe, avec convulsions, cris, tremblements, perte de connaissance, chute, possession. La transe musicale est un phénomène universel, historiquement et géographiquement[1]. D'autres musiques, à force de tension, nous enivrent. Certaines apaisent. Parfois le seul timbre d'un instrument ou d'une voix suffit à nous bouleverser, en une sorte d'émotion blanche, puissante et sans objet.

Ce que nous fait la musique, c'est d'abord ce qu'elle nous fait *faire*.

En s'introduisant par tous les pores, elle nous fait *vibrer*.

Elle nous agite, nous secoue, nous soulève ; nous branlons, frappons, marchons, bondissons. Nous dansons.

(Souvent je voudrais danser. Je souhaiterais que mon corps rende à la musique ce qu'elle lui donne. Je désirerais qu'ils s'entendent l'un et l'autre ou qu'il l'entende aussi bien que je l'entends.)

Vibrations

Le son vient d'un corps qui vibre, et lorsque l'onde nous en parvient, elle fait vibrer le nôtre. Les deux corps entrent en sympathie. La musique tient d'abord dans ce corps à corps. Du moins quand elle est très intense, marquée, accentuée et percussive. Un rappeur ne peut pas chanter *legato* et *mezzo voce* et on ne peut l'écouter contem-

1. Voir à ce propos l'excellent *La Musique et la transe* de Gilbert Rouget, Gallimard, 1980.

plativement. Son message, c'est le médium : percutant, crié, scandé, fort et grave. Regardez ce qu'on entend dans une salle de concert de heavy metal. Ou voyez les *rave parties*. Écoutez de la musique techno des années 1990, justement nommée « trance ». Ou « Around the World » de Daft Punk. Ou encore : branchez sur votre casque une musique que vous aimez, quelle qu'elle soit, chant grégorien, opéra, orchestre symphonique, jazz, etc., et réglez-en l'écoute au plus fort, juste en deçà de l'insupportable ou du dangereux, à un volume tel que la musique, ou ce qu'il en reste, vous enveloppe totalement en vous isolant du monde extérieur : vous serez comme confronté à une puissance brute. Les vibrations acoustiques se transmettent à tout l'organisme et le font frémir d'autant plus fort que le son est plus intense et plus grave : les harmoniques inférieurs étant plus puissants et plus stables, leur amplitude favorise leur propagation et leur réverbération dans les cavités profondes du corps, l'abdomen et le thorax[1]. Les sons médium et aigus sont nécessaires à la compréhension de la musicalité et au plaisir esthétique qui en résulte, mais les sons graves favorisent les excitations purement physiques, désinhibitantes, hypnotiques[2]. La musique, ainsi entendue, n'est pas seulement entendue, elle est « transmodale », elle nous touche entièrement et presque tous nos sens. Nul besoin d'entendre pour percevoir ces vibrations musicales. Quelques percussionnistes virtuoses sont sourds : ainsi Evelyn Glennie.

Quel que soit le genre dont elle relève, populaire ou savant, « classique » ou « actuel », une musique qui se veut plus « jeune » ou seulement « nouvelle », émancipée de la tradition (même lorsque celle-ci est récente ou inventée), affranchie des conseils de modération ou libérée des règles de la bienséance, doit frapper les esprits en faisant vibrer les corps par des sonorités puissantes, des harmoniques graves, des percussions marquées, de Beethoven au heavy, trash, grunge, punk, rap, etc., en passant par Stravinsky, le Dixieland, le swing, le be-bop, ou le free jazz. Après tout, il ne serait pas si déplacé de définir la musique, *toutes les musiques*, comme se ramenant à n'être finalement que des « *good vibrations* » (« *oom bop bop good vibrations* »,

1. Voir Cristina Cano, *La Musique au cinéma. Musique, image, récit*, Gremese, 2010 (éd. fr.), p. 172.

2. Voir Claude-Henri Chouard, *L'Oreille musicienne. Les chemins de la musique de l'oreille au cerveau*, Gallimard, 2001, p. 90.

comme chantaient les Beach Boys). Tout dépend évidemment de ce qu'on appelle « good », même si la diversité de ses significations se ramenait à la simple équivocité du « plaisant » : mais quel plaisir ? Au fond, la musique, ce n'est pas plus compliqué que cela. Ce sont des vibrations plaisantes, à quoi bon chercher midi à quatorze heures ?

Un wagnérien le reconnaîtrait-il ? Il arrive que l'écoute en continu de *Tristan et Isolde* nous donne ce sentiment physique de vertige et nous transmette ce « long, immense et raisonné dérèglement de tous les sens » dont parlait Rimbaud. Comme un bain sonore ininterrompu qui nous enlace et nous engloutit, une marée musicale qui ne cesse de nous submerger, un trop-plein de convulsions que la musique même ne semble pas pouvoir contenir et qui nous excède nous-mêmes, c'est, en deçà même de l'harmonie et du drame, la pure hypnose des sons. Après tout, comme le remarque Gilbert Rouget[1], « "baigner dans la musique" n'est pas qu'une métaphore. Il arrive qu'on la reçoive véritablement par la peau. » Certes, *Tristan*, ce n'est pas seulement cela. Mais c'est aussi cela, qui pourrait le nier ?

Cet effet physique, il est aussi possible de le ressentir sans envoûtement ni hypnose, avec juste ce qu'il faut de tension jubilatoire, à l'écoute de certains crescendos musicaux réussis, c'est-à-dire proprement musicaux et non pas seulement produits par une augmentation progressive du volume sonore comme lorsqu'on manipule le potentiomètre d'une chaine stéréo. Ainsi en va-t-il du *Boléro* de Ravel dont l'effet ensorcelant est dû non seulement à la répétition entêtante d'un même motif mélodique et rythmique[2], mais à l'entrée successive et accumulative des instruments de l'orchestre ❿. Mais en matière de crescendo, il y a un maître : Rossini. Écoutez le fameux « air de la calomnie » du *Barbier de Séville* ⓫. L'amplification n'est pas seulement de volume ; elle est soulignée par un accelerando lui aussi très graduel, à mesure que croît dramatiquement la calomnie qui, de « brise légère » devient « tempête », « séisme », « explosion » et « tumulte général » ; elle est scandée par la répétition d'une cellule rythmique et d'une phrase mélodique disséquée en motifs de plus en plus courts à mesure que chacun semble prendre son autonomie

1. Gilbert Rouget, *La Musique et la transe*, *op. cit.*, p. 231.
2. Voir ci-dessous p. 133.

– comme ceux de la rumeur elle-même ; et le tout est enveloppé par des modulations tonales de plus en plus rapprochées qui font monter à chaque fois d'un cran la hauteur de l'air. L'ensemble des moyens musicaux (dynamique, tempo, rythme, mélodie, tonalité, harmonie, timbres) est mis au service d'une même finalité qui épouse le sens des paroles : faire entendre la musique comme une *force*, une force physique croissante et cumulative comme l'ouragan, une force organique qui « monte à la tête » comme une eau-de-vie, une force mentale aussi – comme la folie frénétique qui s'empare des personnages à la fin du premier acte de ce même *Barbier* : « *Ma signor, ma un dottor* » ⓬.

À son degré le plus bas, ou du moins le plus immédiatement et simplement physique, l'expérience musicale est bien vibratoire. Notre corps devient caisse de résonnance, il se fait contrebasse, avec notre buste dans le rôle de la table d'harmonie. Il est devenu l'instrument même de la musique entendue. Elle nous a pénétré par la peau jusqu'au cœur.

Mais il y a plus.

Transports

La musique nous fait aussi bouger. Elle nous fait marcher, courir, sauter, danser. Elle nous émeut d'abord parce qu'elle nous meut. Après la vibration, le second effet physique de la musique, aussi archaïque et universel que le précédent, c'est le *mouvement* du corps. L'émotion musicale est primitivement « motion », au sens ancien du terme. Les ethnomusicologues insistent sur la fonction de coordination des actions et plus généralement de cohésion sociale de la musique : musiquer pour se sentir appartenir au même groupe, former ainsi une communauté. Le rythme en particulier facilite la synchronisation des mouvements. Les « marches » militaires, à deux temps (un temps fort, avançons tous la même jambe, un temps faible, lançons l'autre jambe vers l'avant), à la mesure marquée, au tempo régulier, permettent d'avancer « comme un seul homme », si possible en rangs serrés. Les valses à trois temps (fort, faible, faible) obligent à tourner. Qui parvient à s'empêcher de branler la tête ou de marteler le sol en écoutant « Duke » Ellington, Charlie Parker ou Ella Fitzgerald ? Quelques-uns des grands « mouvements » de la musique dite populaire du XXe siècle, notamment négro-américaine, s'appellent « *swing* » (osciller), « *bop* » (cogner), « *hard bop* » (cogner fort), « *rock* » (balloter), « *rap* » (frapper). La musique savante retrouve parfois cette liaison intrinsèque musique-mouvement, comme dans le *Sacre du printemps*, dont le pouvoir de captation persistant sur les chorégraphes et les auditeurs est dû à la formidable énergie motrice.

Cette fois encore, la musique n'est pas seulement *entendue* : ce n'est pas un processus purement auditif, elle met en jeu, montrent les physiologues, les trois systèmes moteur, proprioceptif et cinesthésique. À simplement entendre la « devise musicale » instrumentale de « sa » divinité, celle dont il se sait habité, le danseur entre immédiatement en transe[1]. Même chez le plus placide des auditeurs d'une salle de concert classique, la perception du rythme suscite des réactions motrices invisibles, celle de l'appareil vocal et respiratoire ou celle des muscles du ventre. Elle génère des mouvements ou des ébauches de mouvements inconscients, et mobilise les zones de cerveau impliquées dans la motricité[2]. On bouge en pensée – et aussi fort qu'en vrai.

Mouvement souvent, repos parfois : les berceuses sont chantées doucement, sans altération dynamique ni modulation tonale, et leurs mélodies lentes, régulières, répétitives, aux notes conjointes sans grands intervalles, au contour alterné dans le registre medium, et donc toujours rassurantes parce que sans surprise, invitent au calme et au sommeil. D'autres musiques sont hypnotiques en un autre sens du terme : elles cherchent à mettre le corps dans une sorte d'ataraxie extatique. Ainsi certains ragas ; ou Pink Floyd, Terry Riley, La Monte Young, etc.

Il y a une limite où le mouvement du corps et le son musical deviennent indiscernables, c'est dans le geste du musicien : l'enfant qui frappe sur son assiette en cadence, l'orant qui psalmodie sa prière en inclinant son corps d'avant en arrière, le pianiste virtuose qui danse avec ses mains, le batteur de jazz qui joue son 4/4 en suivant

1. Sur le rôle des « devises musicales », voir Gilbert Rouget, *La Musique et la transe*, *op. cit.*, notamment p. 192-203.

2. On s'accorde à reconnaître que la musique est traduite en mouvement corporel par le vestibule, cavité du labyrinthe de l'oreille dont la fonction la plus importante serait de percevoir le rythme, et dont la sensibilité est inconsciente (ses impulsions ne parviennent pas au cortex cérébral, donc au seuil de la conscience). Cela n'empêche évidemment pas le rythme d'être, en un second temps, perçu dans sa valeur esthétique quand il atteint le niveau du cortex.

le tempo de la contrebasse, le percussionniste du *Boléro* de Ravel, tous ceux-là peuvent-ils distinguer clairement les gestes et les sons ? Le geste fait le son, mais c'est le son en retour qui détermine le geste, sa puissance, sa régularité, son attaque ; c'est au son entendu que s'ajuste à chaque instant le mouvement, et c'est du mouvement que résulte le son musical. Dans la musique en train de se faire, le son est la rencontre de deux corps, celui du musicien et celui de son instrument[1]. Au point où ils se confondent, le faire et l'entendre sont unis. Et ce que la musique nous fait faire alors, c'est justement de la musique. Cette circularité de l'émotion musicale, par laquelle la musique qu'on entend est à la fois cause et effet de la musique qu'on fait, tout instrumentiste la vit, et plus encore les partenaires de la musique de chambre ou d'une formation de jazz. Mais tout un chacun peut l'éprouver dans le chant choral. Chanter ensemble ajoute à toutes les émotions résultant de la musique qu'on fait et de celle qu'on entend, l'émotion singulière causée par le fait qu'on entend hors de soi la musique qu'on fait. On perçoit chanté par d'autres ce qui nous meut de l'intérieur. Et c'est comme si l'on chantait soi-même à travers toutes ces gorges déployées.

L'émotion propre à l'événementialité

Mais pourquoi la musique nous fait-elle aussi bouger, nous, les humains[2] ?

Il faut, suivant toujours notre méthode déductive, revenir à notre définition : une musique est la représentation d'un monde imaginaire d'événements purs.

Toute émotion est causée dans un sujet par des événements qui lui arrivent et qui l'affectent. S'il ne lui arrive rien, il ne ressent rien. La forme générale de l'événement, c'est : « ça arrive ! ». L'émotion, c'est

1. Voir Bernard Sève, *L'Instrument de musique*, *op.cit.*, Première partie, II, « Les deux corps de l'instrument, les deux corps de l'instrumentiste », p. 59 *sq.*

2. On soutient désormais que certains animaux sociaux « proches de l'homme » (notamment les bonobos) sont capables de suivre un rythme. En réalité, ce que montrent les expériences (voir ci-dessous note 2 p. 108), c'est qu'ils sont capables de réagir « en cadence », c'est-à-dire par un balancement régulier, à certains événements (y compris musicaux) eux-mêmes réguliers. Ce n'est pas le rythme proprement dit ni même la mesure.

l'effet subjectif et présent d'un événement présent, passé ou à venir. Sans événement, réel ou possible, pas d'émotion. Et sans l'émotion d'un sujet, pas d'événement pour ce sujet. La forme générale de l'émotion, c'est donc : « ça *m*'arrive ! ». Autrement dit ça nous fait quelque chose, psychiquement et physiquement. Selon ce qui nous arrive, nous ressentons des émotions particulières, *qualifiées* selon l'événement (par exemple la jalousie, la honte, le regret, le désir, la satisfaction, le soulagement, etc.)[1], et *affectées* positivement (plaisir) ou négativement (peine) ; et nous éprouvons aussi des effets physiques (tremblements, sueurs...) éventuellement accompagnés de mouvements orientés positivement (attraction vers ceci) ou négativement (fuite loin de cela).

La musique représente (et produit) des événements. Ils peuvent eux aussi nous faire quelque chose, psychiquement et physiquement. La musique peut nous émouvoir et nous mouvoir. Mais elle ôte aux événements toute leur réalité pour n'en garder que les qualités sensibles (sonores). Les émotions qu'elle peut nous donner n'ont pas d'objet réel ni « intentionnel[2] » : elles ne dépendent pas des événements réels ; elle n'est donc pas « qualifiée » par eux. Lorsqu'elle nous émeut, ce n'est donc ni de jalousie ni de honte, ni de quelque autre émotion relative à ce qui nous arrive : elle nous émeut « *tout court* » – c'est l'émotion *esthétique* liée aux seules qualités sensibles que nous y entendons, et donc aussi diverse que ces qualités[3]. Les émotions qualifiées de la vie réelle doivent être distinguées de l'émotion *non qualifiée*, notamment esthétique. « Cette musique m'émeut. » De quelle émotion ? Jalousie, honte, regret, désir, espoir[4] ? La question n'a pas de sens. Mais pourtant nous sommes émus.

Il en va de même de ce que la musique peut nous faire physiquement. Elle peut nous mouvoir. Mais les mouvements que la musique nous fait faire ne sont pas orientés positivement ou négativement,

1. Nous analyserons de façon plus précise la notion générale d'émotion dans la Troisième partie, chap. 1.

2. « Intentionnel » n'est pas à prendre, ici ni dans la suite de ce livre, au sens courant de « volontaire » ou « délibéré », mais au sens qu'il a en philosophie de l'esprit, où l'on dit de certains états de conscience qu'ils sont « *à propos* de quelque chose », autrement dit dans une relation particulière avec un objet hors d'elle.

3. Nous analyserons l'émotion esthétique au chapitre suivant.

4. Il ne s'agit pas de savoir si cette musique peut ou non « exprimer » ces émotions, question que nous traiterons dans la Troisième partie, chap. 1, mais de ce que nous éprouvons – parfois – à l'écoute de certaines musiques.

vers là-bas ou loin d'ici, en vue d'atteindre ceci ou de fuir cela selon les événements, comme dans la vie réelle : par la musique, nous nous mouvons diversement selon chacune, mais comme ça, pour rien, pour le plaisir. Par opposition à des mouvements qualifiés par leur but ou leur objet, ce sont des mouvements non qualifiés. Nous nous mouvons « tout court ». « Cette musique me meut. » Vers où ? Pour aller où ? La question n'a pas de sens. Nous n'allons nulle part. Nous dansons.

Pourquoi ?

Pour l'entrevoir, il faut d'abord déterminer quelle part du « discours » musical a ces effets moteurs. Dans les événements sonores, il y a d'un côté le fait que ce sont des événements, autrement dit le simple fait qu'ils arrivent, et d'un autre côté leurs sonorités, c'est-à-dire *ce* qui arrive. Nous parlerons dans le premier cas de l'*événementialité* des événements sonores (pam, pam, pam) pour la distinguer de leur contenu qualitatif (par exemple la hauteur des sons ou leur timbre). C'est l'événementialité musicale qui provoque en nous ces mouvements sans autre but qu'eux-mêmes.

Mais pourquoi ces effets ?

Dans le monde réel, l'événementialité elle-même – c'est-à-dire ce qui reste des événements lorsqu'on en a retiré toutes les qualités singulières – n'est pas sans effets subjectifs. Indépendamment de ce qui arrive, l'événementialité est même la condition *sine qua non* de toutes les émotions, quelles qu'elles soient. Du simple fait que quelque chose arrive, ça nous fait quelque chose : c'est l'émotion (qualifiée) que nous nommons « surprise » (et qui était même pour Descartes la première passion, celle qu'il appelait « admiration[1] »), chargée d'effets physiques, le sursaut (le coup au cœur !) ou la stupeur (l'hébétude). C'est une émotion provoquée par tel événement particulier réel, inopiné et isolé. Et cette surprise est généralement, pour un vivant, une émotion déplaisante : la vie veut la vie, elle tend à se conserver, elle désire le repos, elle n'aime pas ce qui le trouble. L'événement est non seulement subit, il est subi. Le vivant, lui, parfois, est « heureusement » surpris, mais la vie, elle, jamais.

Mais on comprend pourquoi l'événementialité des événements musicaux peut provoquer des effets physiques qui, au contraire de

1. René Descartes, *Les Passions de l'âme*, Article 70 « De l'admiration » : « L'admiration est une subite surprise de l'âme, qui fait qu'elle se porte à considérer avec attention les objets qui lui semblent rares et extraordinaires. »

ceux de la surprise, sont non qualifiés : moteurs, sans but et plaisants. En effet, la musique est une *série* d'événements. Les effets physiques de l'événementialité musicale ne sont donc pas ceux d'un événement isolé. Certes, tous les événements d'une série pourraient être inopinés, mais ce n'est pas le cas puisque ceux-ci sont *ordonnés* ; c'est précisément la différence entre une série de sons et une musique : on l'entend comme un mouvement. C'est aussi, symétriquement, ce qui fait la différence entre une *série* d'émotions et *une* seule émotion dynamique, qu'elle soit psychique ou physique, autrement dit un *mouvement* qui nous ébranle et nous entraîne. Nous bougeons.

Cette émotion non qualifiée, physique et dynamique n'est pas déplaisante, parce qu'elle ne contrarie pas le mouvement de la vie. Elle ne conserve de l'événement sonore que son événementialité mais elle ôte à cette événementialité son caractère surprenant, intrusif et subi, en réinstallant les événements dans un ordre, l'ordre du repos, que l'événementialité des événements réels rompt ordinairement. Ou plutôt l'événementialité sonore nous offre, le plus souvent, un substitut au repos : un mouvement prévisible. Certes, *pour la vie*, le mouvement prévisible a une infériorité sur le repos : il est dépense, autrement dit menace de perte, *moins de vie*. Mais ce même mouvement prévisible a, *pour le vivant*, une supériorité sur le repos : il est dépense justement, autrement dit expansion du corps, *plus d'être*. Mouvement sans autre but que lui-même. Il est jeu.

L'effet d'une musique sur le corps est donc l'effet physique d'une suite d'événementialités imaginairement ordonnées : à savoir le pur mouvement du corps qui suit ou qui anticipe l'ordre et le mouvement des événements, indépendamment de leur contenu propre, quand cet ordre les rend prévisible. Car – du moins à première vue – la part proprement physique de l'émotion musicale semble causée par la part *prévisible* du discours musical. Aucune musique n'est évidemment entièrement prévisible et encore moins réellement prévue. Le plaisir musical naît toujours d'un équilibre entre prévisibilité – qui dépend d'une règle ou de la nature – et imprévisibilité – qui dépend de l'invention de la musique ou de la fantaisie du compositeur. Trop prévisible, elle ennuie, elle perd tout intérêt par manque d'accroche, elle se laisse oublier : elle cesse pour nous d'exister. Trop imprévisible, elle déroute, elle perd tout intérêt par manque de continuité, elle devient chaotique : elle cesse d'être musique. Ce qui est *moteur* en elle, ce ne peut être que ce qui *paraît* prévisible à notre corps, au point que celui-ci peut y répondre en *anticipant* ses mouvements, en les sachant d'avance comme s'ils étaient inscrits en lui, en les répétant en écho – alors même que, à l'inverse, la musique paraît en être l'écho et comme la projection hors de lui. Il semble bien que c'est la prévisibilité de la musique qui cause notre transport, elle qui apaise et endort l'enfant ou fait chavirer les corps des danseurs de tango, elle qui balance le buste des Juifs en prière ou nous fait taper du pied, inévitablement, à l'écoute de Jelly Roll Morton ou des Rolling Stones.

Il faut cependant nuancer. Ce n'est pas la *seule* part prévisible, ni même *toute* cette part prévisible, qui est motrice. Ce n'est pas toute la prévisibilité de la musique, ce n'est que sa part *événementielle*, laquelle dépend à son tour des trois composants quantifiables du son. Il faut d'abord que les sons soient entendus comme des événements identifiables, donc distincts, donc *comptables* : un, deux, trois, etc. Il faut, en d'autres termes, qu'ils soient de « bons habitants » du monde musical. Il faut ensuite qu'ils soient entendus comme des événements *mesurables* dans leur advenue même, donc plus ou moins intenses relativement les uns aux autres : forts ou faibles, marqués ou non. Il faut enfin qu'ils soient entendus comme des événements mesurables temporellement, donc plus ou moins *durables* relativement les uns aux autres. C'est donc la distinction, l'intensité[1] et la durée des sons *prévisibles* qui est motrice.

En revanche, tout ce qui *qualifie* l'événement musical, son timbre, sa hauteur, même lorsque ces hauteurs sont prévisibles, n'est pas directement moteur. (En fait, la suite des hauteurs d'une musique est toujours partiellement prévisible puisque les notes sont liées par une relation de causalité – c'est ce qui fait qu'elle est entendue comme musique.) Mais les hauteurs et les timbres ne sont pas directement impliqués dans l'effet dynamique physique de la musique, mais dans son effet dynamique psychique. La part *qualitative* des sons musicaux est la cause principale de l'émotion esthétique (ça nous émeut « tout court »), tandis que leur part *quantifiable* est la cause de l'émotion dynamique motrice (ça nous fait bouger « tout court »). Une musique

1. L'intensité sonore relève-t-elle de l'événementialité ou de la qualité de l'événement sonore ? Tout dépend. Le fait qu'une série d'événements sonores soient plus ou moins intenses (voire croissent ou diminuent en intensité) relève de leurs qualités. Mais le fait qu'un événement isolé soit plus fortement marqué que ceux qui les précèdent ou qui les suivent (ce qu'on nomme l'accentuation) relève de l'événementialité.

peut donc nous faire bouger sans nous émouvoir esthétiquement ; une autre, inversement, peut nous bouleverser sans avoir d'effet moteur. La part qui, dans une musique, revient à l'événementialité des sons, détermine la part qui, dans l'émotion qu'elle nous donne, est purement motrice. Toutes n'ont pas cet effet. Une musique dans laquelle l'événementialité ne s'entend pas parce que les événements semblent fondus les uns dans les autres en un mouvement continu, une musique tout en *legato*, peut au contraire avoir un effet anesthésique ou hypnotique. Inversement, plus le discours musical met en évidence l'événementialité, plus la musique a des chances d'être motrice.

Parfois, la limite entre les deux effets opposés est imperceptible. Une même musique peut ainsi être entendue des deux façons, *comme* hypnotique ou *comme* motrice. C'est ce que montre l'exemple de notre « scène originaire », quand une suite de sons causés par un train devient musique. Dès lors qu'on entend leur enchaînement comme causé par les sons eux-mêmes, on entend de la musique. Mais cette même musique peut aussi bien nous endormir que nous faire bouger : balancement de la tête, pianotage des doigts ou tapotage des pieds. Tout dépend du rapport fond/forme dans ce que nous percevons : nous pouvons entendre le mouvement prévisible comme des *événements* ordonnés, nous entendons alors l'événementialité sur fond d'ordre – et nous branlons du chef en cadence ; ou nous pouvons entendre la même musique comme l'*ordre* des événements, nous entendons alors l'ordre sur fond d'événementialité – et nous nous endormons.

Pourtant la seule prévisibilité de la musique n'explique pas la plupart de ses effets moteurs, et notamment ses manifestations humaines : les danses – toutes sortes de danses, celles qui sont ordonnées, collectives, ou instituées, comme celles qui sont libres, solitaires ou spontanées.

Place au rythme.

Pulsations, mesure, rythme

Qu'est-ce que le rythme ?

Le rythme est un phénomène complexe qui défie les définitions. Chaque théoricien a la sienne[1]. La notion déborde évidemment le

1. Il faut au moins signaler les travaux remarquables de Pierre Sauvanet, en particulier sa somme en deux volumes, *Le Rythme et la raison*, Kimé, 2000. Des

domaine de la musique ou de la poétique, voire de l'esthétique, et concerne aussi, et même d'abord, la psychologie, la phonologie, l'anthropologie, la physiologie, la biologie, la zoologie, etc. En fait, elle n'a pas de frontières définies, et cela concourt à son obscurité. Il n'est donc pas question ici de tenter de redéfinir le rythme en général.

Caractériser le rythme en musique n'est pas moins difficile. Beaucoup renoncent à le faire : « le rythme se sent, disent-ils, et ça suffit ». Ce sentiment du rythme dépend, selon les cas, de divers facteurs : souvent du seul rapport entre les durées des événements (bref/long), parfois de l'accentuation (fort/faible) des événements, parfois même de la simple alternance de timbres. En outre, le mot même est ambigu. Parfois on réserve le mot de rythme aux cas où il y a répétition marquée, voire obstinée, d'une même cellule. Parfois au contraire on entend par rythme la simple cadence régulière. Parfois on dit que toute musique comporte un rythme, le sien. Notre propos est ici plus limité. Nous souhaitons savoir quelle réponse à la question « Pourquoi la musique nous fait-elle bouger "tout court" ? » se déduit du fait qu'elle est l'art des sons » et donc la « représentation imaginaire d'un monde d'événements purs ».

Nous distinguerons trois concepts, que nous appellerons *pulsation*, *mesure* et *rythme* – alors même que, dans le langage courant, ce dernier terme s'applique indistinctement aux trois concepts et que la notion de « mesure » est elle-même fort équivoque. Il nous paraît que ces trois concepts, à condition de les prendre dans un sens strict que nous allons préciser, désignent des phénomènes de l'événementialité musicale entendus comme distincts et dont la source est elle-même distincte. Il nous paraît surtout que, du seul jeu de leurs rapports, tous les effets moteurs ou inertiels possibles des musiques peuvent se déduire – ce qui devrait nous permettre non seulement d'avancer une réponse à la question « Pourquoi la musique nous fait-elle bou-

innombrables définitions du rythme, on ne retiendra que la plus ancienne et par conséquent la plus commentée, celle de Platon, *Lois* II, 665 a : « ordre du mouvement », autrement dit la structure d'ordre constante d'un changement, ou, comme le paraphrase Bernard Sève, « principe de règlement, de répétition et de mesure » (*L'Altération musicale*, Seuil, 2002, rééd. 2013, p. 133) ou encore « ce qui, dans le mouvement, dément le mouvement » ; mais il corrige cette définition qu'il assimile au rythme militaire du pas cadencé (« Ce que la musique nous apprend sur la notion de forme », dans *Philosophie*, 59, septembre 1998, p. 61).

ger ? » mais à cette autre : « Comment les musiques nous font-elles bouger chacune à sa manière ? »

Par « pulsation », nous entendrons l'isochronie (autrement dit le battement régulier) des événements sonores : pam, pam, pam, pam…

Par « mesure », nous n'entendrons nullement l'« espace compris entre deux barres de mesures » comme disent les musiciens (définition qui n'a de sens que selon certaines conventions d'écriture), mais ce qui fait qu'on peut non seulement compter les événements isochrones – ce qui est le cas de la pulsation – mais qu'on est incité à les *recompter* sans cesse à partir de 1 : par exemple, on entend 1-2-3, et à nouveau 1-2-3, et 1-2-3, etc. C'est le sens qu'il y a dans l'expression « battre la mesure ».

Par « rythme », nous entendrons la répétition d'une « cellule » constituée par des événements non isochrones, c'est-à-dire alternativement longs ou brefs, qu'ils soient accentués ou non. Par exemple la scansion répétée du slogan « *tous*-en-sem-ble-*tous*-en-sem-ble, *hey !*, *hey !* ; *tous*-en-sem-ble-*tous*-en-sem-ble, *hey !*, *hey !* », etc., se fait selon un rythme, dont on peut noter ainsi la cellule de base :

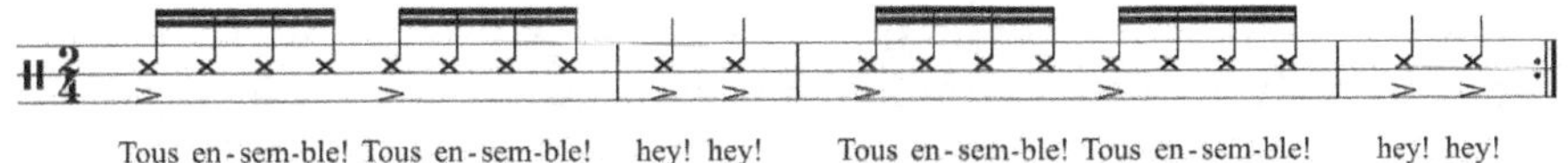

(le signe > indique que le battement est marqué – c'est-à-dire que l'événement sonore ou la syllabe est accentué.)

La pulsation, c'est ce qui est sous-jacent au discours musical[1] : c'est ce qui nous fait battre du pied de façon régulière, « en cadence », et ce depuis l'enfance. La vitesse de cette pulsation, c'est le tempo, qui peut être constant, accéléré ou ralenti. Nous entendons en effet beaucoup de musiques comme déterminées par une suite implicite d'événements réguliers séparés par des intervalles temporels égaux. Nous pouvons régler notre pas sur ces battements sonores. En réalité, c'est plutôt l'inverse : lorsque nous marchons sans chercher notre

1. Cette différenciation est conforme aux distinctions de Simha Arom et Franck Alvarez-Péreyre, dans leur *Précis d'ethnomusicologie*, CNRS Éditions, 2007, p. 108-114. Nous parlerons indifféremment de « pulsation isochrone » ou d'« isochronie pulsative ».

chemin, nos pas sont spontanément réguliers, isochrones. Et lorsque nous entendons une musique dont la pulsation est isochrone, nous pouvons régler nos pas sur son tempo : nous y sommes même incités par elle. De là ce qu'on appelle justement en musique une « marche ». Les animaux, quant à eux, sont capables de *mouvements* spontanés ainsi cadencés (quand ils marchent, par exemple), selon un biorythme interne, mais ils ne peuvent régler leurs propres mouvements sur une cadence extérieure, qu'elle soit ou non musicale, c'est-à-dire sur les pulsations isochrones que *nous* entendons dans une musique[1]. En fait, de récentes expériences semblent montrer que cette aptitude, les hommes l'ont en commun avec certaines espèces d'hominidés, les bonobos notamment : eux aussi seraient, dans certaines conditions, capables de battre des mains de façon régulière en entendant certaines musiques[2]. Cette événementialité nous paraît donc être « sous » la musique parce qu'elle vient de notre propre corps, ou de l'exigence de régularité qui l'anime : battements cardiaques, respiration, marche, etc. Ces mouvements involontaires sont ainsi cadencés – ne disons pas rythmés, pour réserver ce terme à un phénomène plus complexe. C'est cette cadence qui est « biologique », c'est elle qui est présente chez la plupart des vivants, c'est elle que peuvent entendre les bonobos dans une suite d'événements simplement sonores, en écho à leur propre isochronie. Si cette pulsation régulière, absolument prévisible, peut nous faire marcher, c'est parce que nous marchons déjà naturellement de façon régulière et prévisible. Cette isochronie des battements du corps (mains ou pieds) ou des pulsations entendues « dans » ou « sous » la musique est évidemment théorique, elle ne relève pas du chronomètre ; elle est « catégorielle » : ce qui compte, c'est qu'on entende les intervalles qui séparent les événements comme égaux, non qu'ils le soient de façon absolue. En outre, lorsqu'on entend la pulsation d'une musique, cela ne signifie pas que chacun de nos battements des mains ou des pieds correspond réellement à un événement sonore. Il peut aussi correspondre à un silence. Autrement dit la pulsation isochrone peut être plus ou moins explicitée par le

1. Voir Nils L. Wallin, Björn Merker, Steven Brown, *The Origins of Music*, *op. cit.*, p. 12.

2. A. D. Patel, J. R. Iversen, M. R. Bregman et I. Schulz, « Experimental Evidence for Synchronization to a Musical Beat in a Non-Human Animal », *Current Biology*, 19, 2009.

discours musical. L'important est ceci : la pulsation régulière de la musique est la part *absolument prévisible* de l'événementialité. Et ceci pour une raison simple : *c'est qu'elle est d'abord en nous, en nous en tant qu'êtres vivants, avant d'être entendue dans la musique.* Elle peut aussi bien nous faire bouger que dormir, nous autres vivants. Elle ne peut pas encore nous faire danser, nous autres humains. Il n'en va pas de même de la mesure ni du rythme proprement dits qui, eux, sont typiquement musicaux[1] et proprement humains. Mais l'une vient de nous et l'autre de la musique.

La mesure, ce n'est plus seulement biologique. Pour battre la mesure ou jouer en mesure, il faut deux conditions : la première est (le plus souvent) cette pulsation régulière qui vient du corps[2]. Mais il faut en outre qu'on puisse *compter* ces battements : et compter n'est plus l'œuvre du corps mais l'œuvre de la raison – même si elle travaille « en sourdine », si l'on ose dire. La mesure, c'est le schème implicite, régulier, des différents battements successifs, qui sont par exemple alternativement accentués (temps forts) ou non (temps faibles) : *1*-2, *1*-2, *1*-2[3], etc. ; ou *1*-2-3, *1*-2-3, etc. Mais le sentiment de la mesure (c'est-à-dire cette incitation à « recompter à partir de 1 ») peut avoir d'autres sources que l'accentuation d'un battement ; ce peut être un changement de hauteur ou de timbre : par exemple, on entend une note de trompette alternant régulièrement avec deux accords des tubas dans une fanfare. Pour qu'il y ait mesure, il faut donc que, à la succession régulière des battements dont l'origine est dans notre corps, se superpose une succession tout aussi régulière et isochrone de battements accentués exigée par notre raison, puisqu'elle suppose non plus seulement l'égalité des durées mais leur commensurabilité. Car il ne s'agit pas, généralement, de compter vraiment. Notre corps, humain, a assimilé la mesure. (Par exemple, lorsque nous apprenions à danser la valse ou la *sevillana*, il nous fallait compter : *1*-2-3, etc. ; et puis nous savons danser, notre corps tourne en mesure : il sait désormais compter sans que nous ayons besoin de compter, c'est-à-dire

1. Au sens large du terme : car il y a évidemment du rythme en poésie et en danse ; c'est pourquoi ces deux arts relèvent de la musicalité, prise au sens large.

2. Nous verrons ci-dessous des exceptions : certaines musiques sont entendues comme « mesurées » mais sans pulsation sous-jacente.

3. On peut certes soutenir que la mesure la plus simple, la mesure à deux temps qui oppose deux battements, a, chez l'homme du moins, une origine biologique, dans l'opposition des deux temps de la respiration ou de la marche.

de penser à compter). Ce qui bat la mesure, c'est donc plutôt ce que nous appellerons notre « corps pensant » : aucun animal ne peut le faire. La mesure peut donc être analysée comme la superposition de plusieurs isochronies : celle qui sépare les « temps[1] » (battements ou événements) et celle, plus espacée, qui sépare les « temps forts » (les événements accentués ou marqués de telle ou telle autre manière). Par exemple une mesure à trois temps suppose la succession d'un temps fort et de deux temps faibles, ce qui implique deux niveaux de régularité : celle des temps (ou battements) d'une part et celle des temps forts d'autre part (un temps sur trois).

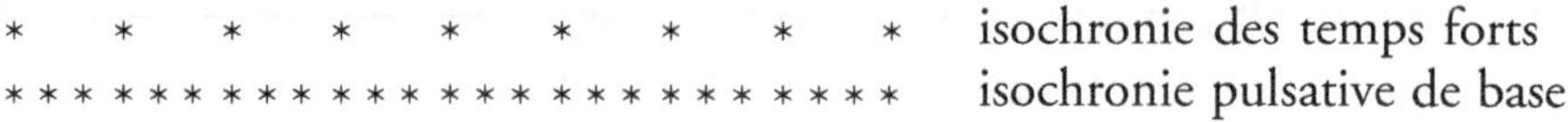

Une mesure à quatre temps suppose en fait trois niveaux d'isochronie : celle des temps, celle des temps accentués comme dans une mesure à deux temps (un temps sur deux, le premier et le troisième) et celle des temps forts (un temps accentué sur deux, autrement dit un temps sur quatre, le premier)[2].

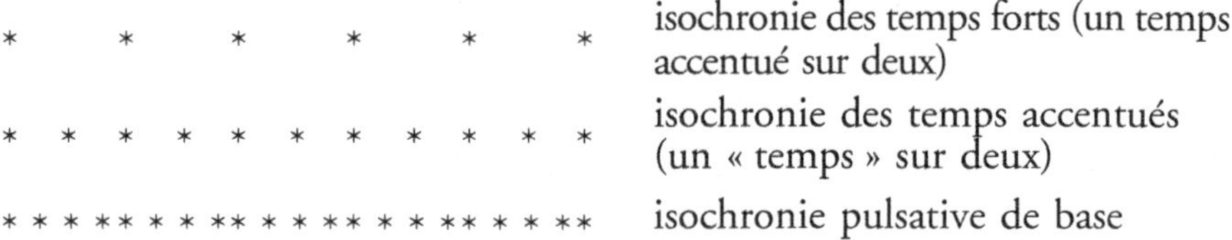

Tant que la mesure ne change pas, ce même schéma se répète *ad libitum*. Et de même que nous croyons entendre la cadence régulière des battements « dans » la musique, alors même qu'elle n'est ni toujours ni nécessairement dans le discours musical (puisque certains battements peuvent correspondre à des silences), nous entendons la

1. Les « temps », c'est le nom particulièrement équivoque, hélas, que l'on donne généralement aux battements lorsqu'il y a mesure.

2. Rappelons que les trois isochronies superposées peuvent être marquées ou non ; et elles peuvent être marquées soit par une différence d'accentuation dans la ligne mélodique, soit par une différence de timbres : dans un orchestre classique, on peut imaginer par exemple que des violoncelles en pizzicato marqueraient l'isochronie de base (en trio jazz, c'est typiquement le rôle de la contrebasse), une flûte l'isochronie médiane, et un triangle l'isochronie supérieure.

mesure « dans » une musique (autrement dit elle nous paraît commandée par cette mesure), alors même que la mesure, les temps forts ou les temps faibles sont loin d'être toujours marqués dans et par le discours musical. Quoi qu'il en soit, les deux constituants de la mesure viennent de nous, que ce soit la pulsation isochrone issue du corps animal, ou l'isochronie qui lui est superposée issue du corps humain pensant. La mesure relève donc elle aussi de la part *absolument* prévisible de l'événementialité musicale, à ceci près qu'elle est la superposition de plusieurs niveaux hétérogènes de prévisibilité.

Entendre une musique comme mesurée, c'est déjà pouvoir danser : d'un pied sur l'autre à deux temps, ou en rond, à trois temps. On peut donc dire que toute musique dans laquelle la mesure se fait distinctement entendre nous semble déjà comporter un rythme[1], lequel peut être souligné par l'alternance régulière des accents (comme l'exige la rhétorique baroque, par exemple, ou les danses de salon pour débutants), ou encore par des variations de hauteurs, d'harmonie ou de timbres. La raison en est claire : une mesure nettement *marquée* dans la musique peut en effet être entendue comme la répétition d'une cellule qui, *à la limite*, ne comprendrait que des événements isochrones. Et, évidemment, harmonies et accentuation peuvent coïncider dans et par la mesure : ainsi, dans telle valse de Chopin jouée au piano, la main gauche marque les temps forts par la tonique ou la dominante dans les graves et les temps faibles par un accord dans les medium ; de même, dans le style *stride* en piano jazz (typiquement James P. Johnson [écouter « Carolina Shout » ⓭] et Fats Waller), la main gauche marque la mesure à la fois par la pulsation isochrone des temps forts et par l'harmonie, en alternant une note dans les graves et un accord dans les medium.

La mesure est en nous mais le rythme est, lui, « dans » le discours musical. Une musique est en effet constituée, à la surface, par une séquence ordonnée d'événements de durée variable : événements sonores (notes ou accords) ou silences. Lorsqu'une série d'événements non isochrones mais commensurables se répète de façon régulière, la série est entendue comme une cellule rythmique. Par exemple dans « Ah ! vous dirai-je maman », sept notes brèves suivies d'un silence

1. Alors même que le rythme proprement dit suppose au contraire (cf. ci-dessous) que ses cellules de base ne soient pas constituées par des événements isochrones.

de même durée forment une cellule, qui se répète *ad libitum.* (On remarquera que tous les événements de cette cellule, sonores ou non, correspondent à la pulsation isochrone de premier niveau : la musique est simple, enfantine.) Les cellules rythmiques de base sont les unités de la scansion poétique : iambe (une courte – une longue), trochée (une longue – une courte), dactyle (une longue – deux courtes), spondée (deux longues), etc. Des cellules rythmiques plus englobantes sont constituées de plusieurs cellules de base. Mais un rythme n'est ni une cellule de base, ni une cellule englobante ; un rythme naît de la répétition d'une même cellule. Les événements, brefs ou longs, sont de durées commensurables : par exemple une longue peut être double d'une courte, ou triple (rythme dit « pointé »). Ce qui compte dans une cellule, c'est cette commensurabilité des durées, qu'elles soient celles d'événements ou de silences. Dans la notation musicale classique, l'unité de mesure peut être, selon les cas, une noire, ou une croche, ou une double-croche, ou dans le cas des mesures pointées, une noire ou une croche pointées. Une cellule rythmique peut être constituée par une série d'événements de durées variables et commensurables, mais aussi par une série d'événements sonores différemment accentués. La succession des événements à l'intérieur de la cellule n'est pas prévisible, c'est la répétition de la cellule, *quelle qu'en soit la longueur*, qui rend le rythme prévisible. Mais c'est la musique qui impose *son* rythme parce que c'est dans le discours musical lui-même que résident « librement » la cellule et ses différents constituants (notes, accords, silences, durées, accents). La répétition de cette cellule en quoi consiste le rythme proprement dit semble donc être un compromis entre la liberté de la musique (celle de la cellule imprévisible) et notre propre exigence de prévisibilité (donc de répétition). Notre « raison incorporée » demande que ça revienne ! Alors que ni la pulsation ni la mesure n'ont besoin d'être inscrites dans le discours musical (elles sont inscrites en nous), il n'en va pas de même du rythme parce que ses cellules constituantes sont propres à *cette* musique.

Résumons. La pulsation, c'est l'isochronie. Elle vient de la régularité biologique de nos mouvements et nous l'entendons « sous » la musique comme un écho de notre propre cadence corporelle. Le rythme, répétition d'une cellule non isochrone, vient de la musique (ou de toute autre source objective extérieure) et c'est en nous que nous en sentons l'écho. Il faut que nous incorporions sa raison[1] pour la ressentir en nous et qu'elle nous meuve à sa guise. (C'est pourquoi, nous parlons pour le rythme de « raison incorporée ».) La mesure est entre les deux, si l'on ose dire : on ne peut l'entendre qu'à condition de supposer qu'on puisse compter les événements, parce que c'est une superposition d'isochronies (qu'il nous arrive d'entendre, quand elle est marquée, comme la répétition de cellules isochrones[2]). Elle vient de notre corps humain qui s'est incorporé le nombre. (C'est pourquoi nous parlons pour la mesure de « corps comptant ».) Nous en entendons l'écho dans la musique et en même temps nous en ressentons l'effet en nous.

La perception du rythme dépend essentiellement de la régularité des événements réduits à leur événementialité (intensités relatives et durées relatives) qui sont *dans* la musique et que la musique semble commander à notre corps ; inversement, la perception de la mesure dépend de la régularité des événements réduits à leur événementialité (intensités relatives et durées relatives) qui nous paraissent « sous » la musique et que notre corps semble commander. Nous pouvons suivre *son* rythme et elle semble suivre *notre* mesure. Et *tous les effets moteurs possibles* de la musique dépendent des différents jeux de coïncidence ou d'opposition entre ce qui vient du corps de la musique vers nous (rythme) et ce qui vient de notre corps, pensant ou non, à la rencontre de la musique (mesure, pulsation).

C'est ce que nous pouvons désormais illustrer.

Il y a des musiques avec et sans rythme.

Les trois types de musiques sans rythme

Parmi les musiques sans rythme, il convient de distinguer trois cas, selon la présence ou l'absence de pulsation ou de mesure.

Il y a d'abord le cas où manquent les deux niveaux de la grille sous-jacente : il n'y a ni isochronie pulsative (on ne peut pas taper

1. Nous en analyserons plus loin (p. 132) le travail souterrain.

2. C'est parce qu'une mesure marquée dans la musique peut être entendue comme la répétition d'une cellule qui, *à la limite*, ne comprendrait que des événements isochrones, que nous écrivions ci-dessus que « toute musique dans laquelle la mesure se fait distinctement entendre nous semble déjà comporter un rythme ».

dans ses mains en cadence) ni d'isochronie entre événements accentués (pas de mesure). Rien ne se répète. Rien ne vient de nous, tout est dans le discours musical. Il peut cependant y avoir, de façon apparemment aléatoire ou du moins irrégulière, des notes ou des événements musicaux plus accentués que d'autres. C'est le cas, par exemple, dans le récitatif (*recitativo secco*) de l'*opera seria* ou *buffa* (les opéras italiens de Mozart), qui fait avancer activement le drame et prépare musicalement l'aria. C'est aussi le cas de ces ouvertures simplement mélodiques, lentes et improvisées (les alâps [écouter celui du « Raga Malkauns » par Ravi Shankar ⓮]), par lesquelles débutent les ragas de l'Inde du Nord et qui sont destinées à en installer l'atmosphère propre, à mettre l'esprit et les doigts de l'instrumentiste dans les dispositions adéquates et à accomoder notre écoute à la compréhension émotionnelle de ce qui va suivre. C'est de la musique qui prépare à la musique ; elle annonce musicalement ce qu'elle va dire. L'objectif est le même dans beaucoup de musiques traditionnelles. Ainsi nombre d'ouvertures de *cante jondo* (le chant flamenco) dits « *sin compás*[1] » préparent l'esprit et le *corps* de l'interprète et des auditeurs au climat, tragique ou festif, du morceau qui va suivre. La musique dit qu'elle commence. Elle met le corps en repos et en attente du mouvement. Elle ne cherche aucun effet moteur ; au contraire, elle tend à l'oblitérer : elle immobilise, elle suspend l'activité profane ou ordinaire. Elle appelle au silence ; elle le crée. Cela ne signifie pas qu'elle n'a pas d'effet physique, ne serait-ce que négatif : détendre le corps pour tendre l'esprit.

Il y a ensuite des musiques sans rythme mais où ne manque que le second niveau d'isochronie de la grille sous-jacente : celui de la mesure. Il y a pulsation isochrone mais tous les temps semblent d'égale valeur, sans hiérarchie. Aucun n'est accentué. On ne peut pas recompter. C'est le cas du plain-chant. Les durées sont implicitement commensurables ; il peut même y avoir une succession d'événements (notes ou silences) longs et brefs mais ils n'obéissent à aucune régularité prévisible. Dans le chant grégorien (dont le répertoire relève du plain-chant), ce qu'on appelle le rythme, c'est en fait seulement cette alternance *musicalement imprévisible* des brèves et des longues selon la

1. Littéralement « sans mesure », mais l'expression est en partie inadéquate : il y a bien une mesure, mais elle n'est pas marquée, il n'y a pas de proportionnalité nette entre les durées, une grande liberté étant laissée à l'interprétation.

scansion naturelle d'une langue accentuée, le latin [écouter le chant grégorien « Gloria ambrosien » de Noël, par le Chœur des Moines de l'Abbaye Saint-Pierre de Solesmes ⓯], ce n'est pas le rythme au sens que nous avons défini, la répétition d'une même cellule. Les durées ne sont pas hiérarchisées. Il y a une parfaite et plate isochronie sous-jacente. C'est comme si, à l'écoute de l'horloge, on n'entendait que tic, tic, tic, tic, à la place du tic-tac, tic-tac, qu'on entend en fait[1] : au lieu d'une répétition, on entend toujours la même chose. Ce type de musique ne peut rien nous faire faire ; elle ne peut avoir aucun effet *moteur* sur le corps. Une temporalité continue et sans mesure ne peut avoir qu'un effet hypnotique ou contemplatif : les événements se fondent les uns dans les autres en un mouvement unique. C'est le triomphe du Même. L'image mobile de l'immobilité. Un mouvement perpétuel qui dit le repos éternel. Car une musique aspirant à dire et à contempler l'éternité doit s'abstraire du temps et de ses marques, elle vise au *nunc stans* (le « maintenant durable ») – comme aurait dit saint Augustin – ; elle se produit en un présent dilaté sans avant ni après, extensible à l'infini, toujours identique à lui-même sans passé ni futur. Au contraire, une musique humaine, « humaniste » pourrait-on dire, telle qu'elle s'éveille à la Renaissance, doit être marquée, comme la vie humaine, par la temporalité, même si elle nous invite à nous réjouir, dès ici-bas, de l'existence d'un autre monde sur un air de menuet – comme le chœur final de la *Passion selon saint Jean* de Bach ⓰. L'effet que vise le plain-chant sur le corps est justement contraire : son *inertie*, son impassibilité et même son ascèse ; inertie non pas au sens péjoratif de passivité atone, mais de concentration spirituelle. Car nous, notre corps, cherchons la prévisibilité dans la répétition. Or tout ce qui s'offre à la prévisibilité, à l'écoute du plain-chant, c'est la continuation perpétuelle du discours isochrone, la préservation du Même, jamais la répétition de l'Autre. Ainsi, paradoxalement, cette incitation à l'inertie ne va pas sans effort, car notre corps, pensant ou non, tend naturellement à rechercher une mesure dès qu'il y a isochronie et à créer imaginairement des regroupements binaires ou

1. C'est ce que Paul Fraisse nomme la « rythmisation subjective » (*Les structures rythmiques : étude psychologique*, Publications universitaires de Louvain, 1956, p. 10). Les battements de l'horloge sont entendus groupés par deux, tic-tac – et « le temps entre tic et tac apparaît plus court que celui entre le tac qui termine un double battement et le tic suivant ; le tac, d'autre part, apparaît comme subordonné au tic » (*ibid.*, p. 11).

ternaires, même lorsque les battements sont strictement égaux dans leur espacement comme dans leur accentuation. À l'écoute d'une pulsation régulière, l'esprit (et le corps) humains tendent à regrouper spontanément les battements dans des *formes* simples : comme le tic-tac de l'horloge, le bruit des gouttes d'eau qui tombent régulièrement est perçu par groupes de deux ou de trois (rarement de quatre)[1]. Les musiques qui ont pour finalité de nous détourner de l'action motrice pour nous inviter à la contemplation, à la méditation voire à la prière, comme le plain-chant, doivent donc, paradoxalement, nous inciter à entendre la régularité isochronique *comme* une régularité isochronique et à nous empêcher d'y introduire un élément régulier d'irrégularité ou à la scander selon une isochronie sous-jacente, métrique. L'absence de mesure n'y est donc pas une simple absence, c'est au sens strict une « privation » qui vise à déposséder l'esprit de ce qu'il s'attend naturellement à trouver dans l'isochronie. Dans ces musiques pour lesquelles le repos est l'état de grâce et le corps un tombeau, c'est l'isochronie *privée* de mesure qui s'efforce de produire cet effet anesthésique sur le corps.

Par opposition à ces deux types de musiques non mesurées, celles qui sont dénuées de pulsation isochrone (récitatifs, introductions) et celles qui en sont pourvues (plain-chant), il y a des musiques sans rythme ni pulsation mais mesurées. Cela paraît paradoxal, et cela l'est en effet, puisqu'il n'y a, par définition, de mesure que sur fond d'isochronie pulsionnelle de base. Ce paradoxe traduit bien ce qu'on éprouve à l'écoute : on est incité à recompter à partir de 1 des événements (1-2-3-4, 1-2-3-4, etc.) dont on perçoit par ailleurs qu'ils ne sont jamais vraiment isochrones. C'est en un sens aussi absurde que d'additionner des cerises et des tomates ; et pourtant, c'est bien ce que nous entendons : comme une mesure de l'incommensurable. Au fond, il y a bien une pulsation sous-jacente (sans quoi, on ne pourrait pas recompter), mais les battements sont tantôt plus espacés, tantôt moins. La pulsation a en fait un tempo capricieux. Les valeurs des notes et des silences se succèdent, mais leur événementialité demeure en partie imprévisible. La musique ne cherche aucun effet moteur. Mais elle ne cherche pas non plus, comme une musique ascétique,

1. De même, un son continu, d'intensité et de timbre constant, est perçu par ondes successives. Voir Paul Fraisse, *Les Structures rythmiques : étude psychologique*, *op. cit.*, p. 10.

à nous empêcher de bouger. Arythmique mais mesurée, elle nous invite plutôt à nous promener au gré de sa propre fantaisie, à folâtrer avec elle, à gauche, à droite, un regard en arrière, quelques pas en avant – puisque c'est elle qui nous impose sa libre dynamique. Telles sont par exemple le « Clair de lune » de Debussy de la *Suite bergamasque* [écouter sa mesure ternaire et pourtant inégale ⓱], la *Ballade n° 1 en sol mineur* de Chopin ⓲, ou même les musiques balinaises ; ou encore, dans un autre genre, « Search for Peace » par McCoy Tyner ⓳, sorte de rhapsodie jazzique improvisée, voire « Autumn in New York », chanté (devrait-on dire musardé ?) par Billie Holiday ⓴ – même s'il est toujours possible de percevoir, dans ces deux dernières œuvres, comme un swing qui chercherait à percer dans le discours sans y parvenir tout à fait.

Les trois types de musiques rythmées

De même qu'il y a trois types de musiques sans rythme, il y a trois types de musiques rythmées. Dès lors qu'il y a régularité rythmique (autrement dit cellules répétées), il y a effet moteur. Mais il y a différents effets moteurs selon le rapport entre l'événementialité qui vient de nous et celle qui s'entend dans la musique.

Il y a premièrement les cas où les accentuations qui sont « dans » la musique coïncident avec celles qui sont « sous » la musique : par exemple le premier temps d'une cellule rythmique coïncide avec le premier temps d'une mesure, qu'elle soit binaire ou ternaire. La musique produit nécessairement sur nous un effet moteur. C'est la danse proprement dite, danse sage, réglée, prévisible, mesurée, qu'on peut bien danser à deux puisque chacun sait anticiper les mouvements de l'autre qui sont comme inscrits d'avance dans la musique. Le corps peut se balancer (mesure binaire), comme lorsqu'on marche droit, qu'on danse le tango ou le *paso doble*, ou il peut tourner (mesure ternaire), comme lorsqu'on danse la valse, le menuet ou la *sevillana*, mais toujours en répondant à l'événementialité musicale comme s'il l'anticipait. Le mouvement corporel *représente* le mouvement dans la musique autant que celui-ci le représente. Dans ce genre de cas, il y a deux phénomènes moteurs parallèles : l'un est en nous, l'autre est dans la musique. En effet, nous percevons la mesure en nous comme un écho du rythme de la musique : elle nous fait donc danser à son rythme, *un*-deux-trois, *un*-deux-trois, *un*-deux-trois, etc. Notre mouvement répond à ce que nous entendons. Mais comme les deux accentuations coïncident, nous entendons ce même rythme dans la musique comme un écho de notre mesure et de notre propre mouvement ; et nous avons alors le sentiment que la musique est animée par cette mesure, la nôtre. Notre mouvement entraîne le sien. Il nous semble en effet entendre que le premier temps, le temps fort de la cellule et de la mesure, entraîne systématiquement les deux temps faibles, en un *élan rythmique* d'autant plus irrépressible que le temps fort est marqué et que la cellule se répète invariablement – par exemple le premier temps d'une valse. Nous percevons un *mouvement interne* à la cellule, une *relation de causalité* entre battements isochrones[1] : cette relation se répète à chaque mesure. La causalité paraît d'autant plus puissante qu'on perçoit une différence d'intensité entre battements forts (entendus comme causes) et battements faibles (entendus comme effets des précédents)[2]. Et cette causalité semble à la fois interne et externe. Le temps fort du rythme cause *notre* mouvement, le temps fort de la mesure semble causer le *sien*. C'est comme si notre propre mouvement s'était transmis à la musique de la même façon qu'elle nous avait transmis le sien. Mais c'est parce que nous lui avons transmis *notre* mesure et qu'elle nous a transmis *son* rythme.

Il y a, deuxièmement, les musiques constituées par la superposition de lignes rythmiques autonomes, chacune constituée de cellules répétées et prévisibles, et ainsi puissamment motrices : c'est le cas des polyrythmies [écouter ces percussions des pygmées Baka du Cameroun, accompagnées de chants, extraites de l'album *Balafons et Tambours d'Afrique* ㉑]. Toutes les combinaisons synchroniques entre divers effets moteurs mêlés sont possibles, qu'ils tombent sur le temps ou à contretemps, ou même qu'ils soient systématiquement syncopés : le mouvement du corps se modèle généralement sur la pulsation la plus régulière et la plus simple (binaire par exemple) de la mesure sous-jacente, mais peut en même temps être « étourdi » par la coexistence des divers types d'événementialité successifs, voire mêlés,

1. Nous reviendrons p. 179 sur les moteurs *internes* de la musique.

2. Une autre variable peut avoir le même effet moteur sur la musique : la durée. Lorsque la cellule rythmique coïncide avec la mesure, le temps fort peut sembler entraîner les temps faibles s'il dure plus longtemps, soit insensiblement (léger rubato à chaque premier temps d'une valse), soit de façon mesurable : nous en verrons un exemple ci-dessous dans le *Boléro* de Ravel.

certains en phase, d'autres en opposition de phase. On a pu montrer que, dans le cas des percussions polyrythmiques d'Afrique centrale, il y a bien un « mouvement stable et régulier, dépourvu d'accelerando, de rallentando, de rubato ; les durées sont strictement proportionnelles[1] » : c'est ce que nous appelons l'isochronie sous-jacente. Dans chaque ligne rythmique, il y a « prédominance de formules répétitives ininterrompues, dans lesquelles un matériau semblable réapparaît à intervalles réguliers, à une périodicité rigoureuse » : c'est ce qui définit son rythme. Cependant, les « diverses parties instrumentales exécutées simultanément ne s'ordonnent pas véritablement à la verticale les unes des autres, mais bien plutôt en diagonale, selon un principe d'entrecroisement des rythmes individuels », en sorte que, finalement et paradoxalement, ces musiques « font abstraction de la notion de mesure et du temps fort qui la détermine ». Nous remarquerons par conséquent qu'elles sont à la fois isochrones et sans mesure comme, à l'autre bout, le plain-chant. Mais alors que celui-ci, étant arythmique, est puissamment *immobilisateur*, ces musiques, étant polyrythmiques, sont au contraire puissamment *mobilisatrices*. Elles ont justement pour effet, voire pour finalité, d'être motrices, des invitations à la danse, mais à une danse nullement ordonnée ou mesurée – des danses qui ne se règlent pas les unes sur les autres, pas plus que les lignes rythmiques ne s'accordent entre elles et n'obéissent à l'unité d'une mesure commune.

Il y a, enfin, des cas de décalage entre l'accentuation « dans » la musique et celle qui est « sous » la musique. Au contraire du cas précédent, il ne s'agit plus d'un déphasage sans commune *mesure* entre des rythmes mais d'un déphasage entre rythme et mesure. La musique fait entendre systématiquement le contraire de ce qu'elle fait attendre au « corps comptant » (ou pensant) : par exemple, on entend pam-*pam* (accentué sur le deuxième temps), alors qu'on attend *pam*-pam (accentué sur le premier temps). La cellule rythmique accentue un temps faible de la mesure pourtant clairement explicitée : on obtient alors, selon les cas, un rythme syncopé ou un rythme à contretemps. De là d'autres effets moteurs : ni calmes et mesurés, comme dans le premier cas (valse), ni frénétiques et démesurés, comme dans le

1. D'après Simha Arom, « Structuration du temps dans les musiques d'Afrique centrale : périodicité, mètre, rythmique et polyrythmie », in *Revue de Musicologie*, t. 70, n° 1, 1984.

second (polyrythmies), mais frénétiques *et* mesurés. Effets d'autant plus puissants que les deux types d'accent sont marqués, que la cellule est répétée et que le décalage est constant, et donc, en ce sens indirect, prévisible. Le corps est entraîné par la musique mais en opposition chronique avec elle. Il est animé par l'accentuation de la mesure (qu'il suit autant qu'elle paraît le suivre) qui se trouve « sous » la musique tandis que la musique elle-même semble animée par le mouvement opposé (elle paraît suivre les accentuations de la cellule rythmique). C'est comme si le corps au lieu de danser *sur* la musique dansait *avec* elle, en opposition de phase : les deux corps (celui de la musique et le corps propre) sont face à face, symétriquement ; le contretemps du corps répond au temps de la musique, comme la gauche répond à la droite de son/sa partenaire. Parfois, le corps propre se scinde entre le haut et le bas, les mains et les pieds.

Une telle opposition de la mesure et du rythme s'entend par exemple, dans la forme la plus festive et la plus rythmiquement complexe du flamenco, la *bulería* [écouter Miguel Flores, « El Capullo de Jerez » dans « La Eritaña » ㉒] avec son irrésistible effet moteur : danses aussi frénétiques que mesurées, permettant une déflagration collective et synchronisée. La plupart des palos (styles) flamencos présentent en effet une alternance régulière de mesures ternaires et de mesures binaires, accentuées sur le contretemps. Les chanteurs, danseurs et guitaristes ont donc pour habitude de compter en douze temps, dont sont accentués les troisième, sixième, huitième, dixième et douzième[1]. Selon des critères classiques, il s'agit d'une succession de deux mesures à trois temps et de trois mesures à deux temps, mais accentuées à chaque fois à contretemps sur le temps le plus faible (troisième des mesures à trois temps et deuxième des mesures à deux temps)[2]. L'effet moteur, et même dansant, n'en est pas moins très

1. C'est le cas dans de très nombreux palos parmi lesquels les plus connus sont, outre la *bulería*, la *soleá* et l'*alegría*. Un autre palo de base, particulièrement tragique, la *seguiriya*, est fondé sur une cellule rythmique de douze temps : deux mesures binaires, suivies de trois mesures ternaires et d'une mesure binaire, qui toutes sont accentuées « normalement » sur le temps fort (le premier).

2. En réalité, les temps les plus marqués sont le premier contretemps de la première mesure ternaire (celui qui tombe sur le 3ᵉ temps de la cellule) et le deuxième contretemps de la seconde mesure binaire (celui qui tombe sur le 10ᵉ temps de la cellule). C'est pourquoi, il arrive que le 6ᵉ temps de la cellule ne soit pas du tout marqué et que, par compensation, on accentue le 7ᵉ.

puissant, les *palmas* (claquement de mains) marquant les contretemps accentués du rythme, les pieds marquant les temps réguliers de la mesure.

La régularité de la cellule rythmique est donc définie par la superposition de (au moins) trois niveaux de régularité sous-jacents :

– le niveau régulier des battements *ad libitum*, première isochronie : c'est la pulsation de base ; elle vient du corps et s'impose à la musique ;

– l'alternance régulière des mesures : deux mesures ternaires, trois mesures binaires, deux mesures ternaires, trois mesures binaires, *ad libitum* : elles viennent du « corps pensant » qui l'impose à la musique ;

– l'accentuation régulière sur le dernier temps de chaque mesure quelle qu'elle soit, *ad libitum* ; c'est, à l'inverse, la musique qui l'impose au corps.

La répétition périodique de ces trois types de régularité événementielle superposés a cet effet moteur à la fois effréné et tempéré.

Une opposition analogue de la mesure et du rythme s'entend dans le jazz, mais cette fois, le décalage est encore accentué par l'*irrégularité* rythmique – ce qui empêche généralement la danse proprement dite tout en entraînant le corps dans un irrésistible tangage. C'est le fameux swing[1], qui est au fond une radicalisation et une généralisation de l'usage de la syncope. *Généralisation*, en ce sens que, au lieu d'être un rythme toujours possible mais finalement accidentel et passager par rapport au rythme « carré », qui est naturel et ordinaire dans la musique classique, le rythme syncopé est le rythme naturel et ordinaire, la langue rythmique de base du jazz. *Radicalisation*, en ce sens que, plus encore que dans tout autre usage de la syncope, c'est dans le jazz qu'on entend le plus et le mieux l'opposition (parce que les deux sont *également* marqués) entre la régularité de la mesure qui accentue les temps forts et l'irrégularité des cellules rythmiques, qui accentuent aussi fortement les temps faibles. Le corps est irrésistiblement chaviré entre sa propre mesure dont il perçoit l'écho dans la musique (c'est ce qui fait qu'on bat du pied ou qu'on branle du chef) et le rythme opposé, qu'il entend distinctement dans la musique. La

1. Pour une analyse du swing, voir ci-dessous p. 268.

musique semble avoir deux corps en opposition, mais notre corps dédoublé s'accorde parfaitement à cette dissension.

Nous pouvons résumer dans le tableau ci-dessous les différents transports que peuvent nous causer les musiques.

événementialité	*exemple*	*effet moteur*
sans rythme ni mesure ni pulsation isochrone	récitatifs, alâp	immobilisation, suspension
sans rythme ni mesure, avec pulsation isochrone	plain-chant	incitation à l'inertie
sans rythme ni pulsation isochrone, avec mesure	ballades	errance
coïncidence rythme et mesure	menuet, tango, valse	danse réglée à deux
superposition de lignes rythmiques (déphasage amétrique)	polyrythmies africaines	danses solitaires frénétiques
déphasage entre rythme et mesure	*bulería*, swing	scission du corps : mains *vs* pieds

Les différents effets moteurs de la musique sur le corps selon le rapport entre pulsation, mesure et rythme

Voilà pourquoi, et comment, la musique meut. Reste à savoir pourquoi cela plaît aux êtres humains d'être ainsi mus, sans but ni raison, par la musique. Car bouger en général fatigue. Et bouger sans raison contrarie la vie. Mais bouger en musique plaît, c'est un fait.

À ces trois types d'effets physiques de la musique – pulsations isochrones, mesure, rythme – correspondent trois types de plaisir. Ils peuvent évidemment se fondre au point d'être indistincts, puisqu'une musique peut être à la fois pulsée, mesurée et rythmée : le *sentiment* du rythme naît en effet de la résultante de ces différents ordres. Néanmoins, il est conceptuellement fructueux de distinguer ce qui revient à l'un et à l'autre, en partant de leurs différences essentielles : la pulsation et la mesure sont d'abord en nous (nous autres mammifères pour la première, nous autres humains pour la seconde) et consistent dans des rapports de durées égales ; le rythme est d'abord dans la musique et consiste dans des rapports de durées inégales et commensurables.

Plaisir de la pulsation

C'est le plaisir le plus simple, le plus originel. L'enfant bat des mains en cadence en écoutant la comptine ou en chantant en chœur. Irrésistiblement. La cadence est en lui, il l'entend hors de lui. Plaisir. Plaisir de trouver, ou plutôt de retrouver, dans la musique notre besoin d'isochronie[1]. Plaisir de retrouver, dans le monde tel qu'il advient hors de soi, ce qui est soi : notre mesure biologique du temps. Plaisir d'entendre que le monde ne nous est pas totalement étranger puisqu'il bat à l'unisson de notre corps. Le familier, nous-mêmes, notre balancement corporel, d'avant en arrière, de gauche à droite, d'un pied sur l'autre, est là hors de nous, dans le corps étranger de la musique. Le temps propre et le temps de la musique ne font plus qu'un, ni propre ni étranger.

Nous pouvons éprouver ce plaisir en écoutant une musique fortement *pulsée*, c'est-à-dire dont *tous* les temps (au sens de battements) sont puissamment marqués, comme par la grosse caisse de marche d'une fanfare de défilé, ou par certaines « boîtes à rythme » des premières musiques techno. Mais nous éprouvons le même plaisir, mêlé à ceux de la mesure et du rythme, en écoutant des musiques sans pulsations systématiquement marquées : telle composition swinguée de « Duke » Ellington, par exemple « Perdido » ㉓, ou telle cantate de Bach, par exemple le chœur d'entrée de l'*Oratorio de Noël* ㉔, dès lors qu'on l'écoute jouée par des musiciens qui, en retrouvant la rhétorique baroque, accentuent la mesure et les temps forts : on bat du pied ou on secoue la tête à chaque pulsation.

1. Les ethnomusicologues ont noté que, dans les musiques de tradition orale, non seulement l'isochronie pulsative se maintient à travers le temps et les « interprètes », mais il en va de même du tempo qui se transmet, *ne varietur*, à travers les générations.

Plaisir de la mesure

Il y a un plaisir de la mesure qui se déduit de la définition que nous en avons donnée. La mesure vient du « corps comptant » : il compte sans nous les pulsations isochrones et en accentue certaines, de façon également isochronique, une fois sur deux, sur trois ou sur quatre, etc. L'espace temporel séparant les pulsations est toujours égal (sauf changement de tempo, accélération ou ralentissement) et celui séparant les accents est toujours égal (sauf changement de mesure, passage de binaire à ternaire, ou de simple à pointée).

De là un premier plaisir. Par différence avec la pulsation, qui est strictement isochrone, la mesure introduit à la fois un élément de désordre (puisque certains battements sont marqués et d'autres non) et un élément d'ordre (puisque les battements marqués sont toujours prévisibles). En superposant un deuxième niveau d'isochronie à l'isochronie de base, la mesure crée une tension (un élément est accentué), presque immédiatement apaisée (puisque c'est toujours, au bout du « compte », le même élément de la mesure qui est accentué). Voilà qui est plaisant : l'apaisement d'une tension. Tension minimale, faut-il ajouter aussitôt, le minimum de tension possible dans l'ordre de l'événementialité, puisqu'il n'y a ni attente, ni retard dans les événements mais une irrégularité infime, qui introduit une imprévisibilité minimale elle-même rendue aussitôt prévisible, régulière, rationnelle, en somme parfaitement mesurée.

Cet élément tension/détente se répète de façon si régulière et prévisible qu'il devient le fond apaisant auquel obéit la musique. Dès lors ce plaisir est celui de la répétition. Au niveau de la pulsation, il n'y avait pas de répétition proprement dite, c'était l'univers morne de l'identité dans le temps. Aucune *forme* ne pouvait naître de cette succession régulière de battements isolés et équidistants les uns des autres. Mais la tension minimale introduite par le fait que certains battements soient marqués a créé une forme (par exemple celle constituée par l'ensemble des trois temps, le premier fort, et les deux autres faibles) et c'est elle qui se répète. Avec la première forme, naît la première répétition proprement dite et avec elle se pressent déjà un plaisir propre à la musique, le plaisir de la répétition. Sans doute les « vrais » plaisirs de la répétition nécessitent-ils des formes plus complexes (par exemple des rythmes) ou plus élaborées (par exemple des motifs mélodiques) que cette pauvre forme qu'est une mesure – une mesure vide, rappelons-le, puisqu'elle n'est constituée que par l'espace où pourraient prendre place des événements musicaux. Mais une mesure, c'est déjà une forme minimale et le plaisir d'entendre qu'elle se répète *ad libitum.*

Pourquoi ce type de répétition plaît-il aux humains ?

La perception de la mesure (et du rythme) est le fruit d'une double réduction par rapport à l'écoute ordinaire. De l'écoute ordinaire, rappelons-le, l'écoute musicale abstrait les événements réels pour n'en retenir que la manifestation sensible : première réduction, des événements à leurs sons : la musique est l'art des sons. Mais de l'écoute musicale, l'écoute de la mesure (et du rythme) abstrait les sons eux-mêmes (leurs qualités) pour n'en retenir que le fait qu'ils surviennent : deuxième réduction, *inverse de la précédente*, des sons à leur événementialité. Au terme de cette double épure, on retrouve donc des événements, mais cette fois des événements imaginaires sans qualités. Or, l'événement est, pour le vivant, imprévisible. C'est même sa définition. L'événement, c'est ce qui est nouveau. *A priori,* c'est même ce qui se produit *une fois* : ici, maintenant. Un événement qui se répète n'est déjà plus tout à fait un événement. Du moins ne peut-il causer aucune émotion. En ce sens, un événement qui se répète de façon périodique n'est plus un événement du tout : ni le soleil qui se lève tous les matins, ni les battements du cœur ne sont des événements. Bien plutôt, le soleil cesserait-il de se lever ou le cœur de battre, alors ce seraient des événements. Les temps forts de la mesure sont des micro-événements s'élevant sur le fond monotone des pulsations isochrones. Ces micro-événements, qui ne sont pas dans la musique mais auxquels elle semble obéir, ont été dépouillés de toute imprévisibilité par leur répétition *périodique* : c'est le fond calme et rassurant de ce qui se répète sans différence et qui imite ainsi la continuité atone où rien ne se produit. Plaisir minimal de la répétition qui transforme l'événementialité en son contraire et fait de l'imprévisibilité le prévisible même. Car la répétition tient de l'identité (seul l'identique se répète, ou pour le dire à l'inverse, il n'y a de répétition que de ce qui réapparaît identiquement) et de la différence : chaque fois est une *autre* fois, parce que c'est à un autre *moment.* C'est toujours spécifiquement le *même* événement et c'est à chaque fois singulièrement un *autre* événement. Tel est l'ordre sous-jacent, implicite et pour ainsi dire silencieux, auquel semble s'accorder la musique mesurée. La périodicité est la forme extrême de la fusion de l'événement et de l'absence d'événementialité puisque la répétition se produit à intervalles de temps égaux, en sorte que l'attente du Même est non seulement toujours satisfaite mais elle est satisfaite exactement au bon moment : le Même arrive quand il est attendu.

Et cela même se déduit de notre définition de la musique. Elle est, affirmons-nous, la représentation d'un ordre d'événements liés par une *relation de causalité*. Or la forme la plus simple, la plus plate, sous laquelle nous *apparaît* la causalité, c'est la *répétition*. Il ne s'agit pas ici de la causalité réelle, mais d'une causalité imaginaire. Peut-être y a-t-il dans la nature des « vraies causes » entre événements, par exemple des transferts d'énergie ou quelque autre phénomène physique, peu importe. Ce qui compte, c'est ce qui apparaît à notre imagination : lorsque deux événements se répètent *toujours* dans le même ordre, nous imaginons forcément que le précédent est cause du suivant. D'ailleurs, comme le suggérait Hume, il n'y a peut-être aucune causalité réelle, rien de plus que cette causalité imaginaire, rien de plus que la *répétition*. Le fait qu'un événement se soit toujours produit de la même façon à intervalles réguliers suffit généralement à « expliquer » qu'il se produise, ou du moins à justifier qu'on n'en cherche plus la cause : c'est le cas du lever quotidien du soleil, par opposition à l'éclipse. Dans une musique, la répétition d'une mesure, d'un motif, d'une cellule, d'un thème, voire d'un événement (note, accord, cadence, etc.) est la forme la plus simple de la causalité interne assurant la continuité du discours[1]. Peut-être faudrait-il en toute rigueur dire les choses inversement : la causalité entre les événements du discours musical est la forme plus raffinée et la manifestation indirecte d'une répétition originaire. Toute musique est née, sans doute, d'un besoin de répétition. Mais la simple répétition ne crée aucune tension parce qu'elle ne crée que de l'*absolument prévisible*. On peut donc dire que la causalité « imite » la répétition, mais en y ajoutant la tension minimale nécessaire à son propre apaisement. La causalité est la manière dont la musique peut éviter la répétition en créant de l'imprévu dans le prévisible. Ce qui

1. Nous avons vu ci-dessus un cas particulier où la causalité interne se manifeste dans la répétition : lorsqu'un temps fort semble causer les temps faibles qui le suivent.

n'implique pas qu'elle puisse, et encore moins qu'elle doive, l'éviter toujours. Car une musique qui éviterait *toute* forme de répétition (métrique, rythmique, motivique, harmonique) tendrait au contraire vers l'*imprévisible absolu*, perdrait sa continuité et cesserait sans doute d'être musique.

Une grande partie du plaisir musical est déjà là. Et la répétition est sans doute un point commun à la plupart des plaisirs musicaux. La musique est affaire de répétition, c'est là sa caractéristique la plus constante et la plus propre. Une chanson, c'est souvent un refrain qui revient à l'identique entre les couplets, et les couplets se répètent tous sur le même air. De là la forme rondo B-A-C-A-D-A, etc. Et puis il y a la ritournelle. « Encore ! Encore ! » exige l'enfant. Dans la forme sonate, on expose au début et on *réexpose* à la fin du mouvement. On répète ou on varie, on imite, on module, que ce soit dans le contrepoint ou dans l'écriture harmonique. Les variations sont autant de manières pour la répétition proprement dite de se transformer progressivement en causalité : ni totalement imprévisible, ni totalement prévisible. En jazz aussi, on expose le thème (souvent un standard) et on le réexpose après les chorus. Les improvisations imprévisibles sur une grille prévisible sont aussi des formes intermédiaires entre répétition et causalité. On n'en finirait pas de décrire les phénomènes de répétition en musique, qui ont tous pour effet d'apprivoiser l'événementialité en en favorisant la compréhension. Le XXe siècle a poussé jusqu'au bout la logique selon laquelle le plaisir musical s'éprouve dans la répétition, puisque sa grande nouveauté (par delà toutes les innovations stylistiques et les révolutions formelles, qui n'en ont été souvent que la conséquence), c'est l'invention d'appareils à reproduire la musique, à répéter encore et encore l'air, la chanson, le morceau, la pièce, l'œuvre déjà connus et réentendus[1]. Peut-on encore imaginer, aujourd'hui où la musique s'écoute le plus souvent dans un appareil à la répéter à l'identique (phono, radio, magnéto, mp3, Internet, etc.), ce qu'était la vie musicale avant que de telles machines n'existent ? On peut ainsi s'amuser du purisme naïf de certains critiques de disques de musique classique, qui se scandalisent

1. Pour une analyse de la fonction économique et sociale de la répétition musicale au XXe siècle, on relira le beau chapitre de Jacques Attali, « Répéter », dans *Bruits*, PUF, 1977.

lorsque tel interprète n'a pas « fait la reprise », par exemple dans l'exécution d'une sonate de Schubert, alors qu'elle était principalement destinée à remettre à l'oreille un thème ou un motif du morceau, pour le plus grand plaisir d'auditeurs qui ne l'avaient jamais entendu auparavant et ne pourraient peut-être plus jamais l'entendre (le plaisir même de la répétition, de la transformation progressive de l'inconnu en familier). Aujourd'hui, l'immense majorité des auditions de la même sonate de Schubert sont des ré-auditions ; et lorsque c'est une première audition, elle est, par son support même, promise à ne pas le demeurer. Par ailleurs, si la musique dite atonale a voulu rompre (par ascétisme et pour se distinguer aristocratiquement de la musique jugée populaire) avec ce qui, dans l'écriture harmonique et rythmique, relevait de la répétition, elle a nécessairement rencontré la répétition dans sa reproduction. Caressait-elle l'espoir que, à force d'être réécoutée, telle œuvre atonale finirait par apparaître aussi naturelle et « plaisante » qu'une œuvre « tonale », parce que ses événements seraient aussi attendus ? Ç'eût été confondre deux sens, ou plutôt deux niveaux, de la répétition : celle qui se produit à force d'écoutes d'une œuvre et fait appel au souvenir ; et celle à laquelle nous nous référons ici, la répétition de la mesure ou d'une cellule rythmique, qui se produit *dans* une œuvre, s'entend dès sa première écoute et fait partie de sa compréhension puisqu'elle n'est qu'une variante de la causalité. Si l'œuvre s'est donné les moyens de la compréhension, la répétition de son écoute en accroît la compréhension – et le plaisir. (Vous avez aimé une musique ? Vous aimerez encore plus la réentendre !) Mais sans la causalité et les répétitions « internes » à une musique, les répétitions « externes » (celles de l'écoute) sont inutiles. Ce qui n'a pas pu *du tout* s'inscrire dans la mémoire, faute de compréhension à la première écoute – faute de répétitions *dans* la musique – aura peu de chances de finir par être compris à force d'être rappelé – par la répétition *de* la musique.

Plaisir d'une micro-tension suivie d'une micro-détente, plaisir de la répétition d'une forme minimale qui s'en déduit, sont des constantes des plaisirs physiques ou esthétiques de la musique, mais ils ne sont qu'en germe dans la mesure et on les retrouvera, grandis et accomplis, dans le rythme. Cependant le plaisir le plus propre à la mesure vient du fait que la forme qui se répète (1-2-3, 1-2-3, etc.) est vide de musique, puisqu'elle n'est d'abord qu'en nous. Comme la pulsation, il nous plaît de l'entendre réalisée hors de nous dans une suite d'événements sonores qui ne dépendent pas de nous. La musique vient remplir une forme *a priori* qui semblait l'attendre. Mais la mesure dit plus et mieux notre accord entre le monde et nous-mêmes que la simple pulsation isochrone. Celle-ci nous faisait entrevoir hors de nous la manière dont notre corps biologique mesure le temps : pom, pom, pom, etc. La mesure va plus loin : elle nous fait entrevoir que le monde ne nous est pas totalement étranger puisqu'il bat à l'unisson de notre « corps pensant ». En même temps que notre corps répond et pour ainsi dire *obéit* à la musique (on bat du pied tous les trois temps), ou plutôt à l'événementialité dont elle est porteuse, il semble commander à ce corps étranger qu'est l'événementialité même, puisque l'écoute de cette événementialité est le fruit d'une réduction des événements réels à leurs sons et de ceux-ci à leurs événements. Nous commandons à l'ordre des événements selon l'ordre qui est en nous. Quel plaisir ! Non pas celui de quelque volonté de puissance, mais le simple sentiment qu'une concorde est possible entre nous et le monde. Comme le dit Bergson à propos du mouvement du danseur : « le rythme et la mesure[1], en nous permettant de prévoir encore mieux les mouvements de l'artiste, nous font croire [...] que nous en sommes les maîtres [...]. Les retours périodiques de la mesure sont comme autant de fils invisibles au moyen desquels nous faisons jouer cette marionnette imaginaire[2]. » Ajoutons, ou plutôt rectifions : cette marionnette, ce n'est pas ce danseur, ici, devant nous (Bergson, en fait, s'imagine au spectacle, il ne s'imagine pas danser !), c'est justement nous-mêmes, c'est ce pied, cette tête, voire notre corps tout entier. « Corps *propre* » ? Moins que jamais, puisqu'il semble ne plus nous obéir, tant ses mouvements paraissent déterminés par la musique et devenir ainsi « corps mû de l'extérieur » à mesure que la musique, elle, nous devient « propre », symétriquement. Nous, c'est-à-dire notre pensée, nous nous prenons pour les maîtres des mouvements de la musique (alors que la musique *n'a pas* de mouvements, elle *est* un mouvement[3]), à mesure que la musique devient maîtresse de nos mouvements. C'est pourquoi nous

1. Bergson les mêle ou il les confond.

2. Henri Bergson, *Essai sur les données immédiates de la conscience*, PUF, « Quadrige », p. 9.

3. Voir ci-dessous p. 162 *sq.* et 371 *sq.*, à propos de la musique comme processus.

imaginons que la musique *a* des mouvements, quand en réalité ce sont ceux qui étaient déjà en nous.

Car, et c'est sans doute ce que Bergson ne pouvait imaginer pour lui-même, cette mesure est ce qui nous fait danser, c'est-à-dire nous mouvoir « tout court », pour rien, c'est-à-dire *pour le plaisir*. C'est ce qu'avait bien vu par contre saint Augustin dans sa définition de la musique comme « science du mouvement bien réglé[1] » ou mieux, comme « art de bien moduler ou de bien se mouvoir[2] » – la modulation donnant la *mesure* à ce que le chant et la danse pourraient avoir de débridé. Se mouvoir pour le plaisir : le plaisir non seulement de nous étourdir dans la dépense physique, mais de répondre en mesure aux mouvements de la musique répondant à notre propre mesure. Ce plaisir modulé de danser répond à la même circularité que celui de la musique de chambre, la dépense motrice en plus[3]. Pour les instrumentistes d'une petite formation, qui se répondent les uns aux autres, l'entendre et le faire sont unis. De même, nous dansons la musique et nous entendons notre danse. Ce que la musique mesurée nous fait faire, c'est justement des mouvements à notre propre mesure.

Plaisir du rythme

Le plaisir du rythme s'ajoute souvent aux plaisirs de la mesure. Tantôt ceux-ci renforcent celui-là. C'est le cas lorsqu'il y a coïncidence entre les accentuations qui sont dans la musique et celles qui sont en nous. On éprouve alors les plaisirs physiques de l'attente corporelle comblée, ceux de la répétition et ceux de la danse, démultipliés les uns par les autres. Tantôt un autre plaisir physique naît du décalage entre mesure et rythme : nous ressentons séparément le plaisir de l'un et celui de l'autre, ils s'additionnent sans se confondre. Ainsi en va-t-il de ce plaisir particulier que nous donne un rythme syncopé. Nous entendons le rythme du discours musical contrarier la mesure en nous : notre attente de l'accent sur le temps fort de « notre » mesure

1. Saint Augustin, *La Musique* I, III, 4, Gallimard, Bibliothèque de la Pléiade, p. 558-559.
2. Saint Augustin, *ibid.*, I, II, 2, p. 557.
3. Voir ci-dessus p. 100.

est déjouée par la musique elle-même qui accentue le temps faible[1]. Mais elle l'accentue *systématiquement* : elle est donc plus espiègle que démoniaque. Il y a bien un plaisir de la forme, et il est d'autant plus puissant que la tension qu'elle a fait naître est plus forte (c'est le rôle de la syncope), apaisée par sa répétition.

Mais le rythme simplement syncopé s'inscrit sur une seule ligne d'événementialité (on pourrait l'écrire sur une seule portée) : l'accentuation du temps fort de la mesure demeure donc implicite puisque la musique ne fait entendre que celle du temps faible. Plus complexe est le plaisir que nous donne un ensemble de percussions comme celui d'une *batucada* brésilienne. Car on y fait entendre explicitement et en même temps : plusieurs rythmes, la mesure et même la pulsation isochrone de base. Ainsi, les *ritmistas* de l'orchestre jouent, qui cette pulsation (le *surdo*, fût droit au son grave, a en général cette fonction), qui la mesure (la *caixa*, sorte de caisse claire) et qui différents rythmes accordés les uns aux autres (*repinique*, *tamborim*, etc.) souvent eux-mêmes syncopés, ou avec des rappels à contretemps (*cuica*, *agogô*, *chocalho*, etc.) [écouter par exemple la batterie de l'école de samba « GRES Acadêmicos do Salgueiro » dans « Ensaios de Ritmo (apresentação de solistas) » ㉕]. Le plaisir naît de la fusion compréhensive des différents plaisirs précédents : celui d'entendre ces diverses formes autonomes chacune avec ses tensions propres, celui de leur répétition et de l'apaisement qu'elle entraîne, celui de leurs coïncidences ou de leur oppositions de phase. Il faut ajouter à tous ces plaisirs du transport une puissante jouissance proprement vibratoire, si l'on se souvient que la batterie d'une grande école de samba carioca est composée d'environ trois cents musiciens !

Moins d'intensité vibratoire mais plus de subtilité dynamique dans le plaisir du swing. Dans un trio jazz be-bop, par exemple, on entend là encore la pulsation isochrone de base : c'est elle que marque la contrebasse ; la batterie, quant à elle, respecte la mesure. Le piano, lui, se fait sa propre rythmique [écouter par exemple Bud Powell dans « Indiana » tiré de l'album *Bud Powell 1945-1947* ㉖]. Mais la subtilité vient du fait que cette rythmique est syncopée, et d'une façon rarement prévisible. On entend *à la fois* dans la musique notre mesure et son rythme, dans leur opposition même. Ces deux

1. Ou la partie faible du temps, c'est-à-dire la partie non pulsée qui suit la pulsation tout en précédant la pulsation isochrone suivante.

dynamiques indépendantes semblent obéir chacune à son propre mouvement, mais leur désaccord paraît réglé, parce qu'il s'accorde à la pulsation et au tempo de la contrebasse, alors même qu'il demeure imprévisible. Le plaisir physique vient de notre propre corps dédoublé qui *comprend* dans leur unité les deux mouvements contraires, deux types d'événementialité non coïncidentes qui ne s'ajustent pas *par* nous mais *en* nous. Plus subtil, trop selon certains, serait le piano solo de Thelonious Monk : car on croirait entendre, dans une seule ligne rythmique, les trois lignes distinctes du rythme syncopé imprévisible, de la mesure et de la pulsation, alors même que ces deux dernières demeurent le plus souvent implicites [écouter par exemple Thelonious Monk dans « Bluehawk » in *Thelonious Monk : Alone in San Francisco* ㉗].

Car la spécificité du rythme, c'est que, par opposition à la mesure, il n'est pas la répétition d'une forme vide et prévisible que la musique viendrait remplir, mais la répétition prévisible d'une forme imprévisible créée par la musique elle-même. Ce qu'il nous offre, ce n'est plus le plaisir de penser avec le corps (le corps qui recompte sans but et sans raison, toujours à partir de 1, ses propres mouvements non qualifiés), c'est celui d'être mû physiquement par une raison qui se trouve hors de nous, dans la musique – « raison incorporée ». Car un rythme complexe, on le *comprend*, à la fois littéralement (c'est-à-dire qu'on perçoit la diversité d'un ensemble d'événements dans leur unité) et corporellement (c'est-à-dire qu'on le comprend avec le corps, en en ressentant physiquement les effets). La raison n'obéit plus au corps, comme lorsqu'il mène la danse en mesure ; désormais, c'est le corps qui obéit à la raison, « à son corps défendant » si l'on ose dire, quand elle compte et embrasse des ensembles divers sans en avertir la conscience. De là un plaisir irréductiblement physique *et* rationnel qui, au contraire du plaisir proprement esthétique, ne doit rien à l'imagination.

Pour apercevoir le travail souterrain de la raison, l'analyse d'un rythme superposant explicitement une multiplicité de lignes autonomes (polyrythmie) serait trop complexe. Il suffira ici de mesurer l'effet produit par une seule ligne, autrement dit par la simple répétition *ad libitum* d'une unique formule rythmique. Sous son apparente simplicité, une cellule rythmique doit en effet être conçue comme la superposition ou l'emboîtement implicite de formes simples, qui en sont comme les briques minimales. Le plaisir du rythme naît de la compréhension par le corps de cette multiplicité synchronique de formes simples emboîtées les unes dans les autres. La brique de base avec laquelle se construit la mesure, c'est la pulsation isochrone. La mesure est la superposition synchronique de plusieurs briques. Une mesure à quatre temps est donc la superposition de trois briques de base[1]. Ces superpositions d'isochronie propres à la mesure constituent une forme vide que les événements musicaux, sonores ou silencieux, de la cellule rythmique viendront diversement remplir.

Considérons à présent la cellule rythmique (F) répétée 169 fois dans le *Boléro* de Ravel. On peut la noter ainsi :

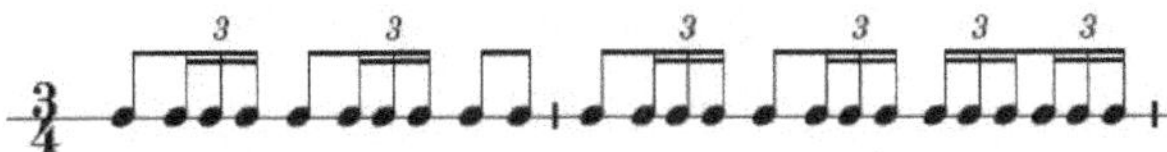

Ou ainsi (F) = *pam*, *da*dada*pam*, *da*dada*pam*, *dam*, *pam*, *da*dada*pam*, *da*dada*pa*dada*da*dada ; les virgules notent des silences, les syllabes en italiques sont accentuées.

Nous ne prenons cet exemple que parce qu'il est bien connu ou facilement accessible. Qu'il y ait des rythmes plus « intéressants » ou plus subtilement écrits – même par Ravel – va sans dire. Rappelons que nous ne prétendons nullement nous livrer à une analyse musicologique des formes rythmiques, mais seulement à une décomposition analytique de ce que, simplement, nous entendons (car la musique est l'art des sons) et de ce que ça fait au corps.

On peut montrer (voir notre Annexe 3) que cette cellule rythmique est entendue, et donc comprise, comme l'emboîtement, ou plutôt l'englobement, de six formes. Les deux premières sont empruntées à la mesure sous-jacente, forme vide, et sont donc isochrones : la forme de base de la pulsation (les syllabes en italique de (F)) et celle des temps forts (les syllabes commençant par « p » de (F)) ; les autres sont entendues dans les événements eux-mêmes (donc dans les notes de durées inégales), par exemple la cellule *pam, da*dada*pam*. L'effet moteur est garanti par la coïncidence des battements forts de la mesure et du rythme qui se renforcent mutuellement.

Des formes plus englobantes sont engendrées par la répétition *ad libitum* de cette même cellule rythmique (F). Car le rythme du morceau naît de cette répétition. À chaque fois qu'on entend la

1. Voir ci-dessus p. 110.

cellule entière, on l'entend intégrée à une forme plus large qui l'englobe, elle et toutes celles qui la précèdent : c'est d'autant plus net, dans ce cas précis, que le crescendo accentue cet effet cumulatif. De manière générale, toute unité répétée, quelle qu'elle soit, est à la fois entendue pour elle-même et comme formant synthétiquement une nouvelle unité avec toutes celles qui la précèdent – exactement comme lorsqu'on compte. Compter, c'est en effet à la fois pouvoir individualiser chaque élément compté comme étant un et un seul, le même que les autres, et l'inclure, avec tous ceux, identiques à lui, qui ont déjà été ainsi dénombrés en une nouvelle unité cardinale, sans cesse nouvelle et augmentée à mesure que l'on compte. Le rythme de la cellule, nous en ressentons les effets physiques parce que notre raison (qui anticipe ce qui va se passer à partir de ce qui s'est passé) est « incorporée » dans la musique. La mesure du morceau, nous la percevons avec notre « corps comptant », donc pensant. Et le rythme général du morceau, fruit de la superposition de pulsations isochrones de cycles différents, entraîne la musique dans une dynamique inévitable, et emporte notre corps dans un mouvement d'autant plus nécessaire que nous y reconnaissons un mécanisme rationnel.

Ce rythme du *Boléro* montre, peut-être mieux qu'un autre, la distance, pour ne pas dire l'opposition, entre la matière rebelle du temps et la dynamique musicale qui l'apprivoise. Car il montre le temps dans sa nudité et dans son irrationalité, comme un pur devenir qui coule ou qui fuit, mais il le montre d'une façon maîtrisée donc rationnelle. Rarement une musique semble avoir aussi simplement et parfaitement illustré les deux caractères les plus opposés du temps : d'un côté, l'irréversibilité inexorable de la *succession* des instants présents (nous ne nous baignons jamais dans le même fleuve : irrationalité du temps), qui sont comme les battements du temps, et d'un autre côté, la continuité des choses et la *permanence* du présent (nous nous baignons toujours dans le même fleuve : maîtrise rationnelle du temps), puisque le présent est comme le point fixe du temps indéfiniment répété. Le crescendo assure en quelque sorte l'unité des deux aspects opposés du temps : l'identité se transforme en permanence, la série des événements devient un long processus unique. Le temps est compris, il est devenu temporalité proprement humaine, tout en demeurant étranger, parce que résolument rebelle à la permanence, soumis qu'il paraît à son impitoyable moteur. Le rythme est ce par quoi le temps est apprivoisé et pour ainsi dire forcé à *rendre raison*.

En effet, pour « comprendre » un rythme quel qu'il soit, pour sentir en nous son effet moteur, il faut d'abord être sensible à ses forces motrices internes. Un organisme vivant peut bien être sensible à des répétitions, mais seul un organisme rationnel peut les entendre comme causales – et la musique est bien un ordre causal, selon notre définition. Lorsque nous entendons un rythme, nous entendons certains événements sans qualités causant d'autres événements ; ou mieux, puisque de ces événements, il ne reste que l'événementialité, c'est-à-dire leur advenue instantanée, c'est comme si certains *instants* avaient la force motrice d'en entraîner d'autres à leur suite, inexorablement. À suivre un rythme, on pourrait croire que ses moteurs internes sont les moteurs mêmes du temps et que, s'il en était privé, il pourrait s'arrêter – de la même façon que peut se figer notre corps privé du moteur rythmique qui l'entraîne. Tel est sans doute le « problème obscur » auquel faisait allusion Claude Lévi-Strauss dans son analyse du *Boléro*[1]. La question posée par ce crescendo et cet ostinato qui miment la temporalité, c'est « comment ça va s'arrêter ? » – parce que, par ses propres moteurs internes, cette structure dynamique ne peut pas plus s'arrêter que le temps lui-même. Il faut donc qu'un accident extérieur (la modulation finale vers *mi* majeur), un événement *ex machina* si l'on peut dire, vienne à la fois réaliser toute la tension accumulée et faire exploser la structure, pour en arrêter le cours en la bouclant sur elle-même.

Pour comprendre un rythme quel qu'il soit, certains concepts rationnels inaccessibles au corps sont nécessaires : identité, égalité, nombre, etc. Par exemple, le sentiment du rythme exige que toutes les micro-cellules *pam*, *da*dada*pam* soient entendues comme identiques. Or, un organisme vivant peut bien être sensible à un battement régulier ou à l'égalité de durée mais seul un être rationnel peut reconnaître l'*identité* de micro-cellules composée de valeurs inégales, alors même

1. Critiquant Henri Pousseur qui y voyait l'exemple d'un « processus de transformation simple, se développant dans une seule direction sans revenir sur soi-même [...] cas extrême de directionnalité ininterrompue et parfaitement continue » (*Fragments théoriques I, Sur la musique expérimentale*, Université libre de Bruxelles, 1970, p. 246), Lévi-Strauss montre que cette analyse ne tient pas compte de la fameuse modulation (de *do* majeur vers *mi* majeur) qui surgit 15 mesures avant la fin du morceau et qui, selon lui, « constitue une réponse décisive à un problème obscur posé dès le début et dont, tout au long du discours musical, on avait vainement aligné et éprouvé plusieurs solutions » (*L'Homme nu*, Plon, 1971, p. 590).

qu'elles se trouvent dans un environnement sonore distinct. Dans le temps lui-même, rien de temporel n'est identique à rien, et il n'y a pas de sens à dire qu'une forme passée (d'autant plus précaire qu'elle est faite d'inégalités) est identique à une forme présente, sinon à l'abstraire du temps comme un concept invariable ou comme une figure spatiale. Le rythme nous permet de percevoir, ou mieux de ressentir physiquement, l'identité de formes présentes et passées comme si elles pouvaient être données en même temps, comme si elles n'étaient pas faites d'une irréversible série d'événements. Mais dès lors que le corps, informé par la raison, peut identifier et donc réidentifier des formes, c'est qu'il est capable de compter bien au-delà de la limite à laquelle se heurte l'organisme, lequel n'est guère capable de compter au-delà du balancement binaire. Le corps qui ressent le rythme perçoit donc des emboîtements de formes temporelles (les micro-cellules dans la cellule, par exemple), alors même que nous ne pouvons les imaginer que dans l'espace (tel est le concept d'*emboîtement*) ou les concevoir par la raison (grâce au concept d'*ensemble* par exemple). Il en va de même de la perception de l'opposition binaire/ternaire et de l'alternance de mouvements carrés et chaloupés dans laquelle elle entraîne le corps. Une telle opposition n'existe pas dans le temps lui-même. Le corps ne peut donc en sentir l'effet sans que quelque chose en lui puisse la penser. Le rythme est donc ce que ressent le corps de ce que la raison fait pour lui du temps.

Ce que nous enseigne aussi ce rythme, c'est non seulement ce que tout rythme fait au corps, mais pourquoi c'est plaisant. Le rythme plaît parce qu'il est la dépense mesurée. Qu'il est la domestication du temps par le corps. Qu'il est la répétition devenue causale. C'est l'imprévisible devenu prévisible et ce sont donc les multiples tensions événementielles apaisées par leur répétition. Mais il s'ajoute à tout cela un plaisir proprement musical et qui est analogue au plaisir esthétique, à ceci près qu'il est senti dans le *corps* informé par la raison au lieu d'être éprouvé par l'*imagination* éclairée par la raison. Le plaisir physique de la musique est dans l'accord du corps et de la raison alors que le plaisir esthétique a sa source dans l'accord de l'imagination et de la raison. Mais dans les deux cas, ce plaisir, c'est celui de la *compréhension* au sens strict du terme : comprendre dans leur unité, embrasser dans une même perception le maximum de lignes d'événementialité parallèles ou en opposition, ou la plus grande diversité de formes temporelles commensurables emboîtées.

Car, en un sens, on n'entend qu'une suite d'événements : *pam*, *da*dada*pam*, *da*dada*pam*, etc. ; mais pour la comprendre, il faut l'entendre comme un entrelacs de lignes autonomes superposées. Si ces lignes diachroniques sont trop nombreuses, ou si l'on n'en perçoit pas la coïncidence, si l'on ne saisit plus la raison de leur opposition ou de leur décalage, ou si ces formes synchroniques sont trop diverses pour qu'on en comprenne l'emboîtement, en somme si la multiplicité et la diversité des rapports rationnels entre événements n'est plus saisie dans leur *unité*, le plaisir corporel diminue. L'émotion physique cesse. Inversement, elle croît à mesure que croît cette multiplicité, ou que s'intensifie cette diversité dès lors qu'elles demeurent senties dans leur unité.

Alors, la musique ne nous fait plus seulement vibrer. Elle nous transporte. Nulle part. Mais puissamment.

Chapitre 2

Ce que la musique fait à l'esprit

Il y a les plaisirs du corps : écouter, vibrer, bouger, danser. Et il y a aussi ceux de l'esprit : écouter, se troubler, tressaillir, s'émouvoir. Que la musique nous meuve, passe encore. Mais qu'elle nous émeuve, voilà qui semble vraiment incompréhensible. Notre définition de la musique nous a permis d'expliquer à nos anthropologues martiens pourquoi le rock nous fait vibrer ou pourquoi les trois temps de la valse nous font tourner. Mais pourquoi une simple série de sons, sans paroles et sans images peut-elle nous bouleverser ? L'émotion musicale, voilà bien le mystère le plus opaque.

Certes, il faudra d'abord leur faire remarquer que cette distinction entre plaisirs du corps et plaisirs de l'esprit n'implique aucune séparation du corps et de l'esprit. C'est une simple distinction commode entre deux types de plaisirs que ne sépare aucune frontière absolue. Le dernier mouvement de la *Septième Symphonie* de Beethoven, *Le Sacre du printemps* de Stravinsky, ou *West Side Story* de Bernstein, ça doit nous faire bouger mais ça peut aussi nous faire pleurer. La raison de cette union des effets est claire : comme nous l'avons montré, il n'y aurait plaisir, ni de la mesure ni du rythme, si le corps n'était humain et si la raison ne s'y incarnait. Nous allons voir, inversement, que les plaisirs de l'esprit, s'ils impliquent l'imagination et la raison, ne sont nullement intellectuels mais proprement sensuels. Les « émotions esthétiques » sont à l'esprit ce que les « émotions physiques » (vibrations et transports) sont au corps. Et les plaisirs spirituels de la musique ont autant de corps que les plaisirs physiques de la musique ont d'esprit.

Il y a bien cependant une spécificité des plaisirs esthétiques.

Des émotions esthétiques proprement musicales

Qu'est-ce donc que cette étrange émotion esthétique ?

Distinguons trois types d'émotions musicales : celles qui ne sont qu'en nous, celles qui ne sont que dans la musique, et celles que la musique nous donne. Seule la troisième est proprement esthétique.

Il y a d'abord les émotions que telle ou telle musique provoque chez tel et tel d'entre nous, parce qu'il est qui il est et qu'il a vécu ce qu'il a vécu. La musique peut causer toutes les émotions de la vie : c'est affaire de hasard. N'importe quelle musique a le pouvoir de susciter n'importe quelle émotion chez n'importe qui. Indirectement du moins. Il suffit que l'expérience de son écoute ait été associée à telle ou telle expérience vécue. Pensons à ce que signifiera pour le supplicié d'avoir été torturé au son d'une page de Brahms. Pensons plus simplement au travail associationniste de la mémoire : « Tu entends, ma chérie ? C'est *notre* chanson ! » Tout cela ne dit évidemment rien sur l'émotion, et encore moins sur la musique en question. Le fait que telle planche de Rorschach suscite l'effroi de Pierre ou une trouble excitation sexuelle chez Marie ne nous renseigne guère sur le pouvoir émotionnel de l'art abstrait : pour qui ne s'intéresse ni à Pierre ni à Marie, mais à l'art ou à la musique, cela n'a pas d'intérêt.

Il y a ensuite les émotions contenues dans telle ou telle musique, quand on dit par exemple qu'elle *est* triste (telle valse de Chopin), ou qu'elle *est* joyeuse (« Alléluia !, Alléluia ! »). C'est un autre mystère, que nous tenterons d'éclaircir plus tard[1].

Mais celles qui nous retiennent pour l'heure, les émotions esthétiques, se distinguent à la fois de ces émotions que nous prêtons à telle musique particulière et des émotions réelles que nous donne la remémoration musicale de telle expérience vécue. Elles ne sont ni essentiellement objectives comme celles que nous trouvons *dans la musique* (« *elle* est triste »), ni essentiellement subjectives comme celles que nous ne trouvons qu'*en nous* à son écoute (« *mon* premier baiser »). Les émotions esthétiques, elles, sont suscitées *en nous* par ce que nous entendons *en elle*. Et contrairement aux émotions réelles

1. Il s'agit des émotions que nous analysons plus loin dans le chapitre « Ce que dit la musique » et que l'on nommait à l'âge classique des passions.

(honte, regret, admiration, envie, etc.), elles ne nous disent rien du monde réel. (Mais c'est comme si elles nous disaient quelque chose du monde imaginaire dans lequel nous plonge la musique).

Pourtant, ces émotions musicales se confondent presque nécessairement, dans la musique, avec celles qu'*elle* exprime (c'est ce qui fait que nous disons : « Ce qui me bouleverse, c'est toute la détresse qu'il y a dans cette musique ») et nous les confondons quasi inévitablement, en nous, avec *nos* émotions personnelles accidentelles (c'est cette confusion qui nous fait dire : « Ah ! vous ne pouvez pas comprendre ce que ça me fait ! ») Ce dernier type de confusion contribue à entretenir l'illusion que, en matière d'art, ou du moins de musique, ou du moins d'émotion musicale, « tout est subjectif ». Il y a donc des sceptiques pour prétendre que la musique ne *peut* pas émouvoir, sinon à titre privé, et de sévères musicologues pour soutenir que la musique ne *doit* pas émouvoir. La musique, disent-ils, est chose trop sérieuse pour être livrée à des impressions subjectives. Il faudrait d'abord, préconisent-ils, comprendre comment elle est faite. Pourtant, on le verra, la compréhension de la musique, au sens purement perceptif du terme « comprendre », est la condition nécessaire de toute émotion – même si elle n'est nullement sa condition suffisante. *Et l'émotion que nous ressentons à son écoute n'est que le signe le plus manifeste que nous la comprenons.*

Contrairement aux autres émotions (celles qui sont dans la musique sans être en nous, et celles qui sont en nous sans être dans la musique), les émotions esthétiques ne sont pas qualifiées : quand la musique nous fait danser, nous ne sommes mus ni ici ni là, mais « tout court » – mais pourtant comme seule cette musique peut nous mouvoir – ; quand elle nous fait pleurer, nous ne sommes émus ni par cet événement ni par cet autre, nous sommes émus « tout court » – et pourtant comme seule cette musique peut nous émouvoir. Car, évidemment, toutes ces émotions esthétiques ne sont pas identiques. De même qu'on ne se meut pas de la même façon en entendant les Stones ou le *Beau Danube bleu*, on n'est pas ému de la même façon en entendant *La Passion selon saint Jean* de Bach et *My Favorite Things* de John Coltrane. « Tout court » ne signifie pas non plus que toutes les émotions esthétiques soient réductibles au plaisir de la beauté – qui n'en est qu'un cas particulier. L'émotion est « esthétique » en ce sens que c'est un plaisir sensible dû à ce qu'il y a seulement de sonore dans la musique, dès lors que justement on ne l'entend plus comme un phénomène seulement sonore. Il en va de même, *mutatis mutandis*, des émotions physiques : un rythme devient moteur par ses sons et eux seuls dès lors qu'on cesse de les entendre comme de simples sons.

C'est justement parce qu'elle n'est pas qualifiée par des événements réels (ni honte, ni regret, ni admiration, ni dégoût, ni désir, ni...) que l'émotion esthétique semble opaque. Parce qu'elle nous distrait du monde plutôt que de nous en dire quoi que ce soit, elle semble inexplicable. « Ému ? Mais, il n'y a pas de raison ! » Peu de philosophes se sont donc risqués à analyser cette émotion esthétique. Il faut donc tenter de le faire. En dire quoi, au fond ? N'est-elle pas indicible ? Certains écrivains se sont pourtant plu à l'évoquer, au moins de façon indirecte. Tel est le cas de Proust. Nul mieux que lui n'a illustré le caractère *non qualifié* de l'émotion musicale. C'est un des passages les plus cruellement ironiques de *Du côté de chez Swann* :

> « Ah ! non, non, pas ma sonate ! cria Mme Verdurin, je n'ai pas envie à force de pleurer de me fiche un rhume de cerveau avec névralgies faciales, comme la dernière fois ; merci du cadeau, je ne tiens pas à recommencer ; vous êtes bons vous autres, on voit bien que ce n'est pas vous qui garderez le lit huit jours ! [...]
>
> – Eh bien ! voyons, c'est entendu, dit M. Verdurin, il ne jouera que l'andante.
>
> – Que l'andante, comme tu y vas, s'écria Mme Verdurin. C'est justement l'andante qui me casse bras et jambes. Il est vraiment superbe le Patron ! C'est comme si dans la « Neuvième » il disait : nous n'entendrons que le finale, ou dans « les Maîtres » que l'ouverture. »

Il faut lire ce texte comme une illustration du génie comique de Proust plus que de la vulgarité de Mme Verdurin. Certes, elle ment, car, comme le souligne le narrateur, « à force de dire qu'elle serait malade, y avait-il des moments où elle ne se rappelait plus que c'était un mensonge et prenait une âme de malade ». En tout cas, elle exagère – par snobisme. Elle en rajoute – pour le plaisir de faire son petit effet. Mais il en va de même de Proust, dans un autre genre – et il faut *aussi* lire ce texte comme une marque de son mépris aristocratique à l'égard des manifestations visibles ou sonores de l'émotion commises par les classes moins « distinguées ». Un homme du monde doit cacher ces sentiments qu'un vain peuple exprime bruyamment ; il doit avoir l'élégance de ne pas exhiber ce qu'il ressent, il doit conserver en toute circonstance la maîtrise de ses rires ou de ses larmes, ne pas imposer aux autres le spectacle de ses bouleversements intimes, etc. Ne nous y trompons pas : l'émotion musicale a beau être caricaturée par les fausses exclamations de Mme Verdurin, elle dit quelque chose de vrai sur la musique, quelque chose de ce que Proust, sans doute, éprouvait à certaines musiques et qu'il ne pouvait pas avouer sans déroger. Il nous faut donc revenir sur les effets de cette confusion (dont les symptômes de Mme Verdurin sont la bruyante manifestation) entre ce que nous entendons dans la musique et ce qu'elle nous fait.

Écoutons le *Huitième Quatuor à cordes* de Chostakovitch. Il nous émeut. Ou peut-être non. Quoi qu'il en soit, nous entendons bien que son deuxième mouvement (allegro molto) ㉘ est rageur ou sardonique. Notre compréhension de l'émotion que la musique exprime est indépendante de l'émotion qu'elle suscite en nous. En revanche, elle ne peut nous émouvoir qu'à condition que nous comprenions l'humeur qui est en elle. Entre l'émotion que nous entendons dans une musique si nous la comprenons et celle que nous éprouvons en l'écoutant si elle nous plaît, il y a deux différences. L'émotion esthétique n'a pas de qualification particulière (elle n'est pas « rageuse »), elle est pur affect ; en outre, elle est éprouvée ou elle *n'est pas du tout*. Celle qui est exprimée par la musique n'a pas à être éprouvée mais à être comprise : que nous la comprenions ou non, *elle est*, puisqu'elle est dans la musique. Si nous comprenons cette musique, nous lui reconnaissons les signes « objectifs » de la rage. Ainsi notre rapport à cette émotion n'est pas immédiat (comme si nous *étions* rageurs) mais cognitif : nous appréhendons le *fait* que cette musique est rageuse, nous l'entendons bien, nous l'éprouvons comme une vérité, une vérité sensible certes, mais nous ne l'éprouvons pas comme une *émotion*.

Cependant, si ce mouvement de quatuor nous émeut « tout court », nous entendons en même temps nécessairement la rage qu'il exprime. Les deux émotions se mêlent alors. Cette fusion a deux conséquences : l'émotion qualifiée mais vague (l'espèce de rage exprimée par cet allegro molto), lorsqu'elle se mêle à l'émotion esthétique non qualifiée mais précise (celle que *moi* j'éprouve en écoutant cette musique-là dans sa singularité), est éprouvée à la fois comme précise, parce que c'est une émotion à nulle autre pareille, et pourtant vague, parce qu'elle est infra-conceptuelle. Une autre conséquence est symétrique :

comme, inversement, une émotion non-qualifiée (l'émotion esthétique) mais naturellement plaisante est éprouvée à l'écoute d'une musique dont nous comprenons (si nous la comprenons) qu'elle *est* rageuse, ou qu'elle est accablée ou désespérée, nous croyons éprouver un plaisir paradoxal à entendre la rage, l'accablement ou le désespoir qu'elle exprime. De là un autre saisissement et un autre faux mystère, comparable au délicieux plaisir des larmes éprouvé au spectacle de la tragédie : la compassion douloureuse pour la souffrance de Bérénice se mêle en nous au plaisir tragique et compose avec lui une émotion nouvelle qui est l'effet de l'art.

Analysons-la pour elle-même, car elle recèle une part du mystère de l'émotion musicale.

Émotions musicales et théâtrales

L'émotion tragique, indépendamment de sa composante proprement esthétique, la beauté du vers, la grandeur du spectacle, la vérité du jeu des acteurs, etc., provient du plaisir que nous éprouvons à faire l'épreuve, « pour de faux », de la variété des émotions *adéquates* suscitées en nous par les épisodes, les situations ou les personnages du drame. Car, ordinairement, dans la vie réelle, une émotion (qualifiée), qu'elle soit plaisante ou douloureuse, est une réaction phénoménale *adaptée* à une situation vécue. Supprimez sa réalité et ne gardez que le « faire semblant », comme dans les jeux d'enfant ou dans ceux de l'art : vous aurez le plaisir de *jouer* avec vos émotions, de les expérimenter, de les mettre à l'épreuve, de les aiguiser, de les perfectionner – le tout sans le risque du réel –, comme les enfants s'amusent à se faire peur ou comme les adolescents se régalent des films d'horreur. Vous êtes dans un autre monde, imaginaire, ou plutôt idéal, en ce sens que vous y assistez sans y être, vous le regardez sans y vivre. Vous êtes au spectacle comme un petit dieu contemplatif serait au monde, hors du monde justement, qu'il pourrait voir sans s'y mêler. Ce qui est plaisant, c'est qu'on éprouve tout ce que la vie pourrait nous offrir, en toute impunité si l'on peut dire. Ou plutôt on n'éprouve pas immédiatement les émotions, on éprouve leur *vérité*. On comprend que Bérénice est désespérée, et on comprend ce que l'on éprouverait si l'on était Bérénice, si l'on était ainsi abandonné sans raison au plus fort d'un amour, et surtout ce que l'on éprouverait *si c'était vrai.* On perçoit ce que l'on éprouverait par empathie pour Bérénice, si elle était vraie, et si l'on n'était pas au théâtre. L'empathie est ici imaginaire car Bérénice est un personnage du drame. (Et pourtant, l'actrice est là, réellement, devant nous, en chair et en os, comment n'éprouverions-nous pas pour elle ce que nous devrions éprouver si elle était celle qu'elle incarne si bien ?) L'émotion est ici, au mieux, au troisième degré : la tristesse n'est ni celle qu'on éprouverait si on était elle, ni celle qu'on éprouverait par empathie pour elle si elle était réelle, il ne reste de cette tristesse que sa qualité particulière. Nous sommes pour ainsi dire tristes, mais nous ne le sommes pas tristement. Tel est le paradoxe – et il est analogue en musique et au théâtre : pour ressentir au théâtre des émotions qualifiées (effroi, pitié, ou quoi que ce soit), il faut (c'est une condition nécessaire mais non suffisante), que nous *comprenions* ce que Bérénice éprouve (que Bérénice éprouve telles ou telles émotions qualifiées) : notre émotion tient à la saisie émotionnelle de ces vérités, alors même qu'elles ne sont justement pas des *vraies* émotions, mais des émotions feintes, jouées, représentées.

Ainsi s'explique le paradoxe du plaisir tragique, et plus généralement les émotions que nous donnent les arts, l'exquis frisson des chants désespérés, en somme le délicieux plaisir des larmes. Tout cela est clair pour Racine, ou pour Tchekhov : les personnages éprouvent des émotions que nous pourrions éprouver, et les situations mêmes sont émouvantes. Mais il n'y a rien là-dedans qui explique ce qu'a de bouleversant un mouvement de symphonie qui nous emporte invinciblement. Elle ne comporte ni situation émouvante (sauf dans les fictions précaires et contingentes de la musique à programme), ni personnage ému. Il y a pourtant aussi quelque chose à *comprendre* dans la musique. À comprendre, c'est-à-dire à entendre. À comprendre ni plus ni moins que le corps comprend un rythme. Mais le rythme s'entend par le « corps pensant » ou la « raison incarnée » – autrement dit par l'accord de la raison et du corps. Les timbres, les accords, les mélodies, les harmonies musicales, s'entendent par l'« imagination perceptive » ou la « raison imaginante » : c'est par l'accord de l'imagination et de la raison que nous comprenons esthétiquement la musique. Et il n'y a pas d'émotion musicale sans cette compréhension.

Avant d'analyser ce que comprendre une musique veut dire, avant d'entrer dans les plaisirs proprement intrinsèques de la musique, peut-être faut-il d'abord compléter notre liste de ses plaisirs marginaux[1], en nous arrêtant sur une jouissance, encore compréhensible par nos créatures amusiques, mais tout à fait inclassable : parce qu'elle n'est ni vraiment extrinsèque (comme l'excitation due à la présence de la vedette admirée), ni vraiment intrinsèque (comme l'émotion que nous procure la seule écoute), ni vraiment physique (comme les délices du rythme) ni vraiment esthétique (comme lorsque les larmes nous montent aux yeux), mais quelque part entre corps et esprit – à ceci près qu'il ne s'agit pas de notre corps mais de celui de l'interprète, et qu'il ne s'agit pas de l'esprit pur de la musique, mais d'un esprit un peu impur et comme entaché d'organique. Et pourtant seule la musique peut nous donner cette excitation proche du vertige.

Le plaisir de la virtuosité

Est-il bien musical ce plaisir, ce frisson que nous éprouvons au spectacle de la virtuosité ? Le musicologue en doute. Et le moraliste, qui n'est jamais bien loin, se demande : est-elle saine, l'adoration que suscite le virtuose ? Héros solitaire triomphant des éléments naturels et se hissant au-dessus du commun des humains, auréolé de la lumière des projecteurs et d'un halo de mystère, aimé, réclamé, acclamé par tous les publics du monde, tel est l'interprète virtuose. Depuis le XVIIIe siècle, on décrit les ferveurs extatiques des masses pour ces dieux de chair ou ces démons de glace, Farinelli le castrat, puis Paganini, Liszt, Rachmaninov, et à leur suite toutes les stars des XXe et XXIe siècles. Leurs performances laissent les publics interdits et comme terrassés par une force surnaturelle – ou même « démoniaque ». L'association du diable et du virtuose est en effet constante depuis la sonate des « Trilles du diable » de Tartini ou la *Mephisto Waltz* de Liszt ; et l'image de sorcier sulfureux colle à la peau de Paganini. « Ce n'est pas possible », dit la voix du peuple. « C'est prodigieux, je n'ai jamais rien vu d'aussi fort, murmure la comtesse de Monteriender à l'oreille de Swann, [...] depuis les tables tournantes ». Face à ces enthousiasmes naïfs, le mélomane « sérieux » fronce le sourcil, aussi circonspect et méprisant qu'un théologien dénigrant les prières des foules agenouillées au pied des autels de pierre, voire aussi

1. Voir ci-dessus p. 90-92.

effaré qu'un exorciste incapable de délivrer ces malades possédés par des forces maléfiques. C'est le violoniste, mais plus encore le (ou la) pianiste, le chanteur (notamment le ténor, et plus encore le ténor *di grazia*) ou la chanteuse (surtout la soprano *coloratura*) qui déchaînent ces passions musicales, supramusicales, inframusicales. Mais pourquoi leurs prouesses ont-elles fait et font-elles encore l'objet de ces cultes ? Et pourquoi eux plutôt que les trompettistes, les clarinettistes, les flûtistes ou les violoncellistes ?

Sans doute le violon, mais surtout le piano et la voix, ont permis, depuis le début du XIXe siècle et notamment à l'époque romantique, le règne du soliste. Peut-être parce que, avec ces deux ou trois instruments, le corps de l'interprète est tout entier offert au regard, au contraire de ceux qui en accaparent une bonne partie, en déforment les membres ou le visage, ou en dérobent la vue au public. Le pianiste est extérieur à son instrument, lequel paraît exister hors de lui. Ils ne sont liés que par les fils minuscules de ces dix doigts qui paraissent mille. La personne est d'un côté, entière, vivante ; l'instrument est de l'autre côté, tout extérieur, pure mécanique. La chanteuse, c'est le contraire : sa voix est tout entière en elle. Mais l'effet est le même dans les deux cas : la personne est là, devant nous, présente entièrement, elle peut vivre la musique, la faire vivre à sa guise, l'exprimer, sans être exprimée par elle. C'est elle que l'on peut voir, et pas seulement entendre, elle qu'on peut admirer en pleine lumière, sur cette scène face à nous, c'est ce héros ou cette héroïne solitaires que nous pouvons acclamer, c'est cette idole que nous pouvons adorer, et non ce bloc indistinct instrumentiste-instrument. C'est cette visibilité hypertrophiée qui a aussi permis la déification des chefs d'orchestre pendant tout le XXe siècle, surtout lorsque au culte de l'individu solitaire s'ajoutait le mythe de sa toute-puissance. Depuis que le règne des chefs philologues a succédé à celui des despotes, leur aura se ternit.

Mais pourquoi la main, pourquoi la voix ? Il y a peut-être une autre raison : ce sont les deux instruments naturels les plus quotidiens, les plus utilitaires, les plus pragmatiques. Les plus prosaïques. Mais aussi les plus humains : l'homme n'a pas seulement des membres, mais des mains, un pouce opposable. Il ne se contente pas de crier, de mugir, de grogner, mais il parle. La main, c'est le médiateur entre soi et le monde. La voix, c'est le médiateur entre soi et les autres. Privés de mains, nous serions comme privés des choses. Privés de voix, nous serions comme isolés des hommes. L'art du virtuose transfigure ces instruments naturels, qui sont en même temps les instruments propres à l'humanité. Le grand pianiste dénaturalise les mains qui agrippent, comme le chanteur virtuose dénaturalise la voix qui parle. Ou plutôt, ils les surnaturalisent. Ce qui, en l'être humain, n'était déjà plus animal, la voix, instrument du langage humain, la main, outil de mille autres outils proprement humains, le virtuose en détourne l'usage, en fait un mésusage au-delà de la nature, au-delà même de l'humain. La voix du chanteur, travaillée, ouvragée, lui vient d'un autre monde, elle ne sert plus à communiquer, la main du pianiste ne prend plus rien, elle ne serre rien, elle ne sert plus qu'à bondir autonome sur les touches du clavier pour en ravir la musique, qui est elle-même comme une voix défonctionnalisée.

La virtuosité est un défi à la nature. Le danseur saute plus haut qu'on ne peut et retombe plus lentement qu'on ne doit. Comment un corps pesant peut-il contrarier la loi de la gravité ? Comment une main, faite pour saisir, peut-elle être aussi rapide et précise à seulement toucher ? Est-elle du diable ou d'un dieu ? Comment une voix, faite pour parler, peut-elle monter si haut, si puissante et si juste ? Voilà ce que des êtres humains ne peuvent pas faire de leurs mains ou de leur glotte, et voici pourtant ce qu'un homme, une femme, fait de ses dix doigts ou de sa voix !

(Et moi-même, je me surprends à jouir, violemment et charnellement, comme d'un plaisir interdit par la Loi (celle de cet austère surmoi schönbergien ou adornien qui sommeille dans la mauvaise conscience de tout mélomane un peu éduqué), des triples sauts du ténor gravissant sans effort les neuf contre-uts du « Ah mes amis » de La Fille du régiment, *ou des roucoulements de la coloratura dans l'« air des clochettes » de* Lakmé, *lorsqu'elle triomphe des plus risqués* contre-sol *avec la facilité troublante du torero détournant d'un imperceptible mouvement du poignet la corne qui le frôle, oui je ressens ici et là cette même tension apaisée, cette même crainte changée en son contraire, j'en éprouve le délice comme le plus charmant des poisons, je sens, ainsi que tous mes pairs alentour peut-être moins honteux que moi (ou plutôt que je n'étais jadis), ce plaisir secret à voir, à entendre, à admirer de tous mes sens ces acrobaties vocales dans lesquelles je perçois le combat d'un être humain avec son Autre (l'instinct, la survie, la bête) qu'il courbe à sa fantaisie, par jeu, par défi, par liberté, et je contemple toute cette humanité vainquant, sur le fil (le fil de la voix, le fil de la corne, le fil du rasoir) toute la nature en elle, et*

faisant de cette peur de la blessure (la voix qui défaille au milieu de la vocalise ou le corps qui se brise au milieu de la passe) la beauté la plus simple du monde.)

Et certes, cette jouissance n'est guère musicale. Cependant, ces prouesses gymnastiques, ces entorses aux lois de la physique, ne seraient que d'ennuyeux records gratuits juste bons à homologuer, s'ils n'étaient en même temps, *indissolublement*, musicaux. Se mêlent alors en nous deux plaisirs, aussi hétérogènes qu'indistinguables : d'un côté une joie fébrile, au bord de l'ivresse, face à l'exploit surhumain, d'autant plus admirable qu'il s'accomplit sans effort visible – car elle chante ou il joue l'air de rien, comme en se jouant des plus inhumaines difficultés – ; d'un autre côté l'émotion proprement musicale, quand le virtuose n'est pas seulement plus rapide mais joue aussi plus délié, quand les notes sont parfaitement détachées, claires, distinctes, égales à toutes les autres, quand elles prennent le temps d'exister chacune par elle-même, l'une après l'autre, alors même, semble-t-il, qu'on ne les a jamais jouées aussi vite [écouter Vivica Genaux dans « Agitata da due venti », de *Griselda* de Vivaldi ㉙]. Un pianiste honorable pourrait sans doute être plus véloce, un autre pourrait peut-être jouer aussi délié, mais le vrai virtuose semble jouer plus rapide parce qu'il joue plus clairement que tous les autres. Le musicien nous coupe le souffle mais la musique respire : les deux plaisirs se conjuguent, musical et extramusical. Les vocalises d'une honnête soprano pourraient être aussi justes et précises, mais celles de la grande *prima donna* donnent un sens nécessaire, et comme évident, à ces voyelles vides et vaines, en leur insufflant toute l'expressivité du caractère qu'elle incarne et la vérité de ses émotions. La vraie virtuosité ne se fait pas au détriment de l'expressivité musicale, elle la renforce. On entend *plus* la musique, on la comprend *mieux*, parce que le plaisir d'entendre mieux la musique se double de l'admiration pour l'homme ou la femme qui, ici, maintenant, devant nous et comme au-delà, lui donne vie.

Dans la virtuosité, c'est comme si nous ressentions la musique, non seulement dans notre esprit et dans notre corps, mais avec le corps de l'interprète, dont nous suivons les inflexions. Nous entendons la musique que nous voyons sourdre de son corps.

Mais la musique est l'art des sons. Ces sons peuvent-ils être les sources d'émotions intrinsèquement musicales ? Les sons, c'est-à-dire d'abord les timbres. Ou les accords. Y a-t-il en eux quelque chose de proprement musical, c'est-à-dire quelque chose à comprendre ? Ou plutôt, quel que soit le plaisir qu'ils nous donnent ou la beauté qu'ils nous offrent, nous laissent-ils au bord, eux aussi, de l'émotion musicale ?

La compréhension sensitive du timbre

Le timbre, donc. Il est cause du premier des plaisirs intrinsèques. Le timbre est logé pour ainsi dire à la limite de l'esprit et du corps *de la musique*. Il est la matière même de la musique puisqu'il n'est que son ; mais de la « matière » sonore, il est déjà la première « forme ». La musique est mise en forme *des sons,* le timbre est la mise en forme *du* son. Il est le plus matériel des éléments de la musique, parce qu'il est ce dont la musique *est faite*, sa chair plutôt que ses os, mais il n'en est pas encore la chair vivante, car la musique comme la vie commence au mouvement. Il est la condition nécessaire de toute musicalité mais il n'est pas encore musique. Le plaisir du timbre, de même, est à la limite de l'esprit et du corps (mais cette fois-ci, *du nôtre*), parce qu'il n'est ni comparable à ceux du corps – le plaisir *vibratoire* de la pure intensité des sons ou le plaisir *moteur* du rythme qui naît de la succession des événements sonores – ni semblable aux plaisirs esthétiques qui naissent du rapport entre notes successives ou simultanées. Entre les deux : le plaisir du timbre naît du rapport entre harmoniques simultanés et indistincts d'un même son.

Le timbre d'un instrument ou d'une voix est une promesse de musique. Dans la mélodie, l'harmonie est pleinement musicale parce qu'elle naît d'une relation entre notes *successives.* Dans l'accord et le contrepoint, l'harmonie musicale naît d'une relation entre notes distinctes simultanées. Dans le timbre, l'harmonie naît d'une relation interne entre ses propres harmoniques[1]. Toute harmonie musicale naît donc d'un accord entre ses composantes : c'est en cela qu'il y a

1. Tout son d'une hauteur donnée fait entendre, par sympathie, en même temps que sa hauteur propre, une série d'harmoniques *naturels* qui « consonent » avec lui : d'abord l'octave supérieure, puis la quinte supérieure, puis à nouveau l'octave supérieure, puis la tierce supérieure (ou un son très voisin de la tierce dite « majeure »), etc. On remarque que chaque harmonique a une fréquence multiple de la fréquence fondamentale correspondant à son rang dans la série.

déjà quelque chose de musical dans le timbre. Mais les composantes d'un timbre sont indistinctes et ne peuvent pas être *entendues* comme s'harmonisant entre elles : c'est en cela que le timbre n'est pas encore musical. Autrement dit, un timbre, si *charnel* qu'il puisse être, n'est pas encore la *vie* de la musique. Il y manque l'unité du multiple. Cette unité existe, du moins dans le « beau » timbre, mais on n'y entend pas le multiple. La diversité des harmoniques composant le son ne *doit* généralement pas s'entendre. Et lorsqu'elle s'entend, c'est que la voix déraille ou que l'instrument ripe, c'est le « canard », la fausse note, la dissonance – sauf cas, rares, de diphonie maîtrisée dans l'interprétation de certains chants, mais c'est alors comme deux voix et deux timbres simultanés. Le timbre de l'instrument ou de la voix n'est donc que l'annonce ou l'espoir de musique.

La plus belle voix du monde ne peut donner que ce qu'elle a : du son ; et elle ne devient musicale qu'en abandonnant, si peu que ce soit, la fonctionnalité de la parole et de la communication ordinaire. Il y a certes des belles voix, des voix belles en elles-mêmes. Et c'est pourquoi un timbre peut émouvoir, comme celui de certains comédiens. Mais la voix ne peut causer d'émotion *musicale* indépendamment de l'art du chant. Le timbre de la voix ne peut commencer à nous toucher musicalement que lorsque le chant s'élève. Pas avant. Mais alors, elle peut s'évader de la sphère du monde réel pour entrer dans le monde imaginaire de la musique. Il y a là un instant merveilleux, comme une métamorphose : c'est une autre voix qu'on entend tout à coup, une voix venue d'ailleurs que du corps parlant. C'est la musique qui donne à la voix cette âme, car le timbre en lui-même n'en était que la chair. Écoutez Édith Piaf présenter sa chanson et guettez le moment de la première note de son chant, lorsqu'elle se met à le « timbrer » par tout son appareil vocal, par son souffle, et même par son corps entier, afin de faire vivre la musique en vivant les paroles [regarder « L'accordéoniste » : http://www.ina.fr/video/I00013642/edith-piaf-chante-accompagnee-par-michel-emer-video.html, puis http://www.ina.fr/video/I00013647/edith-piaf-l-accordeoniste-video.html (30)]. Vous n'entendez plus la même voix ni surtout pas le même timbre : son aigreur pincée s'est revêtue de noblesse. Écoutez les moments bouleversants où la voix de Billie Holiday hésite entre chant et parole : est-ce vraiment son timbre qui nous émeut ? Et la voix de Callas, dont certains jugeaient le timbre sombre et lourd, nous émouvrait-elle à ce point sans cet art de tragédienne qui phrasait son chant ? Il en va de même de l'instrument. À une admiratrice qui, après un concert, félicitait Menuhin d'un « Maître, votre violon, comme il sonne ! », il répondit, l'oreille collée à son Stradivarius : « Tiens, c'est curieux ce que vous me dites, je n'entends rien ! »

Le plaisir du timbre n'est donc ni proprement physique, ni proprement psychique. Il a une source objective qui est l'harmonie des harmoniques internes du son, mais celle-ci n'est pas encore une harmonie proprement musicale, c'est-à-dire *dynamique*. Pour le reste, l'attirance ou le dégoût que nous inspire tel ou tel timbre n'ont d'autres sources que subjectives : elles sont à chercher dans la manière dont notre organisme réagit aux vibrations sonores. Telle sonorité nous charme, telle autre nous blesse, allez savoir pourquoi, c'est une question physiologique. Le jeune Mozart avait des crises de nerf en entendant le timbre de la trompette et aimait plus que tout celui de la clarinette. Ce sont des faits. Il n'y a rien d'autre à en dire.

Il y a cependant quelque chose à comprendre dans le timbre. Une compréhension au sens propre et premier du mot : comme on dit d'un ensemble qu'il comprend des éléments divers, ou qu'on comprend une multiplicité de phénomènes en une unique saisie appréhensive. Dans le timbre, cette saisie est purement sensitive. Car phénoménologiquement, il apparaît d'autant plus musical qu'on y entend de *nombreux* harmoniques comme substantiellement *unis*. Moins d'harmoniques, le timbre apparaît étroit, pauvre. Moins d'unité au contraire, le timbre semble brouillé, confus et pour ainsi dire désaccordé. Il est vrai que divers instruments de musiques traditionnelles produisent des timbres cassés, où les harmoniques semblent épars, par exemple les tambours de gamelan de Bali ; de même, en jazz, le jeu sale du saxophone ténor le rend plus émouvant, chez Ornette Coleman ou John Coltrane, que le timbre propre et harmoniquement plus équilibré des instrumentistes classiques ; certaines voix bluesy ou jazzy comme celles de Louis Armstrong (rauque, haletante), Billie Holiday (nocturne, traînante) ou Janis Joplin (égratignée, pétulante) doivent à leur légère diphonie leur expressivité tragique ; en flamenco, les voix gitanes dites *afilá* comme celles de « El Chocolate » ou de « Pansequito » passent pour plus dramatiques, notamment dans les palos poignants comme la *seguiriya*, ou les chants du Levant comme les *mineras* ou les *tarantas*. Mais, selon les goûts qui ont prévalu dans la musique classique occidentale, la voix est d'autant plus musicale qu'elle possède une unité de timbre dans les différents registres (grave, medium et aigu) et le timbre est entendu comme d'autant plus musical que ses harmoniques sont à la fois divers (variété) et unis (ordre) entre eux. (Le fait de préférer des timbres comprenant une plus grande proportion d'harmoniques graves ou aigus est une simple question de goût.) Cette unité d'une pluralité est entendue – et comprise – d'une façon immédiate dans le timbre. On y perçoit des « correspondances » où « les parfums, les couleurs et les sons se répondent » comme disait Baudelaire ; où les sons, plutôt, se colorent de parfums divers. La compréhension est ici à son degré le plus bas, celui de la sensation. C'est une compréhension *sensitive*. En outre, cette unité est entendue dans l'instant, sans variation dynamique : mais la musique commence avec le temps.

La compréhension perceptive de l'accord

Une même analyse vaut donc pour l'accord, lui aussi unité instantanée d'une multiplicité. Mais alors que celle du timbre résultait des différents harmoniques (du son) entendus simultanément dans une seule note, celle de l'accord résulte de différentes *notes* entendues simultanément : l'harmonie. Car il est rare qu'on n'entende en musique qu'un son à la fois[1]. C'est la deuxième unité du divers. La compréhension qu'elle requiert n'est plus simplement sensitive, elle est *perceptive* : il faut à la fois saisir *clairement* l'ensemble des notes tout en entendant *distinctement* chacune. L'unité perçue n'est pas encore celle de la musique elle-même, parce qu'elle n'est pas une résultante dynamique, mais elle est déjà une unité musicale, parce que son matériau est musical : ce sont les notes (sons distincts relevant d'une échelle discontinue), tandis que les matériaux de la compréhension sensitive sont purement sonores (les harmoniques). Là encore, il y a différents degrés d'unité. Il y a l'unité trop parfaite des notes jouées à « l'unisson », séparées par une octave, où l'oreille peine à entendre la diversité (sont-ce bien deux notes ou n'est-ce qu'une seule ?) tant s'impose à elle la consonance des notes et la confusion de leurs harmoniques. C'est pourquoi, afin de favoriser l'idée de polyphonie (multiplicité de voix simultanées), la musique occidentale a tendance à éviter, sur le plan vertical, le parallélisme

1. Voir ci-dessus p. 73 *sq*.

des intervalles trop consonants entre les voix comme l'octave ou la quinte (deux voix parallèles à la quinte sonnent « médiéval »). Au contraire, des voix séparées par des intervalles de sixte et de tierce sont jugés acceptables parce que ces deux notes sont suffisamment distinctes pour ne pas créer l'impression d'une fusion : on entend clairement *deux* notes. On privilégie ici le multiple sur l'unité, laquelle sonnerait « monodique ».

À l'opposé, il y a la multiplicité discordante du triton (l'intervalle de quarte augmentée, ce fameux *diabolus in musica* longtemps interdit par l'Église) où l'oreille peine à entendre l'unité tant elle perçoit de dissonance entre les deux notes ; il y a même la discordance voulue des clusters (agrégat de notes conjointes, par exemple un coup d'avant-bras sur le piano). Entre ce trop d'unité, qui est pour ainsi dire monodique, et ce trop de multiplicité, qui est disharmonique, il y a tous les (bien nommés) « *accords* ». Il y a ceux dans lesquels l'unité et la multiplicité semblent s'équilibrer totalement – comme est supposé être l'« accord parfait majeur » qui réunit, à peu de choses près, en trois notes nettement différenciées (premier degré, troisième degré, cinquième degré), les premiers harmoniques naturels d'un son de base, la tonique : on entend parfaitement *plusieurs* notes mais *unies* substantiellement, comme les parties d'un même tout. À l'opposé, il y a ceux où la diversité prend perceptivement le pas sur l'unité, pourtant claire : ce sont les accords plus dissonants (comme les accords de septième) qui demandent, dans l'harmonie classique, à être « résolus », parce que la perception semble ne pouvoir se satisfaire de ce léger désaccord interne dans laquelle la diversité est plus puissante que l'unité, et paraît chercher l'assise de la consonance.

Entendre tout cela, timbre et accord, c'est comprendre sensitivement ou perceptivement la *musicalité* de ce qu'on entend, ce n'est pas encore comprendre une musique, laquelle suppose une unité de différents événements *se succédant dans le temps*. Au-delà de la compréhension sensitive ou perceptive du caractère musical de ce qu'on entend, il y a la compréhension de la musique elle-même. On peut en distinguer trois aspects selon les trois sens du terme « comprendre » : comme on comprend un discours dont on connaît la langue (compréhension *sémantique*) ; comme on comprend une multiplicité quelconque dans une unique appréhension (compréhension *intellective*) ; comme on comprend un processus dont on appréhende le moteur ou une personne dont on saisit les motifs (compréhension *dynamique*). Ces compréhensions sont subordonnées l'une à l'autre : la compréhension intellective d'une musique dépend de la compréhension sémantique d'une part et de la compréhension dynamique d'autre part. Les trois sont requises par notre définition de la musique comme « intelligibilité d'un monde sonore autonome » mais seule la troisième relève plus précisément de la musique comme « ordre causal d'événements ». Toutefois, aucune ne relève ni du concept, ni de la théorie, ni d'aucun savoir constitué, mais de la simple écoute (même si c'est une écoute informée ou éduquée) parce que la musique est l'art des sons. Comprendre c'est toujours, et c'est seulement, savoir entendre. Rien de plus. Mais rien de moins. Ce sont donc trois types de compréhension musicale qu'il nous faut décrire afin de comprendre l'émotion qui peut en résulter.

La compréhension sémantique de la musique

Au premier sens du terme, on comprend une musique comme on saisit un discours. Cette compréhension *sémantique* dépend de trois facteurs : contextuel, expressif ou syntaxique.

Facteur contextuel. Comprendre une musique, c'est d'abord comprendre son « bon usage » : *pour quoi* elle est faite, ce qu'elle attend de nous : est-elle faite pour danser, pour prier, pour écouter en silence, etc. ? Une même musique peut aussi avoir différents usages selon le contexte : elle peut être écoutée en concert, servir à nous réveiller, à rythmer notre gymnastique ou soutenir notre travail.

Facteur expressif. Comprendre une musique, c'est aussi comprendre l'émotion ou le « climat » qui est en elle. Si on n'entend pas, dès les premiers accords de guitare, que la *soleá* dit une douleur intime, c'est qu'on ne comprend pas cette musique.

Facteur syntaxique. Il y a des musiques qui ont toutes les apparences de la musique, mais qu'on ne « comprend » pas. C'est le cas de certaines musiques très exotiques : c'est comme si elles étaient écrites dans une langue inconnue de nous. À nous de nous familiariser avec elles si nous voulons les comprendre et qu'elles puissent éventuellement nous toucher. C'est aussi le cas de certaines musiques « expérimentales ». Elles ne cherchent à se dire dans aucune langue existante mais au contraire à en éviter la syntaxe. Ou elles tentent, à mesure qu'elles se disent, d'inventer en même temps la langue inédite dans laquelle elles sont dites. (Parfois le compositeur s'efforce de résoudre ce paradoxe en décrivant la langue de la musique qu'il va nous faire entendre dans un discours préalable.) En les écoutant, on se demande (et c'est parfois justement la question que le compositeur veut que nous nous posions) : est-ce de la musique ? Oui, en un sens, c'est bien de la musique : les sons instrumentaux ou vocaux que nous entendons ne semblent ni des bruits de la nature ni le fait du seul hasard ; ils semblent arrangés comme dans la musique, ils semblent se succéder comme dans une musique. Et pourtant nous n'y entendons pas de la musique. Il y manque l'essentiel : un ordre intelligible. Est-ce à elles ou à nous que cette intelligibilité manque ? Perplexité. Quoi qu'il en soit, ces musiques ne peuvent rien *nous* dire. Il n'y a pas de plaisir musical sans cette compréhension musicale minimale. De l'intérêt, oui, parfois : « Ah, tiens ! Ça, c'est nouveau ! » Du plaisir non. (Mais l'expérimentation, en art, est généralement d'inspiration antihédoniste. La recherche, le nouveau, l'inouï, l'original, le singulier, tels sont ses buts. Le plaisir, l'émotion, voilà ses adversaires, complices d'une complaisance conservatrice !)

La compréhension sémantique de la musique a les mêmes effets que celle d'un discours. Dans un cas comme dans l'autre, nous cessons d'entendre des sons, nous entendons immédiatement quelque chose de sensé. Le miracle de la parole, c'est que, lorsqu'on nous parle une langue dans laquelle nous avons baigné ou que nous avons apprise, nous n'entendons pas des sons, nous entendons ce qu'on nous dit. Nous le comprenons. Le miracle de la musique est similaire : lorsqu'on nous joue de la musique, du moins dans une « langue » (la tonalité, ou les modes des ragas) dans laquelle nous avons baigné ou dans un style qui nous est familier (la musique classique, le jazz, le flamenco, etc.), nous n'entendons plus des sons, nous entendons la musique, nous la comprenons. (C'est précisément ce que nos créatures amusiques ne comprennent pas : ils n'entendent que des sons.) Et nous sommes dès lors capables d'entendre et de comprendre une infinité d'autres musiques dites dans cette même langue, exactement comme la connaissance de la grammaire nous permet de comprendre une infinité de discours. Tels sont les bénéfices de toute syntaxe : ses règles, loin de contraindre l'expression en restreignant ses possibilités, en sont au contraire la condition. Une musique qui prétend s'affranchir de toute règle, ou se donner des règles idiosyncrasiques – ce qui revient au même – se condamne à l'insignifiance.

En fait, il arrive que, à défaut de comprendre la langue dans laquelle on nous parle, nous ayons suffisamment de familiarité avec elle pour l'avoir souvent entendue : nous n'entendons pas encore du sens, mais nous n'entendons plus seulement des sons, comme pour une langue inconnue et très éloignée de la nôtre ; nous entendons des *phonèmes* distincts, qui sont déjà, par différence avec les sons, la condition linguistique du sens, nous reconnaissons alors un discours articulé. Il en va de même en musique : un minimum de familiarité avec une certaine aire civilisationnelle de musique (l'« Occident », « la » Chine, la Péninsule arabique, etc.) nous permet d'entendre, non plus seulement des sons, mais des *notes* distinctes, qui sont déjà, elles aussi, plus que des sons : de bons habitants d'un monde musical et la condition de la musicalité[1]. On reconnaît alors que « c'est bien de la musique », mais on n'entend pas encore du sens, on ne comprend pas encore ce qui est joué. « Oui, c'est clairement de la musique, mais que dit-elle ? C'est sûr, ça parle, mais on ne comprend pas ce que ça dit. » En revanche, dès que nous connaissons la langue du discours ou de la musique, nous n'entendons plus ni phonèmes ni notes ni sons, nous comprenons ce qui est dit ou ce qui est joué – qui ne se confond nullement avec *ce dont parlent* discours ou musique.

La compréhension intellective de la musique

En un deuxième sens du terme, « comprendre » c'est saisir intellectivement – ce qui ne signifie nullement « intellectuellement », car comprendre un passage musical, un mouvement ou une musique tout entière, c'est en *entendre* l'unité sous la diversité dynamique de ses événements sonores constituants. La compréhension « intellective » n'est donc pas simplement « sensitive » (comme celle du timbre) ou « perceptive » (comme celle de l'accord). Celles-ci sont instantanées tandis que celle-là nécessite qu'on aperçoive une relation entre les éléments successifs. Ainsi, on dira qu'un enfant comprend une comptine très simple s'il peut l'appréhender comme un tout et en suivre entièrement le déroulement, avec sa voix, son corps et sa

1. Voir ci-dessus p. 53-55.

mémoire, du début à la fin, et dans chacune de ses composantes, son rythme, sa mélodie, son harmonie, etc. Son plaisir musical sera proportionnel à cette compréhension. De même, nous ne dirons pas que nous comprenons une fugue à trois voix, un quatuor à cordes ou un quintette de be-bop lorsque nous les écoutons distraitement, en fond sonore par exemple ; pour comprendre ces musiques polyphoniques complexes, il faut entendre toutes les voix simultanément quoique séparément : comment elles se répondent, comment elles s'opposent ou se reprennent, comment un sujet, un motif ou un thème, se transmet, se transpose ou se transforme de l'une à l'autre. L'effort de compréhension est nécessaire mais le plaisir musical est à sa mesure. Il y a là le plaisir propre à la répétition[1] auquel s'ajoute le plaisir plus subtil de la variation, de la transformation ou du développement. Ainsi, lorsqu'on entend des variations (à partir d'un thème en musique classique [écouter par exemple ce que fait Mozart de cette banale antienne « Ah ! vous dirai-je maman » (première des *Douze variations K. 265*) ㉛], ou à partir d'un standard en jazz), on éprouve un double plaisir : celui du rappel du thème (plaisir de l'identité), auquel se mêle celui d'entendre la variation elle-même *dans son rapport* au thème (plaisir de saisir la différence). Et dans chaque variation, on entend le thème lui-même mais lesté du poids des variations précédentes superposées. Il en va de même à l'écoute d'une fugue et des transformations du sujet. L'émotion est à la mesure de la compréhension de ces différentes transformations.

On peut en distinguer divers aspects, selon qu'on s'intéresse à ses différentes échelles temporelles ou qu'on analyse les deux paramètres des événements sonores.

Selon les différentes échelles de temps, on comprend l'unité d'un motif (par exemple quelques notes, les premières de la *Cinquième Symphonie* de Beethoven (*pom-pom-pom*-poooom, ou *sol-sol-sol*-mi♭), l'unité d'un thème, celui du premier mouvement du *Quatuor à cordes n° 1* de Leoš Janáček, que nous explorerons plus loin, l'unité d'un air ou d'une mélodie, l'unité structurelle résultant du rapport entre un thème, lui-même perçu dans son unité, et telle ou telle de ses variations perçue elle aussi dans son unité. (En jazz, on perçoit l'unité d'un chorus à la fois pour lui-même et dans son rapport avec le thème ou la grille harmonique du standard, voire dans sa relation avec le

1. Voir ci-dessus p. 126-128.

chorus d'un autre soliste.) On peut aussi comprendre la structure d'un mouvement de symphonie, l'unité de son dynamisme, de son introduction à sa conclusion, dans le contraste entre ses deux thèmes, leur développement croisé, leur réexposition ; voire l'unité structurelle de la symphonie tout entière, dans le rapport de concordance et d'opposition entre ses différents mouvements. Et on peut aussi évidemment comprendre, c'est-à-dire entendre, l'unité propre à chaque forme musicale, *un* prélude, *une* fugue, *un* scherzo, *une* aria, *une* ballade, *un* boogie-woogie, *une* valse, une *malagueña*, *un* samba, etc. Et ces différents éléments sont emboîtés temporellement les uns dans les autres, comme dans un rythme sont emboîtées des formes et des cellules, elles-mêmes emboîtements de micro-cellules ; et de même que l'émotion physique d'un rythme dépend de l'extension du maximum d'éléments dans l'unité d'une aperception physique, l'émotion esthétique d'une musique est à proportion de la compréhension maximale de ses éléments synchroniques et diachroniques dans leur unité.

Mais il faut en outre distinguer les deux paramètres de la compréhension intellective d'une musique : l'événementialité de ses événements sonores ou leurs qualités.

Le simple fait que *quelque chose arrive*, c'est ce que nous avons appelé l'événementialité. Le fait *que ceci* arrive se distingue du fait *que cela* arrive, parce que cela n'arrive pas en même temps. Chaque événement sonore est appréhendé comme *un*, indépendamment de ses qualités (timbre et surtout hauteur), réduit à ce qui en lui est quantifiable : durée, vitesse, puissance, intensité, absolues ou relatives (le silence pouvant être considéré comme un événement d'intensité nulle). La compréhension de l'unité entre plusieurs événements successifs ainsi réduits à leur événementialité est l'objet de l'intellection rythmique et elle est le fait du corps, pensant ou non (voir chapitre précédent).

Ce qui arrive à proprement parler, c'est en particulier la hauteur propre du son et sa hauteur relative à celui qui le précède, s'il est vrai que le premier événement proprement musical est le deuxième événement sonore[1] ; le contenu qualitatif de l'événement musical est donc l'intervalle qui sépare une note de celle qui la précède, ou la relation d'un accord avec celui (ou ceux) qui le précède(nt), voire, à la rigueur, la hauteur relative des notes composant l'accord[2]. La com-

1. Voir ci-dessus p. 65-66.
2. Voir ci-dessus p. 152-154.

préhension de l'unité de ces événements successifs est l'objet d'une intellection mélodique ou harmonique et elle est le fait de l'esprit, évidemment « incarné ».

Il n'y a pas d'intellection mélodique ou harmonique sans intellection rythmique. En effet, tout événement sonore a forcément une durée et une intensité, ce qui fait qu'il est impossible de distinguer la qualité de l'événement du fait qu'il arrive. Inversement, il est possible de séparer l'événementialité du contenu qualitatif : c'est ce que font des musiques seulement percussives, qui peuvent faire l'objet d'une intellection rythmique sans mélodie. Le pur plaisir moteur du rythme.

Il est donc nécessaire de distinguer conceptuellement les deux paramètres. Cependant la compréhension du discours musical requiert généralement la saisie intellective de ces deux paramètres *dans leur unité*. Écoutons par exemple, pour la énième fois, le groupe de notes successives qui constitue la cellule thématique du premier mouvement de la *Cinquième Symphonie* de Beethoven ㉜ : *pom-pom-pom*-poooom ; *pom-pom-pom*-poooom (*sol-sol-sol*-mi♭; *fa-fa-fa*-ré). Ce groupe de notes est saisi intellectivement comme formant une unité *à la fois* événementielle (la cellule répétée : trois croches, une blanche prolongée) et mélodique (une tierce majeure descendante suivie d'une tierce mineure descendante). (Signalons qu'elle est en même temps saisie dans l'unité sensitive de ses différents timbres : les notes sont jouées *fortissimo* à l'unisson par les clarinettes, violons, altos, violoncelles et contrebasses.) Parfois aussi, la saisie de l'unité de chacun de ces deux paramètres, événementiel et qualitatif (chacune constituée de plusieurs niveaux temporels d'unité) est indépendante de l'autre. Une même cellule rythmique peut être répétée plusieurs fois au cours d'une seule mélodie (c'est d'ailleurs le cas de cette fameuse cellule *pom-pom-pom*-poooom) ; un même motif peut être répété sur différents rythmes (C'est très souvent le cas chez Beethoven : par exemple le thème de « L'Hymne à la joie » à la fin du dernier mouvement de la *Neuvième Symphonie.*)

L'éducation musicale a permis aux hommes de produire et de saisir intellectivement des groupements d'événements sonores successifs aussi bien que simultanés, parfois dans des relations de très grande complexité. Cependant, selon les continents, les civilisations, les traditions et les langages musicaux, le jeu propre à chacun de ces deux paramètres a été plus ou moins développé. La compréhension intellective s'est plutôt portée : tantôt sur l'unité des *événements* sonores successifs comme tels, leur événementialité, là où l'on a privilégié la polyrythmie, laquelle n'exclut pas, secondairement, les différences de hauteur ; tantôt sur l'unité des événements *sonores* successifs considérés qualitativement, les hauteurs, là où l'on a privilégié la polyphonie, laquelle n'exclut pas, secondairement, le rythme. Pour le dire trop grossièrement, la musique occidentale a surtout tendu à complexifier le jeu des hauteurs et leurs différentes combinaisons mélodiques et harmoniques ; tandis que, par exemple, le continent africain a surtout tendu à complexifier le jeu des durées ou des intensités et leurs différentes combinaisons métriques et rythmiques. Dans le jazz, ses dérivés et rejetons (blues, soul, rock, bossa), la compréhension intellective fait appel de façon plus ou moins égale aux deux types de paramètres, parfois réduits à leur plus simple expression : comme si le métissage ethnique dont cette musique est l'heureux effet avait eu aussi pour conséquence cette fusion des deux paramètres de la compréhension.

La plupart des théoriciens de la musique ont accordé une grande importance à ce que nous nommons la compréhension intellective de la musique, entendue comme unité d'une multiplicité. Ils ont souvent insisté sur le fait que l'esprit devait opérer une synthèse pour « percevoir les suites de notes ou d'accord dans leur unité interne[1] », comme dit Boris de Schloezer. Ainsi, ils comparent parfois une musique à une « totalité » ou à « une forme organique », à un « corps vivant »[2], dans laquelle chaque partie se subordonne au tout et ne peut se comprendre que par la fonction qu'il y joue. Cette intellection de la musique joue indiscutablement un rôle non négligeable dans sa compréhension. Mais on a sans doute surévalué ce rôle[3] car à lui seul il ne permet pas de comprendre

1. Boris de Schloezer, *Introduction à J. S. Bach. Essai d'esthétique musicale*, Gallimard, 1947, p. 26.

2. Boris de Schloezer, *ibid.*, p. 79-82. Voir aussi Henri Bergson : « Leur ensemble [celui des notes] est comparable à un être vivant dont les parties, quoique distinctes, se pénètrent par l'effet même de leur solidarité », *Essai sur les données immédiates de la conscience*, *op. cit.*, p. 75.

3. Cette critique peut aussi bien s'adresser au grand livre de Boris de Schloezer qu'à une autre importante théorie musicale, celle de Fred Lerdhal et Ray Jackendoff (*A Generative Theory of Tonal Music*, MIT Press, 1983) qui construisent tout leur impressionnant édifice de grammaire générative de la tonalité sur la notion de « groupement ».

l'essentiel : le *dynamisme* musical. Une « totalité » (organique ou non), une « forme » (unité d'un tout, ou organisation d'une « matière ») n'existe souvent que dans l'après-coup ; par exemple *aux yeux* de l'analyste ou du musicologue, qui, face à la partition par exemple, voit d'un coup d'œil les différentes parties s'agencer entre elles. Certes, il nous arrive d'entendre des formes dans le flux musical, surtout à petite échelle, motifs, thèmes, phrases, etc. On remarque forcément les reprises ou les variations, qui font partie intégrante de la forme. Il est vrai aussi que nous *entendons*, dans une chanson, par exemple, une « forme » globale simple (couplet-refrain-couplet, etc.), dès lors qu'elle n'implique rien d'autre que la répétition à l'identique, ou presque, des formes de base. Il est vrai encore qu'il est nécessaire que nous *comprenions* intellectivement l'« œuvre », la « grande « œuvre », voire le « chef-d'œuvre » par sa forme, c'est-à-dire par sa « composition », dans les deux sens du mot. Mais toute musique, et même toute « bonne » musique, n'est pas forcément composée formellement. Il y a des œuvres composées mais non par la forme : qu'en est-il des impromptus, des fantaisies, des rapsodies et de tous ces moments musicaux, parfois bouleversants ? Et il y a des musiques sans forme à proprement parler : qu'en est-il des improvisations en jazz, d'un long solo débridé d'Eric Clapton, d'une *saetá* qui jaillit brusquement derrière des volets clos au passage d'une procession ? Qu'en est-il de ces mélodies entendues par hasard, qui vous portent immédiatement et vous emportent dans leur mouvement sans que vous sachiez où elles veulent en venir ? Qu'en est-il en somme de toutes ces musiques qui semblent privées de toute unité *a priori*, parce que leur processus paraît toujours ouvert et leur devenir incertain (ce qui ne signifie pas qu'elles sont informes) mais dont on *comprend* le déroulement et le déploiement, qu'on entend comme une suite aventureuse, qu'on saisit comme un mouvement ou une succession mouvante de mouvements ?

La compréhension dynamique de la musique

Sans doute la richesse de la compréhension intellective de la musique conditionne-t-elle l'intensité de notre émotion esthétique. Mais cette compréhension intellective dépend elle-même de deux conditions : une condition *sine qua non*, qui est la compréhension *sémantique* ; on ne peut comprendre ce qui se passe dans une musique si on ne comprend pas sa langue et son contexte. Et un autre facteur conditionne sa richesse : c'est la compréhension *dynamique*, troisième sens du mot « comprendre ». Pour comprendre intellectivement une musique, il faut saisir ce qui *la meut*, ses causes internes, comme on comprend les motifs de la conduite d'un être vivant.

Car la musique est dynamique, elle se déroule dans le temps ; elle est mouvement, elle est processus. Comprendre ce processus, c'est comprendre à chaque instant *pourquoi* ce qui arrive arrive. Il n'y a en effet musique, selon notre définition, que lorsque les sons entendus ne semblent plus déterminés par leur cause réelle (la chose qui les produit) mais par une causalité imaginaire. *Comprendre* une musique, c'est tout simplement *entendre* – rien de plus, rien de moins – cette causalité imaginaire. Comprendre une musique, c'est donc entendre la causalité qui unifie ses éléments. C'est là la source de l'émotion musicale. Et comme cette causalité est multiple, comprendre *parfaitement* une musique, ce serait entendre *toutes* ses causalités – ce qui est rarement le cas à la première écoute, sauf pour des musiques trop simples.

Comprendre un événement, quel qu'il soit, c'est comprendre *pourquoi* il advient ; c'est comprendre ce qui se passe à partir de ce qui s'est passé et pressentir ce qui peut se passer. Comprendre un acte quelconque, c'est comprendre ses motifs et pressentir ce que son agent peut faire. Il y a quatre façons de comprendre un *pourquoi* quel qu'il soit et quatre manières d'y répondre : quatre types de « causes » événementielles. C'est Aristote qui, analysant toutes les explications possibles que nous pouvons donner des changements naturels, a dégagé ce qu'on a appelé les « quatre causes ». Selon une méthode que nous avons justifiée ailleurs, nous pouvons lui « emprunter » cette « figure de la pensée » pour la faire fonctionner dans un autre contexte[1]. (Les Classiques ne sont-ils pas classiques justement parce qu'ils nous livrent des outils conceptuels si riches qu'il est loisible

1. Voir *L'Être, l'Homme, le Disciple. Figures philosophiques empruntées aux Anciens*, PUF, « Quadrige », 2000, en particulier la Préface « Penser par figures » : il convient, selon nous, de comprendre les philosophes anciens (ou classiques) aussi fidèlement que possible en *accommodant* notre regard historique sur eux, mais on ne peut les comprendre complètement qu'en *assimilant* leur pensée à la nôtre.

de les utiliser, sans les trahir, à d'autres fins que celles auxquelles les vouait leur contexte particulier ?)

Les deux premières causes, telles que nous les utiliserons ici, ramènent le changeant au permanent. On peut comprendre ce qui, dans ce qui change, *ne change pas* : c'est la cause « matérielle ». On peut comprendre dans ce qui change, comment ça change : c'est la cause « formelle ». Les deux autres façons de comprendre le *pourquoi* s'efforcent de comprendre *ce qui fait que* ça change, pourquoi ça change plutôt que de demeurer. Loin de ramener le changement à du permanent, elles interrogent le processus dynamique comme tel et en cherchent le moteur ou le motif. Et là encore, il y a deux réponses : on peut comprendre des événements à partir de ceux qui les précèdent, c'est la cause « efficiente » ; on peut les comprendre à partir de ceux qui les suivent, c'est la cause « finale ».

Il en va de même en musique. Comprendre dynamiquement une musique, c'est comprendre son processus ; c'est entendre pourquoi ses événements sonores adviennent ; c'est entendre ce qui se passe à partir de ce qui s'est passé et pressentir ce qui peut se passer. C'est comprendre ce qui, dans la musique, la cause comme musique. C'est donc s'en tenir à ce que nous avons appelé la « causalité événementielle » de la musique[1]. Il y a en elle quatre types de causes, quatre manières de comprendre ce qui advient dans une musique, quatre manières d'en comprendre le processus : les causes matérielle et formelle (causes statiques) permettent d'expliquer pourquoi « ça » change à partir de ce qui en elle ne change pas ; la cause efficiente et la cause finale (causes motrices), permettent d'expliquer pourquoi ça change « comme ça ». (Voir, ci-dessous, p. 195, le tableau général de la compréhension dynamique de la musique par ses quatre causes.)

La cause matérielle

Quand on entend une musique quelconque, qu'entend-on, de façon sous-jacente, implicite mais constante ? Autrement dit, que faut-il *sous-entendre* dans la musique pour pouvoir l'entendre comme musique, c'est-à-dire la comprendre ? Pour qu'on entende dans la musique que quelque chose change, il faut entendre (ou sous-

1. Voir ci-dessus p. 70.

entendre) ce « quelque chose » ; il faut donc que lui ne change pas. Il faut un *substrat* permanent au processus musical. En fait, il y en a deux, selon qu'on focalise l'événementialité ou le contenu qualitatif des événements : dans un cas, le substrat, c'est une pulsation régulière, constante, l'isochronie ; dans l'autre cas, c'est une hauteur permanente, un son-maître.

La pulsation isochrone, on l'a vu, est une des conditions de l'émotion physique pour la musique « rythmée[1] ». Mais, dans la plupart des musiques, et même lorsqu'elle demeure sous-entendue, elle sert de substrat permanent à l'événementialité sous la dynamique du changement. Sans cette permanence, l'événementialité musicale serait chaotique – à moins que son ordre lui soit extrinsèque et lui vienne du rythme de la parole comme dans le récitatif (*recitativo secco*). Les événements, les silences, pourraient se produire n'importe quand, la surprise serait permanente, la compréhension du discours nulle. L'intelligibilité de l'advenue temporelle des événements nécessite cette régularité implicite.

Certes, en elle-même, une pulsation régulière n'est nullement la permanence *des choses*, laquelle serait la continuité du présent sans le moindre événement : quand tout est immuable, rien ne se passe. Une musique qui vise à faire entendre cette permanence des choses s'efforce au contraire d'effacer, au travers des événements sonores, toute marque de leur événementialité. C'est le cas, par exemple, des introductions aux ragas[2]. L'isochronie n'est donc pas la cause matérielle de la musique ou de la temporalité musicale ; c'est la cause matérielle de l'événementialité des événements sonores, c'est *ce qui* demeure permanent et par rapport à quoi les événements sonores se produisent.

Parfois, dans les musiques rythmiquement les plus simples (fanfare, techno, house, dance, etc.), la pulsation isochrone est explicite, marquée, puissante : boum, boum, boum, boum... Mais le plus souvent, ce n'est qu'un repère *fixe* implicite par rapport auquel se mesure l'irrégularité d'advenue des événements explicites et par rapport auquel leurs durées paraissent *changer*. Car comment pourrait-on dire que ces durées changent sans un chronomètre implicite (on branle du chef, on bat du pied, on frappe dans ses mains) ? L'événementialité est toujours

1. Voir ci-dessus p. 130 *sq*.
2. Voir ci-dessus p. 114.

en partie imprévisible ; mais ce qui fait que les événements sonores paraissent relever d'un seul et même processus événementiel inchangeant, c'est une événementialité isochrone sous-jacente qui leur sert de substrat. Car elle est, elle, inchangeante et totalement prévisible. C'est une événementialité sans aucun événement. Dit simplement : ce qui arrive de façon absolument régulière, donc prévisible, paraît à l'esprit aussi constant que l'immuabilité. La pulsation isochrone est le substrat implicite de toute événementialité musicale. Elle nous permet de la comprendre.

Bien entendu, la pulsation isochrone elle-même peut changer. Ou plutôt, ce n'est pas elle qui change, c'est son tempo, lequel sert alors, au second degré, de substrat permanent de l'événementialité.

Mais le substrat le plus clair, le plus évident, du dynamisme musical concerne le contenu qualitatif des événements du discours musical, autrement dit les hauteurs sonores. Dans toute musique simple, et dans tout passage musical d'une musique plus complexe, il y a un son d'une hauteur fixe qu'on entend en permanence – ou plutôt que, généralement, on sous-entend. Cette hauteur constante sert de « son de référence » qualitatif, exactement comme l'isochronie sert d'événementialité de référence. Nous l'appellerons « son-maître » en référence au philosophe Peter F. Strawson[1]. Celui-ci se demande si l'on peut donner sens à un monde objectif (hors de nous) mais dépourvu de corps matériels dans l'espace : tel est bien le monde dans lequel vivent les prisonniers de notre caverne sonore. Strawson imagine donc un être dont l'expérience du monde serait purement auditive et se demande comment un tel être pourrait avoir une expérience analogue à celle que nous avons du nôtre – ce que nous avons nommé une « expérience perceptive complète[2] » – comportant un espace et des entités existant hors de lui et réidentifiables quand elles apparaissent. Sa réponse est que ce ne serait possible que si chacune de ses perceptions auditives particulières était accompagnée de celle d'un son-maître permanent, de hauteur constante, par rapport auquel les hauteurs variables des autres sons pourraient être situés dans l'espace

1. Les traducteurs français de *Individuals* ont préféré rendre *master-sound* par « maître-son ». Sur ce concept, voir Peter F. Strawson, *Les Individus*, *op. cit.*, I, chap. 2 « Les sons », notamment p. 84 *sq.*

2. Voir ci-dessus p. 38.

sonore. Ce son de référence est, pour nous, une des conditions de la sortie de la caverne, c'est-à-dire du passage d'un univers sonore à un monde musical. C'est le substrat sonore permanent entendu, ou sous-entendu, dans toute musique.

Ce son-maître peut être réellement produit et entendu. Si c'est le cas, il joue le rôle de substrat réel et présent : ce sera par exemple le bourdon, souvent utilisé dans les musiques modales ou les polyphonies médiévales. Ce peut être une note, ou un accord. Ainsi, le tuyau non percé de la cornemuse est joué en permanence et provoque un son continu qui accompagne, soutient et sous-tend les autres notes. Dans le raga indien, le rôle du bourdon est généralement tenu par le *tânpûra*. Cela en renforce l'aspect hypnotique. En musique modale, les chants traditionnels français, italiens, sardes et beaucoup d'autres, étaient accompagnés par l'accord permanent, et fixe, de la vièle à roue ou par la note répétée d'autres instruments à bourdon, comme certaines épinettes. Le bourdon donne une assise à la voix dans les chants de tradition orale[1]. Il peut d'ailleurs changer au cours d'un morceau : c'est l'équivalent de la modulation (changement de tonalité) dans la musique tonale. Même en l'absence de bourdon, il semble que, dans toute musique de tradition orale, certaines hauteurs sont privilégiées, en ce sens que la musique retourne fréquemment vers elles, et semble se mouvoir autour d'elles. Les notes ont donc un poids différent (*weighted scale*) selon leur rapport à cette hauteur constante[2].

L'héritier, en musique tonale, du bourdon est la pédale, note tonique (parfois dominante) tenue à l'une des voix de l'harmonie et commune à la plupart des accords enchaînés par les autres voix. L'exemple de pédale le plus célèbre, en musique classique, est celui du Prélude de *L'Or du Rhin* de Wagner ㉞ : une partie des contrebasses attaque un *mi* bémol dans l'extrême grave, situé un demi-ton inférieur au-dessous des possibilités naturelles de l'instrument[3] et quatre mesures plus tard, la deuxième partie attaque un *si* bémol, une quinte au-dessus : l'accord ainsi constitué tient jusqu'à la mesure 136, tandis que tous les autres instruments joueront les premiers *leitmotive* (motif

1. La chanteuse Camille a repris ce procédé dans son album de 2004, *Le fil* (autrement dit le bourdon) : on y entend un *si* permanent au long des différentes chansons successives, qui s'enchaînent sans solution de continuité [écouter, par exemple, « Vous » ㉝].

2. Voir John A. Sloboda, *L'Esprit musicien*, *op. cit.*, p. 347

3. Voir Bernard Sève, *L'Instrument de musique*, *op. cit.*, p. 87.

du Rhin...). Cette pédale très longue illustre pour Wagner la naissance de l'univers. On peut aussi y entendre la sortie des prisonniers de notre caverne et la naissance de la musique.

Dans tous ces cas, les notes successives du discours musical sont entendues dans leur relation avec ce son-maître et sont ainsi comprises, pour ainsi dire, comme ses variations accidentelles ; la note permanente sert de point de repère pour l'oreille, et les autres notes sont entendues comme des modifications de cette note. Elle est ce qui demeure sous toutes les modifications, le substrat permanent du processus musical en dépit de ses transformations, l'identité de hauteur sous toutes les altérités. Car la musique ne peut être entendue dans sa continuité – c'est-à-dire dans son unité – que si elle est comprise comme *un* changement ; mais elle ne peut être entendue comme *un* changement que si l'on entend quelque chose – de constant – qui change. À quelqu'un qui demanderait : Pourquoi les hauteurs changent-elles tout le temps ? On répond : la même note (de même hauteur) demeure, ce qui change, c'est ce qui *lui* arrive. On comprend ainsi tout ce qui se passe comme étant la continuité nécessaire de ce qui vient de se passer, et même de ce qui s'est toujours passé. (À peu près comme les premiers physiciens cherchaient la cause sous-jacente à tous les changements, et trouvaient un substrat sous-jacent permanent, d'où tout vient, où tout revient, et qui, par conséquent demeure forcément la même derrière toutes *ses* transformations[1] : l'eau, l'air, le feu, la terre, voire les atomes – mais *ça* ne change pas vraiment, puisque, en réalité, c'est toujours, tout le temps, le même substrat qui demeure.)

À part dans quelques musiques « traditionnelles », ce n'est pourtant pas ce qui se passe généralement. Il n'y a pas de son continu réellement joué. Le substrat permanent n'est pas entendu mais sous-entendu. Une note sert de son-maître : c'est la tonique. Elle est la référence implicite, en relation à laquelle toutes les autres notes sont entendues, c'est-à-dire comprises. Dans la plupart des musiques, qu'elles soient tonales ou modales, la tonique joue le rôle de substrat réel et pourtant absent. C'est souvent le premier degré du mode

1. C'est ainsi qu'Aristote (*Métaphysique*, A, 3, 983 b 6 *sq.*) décrit les débuts de la science physique (et donc de la philosophie) : les premiers penseurs recherchèrent la « cause matérielle », première façon de répondre au *pourquoi* face à la nature et à ses modifications.

utilisé[1] : dans les airs les plus simples, la tonique est le point de départ, le point d'arrivée et le repère implicite de toutes les autres notes. Elle joue donc les trois rôles de la « cause matérielle » aristotélicienne : ce dont part le changement et à quoi il revient, et ce qui demeure le même sous toutes ses transformations[2].

Ainsi, dans une courte phrase en *do* majeur, toutes les notes à tout moment sont entendues comme des variations accidentelles du *do*, d'où elles proviennent et vers lequel elles tendent à revenir. C'est le son-maître. Quand on entend les premières notes de « Au clair de la lune », on n'est jamais perdu : le *do*, entendu au départ avec insistance (*do-do-do*), est sous-entendu pendant le reste de l'air (*ré-mii-réé* ; *do-mi-ré-ré*) et entendu à la fin (*do*). Il est le substrat qualitatif de l'air. Les autres notes, plus ou moins importantes, en sont des accidents passagers. Le premier *ré* par exemple n'est pas entendu en lui-même – selon sa hauteur absolue – mais par l'intervalle qui le sépare du *do* initial, lequel doit être encore dans l'esprit au moment où l'on entend le *ré*. Et il en va de même de toutes les autres notes subséquentes.

Le propre d'une tonique est d'être implicite : à la fois permanente et absente. De même, le substrat d'un être changeant ne se montre pas toujours dans sa nudité derrière toutes ses transformations, quoiqu'il soit toujours reconnaissable. Dans le système tonal, il est même possible de définir le degré d'accidentalité (ou inversement d'essentialité) de chaque note par rapport à la tonique-substrat, laquelle demeure en dépit de tous les changements essentiels (dominante, sous-dominante) ou accidentels qui l'affectent et qui sont entendus – compris – comme ses modifications.

Certes, de même que la cause matérielle de l'événementialité (l'isochronie) peut changer au cours d'une pièce et son tempo devenir, au second degré, la cause matérielle de ce changement (par exemple une accélération *du* tempo), la tonique, cause matérielle de la qualité (hauteur) des événements, peut elle-même changer. C'est même une des principales richesses du système tonal : permettre de la façon la plus facile – aussi facile que l'accélération du tempo – la modula-

1. Il semble que, dans la musique grecque ancienne, ce rôle de « tonique » était tenu par la note « médiane » (*mesè*), celle par laquelle on commençait à accorder l'instrument, et qui se trouvait plus ou moins à mi-hauteur du mode.

2. « Ce à partir de quoi tous les êtres existent, à partir de quoi ils naissent en premier et en quoi finalement ils sont détruits, c'est-à-dire la substance qui demeure alors que changent ses affections » (Aristote, *Métaphysique*, A, 3, 983 b 9-10).

tion tonale, c'est-à-dire le changement passager de tonique[1], au cours d'une même musique, par exemple en passant par la dominante, qui est harmoniquement la note la plus proche de la tonique[2]. Ainsi, une des modifications du substrat initial (la tonique), par rapport auquel étaient entendues toutes les notes (ou accords) comme des modifications ou des accidents, devient ainsi, au second degré, le substrat second du deuxième passage musical : et ce changement de hauteur sous-entendue s'entendra et se comprendra d'autant mieux que le nouveau substrat était un « attribut essentiel » du précédent, son effet le plus proche dans l'espace tonal. Ce second substrat, qui était jusque-là entendu dans sa relation essentielle avec le substrat premier (la tonique), jouera dès lors le rôle de son-maître par rapport aux notes suivantes, lesquelles seront entendues principalement par rapport à elle comme *ses* modifications, et secondairement par rapport à la tonique, dont les effets continueront de se faire entendre, et qui continuera de jouer, en arrière-fond, son rôle de substrat permanent.

Il ne faut donc pas croire que la tonalité, prise au sens large, soit une « invention de l'Occident ». Certes, on entend généralement par tonalité les règles particulières du système de composition mélodique et harmonique qui a dominé la musique savante européenne, depuis au moins le XVIe siècle, et qui est fondé sur les modes majeur et mineur et les sept degrés de l'échelle diatonique. Mais si l'on entend plutôt par tonalité le *sentiment* de permanence d'une note maîtresse au sein du discours musical dont elle favorise la compréhension, alors la tonalité ne s'oppose pas à la modalité, bien au contraire. D'une certaine manière ce sentiment tonal est plus fort dans les musiques modales (où l'on entend clairement, et souvent réellement, la permanence d'une tonique) que dans les musiques tonales. On pourrait même soutenir que le système tonal a contribué à affaiblir ce sentiment tonal de permanence sous-jacente d'un son-maître au cours d'un même morceau : en effet, après l'adoption de l'échelle tempérée (la division de l'octave en douze demi-tons égaux), il permettait la modulation (ou la « tonulation ») généralisée, c'est-à-dire

1. Certains puristes préfèrent légitimement parler dans ce cas de « tonulation ».

2. La proximité harmonique de deux hauteurs séparées par un intervalle de quinte n'a cependant rien de propre au système tonal. Elle est une conséquence des harmoniques naturels d'un son et elle est commune à la plupart des modes, c'est-à-dire des « mondes musicaux ».

le passage de toute tonalité à toute autre au cours du même morceau – changements qui devinrent de plus en plus fréquents à mesure de l'évolution de la tonalité au point de mettre en péril, dès la fin du XIXe siècle, le sentiment tonal par ce qu'on a appelé le « chromatisme généralisé ». Il est vrai que le système tonal disposait d'autres moyens de faire entendre ou sous-entendre la tonique : sur le plan mélodique, la « note sensible », c'est-à-dire le septième degré du mode majeur, séparée d'un demi-ton inférieur du premier degré – la tonique – et, sur le plan harmonique, les cadences, c'est-à-dire les progressions d'accords destinés à ponctuer le discours musical et à « se résoudre » sur l'accord parfait de tonique. (Mais c'était là donner un *autre rôle causal* à la tonique : non plus celui de « cause matérielle », pourtant toujours efficace quoiqu'affaiblie par rapport aux musiques modales ou traditionnelles, mais celui de « cause finale » du mouvement, comme nous le verrons.)

En fait, la cause matérielle d'un passage musical, entendue comme la permanence d'une hauteur sous-entendue, est sans doute essentielle à toute musique ; à l'exception, bien entendu, des musiques « expérimentales » qui ont voulu rompre avec ce sentiment tonal en refusant toute hiérarchie entre les différents degrés de la gamme chromatique, comme le système dodécaphonique ou sériel, qu'on ne devrait pas qualifier d'atonal (ce qui ne veut pas dire grand-chose) mais bien d'antitonal à tous les sens du mot tonalité, large ou étroit. Voulant rompre avec le système tonal en raison de ce « chromatisme généralisé » qui lui paraissait signer l'épuisement des possibilités de ce système, Arnold Schönberg rompait en fait avec la tonalité au sens large (c'est-à-dire avec tout repère permanent de hauteur) en égalisant la valeur relative des douze degrés de la gamme chromatique. Il ôtait ainsi à l'écoute tout repère constant et privait la compréhension de la dynamique musicale d'un de ses éléments essentiels, la cause matérielle, mais aussi, on le verra, de ses causes motrice et finale (du moins au moyen des hauteurs, qui étaient sa principale préoccupation[1]), ce qui rendait particulièrement difficile la compréhension du discours. Plus généralement, comme il a souvent été montré, le prétendu « système sériel » ne pouvait faire système,

1. On notera en effet que l'isochronie pulsionnelle (au moins implicite) peut servir de cause matérielle à l'événementialité sonore, et pallier ainsi en partie l'absence de cause matérielle « qualitative », comme celle d'une note de référence.

en dépit du nombre de ses règles, parce qu'il se révélait impuissant à créer une nouvelle syntaxe[1] : en effet, ses principes étaient moins des règles positives de production de discours fondées sur les conditions de l'intellection sonore et de la compréhension musicale, que des règles négatives destinées à empêcher tout sentiment tonal, quel qu'il soit, et toute hiérarchie entre les degrés. Or, au contraire de la gamme chromatique sur laquelle il fondait son système à cause de l'égale valeur de ses douze degrés (dodécaphonisme), les échelles existantes, dans toutes les musiques du monde connues ou plutôt dans tous les mondes musicaux, sont fondées sur l'inégalité des intervalles à l'intérieur des échelles utilisées, et, le plus souvent, sur l'inégalité fonctionnelle des différents degrés de ces échelles. Il y a à cela de bonnes raisons : elles tiennent d'une part aux lois de la compréhension perceptive et d'autre part aux règles de production du sens dans tout langage[2]. La contradiction du « système sériel » était donc inévitable entre son objectif (retrouver une nouvelle syntaxe après l'« épuisement de la tonalité ») et le fondement sur lequel il s'appuyait, la gamme chromatique qui, on l'a rappelé[3], n'était qu'une conséquence du système tonal par le tempérament égal. Cette invention, dont une des meilleures applications était le *Clavier bien tempéré* de Bach, était en un sens une entorse à la tonalité supposée « naturelle », mais facilitait, on l'a rappelé, le passage d'une tonalité à l'autre de la manière la plus souple au cours d'un même morceau : la musique tonale y gagnait en richesse dynamique et en possibilités de transformations harmoniques, ce qui compensait largement ce qu'elle perdait en expressivité par l'abandon de la différence de climat entre les tonalités, comme elle avait déjà perdu les atmosphères propres à chacun des modes traditionnels. Mais, privé de la tonalité qui lui avait donné son sens, le chromatisme devenait orphelin. Et le dodécaphonisme privait la suite des notes d'un morceau de musique de toute cause matérielle qualitative sous-jacente.

Car telle est la première condition pour qu'une expérience seulement sonore soit perceptivement complète[4] et intellectivement com-

1. Voir Claude Lévi-Strauss, *Le Cru et le Cuit*, Plon, 1964, p. 29-34.
2. Voir ci-dessus p. 49-50.
3. Voir ci-dessus p. 80.
4. Sur la complétude de l'expérience musicale, par différence avec la simple expérience sonore, nécessairement incomplète, voir ci-dessus p. 38.

préhensible. C'est une condition *a priori*, en ce sens qu'elle est la condition de tout monde musical[1]. Sans l'isochronie sous-jacente, les événements, notes ou silences, pourraient se produire n'importe quand ; sans un son-maître sous-jacent, les notes pourraient se produire à n'importe quelle hauteur. La surprise serait permanente, la compréhension du discours nulle. L'intelligibilité musicale des événements sonores nécessite généralement ce double substrat : événementiel et qualitatif.

La cause formelle

La musique est un processus sonore organisé : on ne peut pas comprendre un processus sans comprendre, et donc entendre ou sous-entendre, de quoi il est fait, son substrat matériel ; mais on ne peut pas comprendre non plus son organisation sans entendre sa forme ou ses formes. Entendre une forme dans un processus, c'est là encore saisir quelque chose de statique sous quelque chose de dynamique. Car toute forme est l'unité d'une multiplicité. Mais comme ces éléments sonores sont généralement multiples et ne se donnent pas en même temps, il faut, pour saisir une forme musicale quelconque, saisir ces éléments successifs *comme s'ils étaient donnés en même temps*. La cause formelle de la musique partage donc avec la cause matérielle d'être *la saisie du permanent dans le changeant*. Comprendre une musique, c'est entendre ses différents éléments *successifs* quels qu'ils soient (battements, silences, notes, accords) comme formant une unité, alors même qu'ils se donnent perceptivement comme disjoints. Comprendre intellectivement une musique, c'est, disions-nous, entendre une multiplicité comme une unité. Mais il nous restait à comprendre sur quoi se fonde, dans la musique, cette compréhension intellective. Le concept de « cause formelle » permet de l'appréhender. Comme la cause matérielle, elle est double, selon qu'on focalise l'événementialité ou le contenu qualitatif des événements sonores.

La cause formelle dans l'événementialité, c'est par exemple la mesure ou plus généralement n'importe quelle cellule rythmique[2]. C'est tout

1. Sur ces conditions *a priori*, voir ci-dessus p. 45 *sq*.
2. Voir ci-dessus p. 124 et 132 *sq*.

ce qui organise la matière (la pulsation isochrone sous-jacente) et lui donne une *forme*. Ainsi l'accentuation d'un battement tous les trois battements, pourtant isochrones, permet de faire entendre ce groupe de trois comme formant une unité. De même, tout groupement d'événements isochrones suivis d'un silence, par exemple, peut constituer une forme, l'unité d'une multiplicité d'événements.

Toute unité d'une multiplicité dans le temps a un caractère paradoxal puisqu'elle suppose la présence simultanée dans l'esprit de différents éléments passés, relevant chacun de leur « propre couche de passé », si l'on ose dire, à mesure qu'elle s'éloigne du présent. Il semblerait donc que, ainsi que le décrit Husserl, à mesure que de nouveaux sons nous parviennent, ceux qui ont été entendus s'enfoncent davantage dans le passé (dans « l'avoir été ») mais sans cesser d'être conservés par la conscience et retenus comme ayant précédé ceux qui les ont suivis. Ce n'est pourtant pas ainsi qu'on comprend une musique. C'est peut-être ce qui se passe quand on entend les bruits de la ville ou les sons de la nature, ce n'est justement pas ce qui se passe quand on entend de la musique – ou même, comme le veut Husserl – « une mélodie[1] ». Car ce qui constitue dans le temps le phénomène sonore appelé « musique », c'est que les sons successifs sont entendus, non pas comme s'enfonçant un par un et « *uniformément* » dans un passé de plus en plus « profond », mais que certaines notes « s'enfoncent » dans le passé (si l'on tient à cette métaphore spatiale) *réunies* avec d'autres pour ainsi dire « naturellement » (du moins est-ce la nature même de la musique), tantôt comme formant une totalité agrégative minimale, tantôt une totalité plus extensive, et tantôt plus extensive encore, selon différentes échelles emboîtées les unes dans les autres. De même, nous n'entendons pas les notes d'une « mélodie », « fondues pour ainsi dire ensemble », comme le prétend Bergson[2] ; nous n'entendons pas des accords ou des silences

1. Voir Edmund Husserl, *Leçons pour une phénoménologie de la conscience intime du temps*, trad. fr. d'H. Dussort, PUF, 1964. L'exemple de la mélodie est analysé p. 36-37 mais son schéma véritable est donné p. 42-43 : « Pendant qu'apparaît sans cesse un nouveau présent, le présent se change en un passé, et du coup toute la continuité d'écoulement des passés du point précédent tombe "*vers* le bas", *uniformément* dans la profondeur du passé. » (Nous soulignons. Voir aussi, *ibid.*, « sans cesse plus profondément ».)

2. Henri Bergson, *Essai sur les données immédiates de la conscience*, *op. cit.*, p. 75.

qui se suivent à la queue leu leu en un flux étal et continu comme la durée bergsonienne, nous n'entendons jamais les événements sonores successifs, même lorsqu'ils sont isochrones, comme *également* joints ou disjoints les uns aux autres : nous entendons des groupes d'événements, des mesures, des motifs ou des figures rythmiques, mais tout aussi bien des phrases mélodiques, en tout cas des ensembles temporellement et/ou qualitativement structurés, selon les deux types de paramètres. Ces unités d'une multiplicité sont la cause formelle du processus musical.

La forme de la matière de l'événementialité obéit à des principes de groupement relevant de la « psychologie de la forme » : même lorsque l'horloge fait tic-tic-tic, etc., on entend tic-tac, tic-tac, on comprend spontanément l'isochronie comme une métrique[1]. La succession isochronique des battements, même implicites, est regroupée dans de petites unités. D'une manière plus générale toute succession d'événements sonores, dans sa double dimension événementielle et qualitative, obéit aux lois de la « bonne forme ». Sans les avoir apprises, le musicien classique les respectera pour phraser correctement le passage qu'il a à interpréter. Le groupement phrastique obéit en effet à deux principes étudiés par la psychologie de la forme[2]. Ce sont les principes de « proximité » (par exemple : des notes successives de même durée sans pause sont entendues comme formant un groupe) et de « similarité » (en l'absence de pause, un changement de hauteur après des notes répétées sera entendu, et interprété, comme le début d'un nouveau groupe). C'est la double condition du « bon phrasé[3] ». Ces unités de base sont les *formes premières* de la matière événementielle.

Cependant ces formes premières peuvent être à leur tour comprises dans des formes secondes, des groupements plus étendus rassemblant plusieurs unités de base. Il arrive que ce soit l'inverse : une forme première inclut des formes secondes. Celles-ci obéissent à d'autres principes de psychologie de la forme : ceux de « symétrie » (deux

---

1. Voir ci-dessus p. 115.

2. Ces principes ont été repris par Fred Lerdhal et Ray Jackendorff, *A Generative Theory of Tonal Music*, *op. cit.*, notamment dans leur « Grouping Preference Rules », p. 43 *sq.* L'expression « règles préférentielles » semble en effet préférable à celle de « principes ».

3. Il y a bien sûr des cas ambigus, qui font toute la difficulté du phrasé et contribuent à la richesse et à la diversité des interprétations.

groupes d'égale longueur s'apparient en un groupe plus large) et de « parallélisme » (deux phrases successives qui commencent de la même façon sont perceptivement regroupées) ; dans ce dernier cas, il arrive que la dernière note de la phrase précédente soit aussi entendue comme la première de la phrase suivante.

Ces principes d'écoute, nous pouvons les tester sur une phrase mélodique (voir Annexe 4). À l'écoute de ce thème du premier mouvement du *Quatuor à cordes n° 1* de Leoš Janáček ㉟, nous appréhendons globalement le regroupement des événements sonores successifs en des formes, selon les principes de proximité et de parallélisme, sans distinguer à l'écoute ce qui relève de l'événementialité et ce qui relève des hauteurs. C'est ce qui arrive plus souvent : dans la manière dont nous comprenons le discours musical, les deux types de cause formelle sont indissociables ; « rythme » et « mélodie » se mêlent à toutes les échelles temporelles depuis la compréhension d'un simple motif ou d'une phrase élémentaire à la compréhension globale d'un air, d'une chanson (avec ses couplets et refrains), voire d'une symphonie tout entière. Il n'en va pas de même dans les musiques dans lesquelles les formes de l'événementialité (notamment métriques) sont clairement marquées et sont donc entendues comme autonomes par rapport à celles du contenu qualitatif : elles peuvent, selon les cas, coïncider avec elles ou au contraire s'opposer à elles. C'est, par exemple, souvent le cas dans les valses de Chopin. Écoutez par exemple comment, dans la *Valse en la bémol majeur op. 69 n° 1*, dite « L'Adieu » ㊱ , les regroupements réguliers auxquels invitent les trois temps de la mesure marqués par la main gauche semblent en permanence contredits par les regroupements auxquels invitent les suites de notes souvent conjointes, ou séparées par de courts silences (les « respirations »), à la main droite. Ce décalage entre deux types de formes (les unes prévisibles, inscrites dans la répétition événementielle, les autres inattendues et dépendant plutôt de la liaison des hauteurs) contribue au caractère propre à ces pièces et permet de justifier les mille et une manières de les phraser selon la personnalité de l'interprète.

Mais la cause formelle n'est pas la cause la plus déterminante de la compréhension de la musique.

Les deux causes motrices

La forme est fondamentalement spatiale ; ou du moins est-elle forcément conçue comme statique[1]. À petite échelle, le groupement repose sur des principes (ceux de proximité ou de similarité) qui conviennent mieux à la spatialité qu'à la temporalité, comme leur nom même l'indique ; il en va de même de la perception de la forme à l'échelle moyenne (principes de symétrie ou de parallélisme). La forme n'est pas mouvement, elle n'explique pas qu'on entende la musique comme un mouvement, elle n'explique pas que, comprendre une musique, c'est saisir un *dynamisme en train de se produire.* Car l'essentiel de la compréhension musicale tient, non pas à la réduction de la succession à la permanence (matérielle ou formelle), c'est-à-dire à des causes statiques, mais à la compréhension de la succession comme un processus, autrement dit à des causes motrices. Certes, la cause matérielle ne nie pas le mouvement, puisqu'elle implique qu'on entende les événements musicaux comme les diverses *modifications* d'un substrat sous-jacent ; mais la cause formelle, elle, le nie, puisqu'il faut, pour la saisir, que les événements successifs soient saisis comme *donnés* sur le même plan (ce qui ne signifie pas nécessairement avec une égalité de valeur ou dans la continuité de la durée) pour pouvoir être compris comme éléments d'un même tout. Il manque donc à la compréhension de la musique comme musique son élément essentiel, et au fond le plus énigmatique : comment se fait-il que nous entendions des sons successifs comme du *mouvement* ? Car la musique, c'est cela même : du mouvement. Quand nous percevons un mouvement, nous percevons un même substrat sous ses différentes transformations ; et nous entendons bien, dans une musique, que quelque chose demeure sous ce qui change, forme ou matière. Mais comprendre un mouvement exige plus que cela ; il nécessite de comprendre, non pas seulement *ce qui est mû,* mais *ce qui meut.* Comment entendons-nous le changement qu'est la musique comme changement ? Quels en sont les moteurs ?

1. Selon la fameuse définition d'Eduard Hanslick, la musique serait « des formes sonores en mouvement » (*Du beau dans la musique. Essai de réforme de l'esthétique musicale*, trad. fr. de C. Bannelier et G. Plucher, Christian Bourgois, rééd. 1986, p. 86. Le texte original allemand, *Vom Musikalisch-Schönen*, date de 1854). Tout le problème est de savoir ce qui met ces formes en mouvement et comment ces formes se conservent dans le mouvement.

Deux causes d'inégale importance expliquent que la musique, pour être entendue comme musique, soit perçue comme mouvement. Il faut que, à chaque instant, nous puissions comprendre l'événement qui se produit comme causé par ceux qui le précèdent (telle est la « cause efficiente », toujours à l'œuvre dans toute musique) ; ou par ceux qui le suivent (telle est la « cause finale »).

À première vue, la différence est simple. En musique tonale, dans une cadence parfaite faisant se succéder un accord de septième de dominante et un accord parfait majeur, comprendre l'accord final, c'est l'entendre comme causé par celui qui le précède – et même, en deçà de celui-ci, comme causé par les divers accords ou autres événements antérieurs par rapport auxquels il apparaît comme conclusif. Mais comprendre ce même accord de septième, quand il se produit, c'est l'entendre comme causé par celui « en vue duquel » il se produit et qui va « résoudre la tension » qu'il représente. Ou, pour prendre un exemple mélodique, comprendre la note sensible, comme telle, c'est l'entendre comme attirée par la tonique qui la suit ou qui devrait la suivre. L'harmonique et le mélodique se mêlent souvent, comme dans l'exemple canonique suivant, où l'accord parfait suit l'accord de septième, mais où, en outre, à l'aigu, qui porte classiquement la ligne de chant, le *do* (tonique), suit la note sensible (le *si*).

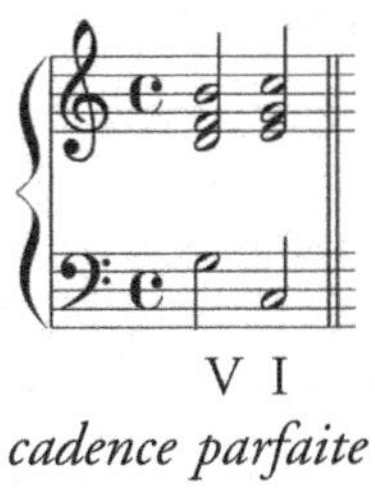

cadence parfaite

Les causes efficiente et finale de la musique sont ainsi souvent corrélatives l'une de l'autre : l'antécédent est cause efficiente du conséquent lequel est cause finale de l'antécédent. Mais ce n'est pas toujours le cas, car la compréhension de la musique par la cause efficiente est sans doute un universel (comme celle par la cause matérielle), tandis que la compréhension par la cause finale ne caractérise pas toutes les musiques mais seulement celles qui sont fondées sur les oppositions tension/détente. Il convient donc de les étudier séparément.

La cause efficiente[1]

Comme dans les cas précédents, il convient de distinguer la force motrice qui relève de l'événementialité des événements et celle qui relève de leur contenu qualitatif.

La mesure, lorsqu'elle est explicitée et marquée dans le discours musical, *nous* met en mouvement. Elle paraît aussi mettre en mouvement la musique elle-même. La mesure est la « première forme » entendue de l'événementialité, avons-nous dit, parce qu'elle met en forme la pulsation isochrone par l'accentuation d'un battement qui le distingue des autres. Mais lorsque la mesure est marquée explicitement dans le discours musical, elle crée une micro-tension immédiatement apaisée par sa répétition[2]. On entend donc une régularité au second degré, la régularité d'une forme, la forme « 2 battements », ou 3, ou 4, sans toutefois cesser d'entendre l'isochronie sous-jacente. La mesure est alors perçue comme motrice de la musique. Il faut seulement qu'elle soit entendue, ou plutôt imaginée, comme une *forme* qui se *répète* ; mais les deux points sont liés. Pour que la mesure soit comprise comme une forme, donc comme la *même* forme qui revient, ou, ce qui revient au même, pour que la répétition soit entendue comme une répétition à l'identique, il faut que le premier battement soit entendu comme distinct des deux autres. Car ce n'est pas la *forme* (l'unité des deux battements en un tout, par exemple dans une mesure à deux temps) qui est mouvement : c'est sa *répétition.* La forme est statique, sa répétition est dynamique. Ce n'est pas l'identité de la forme qui est motrice, parce que, en elle-même, elle est fixe ; c'est le fait que cette identité se répète. Et ce qui est vrai de la mesure, forme première, est vrai de toute forme événementielle plus complexe, toute cellule rythmique, dès lors qu'elle se répète. Car la répétition d'une forme événementielle quelconque, *appréhendée par l'imagination*, est *comprise par la raison* comme signifiant : « toutes les fois que se produit tel événement X, distinct de Y et Z, se produisent

1. Nous employons l'appellation « cause efficiente » pour la différencier de la « cause finale ». Nous évitons l'expression de « cause motrice », qui serait sans doute plus fidèle à l'inspiration aristotélicienne de cette quadripartition, parce que, dans l'usage que nous en faisons, les deux causes, efficiente et finale, sont également motrices.

2. Voir ci-dessus p. 124.

tel et tel événement Y et Z ». Ces événements deviennent prévisibles : la répétition de la forme est alors entendue comme la *cause efficiente* du mouvement musical.

En effet, lorsque cette forme est la mesure, marquée par un temps accentué distinct des autres, cela a deux conséquences : une que nous avons déjà rencontrée[1], ce moteur (imaginaire) interne est alors aussi moteur externe (réel). Nous imaginons que la musique se meut et nous nous mouvons pour de vrai. Nous nous mouvons en même temps que la musique et par elle, parce qu'elle semble se mouvoir en même temps que nous et par nous. Une deuxième conséquence est que ce battement fort paraît être le moteur *interne* à la forme qui entraîne les temps faibles qui le suivent. La répétition de la forme est motrice de la musique ; et en outre la forme semble mue de l'intérieur par le moteur d'un battement dont la *force* propre est comprise comme de nature à entraîner les *faibles*. C'est pourquoi le même effet moteur peut être perçu dans n'importe quelle forme événementielle (figure rythmique), pourvu que la différence entre l'événement antécédent X et les suivants Y, Z, etc., soit *comprise par l'imagination* comme une différence de *puissance* quantifiable, quelle qu'elle soit : ce peut être une différence d'accentuation, d'intensité ou de durée. Nous comprenons le premier comme *entraînant* le second et le troisième, etc. ; et nous comprenons la forme elle-même en sa totalité, dès lors qu'elle se répète, comme cause efficiente de la forme suivante et de toutes celles qui suivent. C'est ce qui se passe dans des musiques dont la mesure ou le rythme sont puissamment marqués. Leur moteur externe (sur nous) est le même que leur moteur interne (en elle).

Mais une musique peut ne pas avoir d'effet moteur sur nous, ou un moteur très faible, tout en nous semblant animée imaginairement par une puissante causalité efficiente interne. Il suffit qu'on entende distinctement la répétition d'une même forme événementielle. Écoutons par exemple le *Deuxième prélude en do mineur* du premier cahier du *Clavier bien tempéré* de Bach ㊲ (Voir analyse du début en Annexe 5.) L'extraordinaire force motrice de ce morceau est seulement due à l'extrême régularité de son moteur interne. Notre écoute projette donc dans le dynamisme musical une loi naturelle que reconnaît notre physique naïve : un moteur minimal, mais absolu-

1. Voir ci-dessus p. 118.

ment régulier, est très peu consommateur d'énergie – ce qui est bien le cas de ce prélude : il est parfaitement isochrone (*toutes* les notes sont égales), il ne varie pas de tempo (sa vitesse est constante), et il se développe, du début à la fin, sur un intervalle de notes extrêmement étroit (il bouge très peu). Mais pourtant quel mouvement irrésistible ! Cette projection spontanée de notre savoir des lois des mouvements naturels sur la musique nous permet de la percevoir comme un mouvement : n'est-ce pas une nouvelle illustration du fait que la musique représente un monde d'événements purs, c'est-à-dire que nous entendons la musique comme représentant la manière même dont les événements réels s'enchaînent autour de nous, selon les lois de la mécanique naïve ? Ce qui est vrai, dans l'exemple précédent, de la seule perception de la mesure (comprise comme la répétition *ad libitum* de la forme événementielle *minimale*) l'est aussi de la répétition d'une forme événementielle plus complexe, par exemple une cellule rythmique. Elle suffit à faire entendre la succession des notes comme une dynamique, selon la même loi : *les mêmes événements sont toujours suivis des mêmes événements*. Parfois une micro-cellule rythmique envahit tout le morceau et suffit à le faire entendre, comme dans le cas précédent, comme un seul et unique mouvement continu et étal : c'est le principe de ce qu'on nomme l'ostinato. Et parfois, l'ostinato rythmique se double d'un ostinato mélodique – c'est le cas du *Boléro* de Ravel ou du très efficace ostinato de la *Sonnerie de Sainte-Geneviève du Mont de Paris* de Marin Marais ㊳. [Écouter le fort réussi remake qu'en a proposé Philippe Hersant, *Variations sur la Sonnerie de Sainte-Geneviève*, trio pour violon, violoncelle et piano ㊴.]

Le plus souvent, cependant, la mise en mouvement de la forme événementielle répond à des mécanismes moins simples. Un exemple plus complexe permet d'entrevoir comment la *raison* induit de véritables lois de succession causale des événements à partir de *formes imaginaires*, à différentes échelles. Ainsi en va-t-il par exemple de *Blue Rondo à la Turk* de Dave Brubeck ㊵. (Voir le début de la partition en Annexe 6.) Là encore la pulsation isochrone est explicite : on n'entend que des notes égales (des croches) du début à la fin. Elles sont toutes jouées par la main droite pendant la majeure partie du morceau et puis alternativement par les deux mains. La force motrice de la musique vient de la répétition d'une forme que l'écoute va progressivement construire et dont la raison inférera une loi inductive. La première mesure est constituée de trois groupes de deux croches suivis d'un groupe de trois croches, et chaque première note de chaque groupe est accentuée. (L'accent est en outre souligné par un accord (une noire) jouée à la main gauche.) On entend : *pim* pam *pim* pam *pim* pam *pim* pom pom (les syllabes en italiques sont accentuées). La première loi (« toutes les fois que se produit *pim*, alors se produit pam ») qui semblait pouvoir être induite de la répétition trois fois de la forme de niveau 1 (la micro-cellule : *pim* pam), est donc rompue par l'irruption d'une nouvelle forme de même niveau (*pim* pom pom) au sein de la même mesure. Le rythme de cet ensemble constitue une forme de niveau 2, ce qui donne donc la cellule complète : *pim* pam *pim* pam *pim* pam *pim* pom pom. Celle-ci est répétée trois fois (ce qui correspond aux trois premières mesures) : il semble qu'on puisse en induire une deuxième loi de niveau 2 : « toutes les fois que se produit *pim* pam *pim* pam *pim* pam, se produit *pim* pom pom ». Cependant cette loi est rompue à la quatrième mesure, composée, elle, de trois groupes (qui sont donc de nouvelles formes de niveau 1) de trois croches accentuées sur la première (soit *pim* pom pom *pim* pom pom *pim* pom pom) : cette mesure constitue donc une nouvelle forme de niveau 2. De là une troisième loi de niveau 3, portant sur la répétition d'une nouvelle forme, plus englobante : « toutes les fois que se produit *pim* pam *pim* pam *pim* pam *pim* pom pom trois fois, *pim* pom pom se produit aussi trois fois ». Et en effet, cette forme d'échelle 3 se reproduit 17 fois (donc pendant 88 mesures), avec quelques rares variantes, avant une brève coda et une reprise. On entend ainsi une dynamique qui, dès lors qu'elle est intellectivement comprise, c'est-à-dire dès lors que l'imagination en a saisi la loi rationnelle, est d'autant plus plaisante qu'elle est complexe.

Néanmoins, la construction de lois à partir de la seule événementialité des notes, n'est pas le seul moteur perceptible de la musique. Les hauteurs elles aussi possèdent une puissance causale, et d'abord selon la même loi : la *répétition d'une forme.* Il s'agit dans ce cas d'une « forme qualitative », qui réunit des événements sonores selon leur hauteur. Car toute répétition d'une forme, même imaginaire, la rend prévisible par induction empirique. Là aussi, une forme quelconque peut être imaginée à partir de formes plus élémentaires, c'est-à-dire d'échelle inférieure, elles-mêmes construites imaginairement à partir de formes plus élémentaires, etc. Ainsi, dans le *Premier prélude en do majeur* du *Clavier bien tempéré* de Bach ❹❶, il y a incontestablement deux moteurs internes (voir Annexe 7). Il y a d'une part celui de l'événementialité : pulsation isochrone (toutes les notes sont égales) et accentuation des temps forts, une note sur huit (moteur propre à la mesure) ; d'autre part, sur le plan qualitatif, on entend la répétition d'une forme, entièrement prévisible, celle d'un même contour mélodique. (Rappelons qu'on nomme « contour » le rapport de montée ou de descente entre les notes successives d'une mélodie indépendamment de la mesure des intervalles qui les sépare). Or, du début à la fin du morceau, on entend cette même forme A-B-C-D-E-C-D-E sachant que l'ordre de A à E est l'ordre du grave à l'aigu. Et chaque réalisation de cette forme selon de nouveaux intervalles est répétée à l'identique deux fois.

La répétition d'une forme (mélodique, harmonique ou de contour[1]) n'est pas la seule cause efficiente interne à la dynamique musicale. Il y a, dans le monde imaginaire de la musique, une autre manière d'entendre une succession sonore comme un mouvement parce qu'il y a, dans le monde réel, une autre manière de comprendre un événement quelconque comme l'effet de ceux qui le précèdent. C'est ce qu'on peut appeler, selon l'appellation que lui donne la psychologie de la forme, la « loi de la bonne continuation » pour la distinguer de la « loi de la répétition ». Ainsi, quand nous entendons la suite de nombres 1, 2, 3, 4, 5, nous attendons le nombre 6 ; ou plutôt nous comprenons 6 comme la suite naturelle des nombres précédents, non plus selon la loi de la répétition d'une forme, mais selon la loi de la récurrence « + 1 ». De même, après *do-ré-mi-fa-sol*, on attend *la*, qui est la suite naturelle de la gamme diatonique montante ; symétriquement, après *do-si-la-sol-fa*, on attend *mi*. Après *do-do♯-ré-ré♯-mi*, on attend *fa*, qui est la bonne continuation de la gamme chromatique. Cette loi n'est pas sans rapport avec la loi de la répétition.

La loi de la répétition est la suivante : une forme répétée est comprise comme cause de l'advenue des formes suivantes. Il y a là comme la projection dans le monde imaginaire des événements purs d'une

1. Préserver le contour est un des principes souvent employés dans les variations classiques. C'est une façon de conserver une forme que par ailleurs on déforme, mélodiquement ou harmoniquement.

loi que la raison applique à la nature, dans le monde physique des événements réels : les mêmes causes produisent les mêmes effets[1]. La loi de la bonne continuation est la suivante : une succession ordonnée d'événements (par exemple selon la règle de récurrence « +1 ») est comprise comme une forme inachevée et indéfinie dans laquelle les événements doivent continuer d'advenir de la même manière. Cette fois, ce n'est plus la répétition d'une forme qui est causale, mais c'est, inversement, l'ébauche d'un mouvement qui en fait une forme *potentielle* à achever *en acte*. Il y a là comme la projection dans le monde imaginaire des événements purs d'une loi que la raison applique au *vivant* : le développement dynamique d'une forme en puissance, comme on pense le développement du poussin au poulet. Tout se passe comme si la raison retrouvait dans le monde des événements que lui présente l'imagination les deux types de causalité efficiente que la raison applique à la nature : d'un côté la succession réglée des événements naturels (physique), d'un autre côté le développement ordonné des êtres vivants (biologique). *Cette compréhension rationnelle du monde imaginaire est au fondement de l'émotion musicale.*

La loi de la bonne continuation (autrement dit la loi du déploiement organique d'une forme potentielle) peut à son tour s'entendre mélodiquement ou harmoniquement. Car, dans le système tonal du moins, une suite de notes *attendues* peut être soit harmonique soit mélodique. Dans les deux cas, la compréhension dynamique d'une continuation est inversement proportionnelle à la distance cognitive entre les notes, non à leur proximité psychophysique mesurée au nombre de vibrations par seconde. Cette distance peut être évaluée soit mélodiquement, soit harmoniquement[2].

Ce qui est plus proche *mélodiquement*, c'est ce qui est situé à un degré moins éloigné dans la gamme sous-jacente, par exemple un degré au-dessus ou un degré en dessous : ainsi, en *do* majeur, après un *do*, les notes mélodiquement les plus proches sont *ré* ou *si*, qui sont plus probables mélodiquement que toutes les autres notes de la gamme lesquelles, à leur tour, sont plus probables que toutes

1. C'est en effet un des rares cas où cette formulation du principe de causalité s'applique à la causalité interne à la musique (*contra* ci-dessus p. 69).

2. Nous reprenons la distinction de ces deux concepts (proximité-éloignement mélodique *vs* proximité-éloignement harmonique) avec ses conséquences (notamment celle d'« espace tonal ») à Ray Jackendoff et Fred Lerdahl dans « The Capacity for Music : What is it, and what's special about it ? », art. cit., p. 33-72.

celles qui n'appartiennent pas à la gamme, y compris *ré*♭♭ ou *do*♯ qui sont pourtant plus proches du point de vue psychophysique. Les *sons* de *ré*♭♭ et de *do* sont plus proches parce que leurs fréquences sonores sont moins éloignées, mais les *notes ré* et *do* sont plus proches parce que tout chanteur, tout auditeur ou tout musicien conserve en son esprit le mode (ou la gamme, ici diatonique) du morceau qu'il chante, entend, ou joue. Et après *do-ré*, *mi* est mélodiquement plus probable que toutes les autres notes de la gamme, ce qui ne signifie évidemment pas qu'il y aura bien un *mi*, mais que le *mi* sera entendu comme causé par le moteur *do-ré*. Cette loi de proximité mélodique s'applique donc d'une façon *propre* à chaque monde musical ; la proximité entre degrés dépend en effet du mode sous-jacent : ainsi, les deux mêmes notes (*ré*♯, *fa*♯) peuvent être des degrés conjoints dans une gamme pentatonique et des degrés disjoints dans une gamme diatonique. Cependant cette loi est vérifiée dans *tout* monde musical. Cette universalité s'explique d'abord par le fait que la mélodie, c'est par définition *ce qui se chante* ; or, quelle que soit l'échelle, il est plus facile de chanter par degrés conjoints que par degrés disjoints, comme l'attestent la plupart des airs enfantins. En outre, du point de vue de la *compréhension* de la musique par les auditeurs, il y a une loi cognitive universelle : une note éloignée en hauteur des notes qui la précèdent ou qui la suivent est entendue comme « isolée » de celles-ci, ou connectée selon une relation de causalité efficiente à d'autres notes plus éloignées dans le temps, mais de hauteur conjointe ou identique. C'est comme si on entendait deux lignes de chant parallèles, au lieu d'une seule alors même que toutes les notes se suivent à intervalles de temps égaux. Ce phénomène est propre à la compréhension dynamique de la musique et peut servir de preuve supplémentaire, s'il en était besoin, contre Husserl ou Bergson[1], du fait que la perception d'une mélodie ne se réduit pas à celle de l'unité d'une série de notes *qui se suivent dans le temps*, autrement dit à la saisie de la continuité du successif. En effet, des notes qui se suivent peuvent être entendues soit comme dénuées de toute relation causale (on n'entend rien de musical), ou comme constituant un motif ou une ligne de chant (on entend une mélodie), ou comme constituant *deux* lignes parallèles. Réciproquement on peut entendre *une* seule mélodie dans une série de notes nullement consécutives. Ainsi, les

1. Voir ci-dessus p. 173.

notes de degrés conjoints sont entendues comme liées causalement et les notes de degrés éloignés peuvent être entendues comme relevant de séries causales indépendantes. Sous le nom de « fission mélodique[1] », ce phénomène a été étudié par les psychologues de la musique et il est souvent utilisé par les compositeurs classiques. C'est un procédé d'écriture banal pour la harpe, et courant dans les partitions romantiques pour le piano, par exemple dans les passages arpégés où la note aiguë seule, parfois la basse, fait entendre la mélodie. [Écouter le *Frühlingsrauschen* (« Gazouillement du printemps ») pour piano (*op. 32 n° 3*) de Christian Sinding ㊷.] Dans la *Troisième étude en mi majeur op. 10* de Chopin ㊸, dont la mélodie obsédait Lévi-Strauss sur le plateau du Mato-Grosso occidental[2], la main droite du pianiste joue à la fois la mélodie sur les notes aiguës (alternant croches, doubles croches, croches pointées et noires) et son accompagnement en doubles croches. Dans l'*Étude n° 1 en la bémol majeur op. 25*, entièrement en doubles croches aux deux mains, la ligne de chant n'est donnée que par une note sur sept, la note la plus aiguë, etc. Ce qui compte, ici et dans de multiples autres exemples, ce n'est pas la proximité temporelle, c'est la proximité de hauteur : c'est elle qui est causale du mouvement. Plus les notes successives appartiennent à des degrés conjoints, plus les précédentes sont entendues comme causes efficientes (mélodiques) des suivantes.

En revanche, le sentiment de proximité *harmonique* ne dépend pas de la proximité entre les degrés à l'intérieur de la gamme utilisée parce qu'il est universellement vrai, par exemple, qu'un intervalle de quinte (de *do* à *sol*) est entendu comme *harmoniquement* plus consonant qu'un intervalle de quarte augmentée (de *do* à *fa*♯). En réalité, la proximité harmonique dépend dans chaque mode de la *hiérarchie* entre ses degrés. Ainsi, dans les tons majeurs, ce sentiment de proximité est d'autant plus puissant que les degrés dits « forts » (notamment premier et cinquième, et secondairement troisième, soit les trois degrés de l'accord parfait) tendent à coïncider avec les harmo-

1. Voir Dane Harwood, « Universals in Music : A Perspective from Cognitive Psychology », *Ethnomusicology*, vol. 20, n° 3, septembre 1976, p. 521-533. Ce phénomène est assimilé à ce qu'on appelle le « seuil de trille » (« *trill threshold* »), c'est-à-dire l'écart maximal où deux notes conjointes, alternativement répétées et jouées très rapidement, sont entendues comme un ornement de la note de base : cet intervalle est universellement évalué à trois demi-tons.

2. Voir Claude Lévi-Strauss, *Tristes Tropiques*, Plon, 1955, p. 435.

niques naturels du son[1]. Ce qui est le plus proche harmoniquement de la tonique (par exemple, en *do* majeur, de *do*), et donc le plus attendu dans une suite de sons, ce sont les notes qui sont le plus consonantes verticalement avec elle. Ce sont aussi les degrés de la tonalité majeure qui sont harmoniquement les plus « stables », c'est-à-dire ceux qui sont séparés de la tonique par un intervalle dont le rapport de fréquence avec elle est exprimé par une fraction dont le dénominateur est le plus bas. La stabilité harmonique obéit donc à l'ordre suivant : l'octave est le plus stable, et le rapport de fréquence de do_3 à do_4 est le plus simple : 2/1 ; puis vient la quinte juste, intervalle de *do* à *sol* (rapport : 3/2) ; puis la quarte juste, intervalle de *do* à *fa* (4/3), la tierce majeure, intervalle de *do* à *mi* (5/4), etc. On notera que le ton (ou seconde majeure, intervalle entre *do* et *ré*) a un rapport de fréquence de 9/8 et est donc entendu comme un intervalle harmoniquement assez éloigné. Ainsi *sol* est plus proche *harmoniquement* de *do* que *ré*, qui en est plus proche *mélodiquement*. Notons cependant que, dans une suite de notes, une hauteur n'est pas seulement entendue en relation avec la tonique (sa cause matérielle) mais aussi en relation avec les hauteurs stables du mode : ainsi *fa* est, en *do* majeur, non seulement entendu comme quatrième degré au-dessus de la tonique, mais comme un degré en dessous de *sol* (dominante) ou un degré au-dessus de *mi*, etc. Et *ré*♯ est entendu en relation avec *ré* et *mi*, qui sont plus stables[2].

Ainsi, une seule et même loi, la loi de la bonne continuation, par laquelle on entend les hauteurs des notes comme causées par celles qui précèdent, a deux réalisations empiriques distinctes : mélodique ou harmonique. Leur combinaison permet la variation à l'infini des

1. Selon Fred Lerdhal et Ray Jackendoff (« The Capacity for Music : what is it, and what's special about it ? », art. cit.), cette convergence entre facteurs sensibles (psychophysiques) de consonance et facteurs syntaxiques (musicaux, cognitifs) est favorisée par la musique tonale occidentale malgré quelques exceptions : le quatrième degré de la gamme est harmoniquement aussi proche de la tonique (une quinte descendante, par exemple de *do* au *fa* plus grave) que le cinquième (une quinte montante, de *do* au *sol* plus aigu) alors que, selon les règles de la tonalité, la quarte est « entendue » plus dissonante que la quinte ; l'accord parfait majeur et l'accord parfait mineur sont syntaxiquement équivalents, alors même que la tierce mineure n'est nullement dérivable de la série naturelle des harmoniques.

2. Pour une analyse en termes de psychologie cognitive de cet « espace des hauteurs » dans l'univers tonal, voir Fred Lerdhal et Ray Jackendoff, *ibid.*, p. 45 *sq.*

musiques possibles, sans contredire la valeur universelle de cette unique loi, qui n'est autre, une fois de plus, que celle que nous pouvons induire de la relation entre événements dans le monde réel : les causes sont perçues comme motrices de leurs effets les plus proches, selon une continuité temporelle, ou selon toute autre forme de contiguïté. Les deux réalisations musicales possibles, mélodique ou harmonique, de cette loi permettent que toutes les attentes de l'auditeur, en dépit de leur diversité, peuvent sembler comblées : l'imprévu est entendu comme prévisible, et apparaît toujours *rétrospectivement* déterminé par ses causes antécédentes.

Cela s'entend dans la plus simple des comptines. Ainsi, comprendre dynamiquement « Frère Jacques », c'est entendre les quatre causes.

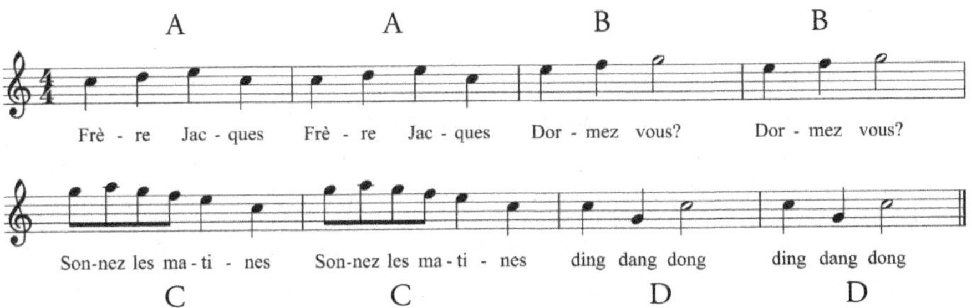

La cause formelle événementielle est la mesure (*un*-deux, *un*-deux), et la cause formelle qualitative, celle des quatre formes A, B, C, D répétées. La cause matérielle événementielle est la pulsation isochrone sous-jacente (la noire), et la cause matérielle qualitative est la tonique *do* : à la fois première et dernière note de la forme A, dernière note de la forme C et note finale longue de D ; on va donc de *do* à *do*. Mais ce qui met en mouvement cette forme dans cette matière, autrement dit la cause efficiente, c'est d'une part la répétition de la mesure (le premier temps, celui où l'on tape des mains, semble à chaque fois entraîner le second) et la répétition de la forme (chaque forme qualitative est répétée) ; mais c'est surtout la loi de la bonne continuation, qui a deux réalisations combinées : selon sa réalisation mélodique, les notes sont presque toutes conjointes à l'exception des notes de l'accord parfait majeur (*do-mi-sol*) : les passages de *mi* à *do* (sur « Ja-cques » ou sur « ti-nes ») obéissent, eux, à la loi de la bonne continuation harmonique (Ier-IIIe-V^e^ degrés), loi d'autant plus clairement exprimée que ces notes tombent toutes sur un temps fort. Au point que, borné aux deux temps forts (1er et 3e) de chaque mesure (correspondant, dans la cause formelle, à chaque retour du premier événement de la loi de la répétition événementielle : *un*-deux), la mélodie entendue est la suivante : *do-mi-do-mi-mi-sol*(blanche)-*mi-sol*(blanche) ; *sol-mi-do-sol-mi-do*(blanche)-*do-do*(blanche)-*do-do*(blanche), autrement dit l'accord parfait majeur (*do-mi-sol*) arpégé.

Il resterait à comprendre un autre aspect de la forme : pourquoi l'arrêt sur les deux blanches, la première fois sur le cinquième degré (*sol*), la deuxième et dernière fois sur la tonique (*do*) ? C'est là le rôle de l'autre cause motrice.

La cause finale

C'est ici en effet qu'intervient le dernier aspect de la compréhension dynamique : la cause finale. Nous entendons bien, dans « Frère Jacques », que le premier arrêt sur le cinquième degré (« Dormez-vous ? » *sol* blanche) n'est qu'un faux arrêt, nous l'entendons comme une suspension, nous le comprenons comme une attente d'une conclusion sur un *do* (tonique). (Et cet effet est renforcé par les paroles, interrogatives : « Dormez-vous ? » On attend la réponse, qui viendra en fait, mais plutôt dans la musique par le retour à la tonique, que dans les paroles.) Autrement dit, nous ne pouvons comprendre *ce* sol *que comme causé par le* do *qui doit venir* : et le « doit » doit être pris au double sens de l'impératif (c'est ce qu'exige logiquement notre compréhension dynamique du processus) et de l'optatif (c'est ce que souhaite émotionnellement notre écoute). Si bien que n'importe quel enfant, pour peu qu'il ait entendu quelques fois « Frère Jacques » ou d'autres comptines du même genre, comprendra non seulement que ce *sol* blanche de la cellule B est causé par le *do* blanche de la cellule D (cause finale), mais que ce même *do* blanche est *aussi* causé (cause efficiente) par les deux notes qui le précèdent (*mi-fa*), et même, selon une cause formelle, par le *do-ré-mi*, de la cellule A, dont la cellule B est la répétition une tierce majeure plus haut. Cela, l'enfant l'entend parfaitement. Et cela le satisfait. Cela lui plaît esthétiquement.

La cause finale, elle aussi, intervient au niveau de l'événementialité et du contenu qualitatif (hauteur). En effet, si nous reprenons l'exemple du *Blue Rondo à la Turk*[1], nous constatons que la note de base, le *fa* (on est en *fa* majeur), qui revient obstinément (ce qui participe de la forme répétitive) et assure la permanence (cause matérielle) en même temps qu'elle joue le rôle de cause finale du morceau, n'est ni la première note, ni la note qui est accentuée ; celle qui attire l'attention de l'auditeur en tombant sur un temps fort, *pim*, c'est le *la*. Le *fa*, lui, tombe systématiquement sur un temps faible (pam : deuxième croche des groupes de deux ou de trois) – du moins dans la mélodie de la main droite. Il y a deux manières d'entendre, et donc de comprendre, ce décalage entre ce que disent les événements (les temps forts) et ce que disent leurs qualités : il crée, au choix, soit un effet d'« attente harmonique », en sorte que la première note de chaque groupe est entendue comme *causée par ce fa* qui le suit et auquel il faut toujours revenir comme à une cause finale ; soit inversement, il crée un effet d'« attente rythmique », le *fa* étant lui-même entendu comme causé par le temps fort qui le suit (syncope). Il y a donc une contradiction entre ce que disent les événements (les temps forts) et ce que disent leurs qualités. Dans les deux cas, il y a attente, et elle est soit événementielle, soit qualitative. On voit donc comment différents niveaux de causalité (efficiente et finale) s'entremêlent dans la compréhension des quelques premières mesures de ce morceau. On comprend surtout ce qui en fait la puissance dynamique. C'est comme s'il avait deux moteurs, un qui poussait la musique et l'autre qui la tirait, les deux dans la même direction irréversible, et à la même vitesse irrépressible et constante du tempo. Mais de ces deux moteurs, lequel est efficient et lequel est final ? Lequel pousse et lequel tire ? Les événements ou leurs qualités ? Le rythme ou les hauteurs ?

La cause finale peut en effet porter sur les hauteurs, lorsqu'il se crée des attentes harmoniques (tension d'un accord dissonant vers l'accord consonant le plus proche, et, si possible, vers l'accord parfait) ou mélodiques (retour à la tonique, si possible par la note sensible, celle qui est un demi-ton en dessous de ladite tonique), ce qui est un des traits les plus constants et les plus systématiques de la musique « classique » tonale.

On peut ici prendre l'exemple le plus significatif, et pourtant paradoxal, de la cause finale : celle de son *absence*. C'est celui de la musique de Wagner, et particulièrement de *Tristan et Isolde*. Le

1. Voir ci-dessus p. 180 et le début de la partition en Annexe 6.

thème de tout l'opéra, ainsi que le fil conducteur de son écriture harmonique, est celui de l'impossibilité d'assouvir la force de l'attraction érotique, et plus généralement l'infinité du désir humain. La musique a donc le devoir d'exprimer une tension permanente qui ne trouve jamais sa résolution. C'est le cas dès les premières mesures du Prélude qui commence par une phrase chromatique descendante suivie d'une phrase chromatique montante dont elle est séparée par le fameux « accord de Tristan », jugé incatégorisable et d'une insupportable tension harmonique (entre autres à cause de l'intervalle de triton *fa-si*), et qui ne va pas plus trouver sa résolution dans l'accord de la mesure suivante que dans toutes les autres. Cette seconde phrase chromatique montante (*sol*♯, *la*, *la*♯, *si*) ne trouve pas elle-même sa résolution mélodique et semble inachevée : elle forme ce qu'on a généralement identifié comme le « motif du désir », qui va de fait se révéler inachevable.

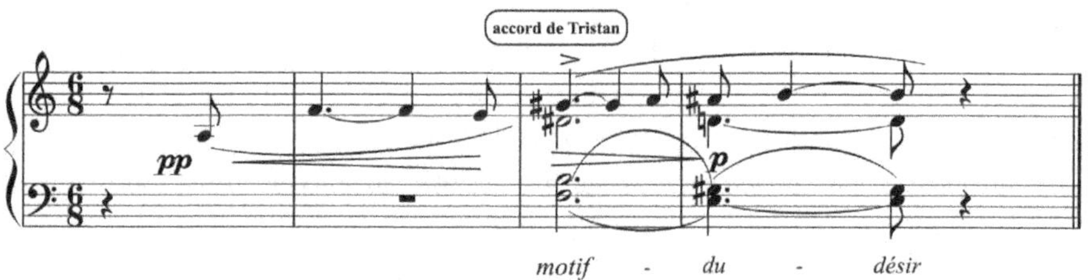

Ce motif revient sans cesse dans l'œuvre dont il constitue un des fils conducteurs. Mais les deux moments les plus intenses, les plus sublimes et douloureux de l'œuvre, sont ceux où ce motif va se reproduire lui-même indéfiniment. À l'extrême fin de l'interminable (trois quarts d'heure) nuit d'amour du deuxième acte, lorsque la passion érotique des amants a traversé tous les climats (excitation, béatitude, euphorie, ivresse, sérénité...) et qu'elle semble pouvoir enfin atteindre son extase, lorsque l'étreinte est à son comble et tend vers son orgasme libérateur, qui est sa cause finale, à la fin du dernier air du duo 44 (« *O ewige Nacht !, Süsse Nacht* », « Ô nuit éternelle, douce nuit ») culminant avec ces paroles répétées quatre fois par les deux amants (« *Höchste Liebeslust !* », « jouissance amoureuse suprême »), l'orchestre reprend pendant 29 mesures le motif du désir inassouvissable, par une très longue série de montées chromatiques de quatre notes, série montant elle-même sans cesse, degré par degré...

Cette série de montées est soutenue par une pédale de dominante (cause matérielle), par des variations rythmiques haletantes alternant cellules simples et pointées, par l'entrée successive et crescendo des violons, du cor anglais, du hautbois, du cor et de la clarinette, qui font monter la tension et l'urgence jusqu'à un niveau insoutenable, et qui n'atteint justement jamais sa fin, puisque l'étreinte extatique est brusquement interrompue par le cri perçant de Brangäne et le surgissement de Kurwenal, dans un immense désordre orchestral souligné par un trait strident de la petite flûte. Toutes les « causes finales » sont là réunies *dans la musique* (mélodique, harmonique, rythmique, intensive, timbrale), à ceci près qu'elles sont *absentes de la musique.* L'immense *puissance motrice de la finalité* qui *tire* la musique s'entend à ses effets mais la cause elle-même n'est jamais présente « en chair et en os », puisque les tensions ne se résolvent jamais, et que la musique dit l'impossibilité même de cette résolution finale. Notons pourtant que, dans l'air final d'Isolde à la fin du troisième acte (le « *Liebestod* », « la mort d'amour »), le même leitmotiv orchestral du désir inassouvissable se fait à nouveau entendre dans toutes ses dimensions, mais cette fois plus apaisé puisqu'il peut se satisfaire dans la mort, qui est la seule manière pour le désir de s'achever *pour de bon.* Tout l'opéra est fondé sur l'immense force d'une cause finale qui s'est à tout jamais absentée de la musique, comme la jouissance de la possession demeure hors d'atteinte du désir humain : la puissance motrice de la musique, et celle de la vie, est due à cette impossibilité même.

On pourrait dire la même chose de la musique de Wagner. Peut-être même pourrait-on le suggérer pour toute l'histoire de l'harmonie classique jusqu'à la date de *Tristan.* Entraînée historiquement, depuis deux siècles, par la multiplication et l'emboîtement de plus en plus complexe des tensions/réalisations dans le discours musical, elle ne pouvait, à force, que se heurter au paradoxe du « chromatisme » qui n'est qu'une longue série de tensions à la recherche perpétuelle de leur assouvissement. Au point qu'il est peut-être possible de dire que la cause finale, qui a été en quelque sorte le moteur *interne* principal de la plupart des musiques tonales, a aussi été le moteur principal de l'histoire de la musique, de Rameau à Wagner. Que ce moteur soit d'autant plus efficient qu'il s'évade de la musique ne saurait être un paradoxe : une musique fondée sur un mouvement interne (créer des tensions pour pouvoir les résoudre) et un moteur externe, l'histoire elle-même (créer sans cesse du nouveau pour se distinguer de son propre passé), ne pouvait que multiplier les tensions jusqu'au point où leurs résolutions s'avèreraient hors d'atteinte. Que cette sublimation de la cause finale dans son absence s'entende dans le chef-d'œuvre qui dit la sublimation du désir dans la mort relève donc plus de la nécessité historique que du paradoxe. Car ce qu'on entend dans *Tristan*, au-delà de son message métaphysique sur l'amour, le désir et la mort, au-delà de son message musicologique sur la force motrice d'une cause finale *in absentia*, c'est aussi son message historique sur la finalité sans fin de la tonalité.

Il y a une façon totalement opposée pour la cause finale d'être absente de la musique. Il suffit d'éviter toutes tensions pour n'avoir jamais à les résoudre. C'est ce qu'on entend par exemple dans nombre de musiques modales traditionnelles. La musique est poussée, jamais tirée. Il en va de même dans le chant grégorien et dans nombre de musiques de la Renaissance qui privilégient la constance dans les hauteurs et une forme arythmique : la musique avance, toujours dans la même direction et à la même vitesse. L'isochronie est claire (cause matérielle) mais l'absence de mesure, donc d'inégalité entre les battements réguliers des événements, souligne le caractère éternel de cet ordre temporel. Chez les contemporains, c'est le cas de Arvo Pärt[1] [écouter par exemple *Stabat Mater*, pour trio vocal et trio à cordes ㊺, ou *Hymn to a Great City*, pour deux pianos] à ceci près que, cette fois, la constance recherchée est plus harmonique que mélodique, mais avec le même évitement de toute tension, qu'elle vienne des événements ou de leurs qualités.

On trouverait un même souci d'éviter toute cause finale (toute opposition tension/détente) dans les musiques psychédéliques [écouter par exemple, de Pink Floyd, l'album *A Saucerful of Secrets*, notamment « Set the Control for the Heart of the Sun » ㊻] ou chez le groupe allemand « new age » (l'appellation est discutée) Tangerine Dream, voire chez des groupes de stoner rock, comme Kyuss, avec leur album *Blues For The Red Sun* [écouter « 800 » ㊼], qui privilégient la constance d'une forme rythmique simple très accentuée, renforcée à la basse, mais recherchent le même effet hypnotique par la répétition d'une même cellule harmonique. Sont-ce des musiques

1. Dans un tout autre genre, on peut signaler la « musique planante » destinée au Spa dont David Arkenstone s'est fait une spécialité.

sans tension ? On peut hésiter à le dire, à cause de l'accentuation rythmique, le tempo souvent extrêmement rapide, et le volume sonore généralement élevé. L'auditeur est sans cesse en tension *physique*, parfois extrême. Mais il est délivré de toute tension *musicale*, autrement dit de toute surprise et par conséquent de toute attente frustrée. On serait donc tenté de dire que ce sont des musiques sans détente plutôt que sans tension, si, au fond, les deux expressions n'étaient pas synonymes, puisque les deux concepts sont corrélatifs. Ce qui est vrai, c'est que, par opposition aux musiques précédentes (chant grégorien, Arvo Pärt), qui visent à l'évanescence du corps par ivresse de l'âme, celles-ci cherchent au contraire l'évanescence de l'âme par ivresse du corps. Mais leur moteur est le même : toujours efficient – traction arrière –, jamais final – traction avant.

Le cas de la musique dite « répétitive », par exemple chez Steve Reich ou Philip Glass, est plus complexe. Par opposition à certaines musiques « atonales » qui prétendaient se dispenser des lois empiriques de la compréhension musicale et privaient ainsi l'auditeur de ses plaisirs ordinaires en l'empêchant de se complaire dans ses émotions, ces compositeurs, appelés aussi « minimalistes », ont au contraire assumé sans complexe de renouer avec ce que nous avons appelé les quatre causes. Mais il ne s'agissait pourtant nullement d'un « retour » à la tradition tonale classique. On peut en effet analyser les principes sous-jacents à ce mouvement musical comme une *inversion* des effets des deux causes statiques (matière et forme), ainsi que des deux causes motrices (cause efficiente et finale). On peut soutenir que la forme, chez eux, joue le rôle de matière tandis que la matière joue le rôle de forme. Et de même la cause efficiente joue le rôle de cause finale. Écoutons par exemple *Music for 18 Musicians* (48) (ou encore *Six Marimbas*) de Steve Reich. Entend-on que quelque chose se répète ? Oui et non. Au contraire de ce qui se passe ordinairement dans la musique classique, ou dans les chansons populaires, il y a assez rarement de répétition à l'identique d'une phrase, d'un thème ou d'un développement formant une unité définie. On croit pourtant entendre que « ça répète ». Mais pourtant non, on n'entend pas *quelque chose* qui se répète, on entend de la *répétition*. Elle semble être la *matière* même du discours. Ce qu'on entend là comme un bourdon, ce n'est pas une note ou une tonique, c'est une *forme* sous-jacente, une cellule à la fois rythmique et mélodique, apparemment aussi constante qu'un son-maître. Mais justement, *elle n'est pas* constante. Car cette forme qui joue le rôle de *matière* en assurant la continuité de l'écoute se transforme tout le temps : en sorte que c'est cette *déformation* même qui joue le rôle de forme, c'est elle qui donne à la musique son unité, d'autant plus paradoxale qu'elle n'est faite que de variations continues. Quels sont donc les moteurs de cette musique qui avance sans cesse et sans cesse du même mouvement ? Certes, il n'y a apparemment pas de cause finale, au sens où il n'y a pas de tension qui se résolve, pas d'attente satisfaite ou insatisfaite. En ce sens, cette musique pourrait continuer *ad libitum* comme de nombreuses musiques modales traditionnelles fondées sur l'absence de besoin et sur le seul désir du Même. Il n'y a donc qu'une cause efficiente. Mais au lieu que, comme dans la musique classique, ce soit la répétition de la forme qui soit efficiente c'est ici, inversement, la transformation permanente de la répétition qui semble motrice. La musique est toujours poussée, jamais tirée. Cependant, comme les modalités de cette transformation semblent indéfinies et toujours imprévisibles, cette poussée permanente, constante, obsédante, a les mêmes effets que ceux de la cause finale dans la musique tonale classique : une sorte de tension ininterrompue qui semble ne jamais pouvoir se résoudre harmoniquement ou mélodiquement et ne s'apaise finalement que dans le silence terminal.

Il y a bien d'autres jeux possibles entre les causes entendues dans la musique. Car ces multiples causes imaginaires semblent parfois se conjuguer, parfois s'opposer. C'est ce qui rend tout événement musical toujours imprévu et rétrospectivement toujours explicable par ses causes. C'est là la source de la richesse infinie de l'invention musicale. Il en va de même dans l'Histoire, telle que les hommes ne cessent de la faire – et aussi de la raconter. Les causes des événements y sont de différents niveaux, à différentes échelles, de différente nature, et tantôt se conjuguent, tantôt s'opposent. C'est ce qui rend tout événement historique toujours imprévu et rétrospectivement toujours explicable par ses causes. C'est là la source de la richesse infinie du devenir historique.

<table>
<tr><th>*explication générale*</th><th>*compréhension particulière*</th><th>*cause*</th><th>*part de l'événement sonore*</th><th>*moyen musical*</th></tr>
<tr><td rowspan="3">expliquer
le changeant
par du
permanent
(causes
statiques)</td><td rowspan="2">comprendre
ce qui, dans
ce qui change,
ne change pas</td><td rowspan="2">matérielle</td><td>événementialité
(rythme)</td><td>pulsation isochrone</td></tr>
<tr><td>qualité sonore
(hauteurs)</td><td>*un son-maître*
– bourdon
– pédale
– tonique</td></tr>
<tr><td>comprendre
dans ce qui
change,
comment
ça change</td><td>formelle</td><td>événementialité
(rythme)

ou

qualité sonore
(hauteurs)</td><td>regroupement
des « bonnes formes ».
formes premières :
– principe de proximité
ou principe de similarité

formes secondes :
– principe de symétrie
ou principe de parallélisme</td></tr>
<tr><td rowspan="4">expliquer
pourquoi
ça change
(causes
motrices)</td><td rowspan="2">expliquer
les événements
présents
par les événe-
ments
passés</td><td rowspan="2">efficiente</td><td>événementialité
(rythme)</td><td>*loi inductive*
de la répétition d'une forme
(mesure ou figure)</td></tr>
<tr><td>qualité sonore
(hauteurs)</td><td>– *loi inductive*
de la répétition d'une forme

– *loi de la bonne*
continuation mélodique
(degrés conjoints) ou
harmonique (hiérarchie
entre degrés)</td></tr>
<tr><td rowspan="2">expliquer
les événements
présents
par les événements
futurs</td><td rowspan="2">finale</td><td>événementialité
(rythme)</td><td>attentes rythmiques
(syncope)</td></tr>
<tr><td>qualité sonore
(hauteurs)</td><td>attentes harmoniques
ou mélodiques</td></tr>
</table>

Les quatre causes (imaginaires)
entendues dans le processus musical

Les ingrédients de l'émotion esthétique en musique

Nous pouvons désormais revenir à l'émotion esthétique. Elle ne se confond ni avec les vibrations ou les transports physiques (chap. 1), ni avec les émois de la remémoration privée (« la chanson de mon premier baiser »), ni avec le plaisir sensitif du timbre ou le plaisir perceptif de l'accord, ni avec ce qui est exprimé par la musique, ni avec aucun des plaisirs extrinsèques qu'elle nous apporte (chap. 2) ; l'émotion esthétique, c'est simplement ce qu'elle nous fait, parfois, quand nous nous contentons de l'*écouter* pour elle-même. Cette émotion semble contingente, imprévisible, subjective, arbitraire, privée. En un mot, rebelle au concept. Il est cependant possible d'en suggérer les conditions et quelques ingrédients, dont l'alchimie varie selon les musiques, selon les individus, et, pour chacun, selon ses humeurs et dispositions du moment.

Et d'abord, il n'y a pas d'émotion musicale sans une *attitude* esthétique. Celle-ci, rappelons-le, a deux faces[1] : une négative, la suspension de toute relation pratique à l'égard des choses et du monde ; une positive, une tension perceptive qui se porte sur la pure apparence, autrement dit les sons. L'esprit est tout écoute. Et que dire alors de l'*émotion* esthétique sinon qu'elle est simplement l'achèvement et pour tout dire la réalisation de cette attitude ? C'est comme si l'attitude esthétique, dans sa tension, était une recherche dont l'émotion esthétique *signait* l'aboutissement. Non que l'attitude esthétique *cherchait* l'émotion. Nullement. L'attitude esthétique cherche dans le sensible la raison du sensible lui-même. Et l'émotion esthétique est le bénéfice secondaire qu'on en retire pour l'avoir trouvée. Il en va comme du plaisir chez Aristote. Ce n'est pas en le cherchant qu'on le trouve. C'est lorsqu'une action est parfaite en son genre, c'est lorsqu'elle réalise « en acte » tout ce vers quoi elle tendait en puissance, son but ou son objet, qu'elle s'accompagne de plaisir. Comme la fleur, c'est-à-dire la beauté, s'ajoute en cadeau au plein épanouissement du corps à l'apogée de la jeunesse[2]. Nous dirons, pour reprendre une expression

1. Voir ci-dessus p. 39.
2. « Le plaisir achève l'acte [...] comme une sorte de fin survenue par surcroît, de même qu'aux hommes dans la force de l'âge vient s'ajouter la fleur de la jeunesse » (Aristote, *Éthique à Nicomaque*, X, 4, 1174 b 31-33).

de Jon Elster, que l'émotion esthétique est un « effet *essentiellement* secondaire » : dans la Fable de La Fontaine, « Le Laboureur et ses enfants », les fils du laboureur ne peuvent trouver le vrai trésor, qui se trouve dans le champ labouré, qu'à condition de ne pas le chercher et de tendre tous leurs efforts vers autre chose[1]. Cette « autre chose » vers quoi l'écoute musicale est tendue, c'est la compréhension de la musique. L'attitude esthétique est la première condition de l'émotion. La seconde condition est la compréhension perceptive : de ce qui s'entend dans la musique et de ce qui la meut. Autrement dit : écoutez et vous comprendrez peut-être ; écoutez et comprenez – et l'émotion vous submergera peut-être, de surcroît.

Dans une de ses fulgurantes allégories, Lévi-Strauss[2] explique qu'il y a deux sortes de société comme il y a deux types de machines. Les machines mécaniques, telles les horloges, utilisent l'énergie fournie au départ et peuvent, si elles sont très bien conçues, fonctionner de façon indéfinie ou presque ; de même, il y a des sociétés « froides » : les sociétés dites « primitives » tendent à se reproduire elles-mêmes indéfiniment avec le minimum d'énergie, c'est-à-dire en minimisant autant que possible les différences et les hiérarchies sociales, en somme les désordres internes ; le minimum de *tension* pour le maximum de *stabilité*. Au contraire, les machines thermodynamiques, comme les machines à vapeur, produisent beaucoup plus d'énergie mais en utilisant une immense différence de potentiel (ou de température) entre leurs parties ; de même nos sociétés modernes sont « chaudes » : elles créent en permanence de la différence sociale et de la hiérarchie et utilisent ce déséquilibre pour en faire de l'évolution, du progrès, de l'innovation permanente. On peut dire de la même façon qu'il y a deux sortes de musique. Les musiques horlogères tendent à la stabilité, à la reproduction d'elles-mêmes et de leur climat propre en minimisant les tensions internes pour n'avoir pas à les apaiser sans cesse. Les musiques thermodynamiques tendent au contraire à créer en permanence des tensions internes et à les apaiser afin d'utiliser cette énergie pour alimenter leur mouvement incessant.

1. Jon Elster, *« Le Laboureur et ses Enfants ». Deux essais sur les limites de la rationalité*, Minuit, 1987.

2. Georges Charbonnier, *Entretiens avec Claude Lévi-Strauss*, UGE, « 10-18 », p. 37-48.

Et l'*émotion* esthétique elle-même est de deux types, comme il y a deux types de plaisir chez Épicure[1] : il y a l'émotion esthétique « en mouvement » et l'émotion esthétique « en repos ». Cela se déduit de notre définition de la musique comme « représentation imaginaire d'un ordre d'événements purs ». À l'écoute de cet ordre, les événements, qui sont épurés de toute objectivité et de toute réalité, suscitent en nous les mêmes émotions que celles que nous ressentirions face aux événements réels que cet ordre représente, mais épurées de toute « intentionnalité » (de tout rapport à une situation vécue), de toute qualité et de tout affect. Or le propre de l'événement, c'est de troubler la paix par laquelle la vie se perpétue et dans laquelle le vivant se complaît. C'est aussi, corrélativement, de pouvoir susciter en l'être vivant le désir et donc la frustration. Il y a par conséquent deux grands types de représentation de cet ordre imaginaire : un ordre perpétuellement immuable ou un ordre en incessant mouvement. Il y a, corrélativement, deux manières de « traiter » le désir humain, de le soigner si l'on préfère : le prendre à la racine, l'empêcher de naître, et garantir par son absence l'absence de toute frustration ; ou au contraire, le susciter autant de fois que nécessaire pour le satisfaire aussi souvent que possible. De là deux types de plaisirs ou d'émotions que nous pouvons ressentir à contempler auditivement cet ordre imaginaire.

Il y a une émotion esthétique qui est comme le « plaisir en repos » épicurien : celui-ci consiste à ne sentir ni faim ni soif, ni besoin ni manque, ni désir ni crainte, de sentir son corps et son esprit en harmonie l'un avec l'autre, d'avoir ainsi conscience de sa propre constitution organique comme si elle pouvait se perpétuer dans cet état – raison pour laquelle Épicure parle de plaisir « constitutif ». C'est aussi l'émotion que l'on éprouve lorsqu'on se sent en harmonie avec le monde, qu'il soit réel ou imaginaire – comme dans la musique –, auquel on ne demande rien puisque d'une certaine manière il vous donne tout. Dans cet état, on n'attend du monde que le plaisir de le contempler, de se fondre en lui, à condition qu'il demeure lui aussi perpétuellement dans son

1. Selon Épicure, « l'absence de trouble et l'absence de douleur sont des plaisirs en repos [ou constitutifs], au contraire la joie et de la gaieté sont regardées, par leur activité, comme des plaisirs en mouvement » (Diogène Laërce, *Vies*, X, 136).

état. Ce monde imaginaire, c'est celui créé par certaines musiques modales, orientales, indiennes, arabes, voire quelques musiques médiévales, comme le chant grégorien – pour lequel le monde imaginaire dont il s'agit est aussi l'« autre monde » – voire quelques musiques « planantes » ou mystiques, jusqu'à celles d'Arvo Pärt. Après y avoir préparé l'esprit, elles installent un climat une fois pour toutes et s'y tiennent, en évitant toute tension, tout écart, toute attente harmonique ou rythmique, toute événementialité marquée. C'est pourquoi ces musiques peuvent être entièrement comprises par le jeu des deux causes statiques, la cause matérielle et la cause formelle, qui ramènent toujours le changeant au permanent. La matière et la forme en sont les moteurs immobiles. Leur mouvement tend à l'immobilité. Il l'imite. Il obéit, soit aux lois de la répétition (cause matérielle ou formelle), soit, parfois, aux lois de la bonne continuation mélodique, les variations de hauteur ou de rythme, lorsqu'il y en a, se faisant par degrés conjoints. La cause finale, qui suppose la résolution des tensions, est évitée. Ce qui est privilégié, c'est la forme, une « bonne forme », qu'on s'efforce de maintenir autant que possible, en la répétant simplement ou parfois en en explorant les possibilités. Dans nombre de ces musiques, par exemple dans les ragas, on entend la permanence d'une cause matérielle, laquelle réfère à ce qui ne change pas dans ce qui change : un bourdon sert de base harmonique immuable, joué au *tânpûra* en corde à vide, ou parfois par un instrument polyphonique qui assure lui-même son propre bourdon. Le soliste, quant à lui, explore un seul et même mode, qui est en quelque sorte la forme qui se détache du fond, ou encore la cause formelle qui assure les variations minimales de la cause matérielle invariable. Cette cause permet de comprendre, dans ce qui *apparemment* change – parce que, en réalité, c'est-à-dire dans le « vrai monde » dont la musique se veut l'image, tout est immuable –, *comment* ça change, tout en revenant toujours au même – puisque, dans le monde apparent qui nous environne, l'impermanence passe pour être la cause principale de notre insatisfaction. L'émotion « en repos » l'est donc en trois sens : un repos du corps, un repos de l'esprit comblé, un repos entendu dans l'invariance matérielle et formelle de la musique.

Au contraire, la plupart des musiques occidentales, et aussi africaines (contrairement à l'idée reçue), qu'elles soient tonales ou modales, savantes ou populaires, classiques ou jazz, qu'elles visent ou non l'émotion physique *du* mouvement (les transports, la danse), visent l'émotion esthétique *en* mouvement – c'est-à-dire le plaisir suscité par le mouvement même de la musique et sa compréhension. C'est à ces musiques que s'appliquent donc les *quatre* causes de la compréhension dynamique qui sont celles du mouvement *dans* la musique, du mouvement *qu'est* la musique. C'est plutôt à ces musiques, la plupart de celles que nous connaissons, que convient notre définition plus complète de la musique : « ordre d'événements purs liés *par une relation de causalité* » – si l'on n'entend par causalité que les causes motrices : efficiente ou finale.

Dans toutes ces musiques, le rôle de la cause matérielle n'est plus seulement de servir de fond permanent, mais de point de repère d'où émane la tension et vers quoi tend l'apaisement : éloignement tout provisoire de la pulsation isochrone par accentuation d'un temps et retour immédiatement apaisant à la régularité par la périodicité de la mesure ou par celle du rythme ; éloignement mélodique de la tonique et retour apaisant à la tonique, par la note sensible. On entend l'identité de la matière derrière les tensions provoquées par l'irrégularité de la forme. On s'éloigne harmoniquement de la tonalité principale par modulation, et puis on s'en va vers une autre, et une autre est toujours possible avant le retour à la tonalité par une cadence, etc. De là le rôle déterminant des causes motrices. En effet, l'invention de la tonalité dite « fonctionnelle », qui, depuis le XVIIe siècle au moins, attribue des fonctions spécifiques aux différents degrés et aux différents accords dans le discours musical, avait pour objectif, ou du moins a eu pour résultat, de codifier sa dynamique indéfinie dans la syntaxe. Toute l'énergie créatrice de la musique semble provenir de cette « différence de potentiel », comme dit Lévi-Strauss, produite par les tensions rythmiques, mélodiques ou harmoniques, et par les détentes qu'elles viennent successivement apaiser. Plaisir de la mélodie : une ligne qui tend à s'achever vers le point d'où elle est partie et qui joue à en retarder l'advenue. Plaisir de l'harmonie : ces légères dissonances qui tendent à se résoudre dans la consonance. Plaisir de la variation : entendre une forme dans une autre forme, jouir de la reconnaissance de l'identité dans la différence et de la connaissance de la différence par l'identité. Plaisir du rythme : apaiser la tension née de l'imprévisibilité de la cellule par sa répétition. Plaisir de la syncope : déjouer l'attente du temps fort. De là surtout, notamment dès l'invention de la gamme tempérée, les possibilités infinies de la modulation permanente, c'est-à-dire la liberté de changer sans cesse de *climat* – jusqu'au bord fatal du chromatisme wagnérien. Telle est la structure d'un désir toujours en demande de satisfaction, ou plutôt telle est la structure du plaisir, toujours en demande d'un nouveau désir pour pouvoir s'assouvir.

Telle est la structure des musiques « occidentales » – comme celle des polyrythmies africaines. Chaque mouvement qui mène de la tension à la détente, est emboîté dans une autre opposition tension-détente, et celle-ci dans une autre, etc., en sorte que l'on attend, dans les phrases ou les mouvements complexes, des apaisements de tensions mélodiques, harmoniques ou rythmiques sans cesse différés mais localement, voire sous-localement, sous-tendus par d'autres réalisations de tension. L'émotion musicale, quelle qu'elle soit, est faite de la perception accumulée de toutes ces tensions qui sont objectivement dans la musique[1]. C'est bien ce que, à sa manière Lévi-Strauss indiquait :

> L'émotion musicale provient précisément de ce qu'à chaque instant, le compositeur retire ou ajoute plus ou moins que l'auditeur ne prévoit sur la foi d'un projet qu'il croit deviner, mais qu'il est incapable de percer véritablement (...). Le plaisir esthétique est fait de cette multitude d'émois et de répits, attentes trompées et récompensées au delà de l'attente, résultat des défis portés par l'œuvre ; et du sentiment contradictoire qu'elle donne que les épreuves auxquelles elle nous soumet sont insurmontables, alors même qu'elle s'apprête à nous procurer les moyens merveilleusement imprévus qui permettront d'en triompher[2].

1. Nous rejoignons sur ce point la thèse centrale, soutenue jadis par Leonard B. Meyer dans son œuvre pionnière, *Emotion and Meaning in Music*, University of Chicago Press, 1956, inspirée par les théories de la psychologie de la forme et par les pragmatistes Charles Sanders Peirce et John Dewey. Son principe est cette loi de l'affect : « une émotion est éveillée quand une tendance à répondre à une situation est inhibée » (p. 22). En sorte que « la musique suscite des attentes, certaines conscientes, d'autres inconscientes, qui peuvent ou peuvent ne pas être directement et immédiatement satisfaites » (p. 25). Ainsi « plus grande est la montée de l'incertitude [*suspense*], de la tension, plus grande est la libération émotionnelle qui tend à sa résolution » (p. 28) (nous traduisons).

2. Claude Lévi-Strauss, *Le Cru et le Cuit*, *op. cit.*, p. 25.

Car ce jeu de tensions et de détentes, qu'est-il en vérité, sinon le jeu nécessaire et libre des quatre causes entre elles qui produisent sur nous cet effet de l'*imprévu prévisible*, en quoi consiste toute l'émotion musicale ? On l'a dit : une musique dont le déroulement nous paraît totalement imprévisible nous demeure opaque[1]. Et elle ne nous cause aucun plaisir, lequel suppose une part de prévisibilité du discours qui nous le rende compréhensible. De la surprise, oui, forcément. De l'intérêt peut-être. (« Comme c'est intéressant ! » dit-on à l'écoute d'une œuvre qui nous demeure décidément inintelligible – mi-sincère parce qu'on éprouve une vraie curiosité intellectuelle pour la nouveauté, mi-hypocrite parce qu'on dissimule ainsi sa perplexité ou son détachement émotionnel.) En d'autres termes : aucune musique n'est totalement imprévisible – sous peine de n'être plus qu'une suite de sons. Inversement, une musique dont le déroulement nous semble totalement prévisible ne nous cause aucun plaisir. On la comprend, certes. Mais trop bien. (« Frère Jacques, frère Jacques… », cela ne nous plaît plus depuis longtemps : il ne se passe plus rien.) C'est comme un importun qu'on ne veut plus écouter : on sait d'avance ce qu'il va nous dire. Trop de compréhensibilité nuit à la compréhension. Et à l'émotion.

De cet équilibre précaire, variable pour chacun et variant avec chaque musique, entre un trop d'opacité où la musique se perd et un excès de transparence qui nous la rend insignifiante, témoigne l'usage ni excessif ni parcimonieux que chacun peut faire des musiques qu'il affectionne. Il y a celles qu'on aime tellement qu'on se plaît à les réécouter sans cesse. La répétition, loin d'émousser le plaisir, le renforce. C'est comme s'il y avait toujours quelque chose à découvrir en elles et qu'aucune écoute ne nous avait encore permis d'entendre. On a beau croire savoir, à chaque instant, ce qui va s'y passer, l'étonnement n'est pas encore éteint : elles recèlent encore des nouveautés. Le plaisir musical est d'autant plus profond que la compréhension de la musique semble inépuisable. (On peut ainsi distinguer les chefs-d'œuvre des musiques agréables : ceux-ci résistent à la répétition *ad libitum*. Ou presque.)

Car il arrive qu'on l'ait trop entendue, cette musique chérie. Elle est comme usée. Elle semble radoter. Nous la comprenons si bien qu'elle semble n'avoir plus rien à nous apprendre. L'imprévisibilité

1. Voir ci-dessus p. 103.

maîtrisée de ses événements entremêlés s'est retournée en son contraire : elle est devenue mécanique. Nous en connaissons les ruses, les attentes contrariées, les fausses symétries. Les surprises n'en sont plus. La musique est vieille. Il faut alors la laisser reposer quelque temps, des semaines, des mois ou des années, selon les cas. Elle doit se faire oublier. Un beau jour, on la réentend, par hasard sans l'avoir cherché. Ou l'on s'autorise à en écouter une interprétation inconnue – si c'est une œuvre du répertoire – ou une prise en *live* s'il s'agit d'un standard. Quel plaisir de la retrouver alors, comme à l'avant-dernier jour, plus jeune et plus plaisante qu'on ne l'y avait laissée !

(Pendant quelques mois de mon adolescence, je me mis à écouter sans cesse un disque du Don Giovanni *de Mozart (Joseph Krips, Wiener Philharmoniker, Cesare Ciepi, Suzanne Danco, Lisa della Casa, Fernando Corena, Anton Dermota, Hilde Gueden, Walter Berry). Cette addiction finit par m'effrayer : ne risquais-je pas d'en être bientôt lassé, et de finir par rejeter cette musique que je croyais mienne pour toujours, comme Don Giovanni se débarrasse de ses amantes aussitôt que possédées ? Je pris alors une décision : je n'écouterais plus jamais ce disque afin de conserver intact mon amour de l'œuvre pour les vrais rendez-vous, ceux en direct, à l'Opéra. Je me suis presque toujours tenu à cette diète. Ma tempérance a payé : mon plaisir est à chaque fois intact.)*

Aucune musique n'est totalement prévisible ni imprévisible. Mais l'émotion infiniment variable pour chacun d'entre nous obéit à une loi constante : une musique nous émeut d'autant plus que, dans son déroulement, chacun de ses événements nous semble le plus *imprévu* possible quand il advient et le plus rétrospectivement *prévisible* dès qu'il est advenu. Moins d'imprévu au présent signifie qu'on entend dans la musique quelque chose de mécanique, elle nous semble dénuée d'inventivité, de sa capacité à nous surprendre, l'émotion baisse ; moins de prévisibilité rétrospective signifie qu'on entend dans la musique moins de nécessité interne et que son déroulement nous semble moins clairement dû à ses causes antécédentes, l'émotion baisse. Mais selon la sensibilité ou les humeurs du moment, selon ses habitudes ou son éducation musicale, on privilégiera le prévisible au présent, un peu plus mécanique, ou l'imprévisible au passé, un peu plus complexe.

Ce n'est qu'une autre manière de dire une autre loi de l'émotion, celle de l'entrelacs libre des quatre causes. Plus nous percevons que s'entrelacent diachroniquement et s'emboîtent synchroniquement le plus grand nombre de causes *diverses* dans l'*unité* du discours, on dirait même dans la *simplicité* du mouvement musical, plus notre émotion croît. Mais là encore, tout dépend de ce sur quoi porte le poids : plus d'unité ou plus de diversité. Pour certains, selon leur sensibilité ou leur humeur du moment, l'émotion esthétique pourra être éveillée par ces musiques qui privilégient la diversité, le foisonnement des causes entrelacées, donc la multiplicité des tensions et des détentes entremêlées, qu'elles soient mélodiques, harmoniques ou rythmiques, dès lors qu'ils parviennent à les comprendre toutes dans leur unité. Ils écouteront Bach, Wagner, Debussy, Coltrane, etc. ; pour d'autres, ou les mêmes à d'autres moments, l'émotion esthétique sera éveillée par la grande simplicité du discours dès lors qu'ils y entendent l'extrême richesse des causes qui l'irriguent : ceux-là, ce jour-là, écouteront Mozart, Schubert, Miles Davis, Bill Evans, etc.

Et ces deux lois équivalentes dérivent d'une même source. L'émotion *physique*, dans ce qu'elle a de proprement musical, est sentie par le corps informé par la raison, disions-nous. L'émotion *esthétique* est analogue, à ceci près qu'elle est perçue par l'*imagination* éclairée par la raison. Pour la ressentir, il faut sortir de la caverne, c'est-à-dire entrer par l'imagination dans le monde de la musique. Cette émotion se confond alors avec le plaisir de la compréhension, qui est le fruit de la « raison imaginante » : c'est par l'accord de l'imagination et de la raison que nous comprenons esthétiquement la musique. Car les rapports de succession sonores, vides de tout contenu événementiel réel, sont appréhendés par l'imagination, mais ils sont compris par la raison comme des rapports de *causalité* : et cette collaboration entre l'imagination qui perçoit la dynamique des événements et la raison qui cherche des rapports de causalité pour les comprendre, fait qu'il y a pour nous de la musique et qu'elle peut nous toucher. Cette collaboration nous permet de reconnaître quelque chose comme notre ordre rationnel *a priori* dans cette pure succession sonore offerte à l'imagination.

Le reste est une question de sensibilité : un peu de nature, un peu de culture.

Voici donc ce que nous pourrions expliquer à nos anthropologues martiens : « Vous êtes des créatures raisonnables. Vous êtes aussi, comme nous, des êtres d'imagination. Peut-être vous manque-t-il cet accord entre imagination et raison, qui est à la source de toute émotion esthétique. Peut-être votre imagination ne vous sert-elle qu'à reproduire mentalement ce que vous avez une fois perçu au lieu de vous permettre de forger des mondes. Peut-être, lorsque vous entendez des sons qui se suivent, votre raison vous commande-t-elle immédiatement d'en chercher la source (« qu'est-ce qui fait donc ces bruits ? ») et empêche-t-elle votre imagination de s'abandonner à les entendre pour eux-mêmes – comme nous, nous imaginons parfois des formes en regardant les étoiles éparses, la nuit, pour y voir une ourse, un chien ou une balance. Si vous pouviez d'abord laisser votre imagination flotter au gré des sons entendus, tisser des liens entre eux comme nous tissons des lignes entre étoiles, votre raison pourrait peut-être ensuite y saisir des relations de causalité ou des lois qu'elle a induites des événements du monde réel – causes et lois qui vous guident en ce monde. Peut-être votre raison ne se mobilise-t-elle que sur le monde réel et non sur ce monde imaginaire d'événements purs… Car lorsque notre raison reconnaît son œuvre propre, mais désintéressée, ludique, gratuite, dans les fantaisies sonores de notre imagination, c'est alors que nous sommes émus. »

Et la beauté ?

Parfois la musique est belle. Cela ne signifie rien de plus que : « la musique est belle ».

Car le concept de beauté souffre de deux confusions. On confond le *jugement de beauté* avec l'attribution d'une *valeur* absolue à une œuvre d'art ; et on confond la *beauté* d'un objet avec l'*émotion esthétique* qu'il nous apporte. Or les trois termes peuvent être distingués et doivent l'être.

Ils *doivent* l'être sous peine des interminables discussions autour de la *valeur* de telle ou telle œuvre d'art. Comme si la beauté suffisait à en faire la valeur. Ce serait oublier qu'il y a d'autres catégories esthétiques que la beauté, qui tantôt la supposent (la joliesse, c'est la beauté en petit) et qui tantôt l'excluent (le sublime, c'est la démesure, quand la beauté, c'est la mesure). Ce serait surtout oublier que la valeur, même esthétique, d'une œuvre d'art dépend de nombreux autres facteurs : l'adéquation à la fonction propre (représenter, raconter, remémorer, s'évader, se recueillir, s'élever, etc.), la puissance expressive, la vérité, l'authenticité, l'humanité, la connaissance, la moralité, la force politique ou sociale, la nouveauté, l'originalité, etc. Heureusement d'ailleurs, parce qu'on n'aurait guère besoin de l'art s'il s'agissait seulement de satisfaire au besoin de beauté ! Car elle est partout. Il y a des beaux couchers de soleil, de beaux paysages, des belles filles et des beaux garçons, de beaux sourires, de belles démarches, de belles robes, de belles coiffures et de belles couleurs. Et même des beaux sons, des beaux *timbres.* Il y a aussi de belles passes au foot, un beau style en ski, des Prix de beauté au jeu d'échecs et de belles démonstrations en mathématiques. Quoi de plus banal ? Réciproquement la beauté d'une œuvre d'art peut nuire à sa valeur. N'a-t-on pas reproché à tel photographe la beauté de ses clichés supposés témoigner de la misère du monde, par exemple à Sebastião Salgado son reportage sur les « chercheurs d'or » de Serra Pelada ? N'a-t-on pas critiqué tel film (*Le Sacrifice* d'Andreï Tarkovski) parce qu'il sacrifierait la force du récit à la beauté des images ? Ne peut-on être choqué par l'air de ténor du *Stabat Mater* de Rossini, tout en complaisance de *bel canto* sur un rythme pointé, pour des paroles aussi pathétiques : « *Cujus animam gementem* » (« [un glaive transperça] son âme gémissante ») ?

Ces trois concepts (beauté, valeur et émotion) *doivent* être distingués sous peine d'autres interminables discussions pour savoir si la beauté est « objective » (à quoi on objecte d'ordinaire la relativité des goûts) ou « subjective » (à quoi il est facile de répondre que c'est bien à l'objet qu'on attribue la beauté et non à un de ses propres états privés). Or, il est clair que ce qui est « relatif » – *en partie* et moins qu'on ne le dit parfois –, ce qui dépend des sensibilités, des sujets, des cultures, des périodes de l'histoire ou des humeurs du moment, c'est l'émotion esthétique. C'est elle qui, par définition, est éprouvée privément. En outre, lorsqu'on dit d'une œuvre d'art ou d'un morceau de musique qu'ils sont beaux, on ne veut pas nécessairement dire qu'ils nous émeuvent. « Oui, c'est beau. Et alors ? » On peut, sans se contredire, juger qu'une musique est belle sans qu'elle nous émeuve : « Quel ennui ! » Des musiques belles, seulement belles, peuvent nous sembler vaines, sans force et comme dénuées de toute nécessité intérieure, des formes sans fond...

(Par exemple, entre mille, le premier mouvement adagio, de la Sonate pour flûte et clavecin en do majeur op. 1 n° 2, *de Jean-Marie Leclair ou le deuxième mouvement andante de la* Sonate pour violon et piano op. 117 n° 2 *de Gabriel Fauré, ou même,* horresco referens, *la vingtaine de symphonies salzbourgeoises de Mozart composées entre 1771*

et 1774 (à l'exception, peut-être, de la 25e, en sol mineur K. 183*) ; et plus encore de symphonies de Haydn, car, des 106 qu'il a composées, je compte sur les doigts de la main celles qui ne m'ennuient pas. Pourtant je ne peux pas nier, que, drapées dans leur beauté classique, elles soient agréables à entendre, je ne dirais pas à écouter. Ma liste est longue de ces musiques belles, oui, objectivement belles, dont mon écoute décroche invinciblement dès lors qu'elles tentent de retenir mon attention. En jazz ? Eh bien, justement, le beau jazz, le jazz propre et net, me lasse presque immédiatement, par exemple les musiciens « West Coast » comme Shelly Manne, ou même Gerry Mulligan ou Stan Kenton. Indéfendable ? Sans doute. Et tout aussi bien inattaquable.)*

La beauté n'est pas toujours suffisante, en musique comme ailleurs.

Il est vrai pourtant que cette double confusion de la beauté avec la valeur des œuvres ou avec l'émotion qu'elles nous donnent n'est pas sans fondement. La beauté a longtemps été associée aux œuvres d'art comme étant leur valeur suprême, même si, depuis le début du XXe siècle, l'histoire institutionnelle de l'art a cessé d'en faire une valeur déterminante – plutôt d'ailleurs par hostilité envers les plaisirs qui sont communément associés à la beauté qu'envers la beauté elle-même. Telle est la source de l'association ordinaire entre art et beauté. Mais il est une autre raison, plus intrinsèque, et qui ne doit rien à l'histoire. On attend forcément d'une œuvre d'art des propriétés esthétiques, puisque en elle les propriétés sensibles sont *essentielles* – au contraire de la plupart des êtres naturels ou des artefacts dont on doit oublier les propriétés essentielles (la vie, l'existence ou l'utilité) pour en percevoir les propriétés esthétiques. L'association de la *valeur* d'une œuvre, destinée à l'attitude esthétique, avec la catégorie esthétique primordiale, la beauté, n'est donc pas sans raison. Il n'en demeure pas moins que les deux concepts doivent être distingués.

Il en va de même de la confusion de la beauté avec l'émotion esthétique. Il est vrai que, la plupart du temps, dès lors qu'une musique nous émeut, la langue courante nous porte à dire, peut-être simplement parce que les mots nous manquent : « c'est beau ». Pourtant nous ne serions pas toujours prêts à lui attribuer une qualité que nous appellerions en toute rigueur « beauté ».

(Je suis bouleversé par l'un des derniers enregistrements de John Coltrane de « My Favorite Things » dans Live at the Village Vanguard Again ! ㊾*, dans lequel on n'entend que timbres laids et improvisations débridées. Rien de beau. Mais quel saisissement ! Et l'exclamation poi-*

gnante qui ouvre la seguiriya *de Fernando « Terremoto »* [« Siempre por los rincones » ⓹⓪], *je ne dirais pas qu'elle est belle. Et je sais bien que mon émotion à l'écoute de* Different Trains, *de Steve Reich* [écouter la version pour quatuor à cordes et bande magnétique par le Kronos Quartet ⓹①] *est bien musicale, c'est-à-dire esthétique, et n'est pas seulement due au « programme mémoriel*[1] *» de l'œuvre. Mais je ne dirais pas qu'elle est « belle ».)*

La beauté n'est pas toujours nécessaire.

Cet élargissement sémantique qui nous fait juger « beau » ce qui nous touche esthétiquement s'explique lui aussi. La beauté a toutes les raisons de *plaire* aux êtres humains, lesquels, c'est un fait de psychologie élémentaire ou d'ethnologie comparée, préfèrent l'harmonie sensible au désordre, l'équilibre au déséquilibre, la régularité spatiale ou temporelle au chaos, et la mesure à l'excès et au défaut. La satisfaction, le contentement, voire le plaisir sont donc les réactions attendues face à tout objet qui possède ces qualités, indépendamment de ses autres caractéristiques. Là est la source de la confusion. Cette association anthropologiquement et psychologiquement naturelle entre beauté et contentement nous fait confondre cette propriété objective de l'objet avec l'*émotion* esthétique qu'il nous donne – laquelle n'est d'ailleurs nullement une simple satisfaction des sens, puisqu'elle peut aller jusqu'à nous pétrifier ou nous faire éclater en sanglots. Mais, encore une fois, c'est bien une confusion : il y a des cas où l'on est ému esthétiquement par un objet qu'on ne qualifierait pas de beau ; et inversement, il y a des cas où un objet jugé beau nous laisse froid.

Car la beauté est bien objective, le fait même ne supporterait pas discussion sans les deux confusions précédentes – explicables mais néanmoins trompeuses. Deux arguments devraient suffire à l'établir. Un argument empirique. Les désaccords sur ce qui *est* beau (au sens étroit d'une certaine qualité esthétique prêtée à l'objet) sont rares. On peut préférer les paysages de la plaine toscane à ceux des grandes plaines américaines (ou l'inverse) mais nul ne trouvera à redire si on juge l'un ou l'autre « beaux »… alors que l'on s'indignera légitimement de la déclaration provocatrice de qui prétendra beau tel monceau de déchets dans un terrain vague. On peut estimer Ava Gardner plus belle que Marilyn Monroe (ou l'inverse), plus exactement on

1. *Different Trains* évoque, entre autres, les trains qui emportaient les déportés vers les camps de la mort.

peut juger le corps ou le visage de l'une plus plaisant à regarder que celui de l'autre, mais nul n'osera dire d'un corps difforme ou contrefait qu'il est « le plus beau ». On a beau faire l'esprit fort en clamant que la beauté est relative, on hésitera à dire qu'il en va de même de la laideur et on s'accordera à décrire objectivement celle de Quasimodo : verrues, pustules, œil enfoncé, nez démesuré et tordu, bosses, excroissances de toutes sortes, etc. Pourquoi serait-il si difficile de donner les critères de la valeur opposée ?

Le deuxième argument semble d'autorité mais rejoint l'expérience commune. Avant que, dans le courant du XVIIIe siècle, la question du « goût » (et donc de sa relativité) et les enquêtes sur la sensibilité humaine ne prennent le dessus sur l'analyse du concept de beauté, celle-ci ne posait pas de problème. C'était, comme on le dirait aujourd'hui, une qualité « survenant » sur les qualités sensibles[1]. Plus simplement, la beauté est une propriété évaluative dépendant de propriétés objectives, lesquelles en sont indépendantes. Comme l'écrit Wittgenstein : « Et si l'on disait : "imaginez ce papillon exactement tel qu'il est, mais laid et non beau ?"[2] » Ce qui veut dire : si vous ne modifiez pas imaginairement les propriétés sensibles d'un papillon (sa forme ou sa couleur) que vous trouvez beau, vous ne pourrez pas le trouver laid. Votre jugement dépend donc de ces propriétés alors même que vous pouvez décrire complètement celles-ci sans employer le prédicat beau. Mais voilà qui rapporte apparemment de l'eau au moulin de celui qui prétend que la beauté est subjective. Il est en effet possible d'énumérer *entièrement* les propriétés d'un objet dit « beau » sans énoncer celle-ci, et même sans la voir (ou l'entendre). Preuve qu'elle n'est pas une propriété, dira-t-on. En effet, qui n'est pas dans une attitude esthétique ne percevra pas la beauté : cette attitude est une condition nécessaire du jugement. Comment peut-on à la fois soutenir que la beauté est dans la chose même, alors qu'elle ne figure pas au nombre de ses propriétés et qu'elle dépend d'une certaine attitude du sujet ?

1. L'idée que les propriétés esthétiques « surviennent » (c'est-à-dire « dérivent ») de propriétés sensibles qui, elles-mêmes, n'en dépendent pas est souvent défendue aujourd'hui par les partisans du « réalisme esthétique » (en philosophie dite « analytique »). Voir en particulier de Roger Pouivet, *Le Réalisme esthétique*, PUF, 2006, chap. 3 ; et Sébastien Réhault, *La Beauté des choses. Esthétique, métaphysique et éthique*, Presses Universiaitres de Rennes, 2013, chap. 3.

2. Ludwig Wittgenstein, *Fiches*, Gallimard, 1970, p. 57.

La réponse tient en ceci : la beauté est une certaine qualité des qualités sensibles, autrement dit elle est une propriété de second ordre de ces propriétés de premier ordre, qui sont celles de l'objet lui-même. Ces qualités des qualités sensibles ont été depuis toujours définies : c'est le principe d'économie de moyens ou de rendement (« le minimum de causes pour le maximum d'effets sensibles ») ou le principe de perfection (« autant de variété qu'il est possible avec le plus grand ordre qui se puisse[1] »), autrement dit la totalité la plus riche dans l'unité de l'aperception. Ces principes s'appliquent à la combinaison de passes dans une partie de football : minimum de passes et d'efforts de chaque joueur pour le maximum de terrain parcouru et d'adversaires évités se concluant par un but imparable. Ouaah ! Ou la beauté du style d'un skieur : il maintient sa position, maîtrise sa vitesse et sa trajectoire, toujours dans la ligne de plus grande pente par petites courbes égales, et pourtant il ne fait rien, apparemment, à peine un léger déplacement régulier des genoux, toujours droit, le haut du corps immobile, aucune dépense inutile dans les mouvements, seulement des effets voulus et contrôlés. Et les Prix de beauté aux échecs ? Ils obéissent aux mêmes principes rationnels. Un mat (maximum d'effets) imparable (donc aussi nécessaire qu'imprévu) en quatre coups, au moyen d'une simple poussée de pion (simplicité des voies), précédé d'un triple sacrifice d'une dame et de deux tours (minimum de causes) ! Les combinaisons d'Alexandre Alekhine, le plus grand styliste de l'histoire, font encore pleurer d'émotion les amateurs. Ou encore la beauté d'une démonstration mathématique : par exemple la simplissime démonstration euclidienne d'une proposition aussi considérable que l'infinité des nombres premiers à partir de quelques prémisses évidentes[2] (principe d'économie et principe de perfection réunis) : on peut en être bouleversé. On voit le rôle de la rationalité dans le jugement de beau : l'économie, le meilleur rendement, la plus grande unité de la totalité la plus étendue ou la plus riche, ce sont des exigences de la raison. On peut donc dire que

1. Gottfried Wilhelm Leibniz, *Monadologie*, § 58.

2. D'après Euclide, *Éléments*, IX, 20. Soit trois nombres premiers A, B et C. On forme le nouveau nombre D = (A × B × C) + 1. Si D est premier, alors il existe un nombre premier supérieur à A, B, C. Si D n'est pas premier, alors il a un diviseur premier E supérieur à A, B et C. Quoi qu'il en soit, il existe toujours un nombre premier supérieur à des nombres premiers quelconques. Il y en a donc une infinité.

la beauté est une propriété rationnelle appliquée à des propriétés sensibles. Ainsi se résout notre paradoxe : elle est bien dans l'objet, mais non dans ses propriétés de premier ordre qu'on peut objectivement décrire, mais dans ses propriétés de deuxième ordre qui dépendent, pour être *perçues*, d'une attitude esthétique et, pour être *jugées*, de l'usage de la rationalité humaine. La beauté, c'est la rationalité aperçue dans le sensible. Ce n'est pourtant pas une propriété « subjective » et encore moins arbitraire, qui dépendrait des goûts individuels ou de la sensibilité personnelle ou collective. On doit pouvoir s'accorder sur elle.

Tout ceci contribue à jeter une lumière contrastée sur la beauté en musique. Parce que, prise au sens que nous avons défini de « propriété rationnelle de second ordre sur des propriétés sensibles de premier ordre », toute musique est belle ! En effet, la musique suppose la sortie de la caverne : entendre de la musique, c'est cesser d'entendre les sons (les propriétés sensibles des choses), pour entendre leurs propriétés de second ordre ; c'est, à condition d'être dans une attitude esthétique, pouvoir appréhender les quatre causes qui unissent les sons les uns aux autres. D'ailleurs, comme nous l'avons remarqué, c'est par l'accord de l'*imagination* (l'ordre proprement sonore) et de la *raison* (l'ordre causal) que nous comprenons esthétiquement tout discours musical. Donc entendre de la musique comme musique, c'est en quelque sorte percevoir la beauté des sons ou plutôt de la beauté dans les sons. Ce n'est pas un paradoxe. Le simple timbre d'un instrument ou d'un accord peuvent être beaux parce qu'ils sont, chacun à leur manière, l'*unité d'une pluralité* de sons, leur harmonie. Écoutez certains chants d'oiseaux *comme* de la musique, vous en percevrez la beauté. D'ailleurs, dire « toute musique est belle en tant que musique » (même « Frère Jacques » ou la « Danse des canards ») n'est au fond qu'un pléonasme si l'on se souvient que l'harmonie, qui est une des manifestations les plus claires de la beauté (unité rationnelle d'une diversité sensible), s'applique indirectement aux arts visuels (toute peinture n'est pas harmonieuse) et directement à la musique puisque c'est d'abord un concept *musical*. En ce sens, une musique qui n'est pas « harmonieuse » (qui n'est pas une harmonie des sons) n'est pas une musique, c'est une suite de sons. La beauté est donc une propriété commune à toute musique.

Mais c'est aussi, et pour les mêmes raisons, une propriété rare, en musique comme ailleurs. Ce qui importe, dans la musique, c'est ce qu'elle nous fait, mais non pas parce que *nous* avons telle ou telle sensibilité, mais parce qu'*elle* a telles ou telles caractéristiques intrinsèques : ce qui importe, c'est ce qu'elle nous fait physiquement (vibrations, transports) et, pour celles d'entre elles qui appellent une attitude esthétique, ce qu'elle nous fait esthétiquement. C'est seulement de ces musiques qui nous touchent qu'on dit ordinairement, et en partie légitimement, qu'elles sont « belles ». Mais on pourrait être plus précis. En effet, on a vu les ingrédients nécessaires à toute émotion esthétique. On pourrait dire de ces composants qu'ils surviennent, non pas sur les propriétés sensibles de la musique (les sons eux-mêmes) mais sur leurs propriétés (déjà) esthétiques, c'est-à-dire sur les relations entre sons saisies par la « raison imaginante » – donc, entre autres, sur la beauté ou l'harmonie des sons. Ces conditions de l'émotion esthétique dépendent des propriétés esthétiques de la musique qui, elles, ne dépendent pas de ces conditions. Ce qui nous émeut esthétiquement dans une musique relève donc de propriétés de *troisième ordre* – et nous en avons ébauché ci-dessus quelques lois : une musique nous émeut d'autant plus qu'elle semble aussi imprévue que prévisible, voire nécessaire, et c'est dans cet équilibre précaire, qui peut pencher d'un côté ou de l'autre, qu'il y a place pour l'émotion. De même, une musique nous émeut d'autant plus que nous percevons un plus grand entrelacs de causes *diverses* dans l'*unité* du discours ; là encore cet équilibre peut pencher d'un côté ou de l'autre. Cela n'enlève rien à la *valeur* de la musique, laquelle se mesure de toute façon à l'intensité et la richesse des bouleversements physiques et esthétiques dont elle est porteuse – et dont dépend la longévité de notre propre émotion ou de celles qu'elle peut offrir à d'autres à travers l'histoire. Mais de cet équilibre, ou de la manière dont il s'établit, dépend la propriété émotionnelle que nous allons lui imputer.

Ainsi, par analogie avec ce que nous nommons ordinairement la beauté, nous dirons que, lorsque l'imprévu s'équilibre parfaitement avec le prévisible (équilibre de l'opacité et de la transparence du discours) et/ou lorsque la diversité des causes que nous entendons dans le discours s'équilibre avec son unité, la musique nous émeut *par sa beauté*. Des dizaines d'exemples se bousculent, mais ne citons que ce qui vient immédiatement à l'esprit, donc presque au hasard : toutes les cantates et les *Passions* de Bach, tous les opéras de Mozart, le *Quatuor à cordes* de Ravel, la *Sonate pour violon et piano en la majeur* de César Franck, etc. Et dans un autre genre, *You Must Believe in Spring* de Bill Evans ou « Kind of Blue » de Miles Davis (52).

Mais lorsque, émus et même bouleversés, nous avons le sentiment que la balance penche du côté du prévisible aux dépens de l'imprévu, avec même un aspect insensiblement mécanique, la musique nous émeut par sa touchante simplicité : telle est la couleur propre à la beauté du premier prélude du *Clavier bien tempéré* de Bach, de la *Sonate en ut majeur K. 545* de Mozart (53), ou, avec une nuance de gravité, du *« Lindenbaum »* (« Le tilleul ») du *Voyage d'hiver* de Schubert (54), etc.[1]. (Ou encore, dans un autre genre : le blues ! tout le blues en voix solitaire.) Si, au contraire, la balance penche plutôt du côté de l'imprévisible, sans menacer toutefois le sentiment de relation causale imaginaire, elle peut nous émouvoir par le mystère de sa complexité : ainsi en va-t-il, par exemple, de la *Sonate pour piano n° 32 en ut mineur op. 111*, de Beethoven, du *Quatuor n° 2* de Leoš Janáček (« Lettres intimes »), du *Quatuor à cordes n° 1* de György Ligeti (« Métamorphoses nocturnes ») (55), etc. (Ou encore, dans un autre genre : Charles Mingus, *The Black Saint and the Sinner Lady*.)

L'autre variable (celle du rapport entre unité et diversité) est aussi importante pour « définir » notre émotion – qui n'en a évidemment pas besoin, puisque seules importent sa puissance et sa richesse. On peut être ému esthétiquement, voire bouleversé musicalement, par une musique qu'on ne jugera pas belle, *stricto sensu*, mais par exemple *sublime* (le « Dies Irae » du *Requiem* de Mozart, le quatrième mouvement de la *Neuvième Symphonie* de Beethoven, le duo d'amour du second acte de *Tristan*, *A Love Supreme* de John Coltrane, etc.), quand la musique nous apparaît d'une grandeur démesurée (au contraire de celle de la beauté, dont la puissance, pour immense qu'elle puisse sembler, est toujours mesurable), impossible à contenir dans ses propres limites ou dans celles de notre entendement : notre émotion admirative se colore d'une sorte de crainte respectueuse devant une force qui nous dépasse et qui semble parfois surhumaine.

1. Nous nous bornons ici à la pure émotion esthétique, sans prendre en compte l'émotion physique ; c'est pourquoi nos exemples excluent les musiques dont l'événementialité semble toujours prévue, parfois même mécaniquement, comme sont les musiques rythmées voire pulsées.

D'autres fois, la beauté, loin de se changer en son contraire, glisse insensiblement vers la *grâce* (*Sonate pour piano en la majeur K. 331* de Mozart), quand notre émotion se teinte du sentiment d'aisance dans le mouvement. Quelquefois, elle se fait *élégance*, quand tout effort semble en avoir disparu (*Sonate pour piano en fa majeur K. 533* de Mozart) ; d'autres fois, la beauté se rapetisse et devient joliesse (*Sonate pour piano en ré majeur K. 311* de Mozart) ; quelquefois elle se renforce et devient grandiose (*Sonate pour piano en ut mineur K. 457* de Mozart), la variété prenant le pas sur l'unité mais sans la rompre ni flirter avec la démesure comme dans le sublime, etc.

Ainsi, l'émotion musicale est non qualifiée, en ce sens qu'elle signifie seulement : cette musique par elle-même m'émeut. Mais elle nous paraît souvent qualifiée par ce qui est objectivement dans la musique : soit par l'émotion particulière qu'elle exprime (voir ci-dessous Troisième partie) et qui se trouve en elle et non pas en nous mais qui se mêle à notre propre émotion au point de paraître en être la cause : c'est ce qui se passe quand nous l'entendons comme exprimant, par exemple le désespoir (allegro maestoso de la *Sonate en la mineur K. 310* de Mozart) ; soit par la valeur esthétique (beauté, sublimité, grâce, élégance, etc.) qui se trouve en elle et qui se mêle à notre propre émotion au point de paraître en être la raison.

TROISIÈME PARTIE

La musique et le monde

Introduction

La méthode déductive (Première partie) nous a permis de déterminer les conditions minimales pour qu'il y ait musique. Elle nous a montré comment, de la caverne où nous vivons, nous pouvons nous libérer des choses et des événements auxquels la vie nous lie pour accéder au monde idéal des événements purs sans choses. Mais cette définition de la musique ne nous permettait pas encore de répondre à la question « Pourquoi la musique ? ». En nous tournant vers nous-mêmes (Deuxième partie), nous avons commencé à y répondre en dégageant ce qu'elle nous fait, à nous êtres humains. Reste à unir les deux approches et à comprendre comment elle se rapporte au monde réel et ce qu'elle fait de lui.

Les musiques nous en *disent*-elles quelque chose ou se contentent-elles de nous en distraire ? (chap. 1)

En représentent-elles quelque chose ou sont-elles décidément « abstraites » ? (chap. 2)

Chapitre 1

Ce que dit la musique

La musique paraît ne rien dire. Quand elle semble dire quelque chose, c'est qu'on en écoute les paroles. Lorsqu'Orphée chante « J'ai perdu mon Eurydice », nous croyons entendre la musique dire qu'il a perdu son Eurydice. *La Marseillaise*, elle, nous appelle : « Allons, enfants de la patrie ! » ; et jouée par l'orchestre, elle continue à chanter en nous « ... le jour de gloire est arrivé ! ». Mais les musiques pures (une sonate classique, un raga indien ou un quartet de jazz) peuvent-elles dire quelque chose ? Certes, on y entend parfois un écho de leur titre. Dans la *Symphonie fantastique* de Berlioz, on entend bien quelque chose de « fantastique » – surtout si on connaît le titre. Mais *Harold en Italie* ? On n'entend guère d'Harold ni d'Italie dans cette symphonie pour alto. Il y a bien sûr les notices (pochettes d'albums, programmes de concert, wikipedia, etc.) : elles explicitent souvent les conditions de composition ou de production, ou encore les « intentions » du compositeur voire son « programme » : c'est le cas de la *Symphonie fantastique* ou de *Harold en Italie* justement. Mais si nous ignorons tout ce que l'on *fait dire* à la musique, avant ou après, avouons-le, la musique, réduite à elle-même, ne nous dit rien. Parfois aussi, en deçà des mots qu'elle porte ou qui l'explicitent, on attribue à la musique les conditions de son contexte d'exécution ou d'écoute, ou encore son usage (cérémonies, films, concerts) ou sa destination (bercer, soigner, danser, s'enivrer). Ils nous indiquent ce que la musique est supposée pouvoir faire ou vouloir dire, et il est tentant de prendre ces conditions (externes) pour son sens (interne). Mais la musique, elle, résiste. Supprimez tout ce qu'elle soutient (les paroles), tout ce qui la soutient (les indications du compositeur, les discours explicatifs), toutes ses circonstances et ses finalités, etc., ne gardez de la musique que la musique (l'art des sons), vous serez obligé de conclure que, réduite à elle-même, elle demeure impuissante à dire quoi que ce soit. Ce n'est pas que tout cela, et notamment les paroles, soit inessentiel – il serait absurde de le prétendre. Mais c'est simplement que, méthodologiquement, pour mesurer la part signifiante qui revient proprement à la musique, il faut se tenir à la musique instrumentale, si possible dégagée de tout contexte. Et la musique prise en ce sens, est-on tenté de conclure, n'a rien à dire.

Pourtant, cette fois, c'est l'expérience qui résiste. Non pas à cause de quelques effets mimétiques de certaines musiques dans lesquelles on peut reconnaître incidemment le bruit des vagues, le souffle du vent, le chant des grillons ou le train qui démarre. Bornons-nous à ce que dit la musique *en tant que musique*, non aux sons qu'elle produit. Quand nous entendons une musique, non pas en fond sonore plus ou moins agréable, mais lorsque nous en saisissons le mouvement, l'unité et l'ordre interne, lorsque nous en accompagnons mentalement le déroulement, en somme lorsque nous en comprenons le *sens*, nous sentons bien qu'elle fait plus que nous charmer ou nous séduire, nous endormir ou nous enivrer. Écoutez le début de la *Sonate pour piano n° 8 en la mineur K. 310* de Mozart[1] ➅. Elle semble bien *dire* quelque chose, *nous* dire quelque chose d'intime, de douloureux, d'absolument singulier, cela même qu'aucune autre musique, ni même aucun discours, ne saurait dire. Mais quoi ?

Poser cette question, c'est poser le problème du rapport de la musique et du monde – le vieux problème sémantique, celui qui a partagé depuis le XIXe siècle musiciens et musicologues, les formalistes contre les « sémantistes »[2]. Se demander si la musique, en elle-même et par elle-même, abstraction faite de toutes les paroles ou actions dont elle peut être porteuse, et indépendamment de tous les sentiments, affections et passions qu'elle peut susciter chez l'auditeur, dit quelque chose de déterminé, comme le fait un discours, c'est se heurter à une antinomie insoluble. D'un côté, on *doit* nécessairement admettre que la musique en général dit quelque chose ; mais d'un autre côté, cette nécessité se heurte à un *fait* : les musiques particulières ne disent rien. Ou encore, inversement : il est *impossible* que la musique dise

1. Voir début de la partition en Annexe 8.

2. La « querelle des romantiques » (1854), opposa, en Allemagne, les défenseurs de la musique « pure » (Brahms et Joachim, soutenus par Hanslick) et les adeptes des poèmes symphoniques (notamment Liszt et Wagner).

quoi que ce soit ; et pourtant, toute musique semble bien vouloir dire quelque chose.

Les antinomies de la sémantique musicale

La première antinomie est la suivante : la musique possède toutes les conditions linguistiques nécessaires à une sémantique[1], donc la musique *doit* vouloir dire quelque chose ; et pourtant, *de fait*, aucune musique ne dit rien.

Thèse : réfutation du formalisme. Comme un langage, la musique possède une phonétique. En effet, le monde musical est bien habité : il est peuplé de notes qui, comme les phonèmes d'une langue, sont des sons discrets abstraits du continuum sonore, suffisamment peu nombreux pour être entendus dans leurs différences, et sans lesquels le discours (musical ou linguistique) ne serait qu'un brouhaha indistinct.

Par ailleurs, tout discours musical suppose une syntaxe. C'est un système de règles permettant d'engendrer des phrases sur l'axe diachronique ; et même une *infinité* de phrases, étant donné le caractère récursif des règles syntaxiques. À toutes les époques, et dans tous les mondes musicaux, l'harmonie est la science qui énonce ces règles de formation des « énoncés » musicaux et permet de distinguer ceux qui sont musicaux et ceux qui ne le sont pas. Ces règles sont évidemment variables selon les contextes culturels et l'évolution historique du langage harmonique – mais, au fond, ni plus ni moins que les règles d'une langue donnée, et qu'un grand poète peut toujours contribuer à bouleverser.

Une musique, quelle qu'elle soit, est donc « comme un discours », qui suppose quelques dizaines d'*éléments* combinables à l'infini selon des règles de *composition*.

On objectera que la particularité du système linguistique, par opposition à d'autres codes de communication, est sa « double articulation ». Les « phonèmes » ne peuvent pas se combiner directement à l'infini selon les règles syntaxiques pour donner des phrases sensées ; il

1. Nous ne disons pas « les conditions de la parole », puisque, à l'évidence, la musique manque de celles qui sont nécessaires au dialogue et à l'argumentation : négation, contradiction, prédication, distinction des temps (passé, présent, futur), et des modes (indicatif et conditionnel), des personnes (notamment du « je »), etc.

faut un niveau intermédiaire, celui des plus petites unités signifiantes : ce sont ces morphèmes qui, eux-mêmes constitués de phonèmes (insignifiants), sont constitutifs des énoncés complets. Or un tel niveau intermédiaire n'existe pas en musique, dira-t-on. Et pourtant si ! Car la plus petite unité musicale n'est pas la note, mais l'*intervalle*[1]. Nous en avons vu la raison : l'intervalle est le premier *événement* musical, celui à partir duquel commence diachroniquement la musique. Mais il est une autre raison. C'est que, ce qui *fait sens*, en musique (dans toute musique), ce n'est jamais la note elle-même, ni même la note entendue comme distincte des autres (pour l'oreille absolue), mais le rapport contextuel de la note à celles avec lesquelles elle est en relation verticale (celles qui sonnent en même temps) ou horizontale (celles qui la précèdent ou qui la suivent). Et cela dépend non de l'échelle au sens strict (par exemple la gamme chromatique pour la tonalité) mais du mode comme système de *degrés* hiérarchisés, qui correspondent dans certains cas à des « fonctions » harmoniques ou mélodiques. Il y a donc bien, entre les notes (phonèmes) de l'échelle et les phrases (syntaxiques) du discours, un niveau intermédiaire, signifiant, celui des degrés du mode.

On peut même pousser l'analogie plus loin entre musique et langage. Il y a non seulement une infinité d'énoncés possibles, mais il y a en outre, d'un point de vue, non plus syntaxique mais *pragmatique*, une infinité d'« actes de parole » différents d'un seul et même énoncé (linguistique ou musical), qui à chaque fois en font varier insensiblement la signification. Combien y a-t-il de manières de dire « il fait beau aujourd'hui », et donc de significations contextuelles différentes de cet énoncé ? Et combien d'interprétations différentes du « *To be or not to be ?* » de Shakespeare ? De même, en musique, il y a non seulement une infinité de phrases – et par conséquent aussi d'œuvres – possibles, mais une infinité de *performances* de la même phrase ou de la même œuvre : c'est ce qu'on nomme, en musique aussi, l'interprétation.

Comment serait-il possible, dès lors, que la musique n'ait pas de sémantique ? Voilà un système sonore, la musique, qui a une phonétique complexe et systématique, une syntaxe complexe et systématique, une double articulation et même une pragmatique du discours ; à quoi bon toutes les conditions d'un discours s'il n'a rien

1. Voir ci-dessus p. 65-67.

à dire ? Car tel serait le mystère : la musique ne peut pas avoir toutes les composantes formelles d'un langage, et manquer de sa composante essentielle dont toutes les autres ne sont que la *condition* : le rapport au monde, la sémantique. Une musique *doit* donc vouloir dire quelque chose.

Antithèse : réfutation du sémantisme. L'antithèse de l'argumentation rationnelle ci-dessus tient en une observation empirique formulable en quelques mots. Nul ne peut *dire* ce que veut dire telle ou telle phrase musicale. Il n'y a donc pas de sémantique musicale.

Le second raisonnement antinomique est le symétrique du précédent. La thèse réfute le sémantisme et l'antithèse réfute le formalisme.

En un sens, dit la thèse rationaliste qui prolonge l'antithèse empiriste précédente, une musique *ne peut pas* signifier quelque chose de déterminé hors d'elle-même. Car si elle disait quelque chose, on pourrait dire ce qu'elle dit sans risquer d'être contredit. Or qui tente de dire ce que telle musique veut dire ne peut que demeurer vague et arbitraire ; il se heurtera nécessairement au fait qu'elle ne dit pas la même chose à tout le monde. Et si elle ne dit pas la même chose à tous, elle ne dit rien du tout, la première condition pour que quelque chose soit dit, c'est la détermination du sens, sans laquelle il n'y a, par définition, pas de communication. Il peut donc arriver à la musique de signifier quelque chose mais ce n'est ni clairement imaginable, ni distinctement énonçable, ni vraiment déterminé. Mais surtout, ajoutera le formaliste, nul ne peut prétendre que la valeur et donc le *sens* propres d'une musique, ce serait *cela* – ces pauvres significations, ces vagues images, ces récits incertains qu'il peut lui arriver de suggérer à tel ou tel. Il y a de toutes façons un tel gouffre entre la portée, le pouvoir, la force propre de la *40e Symphonie* de Mozart, et l'indigence, la relativité, et l'indétermination de la signification qu'on peut lui associer, qu'il est absurde de chercher le sens de la musique dans sa signification. Les formalistes ont raison : le sens de la musique ne peut être qu'interne.

Cependant, il ne saurait être seulement interne, dit l'antithèse. Et pour la même raison ! D'où viendraient le pouvoir et la valeur de la musique, s'il s'agissait seulement de disposer d'une façon harmonieuse des sons agréables ? Quelle serait la différence entre la musique et un pur jeu de sensations, plus ou moins plaisant, sans doute, mais guère différent de l'agrément d'une saveur ou de l'ivresse d'un parfum ? Si l'*Art de la fugue*, la *Cinquième Symphonie*, le *Sacre du printemps*, voire *A Love Supreme*, nous semblent quelques-unes des plus hautes réalisations de l'art et de l'esprit humain, c'est non seulement par le jeu de sons délectables dont elles nous chatouillent l'ouïe, mais parce que nous sentons bien que ces musiques disent quelque chose d'essentiel et d'universel, qu'il y a en elles non seulement des sensations mais de la *pensée* – et toute pensée est pensée de quelque chose – et même qu'elles nous apprennent quelque chose d'un monde, qu'il soit réel ou fictif.

Ainsi : nous entendons la musique comme un discours nécessaire et universel, dont nous ne pouvons rien dire de nécessaire ni d'universel. Nous sentons bien que la musique dit quelque chose de déterminé, et même d'extrêmement précis, sans pouvoir dire de façon déterminée ce qu'elle dit, sinon de façon vague et inadéquate. Faudrait-il décidément la livrer à l'ineffable ?

Nombre de musiciens, musicologues ou linguistes qui ont posé ce problème l'ont résolu (ou plutôt contourné) par une formule suggestive. La musique est un langage, concèdent-ils, mais un langage qui se signifie lui-même[1]. Expression frappante, sans doute, mais

1. Des musicologues : Boris de Schloezer : « L'œuvre musicale n'est pas le signe de quelque chose, mais "se signifie elle-même" ; ce qu'elle me dit, elle l'est, son sens lui est immanent » (*Introduction à J. S. Bach*, *op. cit.*, p. 27.) Il ajoute : dans le langage courant, « le rapport du signifiant au signifié est un rapport de transcendance. En musique, le signifié est immanent au signifiant. La musique n'a pas un sens, mais est un sens » (*ibid.*, p. 31.) Des philosophes : « la musique s'exprime elle-même », ou encore elle est « un langage auto-signifiant » (Santiago Espinosa, *L'Inexpressif musical*, Encre marine, 2013.) Parmi les musiciens : Arnold Schönberg : « La musique parle dans sa propre langue, de matières purement musicales » (*Le Style et l'Idée*, *op. cit.*) ; Edgar Varèse : « Ma musique ne peut, je crois, exprimer autre chose qu'elle-même » (*Écrits*, Christian Bourgois, 1983, p. 41) ; Pierre Boulez : « La musique est un art non signifiant : d'où l'importance primordiale des structures proprement linguistiques » (*Points de repère I, L'Esthétique et les Fétiches*, Christian Bourgois, 1981, p. 492) ; André Boucourechliev : « Qu'en revanche le véritable sens de la musique lui soit immanent, qu'il renvoie à la musique elle-même […] » (*Le Langage musical*, *op. cit.*, p. 10). Des linguistes : Roman Jakobson : « Plutôt que de viser quelque objet extrinsèque, la musique se présente comme un langage qui se signifie soi-même [*en français dans le texte*] » dans « Musicologie et linguistique » (article de 1932 traduit par J.-J. Nattiez et publié dans *Musique en jeu* 5, « Sémiologie de la musique », Seuil, 1975,). Comme le remarque Jean-Jacques Nattiez « Introduction à l'esthétique de Hanslick »,

vide. Autant dire un « cercle carré ». Car si un discours ne dit rien d'autre que lui-même, il ne dit rien. « Voulez-vous savoir ce que signifie "gavagai" dans la langue indigène[1] ? Inutile de vous fatiguer à traduire. Rien de plus simple : cela signifie "gavagai", voilà tout. »

Nous avancerons une autre solution. Au lieu de replier la sémantique musicale sur elle-même (la musique signifie... la musique), nous la dédoublerons au contraire. La musique dit quelque chose de deux façons distinctes, selon deux modèles : linguistique (chap. 1) et iconique (chap. 2). À la manière d'un discours, elle *exprime* quelque chose, mais cela ne signifie nullement qu'elle l'exprime *de la même manière* qu'un discours. À la manière d'une image, elle *représente* quelque chose, mais elle ne le représente nullement *de la même manière* qu'une image.

Dire et exprimer

Une première solution semble en effet s'offrir. Les sons musicaux n'ont pas de référents comme sont les *choses* existant dans le monde (cet animal, cette fleur, ce pays, cette idée) ; la musique ne peut donc pas les nommer, elle ne peut pas en parler ni en dire quoi que ce soit. Mais si elle nous paraît dire quelque chose, quelque chose d'essentiel que nous pouvons ressentir, ou même quelque chose à quoi nous pourrions assentir – « oui, c'est cela, c'est bien cela » –, ce n'est pas qu'elle le dit, c'est que, à sa façon, elle l'*exprime*. Par exemple, si on ré-écoute le début de la *Sonate pour piano n° 8 en la mineur K. 310* de Mozart[2] (56), on entend bien que la première phrase à la main droite est

dans Eduard Hanslick, *Du beau dans la musique*, *op. cit.*, p. 42), cette formule de Jakobson rappelle la position d'Eduard Hanslick : « Dans le langage, le son n'est qu'un signe, c'est-à-dire un moyen employé pour exprimer une chose tout à fait étrangère à ce moyen ; dans la musique, le son est une chose réelle, et il est à lui-même son propre but » (*ibid.*, p. 112) ; Nicolas Ruwet : « Le signifié (l'aspect intelligible du signe) est, en musique, donné dans la description du signifiant, l'aspect sensible » (*Langage, musique, poésie*, *op. cit.*, p. 12). (Certaines de ces références sont extraites de Jean-Jacques Nattiez, *Musicologie générale et sémiologie,* Christian Bourgois, 1987, p. 142-145.)

1. Nous reprenons ici, en le détournant, l'exemple canonique, dû au philosophe Willard Quine, d'une expression d'une langue exotique dont la traduction est problématique.

2. Début de la partition en Annexe 8.

clairement affirmative, elle est même impérieuse, comme le souligne la main gauche, (« avec ses accords parfaits mineurs répétés en mesure », dirait le musicologue). Le ton est pourtant amer, comme l'exprime le mouvement descendant (*mi-do-la-sol*♯), s'achevant dramatiquement sur le *sol*♯ (« soutenu par l'accord de septième de dominante sur tonique à la main gauche », ajouterait le musicologue), alors même qu'elle semblait fermement appuyée, en son début, sur un *mi* exclamatif (la dominante), précédé certes par une petite note, un *ré*♯ initial (appoggiature), qui trahissait peut-être une légère incertitude, en tout cas quelque inquiétude, mais sans parvenir à tempérer le caractère décidé, voire péremptoire de ce *mi*. Et puis, on se reprend (fin de la deuxième mesure : *ré*, *si-mi*), mais c'est pour redire aussi clairement, sur un ton plus assuré encore – car on monte (au *fa*) pour s'élancer dans une descente plus longue, et puis on redescend par notes conjointes comme pour dire que la pente est inévitable – la même amertume, inéluctablement (*sol*♯ à nouveau répété). La reprise (à la fin de la quatrième mesure : *ré*, *si-mi*), est cette fois suivie d'une série d'accords alternés main droite, main gauche (il est arpégé à la mesure 5), comme autant de questions (montantes) : « est-ce bien le cas ? » ; et surtout : « est-ce inévitable ? », « est-ce vraiment inéluctable ? », auxquelles la réponse sera donnée (à la mesure 9), reprise quasiment à l'identique de la mesure 3 : « oui, c'est cela, c'est forcément cela, c'est nécessairement comme cela, on n'y peut rien… ». La suite du mouvement alternera ainsi rébellion, résignation, abandon, etc.

Peut-être n'entendez-vous pas cela. Peut-être d'autres musiques vous parlent-elles plus. Ou mieux. Peut-être aussi entendez-vous beaucoup plus dans ces quelques mesures de sonate, si vous comprenez *tout* ce qui est en elles, ou si vous lisez de bonnes analyses musicologiques. Qu'entendez-vous au juste ? Une voix sans visage et sans nom vous parle (elle affirme, elle hésite, elle se reprend, elle se demande, etc.), tout est net et pourtant rien n'est dit, rien de net du moins. Ne rien dire de clair, de distinct, d'intelligible, tout en parlant clairement, distinctement, intelligiblement. C'est cela, la musique. Un mystère ? C'est tentant. Et pourtant non. On dira donc : si la musique semble à la fois *parler* et *ne rien dire*, c'est tout simplement qu'elle *exprime* quelque chose.

Car « dire » est une chose, « exprimer » en est une autre. Les signes du discours renvoient aux choses qu'ils manifestent, tandis que, inversement, les signes de l'expression *viennent* des choses elles-mêmes qui ainsi *se* manifestent. Pour comprendre ce qui est dit, l'esprit se porte des signes sensibles vers les choses désignées, tandis que pour comprendre ce qui est exprimé, l'esprit se porte des signes sensibles vers *ce qui* s'exprime. C'est pourquoi, le plus souvent, dire c'est parler de ce qui est, tandis qu'exprimer c'est témoigner de ce qu'on est. On peut dire beaucoup de choses sans exprimer quoi que ce soit, c'est ce que font très bien les dictionnaires, les annuaires, les tableaux d'affichage ou les panneaux de signalisation. Inversement, on peut exprimer sans rien dire, car l'expression ne passe pas forcément par les mots : il suffit de manifester, même à son corps défendant, ce qui est latent, caché ou privé. Il y a tant de signes, de marques, de manifestations perceptibles qui ne passent pas par le discours : un sourire, une moue, un geste, une attitude, un cri, un acte, une danse, un dessin, etc. De ces signes humains, nous avons généralement appris le sens : un sourire, *visiblement*, exprime la satisfaction, la sérénité, l'indulgence, l'amour, l'ironie, le sarcasme, la malice, la cruauté, etc., c'est selon. Il en va de même dans l'univers des sons humains : tel cri exprime la détresse, tel bougonnement le doute, tel marmonnement l'insatisfaction, etc. Et donc, dans le monde musical : aucune musique ne dit par elle-même quoi que ce soit, mais telle musique exprime l'amertume ou la tristesse, telle autre la joie, le triomphe ou le désespoir. Les paroles *disent* quelque chose (elles disent ce qui se passe : qu'Orphée a perdu son Eurydice), la musique paraît *exprimer* quelque chose d'autre (elle exprime ce qu'on ressent : il est accablé d'avoir perdu son Eurydice). Soit. Qu'est-ce que la musique exprime donc ?

Une réponse aussi évidente que discutable s'impose : des émotions. Thèse simple et classique, souvent étouffée ou dépréciée par la tradition formaliste[1]. Il faut en saisir les difficultés, les mérites et les limites. Et si cette réponse s'avère insoutenable ou insuffisante, les mêmes questions reviendront : La musique exprime-t-elle quelque chose ? Si oui, quoi ? Comment ? Et surtout pourquoi ?

1. Cette position est reprise aujourd'hui et discutée de diverses manières par la philosophie analytique anglo-saxonne qui hérite, entre autres, des travaux de Leonard B. Meyer, *Emotion and Meaning in Music, op. cit.* La tradition française, volontiers formaliste, a longtemps ignoré cette ligne d'investigation. On doit au beau travail de Sandrine Darsel, *De la musique aux émotions, Une exploration philosophique*, Presses universitaires de Rennes, 2009, non seulement un état de la question, mais une thèse suggestive : les émotions sont des propriétés objectives et dispositionnelles des œuvres donnant accès à leur compréhension.

Musique et émotions : le problème

L'émotion nous met face à une nouvelle antinomie. Certaines musiques paraissent bien exprimer des émotions. Mais à cette apparence, de bonnes raisons s'opposent : comment serait-ce simplement *possible* ?

Comment en effet une musique pourrait-elle exprimer quoi que ce soit ? Seule une personne, dit-on, ou du moins un être sensible, peut exprimer une émotion parce que seul un être sensible peut l'*éprouver*. Et comment pourrait-on prêter des émotions à une suite de sons, si harmonieux ou plaisants soient-ils ? Il se peut aussi que *nous* ressentions des émotions à l'écoute d'une musique (elle nous met en joie ou elle nous bouleverse). Mais il ne s'agit pas de savoir si la musique peut *susciter* des émotions, il s'agit de savoir si, et comment, elle pourrait les *exprimer*[1]. Car on peut très bien entendre *qu'*une musique exprime la joie, sans qu'elle nous rende joyeux. Inversement, on peut être ému aux larmes par une musique dont on entend bien qu'elle exprime la joie. Il est même des cas où l'on dit non seulement que telle musique « exprime » joie ou tristesse, mais qu'*elle est* joyeuse, ou qu'*elle est* triste. Cela paraît le comble de l'absurde : comment des sons pourraient-ils « être » tristes ou gais ? Et pourtant si on le dit, c'est qu'on l'entend. Car on aura beau nous expliquer que c'est une illusion ou un abus de langage, on ne cessera pourtant pas d'*entendre* – et donc d'affirmer légitimement –, par exemple, que la *Valse n° 10 en si mineur op. 69 n° 2* de Chopin *est* triste, ou que la *Valse n° 11 en sol majeur op. 70 n° 1 est* enjouée. Comment est-ce possible ? Cela semble défier le sens commun.

Une réponse trop simple paraît s'imposer : l'émotion que nous croyons entendre dans la musique, ou que nous pensons devoir lui attribuer, n'est pas en elle, ne vient pas d'elle, mais bien d'une personne : le musicien ou l'interprète. Lorsqu'on dit que la musique

1. Il s'agit bien du pouvoir qu'aurait la musique d'*exprimer* des émotions et non du pouvoir qu'elle aurait de les *susciter* en nous. On ne saurait trop insister sur la différence entre ces deux pouvoirs comme entre ces deux types d'émotions. Celles que nous pouvons éprouver à son écoute (notamment les émotions dites esthétiques) ont été étudiées en Deuxième partie. Pour éviter la confusion, il serait souhaitable, mais contraire à l'usage dominant, de nommer « passions », comme à l'âge classique, celles qui sont censées être exprimées par la musique.

« est » triste, il n'y aurait là que confusion. Il y aurait bien un être sensible à l'origine de la musique, quelqu'un de réellement ému et qui, dans la musique ou par elle, exprimerait *sa* propre émotion. Schubert était triste et pourtant serein quand il composa l'andante sostenuto de la *Sonate en si bémol majeur D. 960*. On y entend donc *sa* tristesse et *sa* sérénité. Telle est la thèse qu'on peut appeler « romantique[1] » : l'Artiste s'exprime dans son Art, lequel n'exprime rien d'autre que les émotions qu'il y a mises.

Quoi qu'il en soit des états d'âme de Schubert, cette thèse n'est pas généralisable : on ne peut l'appliquer ni aux musiques sans compositeur connu (musiques traditionnelles, musiques improvisées, etc.), ni à la majeure partie des musiques savantes, qu'elles soient « ancienne », « baroque » ou « contemporaine ». Et que penser des musiques de commande (Chostakovitch avait-il besoin d'éprouver un sentiment de triomphe en écrivant le finale triomphant de sa *Cinquième Symphonie* ?) ou des musiques de film ? Dira-t-on que la personne qui éprouve l'émotion et la transmet à travers la musique est le musicien qui l'interprète ? Sans doute, il est possible, et peut-être même nécessaire, qu'il comprenne la musique qu'il joue, et qu'il sente donc quelle émotion est *en elle* ou exprimée par elle pour pouvoir l'interpréter avec la sensibilité requise et ainsi émouvoir les auditeurs. Mais cela ne fait que reculer le problème. Il fallait que l'émotion fût d'abord dans la musique pour qu'il la ressente et la transmette. Car, finalement, le problème demeure, ou revient : c'est bien à la musique elle-même que nous attribuons les émotions, non à quelque conscience que nous imaginons en deçà d'elle. Mais comment un processus sonore peut-il exprimer quoi que ce soit ? (Ce sont là les interrogations de nos créatures amusiques qui ne cessent de revenir : comment pouvons-nous attribuer des états d'âme à des ondes sonores ? etc.)

Se fondant, entre autres, sur cet apparent mystère, nombre de musiciens et de musicologues ont décrété, depuis le milieu du XIXe siècle et tout au long du XXe siècle, que la musique ne pouvait *exprimer* quoi que ce soit. Et des *émotions* moins que toute autre chose. Telle était la position formaliste de Hanslick, pour qui la musique, en tant qu'art, *ne peut pas* représenter les émotions. Ce ne peut être en tout cas sa finalité. « Dans le langage, le son n'est

1. Ou plus généralement celle de l'« esthétique du sentiment ».

qu'un signe, c'est-à-dire un moyen employé pour exprimer une chose tout à fait étrangère à ce moyen ; dans la musique, le son est une chose réelle, et il est à lui-même son propre but[1]. » Certes, ajoutait-il, la musique peut *susciter* en nous des sentiments, des passions, des émotions, mais ces émotions ne sont pas *dans* la musique et elles ne sont pas l'*expression* des sentiments, émotions, passions du compositeur lui-même.

Pourtant, à ces arguments plaidant l'impossibilité de droit, on opposera la réalité des faits, issus de l'expérience commune ou de l'expérimentation.

L'expérience, tout auditeur peut la faire. Il est des musiques qu'on ne peut *comprendre* sans *entendre* les émotions qu'elles expriment – ce qui ne signifie ni qu'on les éprouve ni même qu'on éprouve quoi que ce soit. Qui, même sans éducation musicale, pourrait nier que le dernier mouvement (adagio) de la *Neuvième Symphonie* de Mahler est « serein » alors que celui de la *Cinquième Symphonie* (rondo-finale) est joyeux ? Qui, ignorant même son titre, pourrait trouver joyeuse la *Valse triste* de Sibelius ? Qui n'entendrait pas que la « Badinerie » qui conclut la *Suite n° 2 en si* de Bach, bien qu'écrite en mineur, est *gaie* ne comprendrait tout simplement pas cette musique. De même, on ne comprend pas le second mouvement (andante sostenuto) de l'ultime *Sonate pour piano en si bémol majeur D. 960* de Schubert, si on n'y entend pas la désolation voire la souffrance qui s'y exprime – ce qui n'implique d'ailleurs nullement que Schubert éprouvait ces émotions en le composant (qu'en sait-on ? et finalement, qu'importe ?), ni que le pianiste doive nécessairement les éprouver en le jouant : pourrait-il l'exécuter avec une maîtrise aussi parfaite s'il éprouvait à l'instant une émotion si déstabilisante ? C'est là le « paradoxe de l'interprète », comparable au fameux « paradoxe du comédien » capable de faire ressentir ce qu'il n'éprouve pas – à condition qu'il comprenne ce qu'exprime ce qu'il dit ou ce qu'il joue. Cela ne signifie pas non plus que *nous* éprouvions ces émotions à cette écoute. Répétons-le : il faut sans doute que nous *comprenions* les émotions que la musique exprime pour en être ému, il n'est pas nécessaire que nous *éprouvions* ces émotions ni même que nous éprouvions la moindre émotion en l'entendant. On peut comprendre des musiques qui nous laissent indifférent.

1. Eduard Hanslick, *Du beau dans la musique*, *op. cit.*, p. 112.

L'expérience nous apprend donc que certaines musiques expriment des émotions pour qui sait les entendre, c'est-à-dire les comprendre. Certes, exprimer des émotions n'est ni la fonction, ni la raison d'être de *toute* musique. Ainsi, comprendre une sonate pour clavier de Scarlatti, une fugue de Bach, le second mouvement (sostenuto e pesante) de la *Sonate pour piano Sz. 80* de Bartók, ou un chorus au saxophone alto de Charlie Parker n'exige nullement qu'on entende les émotions qui s'y exprimeraient – il n'y en pas ! – ou celles que le musicien est supposé avoir éprouvées en les composant ou en les jouant – et qui importent peu. Ces musiques peuvent nous bouleverser, mais sans rien exprimer – ou autre chose que des émotions. Quoi qu'il en soit, il est inutile de tenter de les comprendre en cherchant l'émotion qu'elles expriment.

Reste qu'on dit bien de certaines musiques qu'elles *sont* tristes ou joyeuses, etc. ; est-ce une mauvaise façon de parler ? Reste aussi que nous croyons bien entendre que certaines autres musiques, voire les mêmes, *expriment* telle ou telle émotion ; est-ce une mauvaise façon d'entendre ?

Tout le monde attribue en effet, sans hésiter, à certaines musiques certaines qualités émotives. Le supposé paradoxe de cette qualification – que l'on pourrait prendre pour une « erreur de catégorie » : attribuer à des choses des propriétés des personnes – peut être en fait levé par une remarque de bon sens du philosophe wittgensteinien Oets Kolk Bouswma : « La tristesse est à la musique plutôt comme la rougeur est à la pomme que comme le rot est au cidre[1]. » Autrement dit, il ne faut pas chercher la tristesse hors de la musique qui est triste. Nul mystère, nulle erreur là-dedans. C'est bien une qualité intrinsèque de la musique. Il ajoute : « La musique triste a quelques-unes des caractéristiques des gens qui sont tristes. Elle sera lente, et non sautillante ; elle sera *piano* et non éclatante. Les gens qui sont tristes se meuvent lentement, et quand ils parlent, ils parlent doucement et à voix basse. Des associations de cette sorte peuvent bien sûr être multipliées à l'infini. »

Quant aux musiques dont nous croyons entendre qu'elles *expriment* certaines émotions, la sérénité, l'inquiétude, la colère, l'angoisse,

1. Oets Kolk Bouswma, « The Expression Theory of Art », dans *Philosophical Analysis : A Collection of Essays*, University of Nebraska Press, p. 49 (nous traduisons).

elles semblent moins résister à l'objecteur formaliste. Celui-ci plaidera le relativisme. Il dira : certes, c'est ce que *vous* entendez, mais ce n'est pas forcément ce que les autres entendent. Autrement dit : tout cela est arbitraire, ou du moins relatif (l'esprit fort est toujours relativiste), ou encore, comme on dit, « c'est subjectif » (on voit mal, d'ailleurs, comment une émotion ne serait pas subjective), c'est-à-dire variable selon la sensibilité, l'expérience, les souvenirs ou les goûts de chacun. C'est peut-être vrai, partiellement, de l'émotion *ressentie*. Mais c'est faux de l'émotion *exprimée*. Depuis longtemps, en effet, les psychologues de la musique[1] ont montré, contre tous les *a priori*, qu'il y a de vraies constantes dans les émotions que les auditeurs, musiciens ou non, éduqués musicalement ou non, décèlent dans telle ou telle musique : nul, ou presque, n'entend comme rageuse la musique que les autres entendent comme tranquille, etc. Les psychologues expérimentalistes ou cognitivistes s'efforcent de mettre en évidence, pour chacun des facteurs musicaux, les climats émotionnels qu'ils déterminent chez les auditeurs : le tempo (lent ou rapide), le rythme (régulier ou non), le mode (l'équation grossière majeur = joie ou affirmation, mineur = tristesse ou doute, est entendue, dans notre « culture », dès l'âge de 7 ans), l'intensité et la dynamique, la mélodie (son registre, son contour), l'harmonie, le timbre, l'enveloppe, l'articulation, etc.[2]. Évidemment, tout dépend de la manière dont ces différents ingrédients se mêlent dans telle ou telle musique. Dans toutes ces expériences, on constate qu'il y a une remarquable convergence des réponses des sujets, du moins si l'on s'en tient aux deux grandes oppositions que sont l'affect émotionnel (gai/triste) et

1. Par exemple, pour se borner à quelques études francophones, Robert Francès, *La Perception de la musique*, 1958, en particulier la Troisième partie « Expression et signification » ; Michel Imberty, *Entendre la musique. Sémantique psychologique de la musique* t. 1, Dunod, 1979, en particulier la Première partie « Musique, langage, symbole » ; Stephen McAdams et Emmanuel Bigand, *Penser les sons. Psychologie cognitive de l'audition*, PUF, 1994, en particulier le chap. 8 d'Emmanuel Bigand « Contribution de la musique aux recherches sur la cognition auditive humaine ».

2. Voir les études réunies par Patrick N. Juslin et John A. Sloboda, *Music and Emotion. Theory and Research*, Oxford University Press, 2001. Concernant la part des différents facteurs musicaux, voir la synthèse d'Alf Gabrielsson et Eril Lindström, « The Influence of Musical Expression on Emotional Expression », dans ce même recueil. Voir aussi, publié par les mêmes éditeurs, la version révisée et complétée du livre précédent : *The Oxford Handbook of Music and Emotions. Theory, Research, Applications*, Oxfort University Press, 2010.

la dynamique émotionnelle (calme / agité) ainsi qu'à leurs différentes combinaisons.

Même si elles sont moins nombreuses, des études du même type ont été faites à partir des musiques d'Inde du Nord : les ragas. En effet, selon la tradition, les différents ragas (il y en une centaine, dont cinquante sont communs) sont systématiquement associés, comme l'était la musique grecque ancienne, à un des sept climats émotionnels suivants : tristesse, relation amoureuse, paix, force/courage, colère, froideur, dévotion[1]. Des expérimentations récentes, menées en grande partie sur des auditeurs nullement familiarisés avec ce type de musique, tendent à confirmer ce qu'enseignait la tradition[2] : par exemple les ragas Khamaj and Desh sont tenus par les sujets de l'expérience pour joyeux, paisibles et apaisants, tandis que les Darbari, Shree et Marwa sont jugés « puissants », forts ou tristes. Notons par parenthèse que, contrairement à un préjugé, la distinction entre intervalles majeur et mineur, qui compte parmi les critères de différenciation des échelles des ragas, joue un rôle émotionnel similaire, sur l'axe gai/triste, dans la musique indienne et dans la musique occidentale[3].

1. V. Bhatkande, *Hindusthani Sangeet Paddhati*, Sange et Karyalaya, 1934, cité par Parag Chordia and Alex Rae (voir note suivante).

2. Voir Parag Chordia and Alex Rae, « Understanding Emotion in Raag : An Empirical Survey of Listener Responses », in *Proceedings of the 2007 International Computer Music Conference* (ICMC) : on peut la lire cette étude ici : http://paragchordia.com/papers/icmc07.pdf et un résumé ici : http://paragchordia.com/papers/icmpc08_abstractLong.pdf

3. Il n'existe cependant pas d'explication générale admise de ces associations émotionnelles (qui évidemment comportent de nombreuses exceptions : il y a des musiques gaies en mineur – on a cité ci-dessus l'exemple de la « Badinerie » de Bach – et des musiques poignantes en majeur – le *Chant de la Terre* de Mahler se termine par un accord de *fa* majeur) parce qu'aucun paramètre musical isolé ne suffit à déterminer le climat émotionnel d'une pièce. Elles ne peuvent être considérées ni comme naturelles ni comme purement conventionnelles. Au contraire des associations classiques liant les différentes tonalités à différents sentiments qui sont devenues conventionnelles, ou plutôt ne constituent plus, pour les compositeurs, qu'un geste d'inscription dans une tradition qui n'a plus aucun fondement acoustique depuis l'adoption généralisée de la gamme tempérée – ne serait-ce que parce que le diapason n'a cessé de changer –, les associations majeur-gai-affirmatif et mineur-triste-problématique semblent en effet transculturelles et entendues très tôt par l'enfant – ce qui ne suffit pas évidemment à affirmer son universalité et sa naturalité. Une interprétation (trop simple) de ce phénomène pourrait être la suivante : l'accord majeur (*do-mi-sol*) est formé de la tonique et la dominante (soit l'harmonique 3 du son fondamental) et la médiante (*mi*) qui est une très bonne

Quant aux centaines d'expériences de laboratoire, chacun peut les refaire pour soi, au moins par la pensée. Si les émotions que nous entendons dans la musique n'étaient en réalité qu'en nous, variables de sujet à sujet, arbitraires, imprévisibles, on ne comprendrait pas l'efficacité des grands improvisateurs à créer des climats crédibles en jouant sur les différents constituants musicaux : harmoniques, rythmiques, mélodiques, dynamiques, etc. Mieux : on ne comprendrait pas le pouvoir émotionnel des musiques de film. Certes, on peut changer le sens d'une musique en l'associant à divers textes ou à différents symboles – et c'est ce dont témoigne une des musiques classiques les plus emblématiques de toute l'histoire occidentale, la *Neuvième Symphonie* de Beethoven, qui a été mise au service de toutes les causes et des passions les plus opposées[1]. Mais justement on peut aussi faire l'inverse : on change complètement le sens d'une scène de film en l'associant à diverses musiques. Preuve que la musique est bien porteuse d'émotions propres, lesquelles ne sont certes pas aussi univoques que les paroles, mais sont encloses dans un espace émotionnel déterminé, jamais complètement « subjectif ».

À ces expériences réelles ou mentales, on pourra préférer l'analyse musicologique. Au lieu de se demander ce que telle musique, ou tels constituants musicaux isolables les uns des autres, sont censés exprimer pour des auditeurs quelconques, on peut, à l'inverse, chercher comment les compositeurs ont cherché à exprimer, dans leurs œuvres, telle ou telle émotion. On doit à Deryck Cooke, s'appuyant sur des centaines d'exemples tirés du répertoire classique, de Guillaume Dufay en 1440 à Igor Stravinsky en 1953, d'avoir dégagé inductivement la fonction expressive attribuée spontanément par les musiciens et les auditeurs de toutes époques à certaines suites de notes ou d'accords (voir Annexe 9). Ainsi, sans s'inspirer les uns des autres, et sans même se connaître, des dizaines de compositeurs ont utilisé les mêmes enchaî-

---

approximation de l'harmonique suivant (en fait l'harmonique 5) – ce qui lui donne cet aspect que l'on nomma jadis « parfait », qui est en effet très consonant et exprime sans doute ce sentiment d'affirmation résolue. Le fait que la tierce de l'accord mineur (*do-mi♭-sol*) n'appartienne à aucun des harmoniques naturels de la tonique provoque un effet qui, pour n'être nullement dissonant, apparaît comme un « affaissement » de la tierce majeure (*do-mi*) et provoque sans doute ce sentiment d'une consonance possible mais inachevée, d'une harmonie imparfaite.

1. Voir *La Neuvième de Beethoven. Une histoire politique* d'Esteban Buch, Gallimard, 1999.

nements de degrés pour exprimer, par exemple, une explosion exubérante de joie affirmative (*do-(ré)-mi-(fa)-sol*), une joie pure et simple (*sol-do-(ré)-mi*), une joie reçue passivement comme une bénédiction (*sol-(fa)-mi-(ré)-do*), ou au contraire l'affirmation d'une peine ou d'une plainte (*do-(ré)-mi♭-(fa)-sol*), un constat tragique (*sol-do-(ré)-mi♭*) ou un chagrin passivement éprouvé et accepté (*sol-(fa)-mi♭-(ré)-do*). Ils ont même utilisé, en toute liberté et avec une belle unanimité, certains enchaînements particuliers d'accords pour exprimer précisément, par exemple, le chagrin dû à la perte d'un être cher ou une joie innocente à consonance sacrée, etc. Il y avait là peut-être une part de tradition, d'emprunt ou de convention, mais un tel accord non concerté à travers siècles, styles, pays ou écoles ne laisse pas d'être remarquable.

Mais le formaliste n'est pas à court d'arguments. Il recourra donc à cette autre objection, celle-ci plus sérieuse. À défaut d'être « subjectives » (au sens elles seraient variables selon les sujets), les émotions que nous attribuons à la musique ne sont-elles pas relatives à la « culture » à laquelle nous appartenons ? (Car le culturalisme est une des variantes préférées du relativisme.) Qui pourrait croire en effet, dira l'objecteur, que le Huron de Voltaire n'ayant jamais fait l'expérience de la musique tonale, entendrait d'emblée le prétendu « désespoir » de la *Sonate en si bémol majeur D. 960*, de Schubert ? On peut pourtant lui répondre qu'il y a une vraie *universalité* transculturelle de certaines émotions exprimables par la musique. Il serait certes vain de prétendre le lui montrer en recourant à des écoutes comparées de symphonies « occidentales », de ragas indiens ou de musique classique arabe : il rétorquerait légitimement que chacun n'y entendrait que les émotions que sa culture lui a appris à reconnaître. On concédera donc qu'il serait méthodologiquement contestable de recourir à des *écoutes* de musique, qui sont toutes et toujours surdéterminées culturellement. Il faut faire l'inverse : il faut faire *faire* de la musique[1]. Ainsi, on demandera à des sujets de cultures très éloignées d'exprimer différentes émotions

1. Voir le dispositif expérimental très ingénieux de Beau Sievers, Larry Polansky, Michael Casey, and Thalia Wheatley, « Music and Movement Share a Dynamic Structure that Supports Universal Expressions of Emotion », *Proceedings of the National Academy of Sciences of the United States of America*, January 2, 2013, vol. 110, n° 1, 1-384. PNAS-2012-Sievers-1209023110.pdf. (Je remercie Philippe Schlenker d'avoir attiré mon attention sur cette expérience.) On peut aussi se référer à L. L. Balkwill et W. F. Thompson, « A Cross-Cultural Investigation of the Perception of Emotion in Music : Psychophysical and culturel cues », *Music Perception*, 17, 1999, p. 43-64.

en produisant des sons musicaux. Telle est la belle expérimentation faite en parallèle sur un groupe d'étudiants américains et sur des sujets d'un village tribal isolé (les Kreung) du nord-est du Cambodge. Tous sont invités à manipuler un appareil générant des mélodies pianistiques monophoniques et muni de curseurs commandant respectivement la vitesse des notes, leur régularité – c'est-à-dire deux facteurs rythmiques –, la direction du contour, l'écart intervallique entre les notes (le rapport entre écarts successifs longs et courts), et la consonance/dissonance entre notes successives – c'est-à-dire trois facteurs mélodiques. On leur demande ensuite d'« exprimer » musicalement cinq états émotionnels : gaieté (*happy*), tristesse (*sad*), colère (*angry*), tranquillité (*peaceful*), effroi (*scared*). Une expérimentation parallèle est faite avec d'autres sujets, sur les deux terrains, et avec un appareil comparable, commandant, au moyen de cinq curseurs semblables, l'image du mouvement d'une balle, respectivement sa fréquence, sa régularité, sa direction (mouvement vers le haut ou le bas), le rapport entre les hauteurs des mouvements, et finalement l'apparence de la balle (lisse ou rugueuse). Trois résultats remarquables se tirent de cette expérimentation. Le premier est presque trivial pour quiconque est un peu familiarisé avec les résultats expérimentaux de la psychologie de la musique : dans chaque groupe ethnique, les sujets s'accordent très généralement sur les manières musicales d'exprimer chaque émotion. Par exemple : le groupe américain exprime musicalement « triste » par lenteur, régularité, rapport faible entre mouvements vers l'aigu et le grave, rapport élevé entre intervalles courts et longs, et consonance moyenne[1]. D'autre part, il y a une remarquable coïncidence *transculturelle* pour l'expression d'au moins trois émotions : « gaieté », « tristesse[2] », « effroi ». Et, pour le reste, en dépit de légères divergences, on note néanmoins que la « colère » des Kreung correspondait à la « colère » américaine pour quatre des cinq paramètres ; et que, même si la musique « tranquille » des Kreung était en fait plus proche de la « gaieté » que de la « tranquillité » américaine, celle-ci arrivait en seconde position dans les comparaisons ; et que la musique gaie, est, pour les deux cultures, plus rapide que la musique « tranquille ».

1. Écouter « tristesse » pour le groupe américain : http://www.pnas.org/content/suppl/2012/12/14/1209023110.DCSupplemental/sa07.wav

2. Écouter « tristesse » pour le groupe kreung : http://www.pnas.org/content/suppl/2012/12/14/1209023110.DCSupplemental/sa08.wav

Enfin troisième résultat : à l'intérieur de chaque groupe, il y a une remarquable coïncidence « intermodale » entre l'expression *musicale* des cinq émotions et leur *image* dynamique.

Que doit-on conclure de tous ces faits et arguments ? Que *la* musique en général *est* l'expression des émotions – certains diraient même « la langue des émotions[1] » ? Nullement : c'est loin d'être le cas de toute musique. Que les émotions en général sont exprimables par la musique ? Nullement : c'est loin d'être le cas de toute émotion. Réciproquement rien ne prouve que la musique *ne* puisse exprimer *que* des émotions. On peut seulement dire que, par et dans la musique, quelque chose s'exprime.

Il ne faut donc pas croire les déclarations tranchantes de certains musiciens ou musicologues contre l'expressivité de la musique. On peut imaginer qu'elles sont liées à une certaine pose aristocratique : il faudrait défendre la musique « absolue » (la « vraie » musique, celle de l'Art véritable, et non les musiques décoratives, illustratives, en somme serves, poursuivant d'autres fins qu'elles-mêmes), par opposition à tout ce qui entacherait sa « pureté », tout ce qui serait extérieur à sa forme, laquelle devrait rester enclose sur elle-même sans portes ni fenêtres, sans pouvoir, sans surtout *devoir*, « exprimer » ni « représenter » quoi que ce soit, une signification, des discours, des objets, des images, des mouvements, des actions extérieures, ou encore des sentiments, des impressions, des émotions de la vie intérieure. La musique ne devrait exprimer… qu'elle-même, ce qui n'a guère plus de sens qu'un langage qui se signifie lui-même. À cette hostilité à l'expression musicale en général, s'ajoute le fait que le candidat « exprimable » le plus sérieux semble être l'émotion. Mais les doctes se méfient de l'émotion, sensée être flatteuse et triviale, en tout cas peu « distinguée ». Et finalement, les adversaires de l'émotion musicale, *comme d'ailleurs ses partisans*, confondent souvent sous ce nom trois types d'émotions pourtant indépendantes. Celles qui sont en nous *suscitées* par la musique et celles-ci

1. Cette thèse est généralement attribuée à Kant, *Critique de la faculté de juger*, « Analytique du sublime », § 53, qui parle de « langage des affects » (*Sprache der Affekte*), en le mettant en relation (par les intonations) avec le langage proprement dit capable d'exprimer les idées. Prise sans ces restrictions conceptuelles, elle est souvent reprise aujourd'hui. Par exemple Stephen Davies : « la musique ne se distingue des langues naturelles que dans la mesure où son champ de référence se limite au monde des émotions », *Themes in the Philosophy of Music*, Oxford University Press, p. 123 (nous traduisons).

sont incontestables ; car quel docte, si raffiné soit-il, (ou quel rustre ?) pourrait nier que la musique peut émouvoir ? Celles supposées du compositeur, selon la thèse romantique – laquelle sert de repoussoir aux formalistes. Celles censées venir *de* la musique ou être *en* elle – il ne fait pourtant pas de doute qu'il y en a. Le problème est de savoir *pourquoi*. Il faudra déplacer ce problème pour pouvoir le résoudre. Mais il faut d'abord comprendre comment il est apparu, car cette histoire pèse encore sur nos concepts.

Comment l'émotion est apparue dans la musique et en a disparu

Dans l'Antiquité, le problème ne se pose pas. Il est de l'essence de la musique (*mélos*) de représenter et de susciter certains états d'âme. C'est une évidence pour tous, musiciens, musicologues, philosophes. La musique n'est en effet qu'une partie d'un art plus vaste (la *mousikè*) fait de poésie et de danse, qui « imite » les *éthoi*, les « caractères », c'est-à-dire les dispositions de l'esprit à se conduire de telle ou telle manière. Au sens strict du terme, la musique elle-même est faite de trois éléments : l'harmonie (au sens du « mode »)[1], le rythme et les paroles, lesquelles font partie intrinsèque de la musique (Platon, *République* III, 398 d). « Le rythme et l'harmonie, plus que tout, pénètrent au fond de l'âme, la touchent avec une force d'une très grande puissance en lui apportant la grâce, et l'imprègnent dès lors de cette grâce, si on a été correctement élevé » (*ibid.*, 401 d 6-e 1). Platon associe terme à terme les modes à divers états d'âme et fait une sérieuse sélection entre ceux qui favorisent le développement moral : le dorien, celui de la bravoure guerrière, et le phrygien, volontaire mais pacifique, celui de la sagesse mesurée, par opposition au lydien (plaintif, funèbre et pernicieux), et à l'ionien (mou et destiné aux buveurs).

1. Le sens précis de ce terme *harmonia* est parfois contesté par les historiens de la musique grecque. Il est clair que n'est pas celui qu'a retenu une tradition tardive (milieu du XVIe siècle ?) avec ses sept modes construits à partir des différentes notes de l'échelle diatonique et qui ont été nommés d'après la nomenclature antique : ionien (à partir du *do*), dorien (*ré*), phrygien (*mi*), lydien (*fa*), mixolydien (*sol*), éolien (*la*), locrien (*si*). Les différents modes antiques sont tous dérivés de la gamme dorienne (symétrique en descente et en montée), dont on change la note de départ et la médiane (qui sont mobiles).

Cette théorie est reprise par Aristote avec des nuances. Tandis que, pour Platon, les modes « imitent » les personnes ayant tel ou tel caractère moral, pour Aristote ils imitent directement ces « caractères » et par voie de conséquence déclenchent les affects correspondants chez les auditeurs :

> Leur nature se différencie de telle sorte qu'en les écoutant, on est affecté différemment et que l'on n'a pas la même réaction en face de chacun d'eux. Avec certains, on se sent plutôt triste et contraint, par exemple avec ce qu'on appelle le mixolydien ; avec d'autres, l'esprit s'attendrit, par exemple avec les modes plus relâchés ; mais avec tel autre, on a le juste milieu et le calme parfait, effet que, seul parmi les modes est censé produire le dorien : le phrygien au contraire rend les auditeurs enthousiastes [c'est-à-dire possédés par le dieu[1]] (*Politique* VIII, 5, 1349 a 39 *sq*).

Quoi qu'il en soit, pour Platon comme pour Aristote, la musique suscite dans l'âme des musiciens qui la jouent comme dans celle des spectateurs qui l'entendent le caractère même qu'elle imite.

Mais les modes ne sont pas les seuls éléments musicaux expressifs des caractères. Il en va de même des rythmes, qui sont calqués sur ceux de la poésie et renvoient en même temps aux mouvements de la danse : chaque combinaison de brèves et de longues porte le nom de « pied » (l'iambe, le trochée, le tribachys, le dactyle, l'anapeste, le spondée), et on distingue les « bas » (pieds baissés) et les « hauts » (pieds levés) selon la position des danseurs. Une combinaison de pieds forme un « mètre » représentant tel ou tel un état d'âme[2] : « certains ont un caractère plus mesuré, les autres sont propres à émouvoir, et, parmi ceux-ci, les uns provoquent des émotions plus vulgaires, les autres, des émotions d'un caractère plus noble » (Aristote, *Politique* VIII, 5 1340 b 8-10). Les timbres participent à ces effets affectifs[3]. Il n'y a guère de

1. Ces textes ont été analysés et commentés par Séline Gülgonen, *Des Lyres et Cithares, Musiques & musiciens de l'Antiquité*, Les Belles Lettres, 2010, p. 15 *sq*.

2. Voir Platon, *République* III, 399 e-400 c, où Socrate renvoie pour le détail à l'autorité du musicologue Damon.

3. Ailleurs (*Politique* VIII, 7 1342 a 29 *sq*.), Aristote reproche à Platon d'avoir conservé le mode phrygien après avoir rejeté l'utilisation de l'*aulos* (instrument à anche, proche de notre hautbois) « puisque, selon lui, le phrygien a la même action que l'*aulos* parmi les instruments, car tous deux provoquent une frénésie orgiaque et des élans passionnels ».

musique sans chant et danse. Ainsi, le même état d'âme se transmet d'un bout à l'autre de la chaîne : les différents caractères sont à la fois dans la musique (mode, rythme, timbre) qui les « imite », dans les mouvements internes de l'âme des musiciens qui la jouent, dans les mouvements visibles des corps des danseurs qui les représentent et dans l'âme des spectateurs-auditeurs à qui ils se transmettent.

C'est avec cette expressivité communicative et cet art total des Anciens que l'on prétend renouer en Italie à la fin de la Renaissance, avec l'invention de ce « drame en musique » qu'est l'opéra. Cependant, on infléchit inconsciemment la théorie ancienne. La musique « représente » des dispositions moins anthropologiques qu'*individuelles*. Et moins des dispositions constantes à *agir*, des caractères, que des états *passionnels* momentanés : des émotions. Et au lieu que la musique les *imite* en imitant des mouvements du corps en action, elle doit les *exprimer* au moyen des inflexions de la voix émue. Il y a là toute la différence entre deux manières, antique et moderne, de rapporter l'art à l'humanité : l'Homme ancien est un modèle général, l'Homme moderne est un individu particulier ; le premier est un sujet d'action aux principes invariables, le second est l'objet de passions passagères ; le sujet ancien est tout à la fois musicien, acteur et spectateur, le sujet moderne est l'un *ou* l'autre.

À ce moment de « retour aux Anciens », la question de l'émotion ne se pose donc pas puisqu'elle est d'emblée résolue : la possibilité, ou mieux la nécessité, le *devoir* même, de la musique, est justement d'exprimer des émotions. Il y avait là une vraie transgression des règles ascétiques et austères de la musique polyphonique dominante qui excluaient qu'on mette en scène la subjectivité humaine, ses singularités, ses troubles et ses faiblesses. Mais en imaginant le *dramma in musica*, les cercles d'humanistes, réunis notamment autour de la « Camerata Fiorentina[1] » rêvent à la tragédie grecque conçue comme

1. Sur cette question, voir les remarquables analyses historiques et musicologiques de Peter Kivy, dans son *Introduction to a Philosophy of Music*, Oxford University Press, 2002, chap. 9 « First the Words ; Then the Music » ; ou, ses développements plus détaillés dans *Osmin's Rage : Philosophical Reflections on Opera, Dram and Text*, rééd. Cornell University Press, 1999. Sur l'importante controverse esthétique du pouvoir expressif de la musique au moment de la naissance de l'opéra, on lira aussi *L'Ombre de Monteverdi. La querelle de la nouvelle musique (1600-1638)*, de Xavier Bisaro, Giuliano Chiello, Pierre-Henri Frangne, aux Presses Universitaires de Rennes, 2008, qui comprend la traduction française du texte de l'adversaire de Monteverdi, Giovanni Artusi : « Des imperfections de la musique moderne » (1600).

un drame à mi-chemin entre le parlé et le chanté. La musique doit suivre les inflexions du discours en se modelant sur le rythme et les sonorités de la langue qui elle-même doit dire les sentiments des hommes, les passions charnelles et les vraies émotions de la vie. De là l'invention du *recitativo* – cette déclamation musicale qui épouse la dynamique émotionnelle. Monteverdi, qui expose les principes de cette « nouvelle musique » dans la Préface à son *Cinquième Livre de Madrigaux*, s'en remet à l'autorité de Platon, Aristote et surtout à Aristoxène pour subordonner la forme à l'*expression* : « le texte doit être le maître de la musique et non son serviteur ».

Cependant, si la théorie est vérifiée et se révèle féconde dans les premiers opéras, elle s'avère de plus en plus difficile à soutenir – ou à illustrer – lorsque, avec le développement de l'opéra au cours des XVIIe et XVIIIe siècles, les airs et les duos, puis les trios, quatuors, etc. (jusqu'à des septuors chez Mozart) donnent à la mélodie, à l'harmonie et même au contrepoint, une place grandissante et aussi importante que celle du texte : il est de plus en plus difficile de soutenir que la musique se contente de suivre les intonations de la parole. Une évidence s'impose alors, problématique pour les compositeurs : le drame a sa propre temporalité, il doit avancer sans cesse avec l'intrigue, comme le temps de la vie ; la musique a une autre temporalité, faite d'exposition, développement, variations, reprises, répétitions, conclusion, par exemple l'aria, dont la structure est en rondo A-B-A. Les émotions exprimées par l'un et par l'autre obéissent donc à deux temporalités incompatibles. Dans les moments de *recitativo*, la musique suit le texte, et les émotions varient au gré de la progression de l'intrigue ; les personnages doivent exprimer, comme au théâtre, leurs actions, réactions et résolutions ainsi que l'évolution de leurs émotions selon une temporalité narrative dynamique et linéaire. Dans les moments d'aria, de duo ou de chœur, le texte suit la temporalité musicale et les émotions sont brusquement arrêtées, et comme peintes en un tableau ; les personnages expriment l'état de leurs sentiments, ceux que leur inspire la situation selon une temporalité suspendue. En somme, c'est comme si le mot même d'émotion changeait de sens, selon qu'elle est exprimée préférentiellement dans la temporalité du texte ou dans celle de la musique : *mouvements* de l'âme d'un côté, *états* de l'âme de l'autre.

Il faut tout le génie dramatique de Mozart pour se mouler dans le genre de l'*opera seria* en le transcendant. Ainsi en va-t-il, par exemple, dans le magnifique « *Ma qual mai s'offre, oh dei* » (57) quand Donna Anna découvre le cadavre de son père assassiné par Don Giovanni. Or, dans ce court récitatif avec orchestre (*recitativo accompagnato*), la musique (que ce soit la ligne de chant ou les accords de l'orchestre) dit avec ses propres moyens (mélodiques, rythmiques et harmoniques), mais selon la temporalité propre au théâtre, les variations d'émotion du personnage dites par le texte. Anna découvre d'abord un corps gisant (en traduction française : « Mais quel spectacle funeste, ô dieux »), s'aperçoit que c'est celui de son père (« Le père... mon père... père aimé... », interjection répétée trois fois, les deux premières dans un cri d'effroi, la troisième avec un attendrissement désespéré), comprend ce qui est arrivé (« Ah, l'assassin me l'a tué »), découvre progressivement les parties de son cadavre (« Ce sang... cette plaie... ce visage... recouvert par la couleur de la mort... il ne respire plus... ses membres sont glacés... »), avant de se reprendre, sur un autre ton (« Le père... cher père... père aimé... »), et de s'évanouir (« Je défaille... je meurs... »). Chaque nouvel état d'âme du personnage (crainte, effarement, alanguissement, désolation, révolte, accablement, tendresse, évanouissement) est exprimé, alternativement et avec la même force, par l'intonation vocale du personnage et par l'harmonie et le rythme des accords de l'orchestre. Cet évanouissement laisse à Don Ottavio la possibilité d'exprimer les mouvements violents de sa propre âme agitée, entre horreur, désespoir et recherche de secours, selon la temporalité du même *recitativo accompagnato*, avant que celui-ci ne se transforme en *duetto* (« *Fuggi, crudele, fuggi !* » (58)), dans lequel triomphe progressivement la temporalité interne de la musique, jusqu'au duo où s'exprime d'une même voix leur commune résolution de vengeance, cette fois invariable et bien ancrée dans leur âme, conformément à la temporalité arrêtée de la musique.

Mais le génie est rare et l'*opera seria* est de toute façon un genre instable, de même qu'est fragile son principe. Il y a pire : fatale pour cette théorie selon laquelle l'émotion de la musique est transmise par le texte et par les inflexions naturelles de la voix qui le porte, est l'apparition au XVIIe siècle, le développement au XVIIIe siècle, et enfin le triomphe au XIXe siècle de la musique instrumentale. Tant que la musique était essentiellement, ou devait être proprement, vocale, la musique était un art mimétique comme les autres et il n'y avait pas de « problème de l'émotion ». De même que la peinture « imite » des portraits ou des paysages, la musique imite des émotions comme pour les Anciens les « caractères ». Tout cela devient problématique lorsque la musique instrumentale (symphonique, concertante, de chambre) s'impose, lorsque la sonate, et surtout, au XIXe siècle, la « sonate pour piano », d'exceptionnelle, devient courante et, de genre mineur, devient majeur. Ce n'est pas sans mal et les réticences du XVIIIe siècle français, notamment des Encyclopédistes, à la musique instrumentale sont connues. D'Alembert déclare que « la musique instrumentale, sans dessin, sans objet, ne parle ni à l'esprit ni à l'âme [...]. Les auteurs qui composent de la musique instrumentale ne feront qu'un vain bruit, tant qu'ils n'auront pas dans la tête, l'exemple, dit-on, du célèbre Tartini, une action ou une expression à peindre[1]. » Et Rousseau, dans l'article « Sonate » de l'*Encyclopédie*, lui emboîte le pas en des termes encore plus sévères pour cette musique « à la mode » et ce « mauvais goût » venu d'Italie, les sonates, « de même que toutes les espèces de symphonies » dont « le chant des voix n'est guère que l'accessoire ».

> J'ose prédire, ajoute-t-il imprudemment, qu'une mode si peu naturelle ne durera pas ; la Musique est un art d'imitation ; mais cette imitation est d'une autre nature que celle de la Poésie et de la Peinture ; et pour la sentir il faut la présence ou du moins l'image de l'objet imité ; c'est par les paroles que cet objet nous est présenté ; et c'est par les sons touchants de la voix humaine, jointe aux paroles, que ce même objet porte jusque dans les cœurs le sentiment qu'il doit y produire. Qui ne sent combien la musique instrumentale est éloignée de cette âme et de cette énergie ? [...] Pour savoir ce que veulent dire tous ces fatras de *sonates* dont nous sommes accablés, il faudrait faire comme ce peintre grossier qui était obligé d'écrire au-dessous de ses figures, *c'est un homme, c'est un arbre, c'est un bœuf.* Je n'oublierai jamais le mot du célèbre M. de Fontenelle, qui se trouvant à un concert, excédé de cette symphonie éternelle, s'écria tout haut dans un transport d'impatience, *sonate, que me veux-tu ?*

C'est dans ce contexte que s'élabore la seule réponse possible à cette question inédite : d'où la musique purement instrumentale pourrait-elle puiser son pouvoir expressif ? Si elle parvient, parfois,

1. *Œuvres philosophiques, historiques et littéraires*, Paris, Bastien, 1805, t. III, « De la liberté de la musique », p. 403, cité par Violaine Anger, *Le Sens de la musique, 1750-1900*, Éditions Rue d'Ulm-ENS, 2005, p. 46-47.

à émouvoir malgré l'absence de paroles, c'est que la mélodie imite les inflexions et les intonations de la voix humaine lorsqu'une personne éprouve ces émotions. Autrement dit la musique instrumentale n'imite qu'au second degré : elle imite une voix qui chante, qui elle-même imite les émotions exprimées dans un texte. Ainsi, Rousseau, dans son *Essai sur l'origine des langues*, chap. XII, soutient une théorie qui évoque celle de certains biomusicologues contemporains : la langue et la musique ont une origine commune. Autrefois, « les accents formaient le chant, les quantités formaient la mesure, et l'on parlait autant par les sons et par le rythme que par les articulations et les voix ». La part articulatoire et vocale de ce « musilangage[1] », comme on dirait peut-être aujourd'hui, exprimait les idées tandis que le contour et le rythme exprimaient les sentiments, les passions, autrement dit les émotions. Kant, qui ne goûte guère, lui non plus, la musique purement instrumentale, soutient une théorie semblable : la musique est en effet le « langage des affects[2] ». D'où vient le charme universel de cet art, qui pourtant « ne parle que par pures sensations et sans concept » et même son charme universel ? C'est l'intonation de la voix. En effet, « toute expression du langage possède dans un contexte une intonation appropriée à son sens. Ce ton indique plus ou moins l'affection du sujet parlant et la provoque aussi chez l'auditeur et cette affection éveille l'idée en celui-ci, qui est exprimée par un tel ton dans la langue[3] » (*Critique de la faculté de juger*, § 53).

Ainsi est né le « problème de l'émotion ». Il est né d'un mouvement d'aller-retour. L'Humanisme renaissant avait fait de l'émotion la finalité de la musique : elle était exprimée par le texte, soutenu par les inflexions vocales et les intonations instrumentales. Les voix et le drame s'estompant, comme à la limite de la mer un visage de

1. Voir ci-dessus p. 25.

2. Voir ci-dessus note 1 p. 237.

3. Ce type de théorie est reprise aujourd'hui, avec de nombreuses nuances et variantes sous le nom de « théorie du contour » par Peter Kivy, qui soutient plus généralement que l'expressivité de la musique lui vient de son analogie structurale avec les manifestations sensibles de l'expression humaine des émotions, à travers les gestes, les attitudes, les postures ou les expressions faciales. Voir son *The Corded Shell : Reflections on Musical Expression*, Princeton, 1980, repris et complété dans *Sound Sentiment : An Essay on the Musical Emotions*, Temple University Press, 1989, et résumé au chapitre 3 de son *Introduction to a Philosophy of Music, op. cit.*

sable, la finalité humaniste est restée : c'est l'émotion, mais elle est désormais orpheline du texte. L'Artiste romantique, héros solitaire et à lui seul un drame, en a assumé la paternité et confié « ses » émotions à son piano. C'est désormais lui qui *s'*exprime. D'où la réaction formaliste : la musique doit rester pure, au diable les émotions ! Et puis ? Et puis, l'expression est restée, *sans l'émotion*. Demeure ce qui a toujours été l'effet de toute musique : son expressivité – ce qu'*exprime* la musique. Car, en réalité, la musique a beau susciter en nous des émotions très variées, le répertoire de celles qu'elle peut *exprimer* est bien court. Inversement, la musique est le plus souvent *expressive* mais elle n'exprime que rarement des émotions. Elle exprime beaucoup d'autres choses, voire elle exprime « tout court ». L'émotion, quoiqu'elle soit la voie la plus empruntée pour comprendre l'expressivité musicale, n'en est pas le meilleur chemin. Mais il ne faut pas jeter le bébé avec l'eau du bain, l'émotion avec l'expressivité.

La part des émotions que la musique peut exprimer

Lorsqu'on prétend que *la* musique exprime *des* émotions, on ne se réfère en fait qu'à une toute petite partie du continent musical ainsi qu'à une toute petite partie du continent émotionnel.

Imaginons un « auditeur compétent ». Non pas un auditeur « qualifié » : il n'est ni musicien, ni musicologue, ni savant, ni même nécessairement cultivé musicalement, mais il comprend *telle* musique, c'est-à-dire qu'il sait l'*entendre*[1]. Disons qu'elle le touche. C'est l'auditeur idéal. Il est familiarisé avec tel *type* de musique (symphonie classique, musique romantique, raga d'Inde du Nord, jazz, etc.), son langage, son style. Mais il n'a jamais entendu *celle-ci* : il n'est pas suspect de lui associer des souvenirs personnels. Il n'a rien lu ni rien entendu concernant cette musique, ce compositeur, ce musicien, il ne connaît pas même le titre du morceau. Son écoute est dégagée de toute association subjective et sourde à tout discours

1. Cet « auditeur compétent » ne nous engage nullement à un concept comme celui de « *standard of taste* » de David Hume (en français « la règle du goût » : celle des meilleurs critiques), puisqu'il ne s'agit pas d'évaluer mais seulement d'entendre ce qui est exprimé et de s'entendre à ce sujet.

savant. Imaginons un autre auditeur de même compétence écoutant la même musique. Quelles émotions s'accorderont-ils l'un et l'autre à entendre en elle ?

Faisons une liste, presque au hasard, d'émotions : par exemple celles que Descartes (dans le vocabulaire du XVIIe siècle, il les appelle des passions) retient comme émotions simples, celles dont toutes les autres sont composées : l'admiration (ce qu'aujourd'hui on appellerait plutôt la surprise), l'amour, la haine, le désir, la joie et la tristesse. De celles-ci, seules la joie et la tristesse sont directement exprimables par la musique – nos auditeurs compétents tomberont d'accord là-dessus. Ils pourraient même dire que cette musique *est* joyeuse ou triste, comme si ces émotions étaient *en* elle. Ils diront difficilement d'une musique qu'elle *est* admirative, haineuse ou amoureuse. Remarquons aussi que la plupart des théoriciens qui s'intéressent aux émotions *exprimées* par la musique se bornent généralement à « joie » et « tristesse ». Parmi les émotions non citées par Descartes mais que l'on s'accorde souvent à considérer comme fondamentales, il y a la colère – laquelle semble pouvoir être exprimée, mais seulement *métaphoriquement* : telle musique violente, à la dynamique puissante, au rythme désordonné pourra *évoquer* la haine pour tel auditeur, même si elle pourra aussi bien évoquer la confusion, le désordre, le chaos, pour tel autre auditeur également compétent. Il en va de même du désir : un auditeur compétent pourrait en entendre l'expression métaphorique dans des montées chromatiques qui ne se hissent jamais jusqu'à la tonique ou dans une série d'accords montants qui ne s'achèvent pas sur une cadence parfaite. Il s'agirait moins, dans ce cas, d'ailleurs, du désir lui-même, que de la *montée* du désir et de son inassouvissement, très bien évoqués par les séries de tensions harmoniques en montée chromatique que nous avons rencontrées dans le *Tristan* de Wagner[1]. Beaucoup de musiques prétendent exprimer l'amour ou la haine. Mais est-ce bien le cas ? Notre auditeur compétent dira-t-il à coup sûr, en les entendant, que telle « chanson d'amour » (privée de ses paroles) exprime l'amour ? Ne dira-t-il pas aussi bien qu'elle exprime la joie, par exemple, mais à condition qu'il s'agisse d'un « amour heureux » ? En fait, en dépit des ambitions des compositeurs, l'amour et la haine semblent *ne pas pouvoir être exprimés du tout*. Ou peut-être seule-

1. Voir ci-dessus p. 189-192.

ment de façon très indirecte ; par exemple une musique pourrait *évoquer* l'amour en combinant expression de « joie » et expression de « désir » ; ou la haine, en combinant expression de « colère » et de « tristesse » – mais aussi bien, pourrait-on objecter, il y a des haines tranquilles et des méchants polis ! Quant à la surprise, il est évident que beaucoup de musiques peuvent *causer* de la surprise (à commencer par le fameux coup de timbale de la *Symphonie n° 94* de Haydn, dite pour cela « La surprise »), mais il s'agit de l'émotion suscitée chez l'auditeur et non de celle qu'elle exprime. On pourrait concéder que telle musique exprime indirectement de la surprise, parce que nous projetons sur elle l'émotion qu'elle suscite en nous. Le cas n'est pas rare. Il en va de même de la peur : une musique peut être effrayante (comme de nombreuses musiques de film l'attestent) et donc paraître exprimer la peur, parce qu'elle l'évoque au moyen de celle que *nous* éprouvons à l'entendre. Dans ce dernier cas, l'association (ou la confusion) entre les deux sources de l'émotion (en elle et en nous) est d'autant plus facile – elle est peut-être inévitable – qu'un des moyens bien connus des producteurs de musiques de film pour susciter la peur consiste à mêler des sonorités « effrayantes » par elles-mêmes (bruits désagréables et imprévisibles, fluctuation d'amplitude rapide, sons subharmoniques, biphonation) à des sonorités qui *imitent* les sons émis involontairement par une personne, voire un animal, effrayé : halètement, palpitations, pauses longues, débit et rythme d'articulation rapides, niveau élevé de la fréquence fondamentale mais amplitude du registre, intensité forte, variations de tonalité brusques, chutes répétées de l'intonation, tremblements vocaux, respiration irrégulière, etc.[1]. Quoi qu'il en soit, on ne dira pas d'une telle musique qu'elle est « apeurée ». Il s'agit toujours évidemment de la peur en nous. Ou plutôt, d'ailleurs, de l'angoisse, comme nous le verrons.

Mais, hormis les deux cas indiscutables (tristesse, joie), quelques autres plus discutables (colère, désir, peur), la musique s'avère impuissante à exprimer par elle-même et directement la plupart des émotions. Il suffit de dresser une liste quelconque d'émotions pour s'en apercevoir : la honte, le dégoût, le mépris, la jalousie, l'envie, la pitié, la gêne, l'inquiétude, l'amertume, le ressentiment, le désarroi,

1. Sur l'expression musicale de la peur, voir par exemple Cristina Cano, *La Musique au cinéma. op. cit.*, p. 129.

l'appréhension, le souci, l'embarras, etc. De nombreuses musiques les ont chantées, aucune musique ne peut les exprimer. Ce n'est pas forcément en défaveur de la musique.

De cette rapide analyse se dégage une première leçon : plus une émotion est *générique*, plus la musique peut l'exprimer facilement ; et plus elle est *spécifiée*, moins elle est entendue comme telle ; autrement dit, la joie exprimée par la musique se distingue mal de l'entrain, de la gaieté, du contentement, du ravissement, de l'allégresse, de la jubilation, de l'euphorie, de l'exaltation, de l'exultation, etc. Et elle se distingue encore moins de toutes les émotions subordonnées qui comportent leur part de joie : la fierté, l'admiration, la confiance, l'amusement, l'ardeur, la ferveur, etc. Cela ne prouve pas la pauvreté expressive de la musique, car la musique a bien d'autres choses à dire. Et puis : si la joie exprimée par telle musique ne peut pas davantage être spécifiée par des mots, elle se distingue pourtant parfaitement, musicalement, de la joie exprimée par telle autre : qui confondrait l'allégresse de l'« Alléluia » du *Messie* de Haendel ❺❾ avec celle du premier mouvement du *Trio op. 99* de Schubert ❻⓿ ? « Comme c'est joyeux ! » doit se contenter de dire notre auditeur compétent ; c'est un peu court pour des musiques si riches, si complexes et si différentes ! Au point que, d'un côté, la musique paraît impuissante à différencier des émotions facilement définies dans le langage, et d'un autre côté, le langage semble impuissant à distinguer les émotions singulières exprimées par la musique.

De là un paradoxe. Comment expliquer le caractère toujours extrêmement général et vague que nous attribuons à une émotion exprimée par la musique (« oui, c'est vrai, c'est triste ») et le caractère extrêmement particulier et précis de l'émotion que nous entendons *en elle*, que nous n'entendons *qu'en elle* ? Ainsi la « marche funèbre » de la *Troisième Symphonie* de Beethoven ❻❶, la « marche funèbre » de la *Deuxième Sonate en si bémol mineur* de Chopin ❻❷, et la « marche funèbre de Siegfried » dans le *Crépuscule des Dieux* de Wagner ❻❸ peuvent bien être qualifiées, même par des auditeurs ignorant leur titre, d'« accablées » (à cause de la lenteur du tempo et de la lourdeur des accents sur les temps forts) et néanmoins « résolues » (à cause du rythme de marche, *un*-deux, *un*-deux, etc.), il n'en demeure pas moins que ce qui est « exprimé » par chacune de ces musiques est unique et lui est propre. De cela, on pourrait tirer deux conclusions opposées : soit, avec le formaliste, que, décidément, l'essentiel est la forme propre à chaque musique et nullement les émotions qu'elle est supposée exprimer ; soit, avec le partisan de l'ineffable, que les émotions sont si essentielles à la musique qu'aucun langage, aucun concept ne saurait les exprimer mieux qu'elle, tout langage étant décidément trop approximatif pour dire ce qu'elle dit. Nous voulons soutenir, contre le formaliste, le caractère essentiel de l'expressivité musicale, sans être conduit à l'ineffable. Il faut donc poser que le langage et la musique possèdent des richesses d'expressivité incommensurables les unes aux autres.

C'est ce que nous pouvons appeler le « paradoxe de Mendelssohn » :

> On se plaint souvent, écrit-il, que la musique est trop ambiguë, que ce qu'on devrait penser à l'entendre est trop indistinct, tandis que tout le monde comprend les mots. Pour moi, c'est exactement l'inverse, et non seulement pour ce qui concerne le discours entier mais pour les mots eux-mêmes. À moi, ils semblent toujours si ambigus, si vagues, si facilement mal entendus en comparaison avec la musique authentique, qui emplit l'âme avec un millier de choses meilleures que les mots. Les pensées exprimées pour moi par la musique que j'aime ne sont pas trop indéfinies pour être mis en mots, mais au contraire trop définies[1].

D'un côté, l'expression musicale est toujours plus vague que les émotions nommables. D'un autre côté, Mendelssohn a raison, chaque émotion exprimée musicalement paraît à ce point singulière que les mots semblent trop grossiers pour les caractériser. Comment résoudre ce paradoxe ? Afin de déterminer ce qui en est exprimable musicalement, il faut d'abord analyser de quoi est faite toute émotion.

L'émotion, la musique et l'exprimable

Dans toute émotion, on peut distinguer cinq composantes : trois sont privées, une est publique et une autre est en partie publique et en partie privée.

---

1. Felix Mendelssohn « Lettre à Marc-André Souchay » du 15 octobre 1842, que nous traduisons ici d'après Felix Mendelssohn, *Letters*, Gisella Selden-Goth (éd.), Pantheon, 1945, p. 313-314.

La part mi-publique mi-privée est physiologique : le rythme cardiaque s'accélère, la gorge s'assèche, le rouge ou la pâleur montent au front, les zones érogènes se contractent ou s'humidifient, on sue, on tremble, on est paralysé, etc.

La part publique est la suivante : certaines émotions se *manifestent* par la manière dont la personne émue se comporte ou agit : avec fébrilité, hésitation, lenteur, excitation – sans qu'il soit toujours possible d'inférer avec certitude de ces signes extérieurs à leur source intérieure, autrement dit de ces expressions à l'émotion précise qui en est la source.

Mais l'émotion est surtout ressentie *privatim*. On peut en distinguer trois aspects.

Il y a la part purement *axiologique* : c'est l'*affect* plaisant ou pénible, positif ou négatif, dont elle s'accompagne presque inévitablement ; d'un côté les émotions joyeuses, celles qui font plaisir, d'un autre côté, les émotions tristes, celles qui font de la peine.

Il y a ensuite une part purement *phénoménale*. Car, au-delà de l'affect agréable ou pénible, chaque émotion a une *qualité* particulière et subjective – un *quale* singulier et unique qui la distingue phénoménalement de toute autre – on aimerait pouvoir dire une « tonalité » si le mot n'était ici équivoque. Ainsi, la jalousie, le dégoût ou la peur sont également déplaisants (« tristes », si l'on veut), mais nous n'éprouvons pas la même chose en étant dégoûtés, jaloux ou effrayés. En outre, un même genre d'affect peut se spécifier *qualitativement* : la joie peut se décliner en entrain, contentement, gaieté, allégresse, euphorie, jubilation, exultation, ravissement – et ainsi de suite, car les mots eux-mêmes finissent par manquer, forcément. Nous ressentons la peur comme distincte de la terreur, de la frayeur, de l'effroi, de la crainte, de l'inquiétude, etc. ; et même nous ressentons chaque peur comme distincte de chaque autre, selon les circonstances particulières, les risques objectifs, nos expériences antérieures, etc. À chaque émotion, chaque fois, sa qualité unique et singulière, et son intensité particulière.

Mais si toute qualité émotive est singulière, unique, si toute peur ou tout désir est distinct de tout autre, c'est, entre autres, à cause de la troisième composante privée de l'émotion, qui est *cognitive* ou plus généralement intentionnelle[1]. Certaines émotions sont *aussi* une

1. Sur « intentionnel », voir ci-dessus note 2 p. 101.

sorte de croyance ; elles nous renvoient au monde hors de nous, et nous disent *ce qu'il y a*, par exemple, qu'« il y a là quelque chose de dangereux » ; outre son affect et sa qualité propres, la peur est aussi une croyance dans la possibilité d'un certain mal à venir. De même, dans la fierté, on se *croit* louable, dans la honte on se juge méprisable, etc. Seules certaines émotions comportent cette dimension cognitive, toutes, même celles qui n'impliquent aucune « attitude propositionnelle », ont toujours une composante intentionnelle : on éprouve en soi quelque chose *en relation* avec quelque chose hors de soi ; l'émotion nous met par elle-même en rapport avec un objet hors d'elle-même, quelque chose du monde.

Un exemple peut illustrer les trois composantes privées d'une émotion. Dans le désir sexuel, on peut distinguer : la *qualité* propre à tout désir en général – l'instabilité dynamique ; l'*affect* caractéristique de la libido : l'ambivalence – positif comme la délectation et négatif comme le manque ; et la *relation intentionnelle* avec l'« objet » désiré, voire la croyance secrète, qu'il y a là, devant nous ou hors de portée justement, un objet désirable, susceptible de nous apporter du plaisir et donc de satisfaire ce désir – c'est-à-dire à la fois de parfaire ce sentiment délicieux et de combler ce manque insupportable.

Plus l'intentionnalité revêt une dimension cognitive, plus l'émotion a un objet déterminé : il y a une différence entre avoir peur *que* ce molosse nous morde (intentionnalité à dimension cognitive), avoir peur *des* chiens en général, et avoir peur *des* animaux (zoophobie) : la phobie possède l'intentionnalité de la peur mais sans aucune dimension cognitive.

La composante intentionnelle qualifie l'émotion : elle différencie la peur du désir. Mais elle est aussi une des causes de l'affect, positif ou négatif. Il est vrai qu'on peut éprouver la qualité et l'affect, l'émotion « pure », privée de toute dimension intentionnelle : c'est par exemple l'angoisse, dite peur sans objet (intentionnel) et qui se distingue de la phobie, peur *de* quelque chose (un objet déterminé) sans la croyance *que* ce quelque chose est dangereux.

De cette rapide analyse et des remarques antérieures concernant les émotions exprimables par la musique, on peut conclure ceci. La musique exprime une émotion d'autant plus directement et facilement qu'elle n'a aucune dimension cognitive et que sa part intentionnelle est réduite. Autrement dit, plus la qualité d'une émotion quelconque est dépendante de son rapport au monde, moins elle peut être exprimée par la musique. Et en effet l'expressivité musicale n'est pas cognitive : elle ne parle pas d'un objet particulier du monde réel, elle ne le décrit pas, ne le caractérise pas, elle ne le dépeint ni ne l'indique. Elle est sonore ; et si elle se réfère à quelque chose, c'est à des événements imaginaires. Son pouvoir expressif est autre. La tristesse est exprimable parce qu'elle peut être indépendante de quelque objet que ce soit : c'est alors un état d'âme sans motif clair. Le désir peut être exprimé, au moins indirectement, à condition qu'il soit vague. C'est l'angoisse, « peur sans objet », qu'une musique exprimera plutôt que la peur. Mais la honte ou le mépris sont inexprimables parce qu'ils sont, non des états d'âme indéfinis mais des *relations* particulières à l'objet déterminé qui les cause : on est honteux *de* cet acte ou *de* ce sentiment particulier ; on méprise tel être déterminé pour son comportement en telle circonstance, etc. Supprimez tout rapport à l'objet, il ne restera de l'émotion que l'affect sans qualité, gris, vague, forcément vague. De l'amertume, il ne restera que la tristesse ; de la crainte, de la peur, de la terreur, il ne reste que l'angoisse ; de la colère, de l'indignation ou du ressentiment, il ne restera qu'une rage sans raison – ce qu'on nomme l'« énervement ».

Il faut donc conclure, provisoirement mais radicalement : la musique n'exprime pas les émotions, les émotions vécues et éprouvées, celles du monde ; elle n'en exprime pas le *quale* unique, le ressenti particulier, elle n'en exprime que l'affect général, sans objet. Elle exprime au mieux des *humeurs* – c'est-à-dire des émotions sans rapport intentionnel à quoi que ce soit d'extérieur. Certes, ces humeurs peuvent être spécifiées par mille nuances, mais elles ne peuvent pas être singularisées par leur cause ou leur objet. La joie dans la musique est toujours sans raison[1]. (Il n'en va pas de même de notre joie à l'entendre ou à la jouer : *elle* en est la raison !) La musique peut exprimer mille nuances de tristesse, mais ce sera toujours une tristesse immotivée ; elle peut exprimer de mille façons la joie, mais ce sera toujours une joie sans cause assignable.

1. Il s'agit évidemment de la musique instrumentale, ou de ce qui revient à la musique elle-même lorsqu'elle est accompagnée de paroles. Les paroles disent la *cause* précise de cette joie (« Alléluia ! », « Je ris de me voir si belle en ce miroir » (*Faust*, Gounod), « *Questo è il fin di chi fa mal* » (*Don Giovanni*, Mozart), « Viens boire un p'tit coup à la maison », etc.) que la musique *exprime* sans pouvoir en dire la cause précise.

Ainsi s'explique le succès de toutes ces expériences qui montrent le caractère universel (et même transculturel) des émotions exprimées par la musique. Il s'agit toujours d'humeurs, c'est-à-dire d'émotions amputées, mais *interprétées comme si elles étaient des émotions complètes* : sérénité (quiétude, tranquillité, paix, apaisement, soulagement) ; rage (excitation, irritation, colère, courroux) ; angoisse (angoissant, angoissé ; effrayant, effrayé ; etc.), toutes ces humeurs générales et vagues, la musique les exprime à chaque fois d'une manière particulière. La manière est singulière, unique, mais l'humeur est toujours vague, grise et équivoque (réduite à sa part publique). Car lorsque, de l'émotion, on a retiré toute qualité, pour n'en garder que l'affect, plaisant ou déplaisant (joie/tristesse) ainsi que la dynamique (calme/agité), il ne reste en gros que quatre humeurs, joie (mouvement de l'âme plaisant), tristesse (état d'âme déplaisant), quiétude (état d'âme plaisant), rage (mouvement de l'âme déplaisant) – et ce sont *justement* celles que l'on *prête* à la musique *elle-même*, sans même dire qu'elle les exprime : on dit qu'elle *est* joyeuse ou triste, qu'elle *est* sereine ou rageuse. Tel est le noyau dur de l'expression musicale des émotions. Il n'y a plus d'émotion, seulement des humeurs, lesquelles deviennent un caractère intrinsèque et constituant de la musique elle-même.

Nous pouvons désormais résoudre le « paradoxe de Mendelssohn ». La solution est double. Nous avons déjà rencontré la première. Lorsque, en plus d'être entendue comme exprimant telle émotion, la musique nous émeut, il y a souvent en nous *fusion* entre ces deux types d'émotion hétérogènes. La première est forcément vague (tristesse), la seconde est forcément précise, parce qu'elle est l'effet direct de *cette* musique particulière, de *ce* mouvement singulier, de *ce* passage unique : nous entendons bien *cette* tristesse sans nom, semblable à nulle autre et étroitement déterminée par *ce* passage du *Requiem* de Mozart. L'indistinction entre les deux émotions mêlées fait que nous entendons cette émotion *vaguement exprimée* par la musique comme *précisément causée* par elle[1].

Pourtant, le paradoxe n'est qu'à moitié résolu, parce que la question demeure de savoir pourquoi l'émotion née de cette fusion est telle, comme le dit Mendelssohn, que les *mots* semblent manquer pour la dire. La raison en est simple : non, les mots de la tribu

1. Voir ci-dessus p. 142-143.

ne sont pas imprécis, le vocabulaire est riche, et surtout les possibilités d'expression des émotions vécues par la langue commune sont indéfinies (la lecture d'une page de Proust au hasard suffit à l'attester) et *il n'est rien d'ineffable.* Mais ces mots et cette langue se rapportent toujours au monde « réel » (même s'il est, dans la littérature ou le cinéma, fictif), au sens où il est peuplé de personnes éprouvant des émotions complètes, dans toute la variété de leurs qualités, et qui doivent leur singularité à ce que nous avons appelé leur composante cognitive ou plus généralement intentionnelle : *cette* tristesse, ou plutôt *ce* chagrin, causé par *cet* événement, *cette* perte, de *cet* être cher, etc. C'est cette composante intentionnelle qui donne à l'humeur vague sa singularité et la rend nommable par des mots adéquats, ou même, pour peu qu'un génie littéraire s'en empare, définissable par une description définie qui en restitue l'unicité. Or dans la musique, cette composante causale des événements réels disparaît parce que, comme nous l'avons vu, se substitue à elle une *causalité imaginaire* des événements sonores entre eux. Cet enchaînement imaginaire des événements musicaux (notes, accords ou phrases) qui se succèdent ou se chevauchent, déterminés les uns par les autres, agit sur nous, dans le monde musical, exactement comme agit dans le monde réel la suite des événements qui nous émeuvent réellement. L'émotion que nous donne cet enchaînement d'événements sonores est non seulement aussi précise et singulière que l'émotion non amputée du monde réel, mais elle l'est *pour les mêmes raisons* : c'est bien sa composante intentionnelle qui la suscite, à ceci près que ce n'est pas une intentionnalité réelle rapportant cet état d'âme à un état du monde mais une intentionnalité imaginaire rapportant cette émotion à un état (mieux vaudrait dire « un mouvement ») du monde causé par la musique, dans lequel les sons sont *autosuffisants* – selon la définition que nous en avons donnée. On a vu que les sons musicaux suffisaient à causer une *perception* complète, alors même qu'elle est seulement sonore[1] ; on voit à présent qu'ils suffisent à constituer une *émotion* complète, c'est-à-dire *avec* sa composante intentionnelle. Il ne faut certes pas confondre *conceptuellement* ces deux émotions (exprimée et suscitée), qui doivent pourtant pouvoir se confondre *sensiblement* à l'écoute de la musique. Mais

1. Voir ci-dessus p. 84.

il ne faut pas non plus, comme on le fait souvent quand on parle d'émotions musicales, prendre les émotions du monde imaginaire de la musique pour les émotions que nous éprouvons dans le monde réel. De celui-ci, la musique ne peut exprimer que des émotions amputées de leur composante intentionnelle, des humeurs par conséquent ; mais, comme elle cause en nous des émotions précises, dans lesquelles l'humeur est soutenue et déterminée par une composante intentionnelle imaginaire qui la complète et, pour ainsi dire, l'achève, l'émotion qui en résulte est bien indicible. Si et seulement si, répétons-le, cette musique nous émeut – physiquement ou esthétiquement.

La voie de l'émotion n'est donc pas la bonne, ou du moins ne saurait être la seule, pour rendre compte de l'expressivité musicale. Car la musique ne peut exprimer directement que des qualités affectives sans dimension intentionnelle, et donc quelques émotions génériques, comme la joie ou la tristesse, amputées de leurs caractères essentiels. Et comme elle est, par hypothèse, une expression sonore et publique, elle ne peut exprimer ces humeurs, ressenties privément et silencieusement, qu'à partir de leur propre manifestation comportementale publique, de ses signes extérieurs – c'est-à-dire de la composante la plus incertaine et ambiguë de l'émotion : le calme, l'agitation, la lenteur, la rapidité, la fermeté, l'hésitation, etc.

Mais la musique exprime beaucoup plus que des émotions. Elle exprime une infinité de *climats*.

Climats

Souvent, la musique (celle de Bach aussi bien que celle de Beethoven, de Scarlatti ou de Rameau, celle de Bartók ou de Stravinsky, de « Duke » Ellington ou de Bernstein, celle qu'on entend au concert, au cinéma ou « en boîte ») n'exprime pas des émotions, ni même des humeurs, elle *crée des climats*. De l'expression de la colère, nous avons dit qu'on l'entendait pratiquement de la même façon que l'expression d'un violent désordre. Rien ne distingue les deux expressions, à ceci près que nous attribuons l'une à un état d'âme (nous imaginons qu'une *personne* est en colère) et l'autre à un état de choses (nous imaginons des *événements* tumultueux). Il en va de même de l'angoisse : rien ne permet, dans la musique, de distinguer l'expression d'un climat angoissant de celle d'une humeur angoissée. Et ainsi de suite de la tristesse, de la joie, et de tous les affects sans qualité singulière ni intentionnalité. C'est justement parce qu'elle est dépourvue de toute dimension intentionnelle que rien ne distingue, dans l'expressivité musicale, l'émotion d'une personne (liée à son rapport au monde) du climat dû aux circonstances. Mais tantôt on prête cette expressivité proprement musicale à une personne, on imagine quelqu'un de triste dans ce climat de tristesse : c'est le cas, forcément, des musiques accompagnées de paroles, où l'on l'interprète naturellement comme l'expression de l'émotion du personnage qui chante ; ce peut être le cas des musiques instrumentales de type « romantique » (ou « pré-romantique »), où l'on interprète cette tristesse comme étant celle du compositeur (les malaises physiques et psychiques dus aux progrès de la syphilis chez Schubert composant sa *Sonate pour piano n° 21 en si bémol majeur D. 960* [écouter le début du deuxième mouvement ❻❹], ou la tristesse de Mozart écrivant sa *Sonate n° 8 en la mineur* ❺❻ après la mort de sa mère), ou à son interprète.

Mais il y a une infinité de cas où la musique semble au contraire exprimer une humeur dépourvue de tout porteur. On entend une qualité affective amputée non seulement de son objet (intentionnel) mais de tout sujet (sensible) ; on entend un « climat ». Soit une musique qui exprime la sérénité. On peut imaginer que quelqu'un est serein (le compositeur ? l'interprète ?), mais point n'est besoin. C'est la situation qui *est* calme. Il en va de même de la joie ou de la tristesse. On peut peindre un climat comme triste ou joyeux sans qu'il y ait une personne particulière qui le soit. C'est ce que peut faire la peinture. C'est aussi ce que peut faire la musique. Et alors, dans cette atmosphère de joie qui baigne les choses, toute personne est invitée à être joyeuse : de l'interprète à l'auditeur. De même que, inversement, lorsqu'on est triste, la situation apparaît sombre : qui pourrait dire la frontière entre l'état d'âme et l'état des choses ? Rien ne distingue l'expression musicale d'un *climat* objectif de celle d'une *humeur* subjective. Le climat est la face extérieure, publique, dont l'humeur est la face intérieure et privée. On éprouve l'un hors de soi, on ressent l'autre en soi.

(J'écoute le Prélude de la deuxième Suite anglaise *de Bach par Ivo Pogorelich. Toute ma matinée s'en trouve illuminée. Mais où est la cause,*

où est l'effet ? Est-ce parce que j'étais déjà dans cette humeur d'allégresse volubile que j'ai choisi ce titre sur mon lecteur ? Ou est-ce la musique qui m'a transmis son climat ?)

Écoutez par exemple la « Badinerie » de Bach de la *Suite n° 2 en si mineur BWV 1067* 65 : elle bondit, joyeuse et insouciante, de tierce en quarte, délicate et fine comme le timbre de la flûte. A-t-on besoin d'imaginer qu'une personne est joyeuse ou insouciante ? A-t-on besoin d'imaginer que Bach exprime *sa* joie[1] ? A-t-on besoin d'imaginer que ce sont des émotions ressenties par quelqu'un ? Nullement. Écoutez la fameuse musique de Miles Davis pour *Ascenseur pour l'échafaud* de Louis Malle, par exemple le morceau nommé « Florence sur les Champs-Élysées » 66 : la trompette semble seule, non qu'on n'entende qu'elle, mais parce qu'elle se détache des autres instruments comme si elle seule pouvait s'exprimer *personnellement*, spontanément, librement, loin en avant de la rythmique, qui demeure au contraire toujours prévisible, comme mécanique ; elle, la trompette, paraît flâner sans but, ébaucher un thème, l'abandonner sans raison, tenter deux ou trois notes dans les aigus, puissantes, vibrantes, à contretemps, comme pour juger de leur effet harmonique, les reprendre à une autre hauteur, sur un autre ton, à la poursuite d'un air qui ne vient jamais vraiment, soudain plus fort, ou moins, le tout sombre mais serein, sûr de soi – aussi calme apparemment que le visage fermé de Florence, qui attend vainement le retour de son amant assassin et déambule sans but dans la solitude de la nuit. La musique exprime tout cela, et bien mieux que ces mots. Mais elle

1. C'est parce qu'on n'en a nul besoin que Monroe C. Beardley rejette toute idée de l'« expression » musicale en général ; mais nullement au nom de la thèse formaliste selon laquelle la musique n'a aucune qualité émotive : c'est au contraire parce qu'elle peut être *objectivement* qualifiée de « triste » ou « joyeuse » : « "La musique (par exemple celle du scherzo de la *Septième Symphonie* de Beethoven) est joyeuse" est une proposition claire qui peut être défendue. "La musique *exprime* la joie" n'ajoute rien si ce n'est des questions superflues et sans réponse." En effet "exprimer" est proprement un terme relationnel ; il requiert un X qui exprime et un Y qui est exprimé, et X et Y doivent être distincts. Quand nous disons qu'une rose est rouge, nous n'avons qu'une chose, la rose, et nous décrivons sa qualité ; de la même façon, quand nous disons que la musique est joyeuse, nous n'avons qu'une chose, la musique, et nous décrivons sa qualité. Nous n'avons nul besoin du terme "exprime". » (*Aesthetics. Problems in the Philosophy of Criticism*, rééd. Hackett Publishing Compagny, 1981, p. 331-32.)

n'exprime nullement des émotions proprement dites. Au contraire. Les émotions sont visibles sur l'écran, dans la situation elle-même et sur le visage de Florence : son inquiétude, son incompréhension (que fait donc Julien ?), nous les devinons « en contrepoint[1] » de la musique elle-même. Elle, la musique, se contente de dire ce climat d'errance nocturne et solitaire, sur ce ton détaché et réticent, presque taciturne, qui annonce toutes les atmosphères que saura créer Miles Davis dans son œuvre ultérieure, par exemple *Kind of Blue*.

Le jazz, plus que toute autre musique, est créateur de climats singuliers. Rarement, il exprime des émotions. Le blues, lui si, peut-être, mais toujours la même. Pourtant, là encore, il ne s'agit que de l'humeur : on se sent « blues », sans savoir bien en dire la cause, interne ou externe. Cette humeur ne se distingue donc pas du climat proprement bluesy – notamment lorsque le blues est lent. Une guitare pour dire la solitude ; une gamme ni majeure ni mineure (la tierce est entre les deux, hésitante, *mi* ou *mi♭* ?) pour dire pudiquement la peine ou la lassitude (qu'en sait-on ?), ou peut-être l'abandon ; deux accords (majeur et septième), toujours les mêmes, sur trois degrés, toujours les mêmes (I, V, IV), sur douze mesures, toujours les mêmes, sur un tempo, toujours le même (noire = 60), pour dire que cette solitude et cette morosité vague, et peut-être aussi cet abandon, sont quotidiens, qu'ils sont banals mais inévitables. Et toujours cette régularité métronomique obsédante, ce rythme pointé, pour soutenir les corps et donner, malgré tout, l'envie de continuer. Mais sont-ce bien des émotions, même en miettes, que disent ces musiques ? Ne disent-elles pas plutôt que la vie même est comme ça ? Que blues, c'est la teneur même de l'existence ?

Ces climats sont objectivement *dans* la musique. Car elle a le pouvoir d'exprimer une infinité de climats, ou d'atmosphères, comme le montre la diversité de ceux que peuvent créer les musiques de films, qui tantôt soulignent ce que dit l'image, tantôt la complètent, parfois la contredisent. Au cinéma, on voit bien que la musique n'exprime pas *essentiellement* des émotions, puisque souvent, loin d'exprimer

---

1. Nous usons de cette expression bien malencontreuse mais entérinée par l'usage pour désigner une musique de film qui, loin de souligner le climat suggéré par l'image, en suggère un autre.

ce que ressent le personnage à l'écran ou ce que nous spectateurs ressentons, elle dit, en contrepoint, le climat ambiant, elle constate, souligne, ou contribue à créer l'état des choses, voire elle dit ouvertement sa distance avec l'empathie – ou l'horreur – que le personnage ou la situation inspire, comme lorsque nous entendons, à notre corps défendant et à volume maximal, la triomphale « Chevauchée des Walkyries » en assistant au bombardement au napalm d'un village vietnamien[1]. Nous voilà alors partagés entre notre émotion de spectateur et notre émotion d'auditeur.

Qu'est-ce qu'un climat ? C'est la « tonalité » du monde, c'est la couleur des choses qui ne peut apparaître que si quelqu'un, personne en particulier, les regarde, c'est l'impression objective que font sur tout un chacun un concours de circonstances, une suite d'événements réels ou imaginaires – et par conséquent aussi la musique, c'est-à-dire un processus sonore représentant un monde autosuffisant d'événements sans choses. C'est le monde vu, ou plutôt entendu, du point de vue (ou du « point d'ouïe ») d'un sujet quelconque. C'est l'impression du monde *lui-même*, non l'émotion ressentie par un sujet particulier. Tel est le paradoxe du climat. Pas de climat sans quelqu'un pour le ressentir. Et pourtant le climat est bien dans les choses, ou plutôt il est sur elles, à leur surface et comme détachable. Et le climat que la musique crée à l'entour des choses est celui que créerait sur nous la succession des événements possibles qu'elle met en ordre.

Car la question la moins sérieuse concernant ces climats (ou atmosphères – nous prenons les deux mots comme synonymes) musicaux consisterait à se demander s'ils sont dans les choses ou en nous. Ils ne sont ni « subjectifs » (comme les émotions ou les humeurs), ni « objectifs » (comme les événements eux-mêmes). À qui prétendrait qu'ils sont dans le monde, il sera facile de répondre que toute atmosphère est ressentie et qu'il n'y a donc pas d'atmosphère dans les choses elles-mêmes. À qui affirmerait que les climats sont en nous, on répondra que tout un chacun les perçoit comme étant hors de lui, non en lui. Ils sont hors de nous, certes, mais non dans le monde tel qu'il est réellement, seulement dans les mondes représentés, qu'ils soient ou non ceux de l'art. Quand on parle d'atmosphère propre à un lieu, on ne parle ni de quelque chose qui

1. *Apocalypse now*, de Francis Ford Coppola.

serait objectivement dans le lieu, en lui-même, dans la disposition réelle de ses occupants ou de ses objets, ni de quelque chose qui serait seulement dans la façon dont chacun pourrait le ressentir à sa manière. Le climat du lieu est créé par sa représentation dans l'art – en prenant ici ce mot au sens faible, incluant toute façon de représenter la réalité – en sorte que tout un chacun, s'il la comprend, ressentira ce climat *comme étant exprimé objectivement par le lieu lui-même ainsi créé*. Les climats ne dépendent donc ni de nous ni des choses. C'est pourquoi ils sont à la limite indistinguables des humeurs. Ils ne dépendent pas de nous, puisque nous les voyons, nous les lisons, nous les entendons dans les images, les mots ou les sons représentant le monde imaginé par l'artiste. Mais ils ne dépendent pas non plus du monde, puisque le monde représenté n'existe pas.

Chaque musique crée un monde imaginaire d'événements purs. Et ce qu'elle exprime, c'est l'atmosphère de ce monde, tantôt immuable, tantôt variable. Dans certains cas, notamment dans la plupart des musiques dites traditionnelles, dès les premières notes ou les premières mesures, elle installe un climat durable que tous les auditeurs compétents reconnaissent immédiatement : il en allait ainsi pour les « modes » grecs anciens, il en va encore ainsi pour les différents palos flamencos que les participants identifient dès les premiers accords de guitare ou dès les premiers *ayeos*[1] du *cantaor* ; ou pour les ragas d'Inde du Nord reconnus immédiatement par leurs alâp[2]. Dans la musique classique occidentale, au contraire, le climat est souvent dynamique, évolutif, variable d'un mouvement à l'autre, et parfois, à l'intérieur d'un même mouvement, d'un thème ou d'une tonalité à l'autre (dans la forme sonate), ou selon les développements, les modulations, les reprises, etc., au point qu'on pourrait dire, approximativement, que les climats internes à chaque pièce sont devenus de plus en plus instables et changeants au cours de l'évolution de la musique instrumentale depuis la fin du XVIIe siècle jusqu'au début du XXe siècle : ce ne serait pas un si mauvais critère de son évolution, qui vaudrait bien celui, plus communément utilisé, de l'évolution du « langage ». Quoi qu'il en soit, la musique exprime les climats propres aux mondes sonores

1. Sur ce terme, voir ci-dessus p. 22.
2. Voir ci-dessus p. 114.

qu'elle représente, qu'ils soient statiques ou dynamiques. Car la musique est toujours un processus dynamique (elle est un ordre d'événements successifs formant une unité) mais le monde créé par chaque musique peut bien être statique.

Reste à savoir pourquoi et comment un « monde d'événements purs » peut être expressif.

Espressivo

La musique peut donc exprimer autre chose que le monde intérieur. Cela semble étrange parce que l'idée d'expression implique la manifestation externe d'un état interne. Le fait est là, elle peut créer les climats du monde extérieur. Mais il y a plus étrange encore : la musique peut être expressive sans exprimer quoi que ce soit. On dit en effet qu'une musique est « très expressive », sans qu'on puisse, ou même qu'on doive, préciser ce qu'elle exprime : elle exprime… absolument. C'est plus étrange encore parce que l'idée d'expression paraît forcément transitive. Telle est la dernière pierre dans le jardin formaliste. Le comble de l'expression, c'est l'expressivité « tout court ». Comment serait-ce possible ? Cette curieuse formule recèle peut-être la clé de toute expressivité musicale.

Ici, c'est la musique classique qui peut nous servir de guide – ou du moins toute musique écrite, dans laquelle la composition (l'écriture de la partition) et l'interprétation (l'exécution de la pièce) constituent deux étapes distinctes – c'est-à-dire, au fond, deux types d'expression musicale. Car un « auditeur compétent » peut être sensible non seulement à ce qu'exprime la musique, mais à ce *qu'en exprime* telle ou telle de ses interprétations : et l'on sait qu'il y en a de radicalement différentes pour une même œuvre. Cette distinction entre composition et interprétation permet de comprendre où et comment se situe l'expressivité musicale « tout court » (ou « absolue »). Lorsque la musique n'est pas écrite (musique traditionnelle) ou lorsqu'elle ne l'est que partiellement (basse chiffrée sur laquelle le musicien brode ou improvise, thème et grille d'accords en jazz, etc.), la question de l'interprétation ne se pose évidemment pas : la musique est produite achevée, si l'on peut dire, le musicien est à la fois compositeur et interprète de son œuvre qui n'existe que le temps de sa performance[1]. La solution du problème de l'expressivité musicale apparaît alors beaucoup moins clairement.

Toute partition ou presque, depuis le début du XIXe siècle, c'est-à-dire depuis que d'autres musiciens que le compositeur sont amenés à exécuter la pièce[2], contient des indications d'interprétation : tempo (*allegro* ; noire = 110, etc.), nuances (*piano*, *forte*, *crescendo*, *forte subito*, etc.), attaque (*legato*, *marcato*, *staccato*, *sforzando*, etc. ; notes piquées, liées, etc.), ou « esprit » (animé, vif, agité, solennel, gracieux, passionnément, etc.). « Expressif » (en italien *espressivo* ou *con espressione*, en allemand *ausdrucksvoll*), indication plus fréquente dans la musique romantique que dans d'autres, est à première vue plus opaque. Pourtant l'interprète l'interprètera sans peine. On lui demande de mettre de l'« expressivité » dans son jeu, c'est-à-dire de s'efforcer de transmettre le *climat* de la pièce en prenant de légères libertés avec la partition (c'est la partition même qui le recommande), notamment dans les articulations et la dynamique. Ainsi, il fera entendre plus distinctement les phrasés en les détachant clairement des notes extérieures au thème ou à la mélodie, mais aussi en faisant de légers crescendo lorsque le contour mélodique est montant, ou de légers decrescendo lorsque la mélodie descend, ou en accentuant certains degrés forts (tonique ou dominante, par exemple) surtout lorsqu'ils tombent sur un temps fort, en diminuant l'accentuation des degrés faibles ou des notes de passage, ou encore en marquant un très léger ralentissement, comme une hésitation, avant la réalisation d'une cadence ou avant le retour à la tonique dans une mélodie, ou à la tonalité principale après une modulation, *comme si l'attendu devait se faire légèrement attendre*, etc. Certes, il conviendra, pour être fidèle à cette injonction « *espressivo* », de n'accomplir qu'avec retenue ces légers manquements à

1. Il est vrai que, dans certains cas de transmission orale, la même musique est reproduite à l'identique à chaque performance (comme l'a souvent souligné l'ethnomusicologue Simha Arom) et de génération en génération. Il n'en va pas de même, évidemment, dans le cas des musiques improvisées, dont chaque performance est une production originale, une prise, un *take* comme on dit pour le jazz des différentes exécutions d'une « même » pièce en studio.

2. La tendance générale des partitions, depuis le début du XIXe siècle, consiste à inclure de plus en plus d'indications d'interprétation. Auparavant, il n'y en avait guère, ou de très vagues, bornées au tempo et parfois à la dynamique.

la lettre (ce rubato, comme on dit), sous peine de tomber dans un style ampoulé ou affecté, ou d'être accusé de vouloir se faire le protagoniste central d'une musique dont on ne devrait être que le modeste porte-parole.

Que fait spontanément l'interprète qui joue « expressivement » un passage noté « expressif » ? Il phrase le morceau *comme s'il s'agissait de phrases justement*, de phrases dites dans la langue ordinaire. « Expressif » signifie pour lui quelque chose comme « à jouer comme si quelqu'un s'exprimait, comme s'il parlait, comme s'il se confiait ». Car lorsque quelqu'un parle, il « phrase » lui aussi, autrement dit il ponctue ses dires par des micro-silences, son débit n'est pas parfaitement régulier, il hésite parfois, comme s'il butait sur une idée, ou il tente de la redire en d'autres termes, plus précis ; lorsque le ton monte, c'est qu'il se sent plus sûr de lui, il parle plus fort, et lorsque sa voix se fait plus grave, il n'est pas rare qu'il parle plus bas. Autrement dit, son intonation est expressive. Alors que, dans d'autres passages, ou dans d'autres morceaux, le pianiste ou le violoniste pouvait *laisser parler* la musique, dans ces passages, il fait comme si quelqu'un, lui-même par exemple, la disait. Un passage noté « solennel » dans la partition, peut être solennel comme un temple, comme une cérémonie, comme un cortège, comme un moment. Point n'est besoin d'imaginer un personnage solennel qui exprimerait sa solennité. Un passage « animé » peut sembler animé de lui-même, comme un artefact, comme un processus mécanique ou naturel, voire comme un être vivant. Nul besoin d'une personne derrière la musique. Mais lors du passage marqué « expressif », tout change : l'ordre ou le processus sonores deviennent des actes, ils sont interprétés pour être entendus comme des actes, le climat objectif se change en humeur subjective, et l'humeur elle-même s'estompe pour laisser place à la subjectivité nue : voici quelqu'un qui parle. Mieux : qui s'abandonne. Qui se laisse aller à se confier, sans pudeur – ou presque : tout dépend de l'insistance de l'interprète dans le rubato. Dans ces moments, il faut que la musique dise clairement des phrases mélodiques, isolables du reste de la musique et seulement soutenues en fond par un paysage harmonique et rythmique. Ces passages musicaux ne sont pas polyphoniques, encore moins contrapuntiques, la pluralité des voix nuirait à la solitude de celle qui s'épanche. Dans les *Nocturnes*, de Chopin, ou dans sa *Ballade n° 1 en sol mineur* ⓲, voire dans la *Sonate en la mineur* de Mozart qui nous a servi de point de départ, par exemple, la main droite s'exprime, elle est seule, tandis que la main gauche l'accouche si l'on peut dire. Les phrases de la main droite forment un air, vous pourriez le chantonner, c'est la voix d'une âme.

Ce n'est pas revenir, même sur ce point précis, à une théorie de l'expression des émotions. Car il n'y a le plus souvent aucune émotion particulière qui est ainsi « confiée » ou « avouée ». Ce que dit la musique, c'est simplement *que* quelqu'un parle, une voix singulière. Ce qui est dit, c'est simplement que quelque chose est dit sur ce ton de la confidence. Quoi ? Précisément ce qui est *intime* : ce qui de l'émotion, de toute émotion, ne peut pas relever de signes extérieurs, c'est-à-dire de sa composante publique et comportementale, *ce* sentiment, précisément, quel qu'il soit, qui est le plus intérieur et le moins manifeste. Ce qui s'exprime, de façon claire et *nullement imprécise*, ce n'est pas l'inexprimable (ce serait contradictoire), c'est le fait qu'il y a quelque chose qui relève de l'inexprimé et qui ne peut se dire là qu'en première personne. Il s'agit peut-être d'une douleur secrète ; la joie, elle, éclate plus volontiers sans complexe. Mais peut-être non. Ce qui importe, plus que l'expression de *telle* émotion, c'est ce ton de *parole*, parfois murmurée, parfois criée, c'est cette atmosphère de révélation, c'est le fait même qu'une subjectivité s'épanche. Le mouvement musical, en devenant *espressivo*, est passé de l'expression de l'état des choses à celle de l'état d'âme, à l'expression même de l'état d'une âme.

C'est tout le génie de certains interprètes de savoir faire entendre, en deçà ou au-delà de la musique qu'ils jouent, une voix, la leur, qui nous paraît pourtant à l'évidence être celle du compositeur, lequel nous parle encore, comme pour lui-même, par-delà les âges.

Mais il y a aussi bien des musiques qui sont *inexpressives* en ce sens. Ce n'est pas leur faire injure, c'est dire seulement que leur propre pouvoir émotionnel ne vient ni de *ce qu'*elles expriment, ni du fait qu'elles donnent l'impression que *quelqu'un* s'exprime à travers elles, mais au contraire du fait qu'elles cherchent à gommer toute trace de subjectivité possible. Elles veulent être entendues comme un simple processus, mimant non la subjectivité vivante mais l'objectivité mécanique. Il en va ainsi de certaines interprétations de Bach au piano par Glenn Gould qui privilégient le staccato, l'égalité des notes et la pulsation absolument régulière, et bannissent tout ce qui (rubato, variations de dynamique ou de tempo) pourrait donner à tel prélude ou à telle variation une connotation dite « romantique », autrement dit « expressive » (*con espressione*). Il en va de même de certaines musiques minimalistes qui cherchent ce même effet mécanique et objectif (à la manière de ces aplats de couleur dans le pop art, aussi parfaitement étalés que par une imprimante, ou de ces peintures hyperréalistes mimant le dispositif photographique) et qui veulent être entendues comme le développement, apparemment automatique quoique toujours partiellement imprévisible dans ses micro-variations, d'un procès sans sujet ou d'un mouvement perpétuel sans fin ni finalité : par exemple les mouvements rapides du septuor *Shaker Loops* de John Adams, *Music for Pieces of Wood* de Steve Reich, ou l'inépuisable *Music for 18 Musicians* (48) du même. Il ne faut nullement dire que ces musiques ne sont pas émouvantes, leur volonté de ne pas être expressives d'une subjectivité et de ne pas exprimer d'émotion est précisément constitutive de l'émotion qu'elles peuvent susciter. Ce qu'elles disent, c'est justement qu'un discours disant ce qu'est un monde d'événements purs peut se dire lui-même sans sujet pour le dire.

Pourtant, l'expressivité musicale « tout court » ne se limite pas aux passages de musique romantique indiqués *espressivo*. Car un mouvement ou un genre musical peut être *expressif* par lui-même, indépendamment de ce que telle ou telle de ses réalisations peut ou non exprimer. Ainsi, il y a une expressivité du rock, une expressivité du rap, et elles sont proprement musicales, quels que soient le « discours », le « message » ou les paroles du texte chanté ou déclamé – même s'il y a forcément une étroite corrélation entre la signification historique et sociologique de ces mouvements musicaux et leur expressivité musicale. Il y a de même une expressivité propre au jazz, même si son histoire depuis plus d'un siècle, son extension géographique, ses influences sur l'ensemble des musiques vivantes, et l'extrême variété musicale de ses courants, en font évidemment un « genre » à part entière, voire plus que cela, un continent irréductible.

L'expressivité du jazz

Au contraire de la musique classique, le jazz ne sépare pas nettement composition et interprétation ; le plus souvent, il utilise des standards, c'est-à-dire les thèmes bien connus, empruntés à la comédie musicale ou à la chanson populaire, comme autant de prétextes à recréations nouvelles, à chaque session publique ou à chaque prise en studio, laissant une large part à l'improvisation et à l'inspiration des musiciens. Il peut sembler hasardeux de parler de l'expressivité du jazz en général : quel rapport, dira-t-on, entre le style (dit « new orleans ») très strictement cadré de l'Original Dixieland Jazz Band de 1917 et les improvisations débridées d'Ornette Coleman dans les années 1960 (*Free Jazz : A Collective Improvisation*) ? Réponse : le jazz, justement. Certes, il y a des différences, souvent abyssales, entre les genres, les mouvements, les musiciens ou les modes de production et de réception de ce qu'on nomme jazz aux différentes époques. Et chaque musique exprime à sa manière les humeurs ou les climats qui lui sont propres. Mais, au-delà de ces dissemblances et oppositions, il y a sans doute quelque chose comme « le » jazz. Les limites en sont forcément un peu floues : ragtime, gospel, blues, bossa, fusion, jazz-rock sont-ils ou non du jazz ? Tout dépend du degré de purisme que l'on met à défendre l'essence du concept. Cependant, dans l'immense majorité des cas, les « auditeurs compétents » s'accorderont pour dire que ce qu'ils entendent est (ou non) du jazz, et par conséquent à lui concéder une *expressivité* propre et donc générale, par-delà tout ce que chaque musique peut exprimer en particulier.

Pour la dégager, il faut d'abord rappeler les critères du jazz le plus souvent avancés – même si (est-il utile de le remarquer ?) aucun de ces traits ne se trouve dans *toutes* les musiques qui relèvent du jazz. Chaque spécialiste se fait fort d'énoncer ses exceptions ou ses contre-exemples, aussi fameux que significatifs, mais qui n'infirment nullement le propos définitionnel. Ici, comme toujours lorsqu'il s'agit de définir des genres artistiques, voire culturels, on ne les définit pas de façon essentialiste par un ensemble de « conditions nécessaires et suffisantes » mais par proximité *relative* à un prototype idéal censé posséder tous les traits, éventuellement hiérarchisés. En voici quelques-uns.

On reconnaît le jazz à un certain type de formation instrumentale : trompette et saxophone en tête (le saxophone, plus maniable, se prête mieux à la souplesse du jeu jazz) mais aussi clarinette et trombone, et une « section rythmique » – généralement piano (sauf lorsqu'il est soliste ou en « trio », la main gauche servant alors de rythmique), contrebasse en *pizzicati*, et batterie.

Il y aussi une certaine « sonorité » : l'instrumentiste de jazz s'efforce généralement de ne pas timbrer trop « propre », notamment dans les attaques. C'est ainsi qu'un instrument comme le saxophone ténor, qui sonne épais (certains diraient « vulgaire ») lorsqu'il est joué « classique », peut devenir extrêmement poignant lorsqu'il est joué avec la puissance brute, le phrasé relâché et la sonorité « triturée[1] » du jazz – même si le son en varie évidemment d'artiste en artiste, au point d'en devenir une signature jugée inimitable.

On reconnaît aussi le jazz à certains modes (la gamme pentatonique majeure et mineure, issue du blues), à certaines notes (la « note bleue », ni tierce majeure ni tierce mineure), au passage constant du modal au tonal, à la structure des morceaux : exposition du thème, solos improvisés successivement par tous les instruments sur une même grille d'accords et selon un ordre canonique, réexposition du thème et coda[2].

Jerrold Levinson signale quelques caractéristiques notables des traits mélodiques, par exemple un « phrasé fragmenté » (écoutez la trompette de Miles Davis) ou « motivique » (Dizzy Gillespie) plutôt que coulé, englobant ou *cantabile* : l'air chantant et mémorisable est le plus souvent réservé au thème, c'est-à-dire au standard prétexte, et exclu des développements et improvisations des solistes.

Il faut aussi noter la grande importance de l'improvisation, donc de l'imprévisible, ainsi que de la performance musicale individuelle des musiciens, qui demeurent pourtant en constante interaction les uns avec les autres, notamment avec la section rythmique.

Mais les caractères essentiels sans lesquels il paraît impossible de parler de jazz sont plutôt d'ordre rythmique. Trois traits sont complé-

---

1. Le mot est de Jerrold Levinson : conférence inédite à l'École des Hautes Études en Sciences sociales (Paris), le 2 avril 2013 : « L'expressivité du jazz ».

2. Voir Lee B. Brown, dans « The Theory of Jazz Music "It Don't Mean a Thing..." » in *The Journal of Aesthetics and Art Criticism*, vol. 49, n° 2, Spring, 1991, p. 119.

mentaires. D'abord une régularité métronomique marquée du mouvement : l'impulsion est généralement donnée par la contrebasse, qui joue les noires ; ensuite, une accentuation des temps faibles (les 2 et 4 en 4/4, joués au pied par les cymbales de la charleston) qui va de pair avec « l'usage [systématique] de la syncope comme signe de ponctuation musicale[1] » –, la main gauche du pianiste plaquant des accords harmoniques syncopés, mais à des moments en partie imprévisibles ; enfin, le « swing » (balancement)[2], concept jazzistique crucial, qui passe pour être aussi insaisissable qu'indéfinissable. On a pu soutenir que c'est là que résiderait l'« essence du jazz », ou que « ça veut rien dire si ça swingue pas », selon le titre d'un morceau de « Duke » Ellington : « It Don't Mean A Thing (If It Ain't Got That Swing) ». Quoi qu'il en soit, et quelle que soit la catégorie dans laquelle on rangera les « expérimentations » free-jazz (non swinguantes) des années 1970, comme celles de Cecil Taylor, Albert Ayler ou l'Art Ensemble de Chicago, on peut avancer, plus prudemment, que ce qui ne swingue pas se trouve le plus éloigné du centre prototypique du jazz. C'est donc de là qu'il faut partir pour chercher son expressivité.

Essayons de caractériser le swing. On partira de cette remarque de Lee B. Brown : « Le jeu jazz entremêle le placement métriquement correct de certaines notes avec le déplacement d'autres notes. Le résultat, c'est que l'on ressent tour à tour les phrases jouées comme s'élançant indépendamment de la pulsation sous-jacente puis comme se faisant recapturer par cette pulsation [...][3]. » En fait, ce qui swingue n'est pas la rythmique seule (ni la batterie, ni la basse métronomique qui joue les noires) mais le rapport qu'entretient avec elle la ligne mélodique du soliste, ou la main droite du pianiste, qui jouent volontiers en croches. Le principe, c'est que ces croches du soliste sont inégales. Elles ne sont pas jouées comme des demi-noires dans une mesure binaire, mais plutôt comme des tiers de

1. Cette belle expression est due à Claude Abromont et Eugène de Montalembert, *Guide de la théorie de la musique*, Fayard, 2011, chap. 22, « Le jazz », p. 215.

2. Nous nous référons évidemment au « swing » comme caractéristique rythmique assez générale du jazz et non au style musical ainsi nommé (le « jazz swing ») des années 1930.

3. Lee B. Brown, « The Theory of Jazz Music "It Don't Mean a Thing..." », art. cit., p. 121-122.

noires sur un rythme ternaire (« première et troisième notes d'un triolet séparées par un demi-soupir », dirait le musicologue). Mais pas vraiment non plus. Car c'est là ce qui distingue le swing du rythme beaucoup plus carré du shuffle, où les notes inégales sont en effet jouées comme deux tiers de noire séparées par un silence de même durée, voire sur un rythme pointé, *pam, pa*-pam, *pa*-pam, *pa*-pam, etc. (croche pointée, double croche), comme le boogie-woogie ou sa variante, le rockabily, syncopé, dansant, et surtout « rebondi » comme tout rythme pointé – mais non swingué à proprement parler. [Boogie-woogie : écouter Jimmy Yancey dans « Yancey Stomp » (1939) 67; puis écouter le rockabily d'Elvis Presley dans « That's all right, Mama » (1954) 68 ; et comparer avec le swing de « Count » Basie « Hey Lawdy Mama » 69.] Pour que ça swingue, il faut (du moins à tempo modéré, car à tempo rapide comme dans le jazz be-bop, les croches ont tendance à être jouées… comme des croches, donc plus ou moins égales ! – c'est d'ailleurs pour cela que certains puristes prétendaient que Charlie Parker ne swinguait pas) que la première croche s'allonge, selon le style du morceau ou le « feeling » du musicien – mais jamais jusqu'à coïncider exactement avec une croche pointée – ou, selon le phrasé choisi par le soliste, que la seconde croche, qui peut être plus ou moins accentuée, soit légèrement retardée.

Ce qu'illustre le swing, mieux que toute autre caractéristique du jazz, c'est que son expressivité est fondée sur une tension interne entre deux pôles[1]. Une pulsation métrique sous-jacente, très régulière (généralement à 4/4), dont les temps forts sont extrêmement marqués, s'oppose à une pulsation rythmique elle-même irrégulière, mais qui ne marque généralement que les temps faibles. Autrement dit, au pôle binaire extrêmement régulier, métronomique, carré, de la contrebasse et de la batterie – ou de la main gauche du pianiste – s'oppose le pôle swinguant de la ligne du soliste (ou de la main droite du pianiste) qui « joue les croches en ternaire », mais de façon souple, jamais entièrement prévisible, et dont les départs ou les accents

1. Cette idée a été défendue par André Hodeir dans *Les Mondes du jazz*, UGE, 10-18, 1970, rééd. Rouge profond, 2004, p. 179 *sq*., qui les nomme respectivement « infrastructure » et « superstructure ». (En revanche, nous ne reprenons pas sa thèse selon laquelle ces deux pôles seraient respectivement de tension et de détente.) Elle a été acceptée par Lee B. Brown dans l'article cité, en dépit de sa sévérité générale pour les thèses d'André Hodeir.

tombent parfois sur le temps, parfois sur le contretemps, et parfois ni sur l'un ni sur l'autre. Cette tension entre un pôle strict jusqu'à la rigidité et un pôle souple jusqu'à la licence est sans doute un trait typique, sinon essentiel, du jazz.

On dira qu'entre basse et batterie, c'est-à-dire au sein même de la rythmique, il y a déjà une sorte d'opposition qui constitue le rythme syncopé. Et certes, la syncope elle-même, du moins sous la forme généralisée qu'elle a prise dans le jazz et dans la plupart des musiques qui en sont issues, suppose déjà une superposition, interne au rythme, entre deux façons contraires de se rapporter au temps : une façon *passive* (l'auditeur attend le temps fort, naturellement accentué par la mesure, la temporalité apparaît divisée selon ses articulations naturelles) et une façon *active* (le geste musical contredit cette attente en accentuant le contretemps : c'est la temporalité *volontairement* divisée). Ce geste d'accentuation est un acte d'*opposition* – on serait presque tenté de dire de « rébellion » – contre la temporalité interne de la mesure ; la résolution volontariste contredit l'inertie naturelle des choses et se met en opposition de phase avec elle. Mais comme ce geste est lui-même (presque) aussi régulier que la pulsation à laquelle il s'oppose et le plus souvent aussi prévisible qu'elle (encore qu'on puisse, au troisième degré, jouer avec cette fausse prévisibilité et déjouer ces attentes convenues de l'inattendu, comme fait l'imagination, qui est pour Pascal « d'autant plus fourbe qu'elle ne l'est pas toujours »), la tension permanente entre les deux temporalités superposées et contraires est motrice du balancement du corps et du mouvement interne de la musique.

Cependant, si la plupart des musiques dont le jazz est issu ou qui en sont issues (ragtime, negro spirituals, gospel, blues, boogie-woogie, rythm and blues, rock and roll, rock, soul, funk, rap, etc.), sont syncopées, seul le jazz swingue à proprement parler. Car, à cette superposition rythmique binaire entre deux temporalités opposées mais prévisibles, le jazz superpose une troisième couche rythmique, une temporalité d'esprit ternaire, toujours *imprévisible*, et qui contredit justement le caractère strict et carré de la rythmique syncopée sous-jacente. Comme l'écrit fort bien Lee B. Brown[1], commentant André Hodeir (nous traduisons) : « Dans le swing, les deux strates se

1. Lee B. Brown, « The Theory of Jazz Music "It Don't Mean a Thing..." », art. cit., p. 120.

catalysent l'une l'autre, produisant la double impression paradoxale de dépendance et d'indépendance. Un bon musicien parachèvera cet effet en posant certaines notes de la superstructure dans une concordance stricte avec la pulsation sous-jacente tout en en décalant certaines autres. » Et Jerrold Levinson, commentant les deux précédents, conclut : « Le résultat, c'est que l'on ressent tour à tour les phrases jouées comme s'élançant indépendamment de la pulsation sous-jacente puis comme se faisant recapturer par elle[1]. »

Tout cela pourrait être contredit par mille exemples, soit de jazzmen qui « sonnent jazz » sans swinguer, soit de jazzmen qui swinguent autrement – par exemple Errol Garner et son fameux décalage d'un quart de temps entre les deux mains. Quelque discutable qu'elle soit, prenons néanmoins pour acquise cette description du swing comme caractéristique typique du jazz. Elle peut servir de fil conducteur à l'analyse de l'expressivité du jazz en général, en repartant de ce centre focal et en reparcourant quelques degrés concentriques de notre « définition ». Car l'antagonisme des deux pôles qui caractérisent le swing se trouve aussi dans toutes les autres caractéristiques du jazz que nous avons énumérées. Le jazz exprime en effet de multiples manières cette opposition entre un sévère encadrement général, toujours prévisible, en tout cas très carré, et une extrême liberté de chaque singularité à l'intérieur de ce cadre. L'individualité n'est jamais où, ni comme, l'attend le dispositif. Mettre en place la machine et simultanément la déjouer, tel est le jeu permanent du jazz, en tous les sens du « jeu », quand on se *joue* des contraintes, quand on se laisse du *jeu* ou quand on en met dans les rouages. Contrecarrer ce qui est carré. Et inversement recadrer sans cesse ce qui sort du cadre. Ce contraste entre la rigidité de la norme, prise comme *devoir* constant, et la fluidité individuelle, entendue comme *possibilité* permanente, on le retrouve à tous les niveaux. Dans le rythme évidemment : jeu de la syncope avec le temps fort et jeu de cette même syncope avec sa propre prévisibilité ; jeu entre l'isochronie métronomique de la contrebasse et les accords harmoniques à contretemps ; jeu de la mesure (le swing proprement dit), entre le binaire rythmique et le ternaire mélodique ; jeu entre la rigidité souvent simpliste ou trop mélodique du standard et les variations brisées, tantôt ironiques, tantôt effrénées, des chorus. Mais aussi jeu entre la liberté quasi absolue du soliste et la

1. Jerrold Levinson, conférence citée.

grille d'accords (32 mesures) sur laquelle il doit improviser, entre son indépendance affichée et l'interaction « sociale » avec les membres du groupe – complices et rivaux tout à la fois. Et jeu avec l'instrument, dans toute la variété inattendue de ses sonorités, des plus âpres aux plus flatteuses, etc.

Chaque événement du processus musical paraît nécessaire, d'une nécessité implacable marquée à chaque temps par la contrebasse et surlignée par le battement du pied des auditeurs, et pourtant, chaque moment offre une nouvelle occasion d'être « à côté », une chance de s'affirmer soi-même, imprévisible. L'expressivité du jazz, c'est cette tension, dans l'*interaction* interne des événements du processus musical, entre le mouvement implacable des choses, dont on reconnaît la puissance et la légitimité dans son ordre, et la liberté de l'esprit, lequel proclame qu'un écart ou une exception peuvent toujours être envisagés ; que tout, dans la vie, dans le monde, dans la musique, semble bien décidé *a priori* de l'extérieur et pourtant fourmille en permanence d'opportunités insoupçonnées, furtives ou grandioses, par rapport au tempo, au rythme, au standard, à l'harmonie, aux autres musiciens du groupe (qui vous soutiennent mais dont vous contrariez ironiquement le soutien), ou par rapport à votre propre main gauche, votre guide le plus sûr, avec lequel votre main droite refuse pourtant de s'accorder.

Le climat jazz, c'est donc cette marge entre événements et actions : une marge toujours possible et plus large qu'on ne croit, une distance modeste mais extensible avec les limites et la mesure, toujours soigneusement soulignées, une place pour l'ailleurs, pour la dissension peut-être, souvent pour la déambulation, la nonchalance, la décontraction, l'errance, et plus souvent encore l'ironie, le second degré. Écoutez comment Stan Getz dans *Autumn Leaves* transforme « Les feuilles mortes » (70), comment il le triture et finalement l'exprime, non comme on exprime sa tristesse mais comme on exprime le jus d'un citron. Parfois même la distance est telle qu'elle s'installe par rapport à la musicalité elle-même : c'est Billie Holiday se mettant à marmonner, à susurrer, lassée non seulement par le standard, qu'elle a renoncé depuis longtemps à « servir » mais comme lassée par le chant lui-même. Le climat jazz est celui dans lequel baigne l'antihéros des mégapoles modernes, tantôt trop affairé tantôt désœuvré, à la fois expansif et introverti, jamais seul mais toujours entre deux célibats, éternel adolescent nouant des amitiés nocturnes, violentes et passagères, un peu à côté sans être jamais marginal, perdu dans la jungle des conventions sociales et finalement individualiste par inadaptation plus que par choix.

Il ne faut pas croire, pourtant, que le jazz, dans sa plus grande généralité d'expression, affirme la précellence de la liberté individuelle sur les contraintes sociales. Le jazz est rarement révolté à proprement parler. Rebelle et conciliant à la fois. (On se réfugie plus volontiers dans les caves ou dans la drogue que dans les mouvements sociaux.) Car ce sont les contraintes assumées, acceptées et même désirées qui sont le moteur inflexible de la musique et, par suite, des corps qu'elle entraîne dans sa gesticulation, ceux des musiciens comme ceux des auditeurs. Ce que le jazz affirme plutôt, c'est que ces deux pôles inconciliables, du groupe et de l'individu, de l'ordre et de la liberté, de la loi et de l'autonomie, du quotidien prévisible et de l'accident imprévisible, de la norme et de la transgression, du « il ne faut surtout pas » et du « on peut peut-être quand même », sont faits pour vivre ensemble. Tantôt, on peut bien en rire (Jelly Roll Morton, Louis Armstrong), tantôt on ne peut qu'en pleurer (Billie Holiday, Charlie Parker).

Tout cela est évidemment très général. Beaucoup trop. Comment ne le serait-on pas quand on prétend parler de l'expressivité d'un genre aux multiples styles, qui inclut aussi bien l'humeur virtuose et décoiffante d'un Art Tatum [écouter son irrésistible « Tiger Rag » ⓻ !] que le climat lyrique et mystique, l'humeur désespérée d'un John Coltrane [écouter son immortel *A Love Supreme* ⓻] ? Chaque musique exprime quelque chose de différent, tantôt des émotions (plutôt les chanteurs), tantôt des climats (plutôt les instrumentistes), mais tous l'expriment en jazz, c'est-à-dire dans une langue qui dit cette tension nécessaire entre force de la contrainte et violence de la liberté.

Cette opposition interne entre deux pôles est non seulement la clé de l'expressivité du jazz, elle est peut-être aussi le moteur de son histoire, du moins dans son demi-siècle (des années 1920 aux années 1970), d'évolution-négation-révolution permanente. Car comment expliquer cette courte et chaotique histoire (new orleans-swing, middle jazz- be-bop- cool- hard bop- free, et puis… ?, *revival* forcément), sinon par ce désir permanent de faire éclater le cadre sous la pression de la ligne, tout en s'efforçant sans cesse de le replacer ailleurs pour maintenir la tension entre ces deux pôles, au risque de mettre cette opposition même en danger permanent, de faire éclater le swing lui-même, *sous la pression du négatif*, ou de parler soudain une autre langue, plus populaire (boogie-woogie, blues, rock, fusion), plus délicate (bossa nova) ou plus savante (jazz symphonique, musique contemporaine) ?

On dira qu'il y a la même « pression du négatif » dans l'histoire de la musique classique, taraudée elle aussi par le désir de faire reculer sans cesse les normes admises du langage. On y verra cependant deux différences : d'abord la rapidité de l'histoire du jazz (un demi-siècle) jusqu'à son éclatement, comme si le fait que la contradiction y soit *interne* rendait le moteur de l'évolution plus puissant et en tout cas plus efficace que les contestations externes par les musiciens classiques. Il y a ensuite le fait que l'histoire du classique, de Rameau à Schönberg, telle qu'on la raconte le plus souvent, est plutôt celle des aléas du langage tonal (« et après le chromatisme wagnérien, répète-t-on, seule restait l'atonalité schönbergienne, etc. »), tandis que l'histoire du jazz est plutôt celle des tensions rythmiques. C'est parce que, en musique classique, il y avait beaucoup d'autres voies d'exploration et d'expression que celle du « langage », que, contrairement à ce que voudrait l'historiographie dominante, « progressiste », l'histoire ne s'est pas arrêtée au constat de l'« épuisement du langage tonal » et à la « découverte » du dodécaphonisme par la seconde école de Vienne. En revanche, comme le moteur de son histoire était une contradiction interne, inscrite dans son essence rythmique, qu'il devait préserver à tout prix sous peine de mort, le jazz n'avait d'autre issue, après les expérimentations audacieuses et suicidaires du free-jazz, que le *revival*, quelque vif ou brillant qu'il fût.

Il y a donc bien une expressivité du jazz en général, comme il y a des passages ou des morceaux expressifs « tout court » dans le piano romantique. En un sens, ces deux types d'expressivité nue sont opposés : dans un cas, une contradiction entre norme collective et expression individuelle se manifeste, dans un autre cas une voix personnelle s'épanche. D'un côté l'individu, de l'autre, la « personne ». Dans un cas, on dit qu'il faut être soi en dépit des entraves, un « soi » exubérant et solitaire au milieu du monde social ; dans un autre cas, on dit qu'il est possible de se dire soi-même, un « soi » qui est un moi esseulé et malade. Il y a bien pourtant des points communs : s'il n'y avait pas, dans les deux cas, une singularité humaine qui cherchait à se dire, d'un côté en assumant toutes les contraintes transgressées, d'un autre côté dans l'isolement et l'impudeur, il n'y aurait pas d'expressivité ; la musique serait inexpressive, ce qui, on l'a noté, ne serait nullement dire qu'elle ne veut rien dire, mais qu'elle se produit sans l'aide de personne et que nul en elle cherche à se dire.

Comment la musique peut exprimer ce qu'elle exprime

Reprenons les étapes de ce parcours. Contre les formalismes et les relativismes, il faut dire que la musique exprime des émotions, dont certaines sont universellement entendues. Ce ne sont pas celles que nous donne la vie réelle puisqu'elles sont amputées de leur part intentionnelle, de leur ancrage dans le monde des événements extérieurs. Il n'en reste que des humeurs, aussi indéfinissables conceptuellement que musicalement précises. Le plus souvent, plutôt que des humeurs, la musique exprime des climats qui s'en distinguent mal mais se passent, eux, de toute subjectivité. Parfois même, la musique exprime « tout court », quand quelque chose en elle, un sentiment intime ou un rapport au monde, semble vouloir se dire au nom d'une personne ou d'un sujet.

Reste la question la plus difficile, celle qui nous a servi de point de départ. Comment une musique, une suite de sons, peut-elle *exprimer* quoi que ce soit ?

Une partie de la réponse nous est donnée par une expérience. Écoutons à nouveau le début de la *Sonate en la mineur* de Mozart ❺❻. Les émotions qui s'y expriment sont ainsi décrites par quelques spécialistes : « Ici [...] la conscience tragique de son impuissance déferle et emporte l'œuvre dans une agitation presque continue. [...] Le thème initial [...] a un rythme de marche funèbre [...] ; tout l'allegro maestoso est obsédé par cette marche dans le sentiment de l'irréparable [...][1] ». Ou : « Le mouvement rythmé des accords d'accompagnement évoque une grandeur démoniaque et menaçante. Dans le premier mouvement alternent sans cesse angoisse et résignation[2]. » Ou encore, selon Alfred Einstein, « cette sonate (composée juste après la mort de sa mère), est une œuvre exceptionnellement

1. Brigitte et Jean Massin, *Wolfgang Amadeus Mozart*, Fayard, 1970, p. 814-815.

2. Paul et Eva Badura-Skoda, Sonates pour piano de Mozart, présentation détaillée, Henle Verlag : http://www.henle.de/fr/detail/index.html?Titre=Sonate+pour+piano+en+la+mineur+K.+310+%28300d%29_396

noire » ; elle « est dramatique, et pleine d'une obscurité impossible à soulager »[1], etc.

Écoutons-la maintenant par Glenn Gould ❼❸. Au lieu d'un tempo moyen de 125 (= 125 battements par minute) chez la plupart des autres interprètes, il adopte un tempo très rapide (160 environ). Et contrairement à tous les autres qui adoptent un rubato, même minimal (légers ralentissements dans les passages *piano*, légers crescendo dans les passages montants et légers decrescendo dans les passages descendants, accentuation de certains premiers temps de la mesure ou de certaines conclusions de phrases, opposition d'intensité ou d'attaques, quelques sforzando en fin de phrase montante sur une note longue, opposition entre certains passages piqués et d'autres liés – les longues phrases montantes et/ou descendantes en doubles croches), Gould, qui avouait ne pas aimer Mozart, s'efforce de jouer tout le mouvement à ce même tempo immuable, pratiquement sans dynamique ni accentuation[2], avec une attaque invariable en « détaché vif », une égalité des deux mains, comme dans un passage polyphonique, et un phrasé toujours égal. L'effet est immanquable : on entend une formidable mécanique d'où a disparu toute trace d'expressivité. On n'entend plus *une* ligne de chant, laquelle suivrait les inflexions et intonations d'une voix humaine qui affirme, proteste, murmure, se reprend, se révolte, se calme, se résigne, s'attendrit, etc. ; on entend un mécanisme automoteur, quelque chose comme une bobine qui se dévide, ou peut-être une poupée à clé qui se dandine en mesure. On dira que, à défaut d'expression « sentimentale », l'interprète crée un climat. C'est vrai. Mais en l'occurrence il s'agit d'un climat d'allégresse insouciante. Comme la prudence, ou le bon sens, semble exiger qu'on ne donne pas tort à la quasi-totalité des pianistes et musicologues qui y voient une œuvre dramatique, sombre, angoissée, on en conclura que Gould fait un contresens sur le texte de Mozart ou, plus sûrement (mais peu importe), se plaît à une provocation « antiromantique », à une sorte de détournement ironique – comme Jimi Hendrix détournant l'hymne américain au festival de Woodstock. L'important est que cette expérience nous permet de distinguer *ce que*

1. http://musicaljournal.blogspot.fr/2013_05_01_archive.html

2. Ainsi, toutes les appogiatures (même le *ré*♯ barré-*mi* de la première mesure) sont jouées en notes égales. Il est vrai que l'interprétation des appogiatures de cette époque est disputée, et notamment dans le premier mouvement de cette sonate.

ça dit, qui relève en musique classique de la partition, et *comment ça le dit*, qui relève de l'interprétation[1].

Il n'est pas question, bien sûr, de nier ce que l'harmonie, la mélodie et le rythme contiennent d'expressivité – on se souvient des travaux de Deryck Cooke démontrant les ressources expressives du système tonal tel qu'il a été utilisé par les compositeurs classiques pendant plusieurs siècles. D'ailleurs, le fait que la quasi-totalité des musiciens et des musicologues lisent dans la partition de Mozart quelque chose de sombre et d'angoissé suffirait à attester qu'il doit bien s'y trouver. Mais le fait qu'un seul interprète puisse en faire quelque chose d'allègre et d'insouciant sans changer la partition suffit à montrer que les éléments d'interprétation l'emportent en expressivité sur les constituants de « discursivité » et sont capables d'en annuler ou d'en contrarier tous les effets. Autrement dit, une interprétation peut souligner, rehausser, magnifier, exalter le contenu discursif d'une musique, elle peut même en révéler des ressources expressives insoupçonnées, mais elle peut aussi lui faire dire le contraire de ce qu'elle semble vouloir dire. Certes il aurait été encore plus facile à Gould d'exprimer l'allégresse qui se dégage de son interprétation si la partition avait été écrite en *la* majeur[2]. Mais qui veut vraiment une expression allègre ou insouciante peut la faire dire à toute musique, ou presque. C'est ce que nous retiendrons.

Toutes les interprétations de cette sonate, y compris, donc, celle de Gould, ont donc en un sens le même contenu mais n'expriment pas la même chose. C'est bien la *même musique*, si l'on veut. En outre, une interprétation n'est pas moins « musicale » qu'une autre, et d'ailleurs, rien ne dit que l'une serait « meilleure » que l'autre, même si celle de Gould n'est pas celle qu'impose le plus évidemment la partition. Ce sont non seulement les mêmes notes, mais les mêmes phrases. Mais de même qu'on peut dire la *même* phrase « tout condamné à mort aura

1. La partition « originale » (mais est-elle de la main de Mozart ?) porte « *allegro maestoso* » et quelques indications de dynamique. Toutefois, l'indication « *p* », qui figure sur le fac-similé de l'original (*Urtext* de Schott-Universal), à partir de l'entrée du deuxième thème jusqu'à la fin du mouvement est si surprenant, si contraire aux attentes (on s'attend à finir sur un *f* dramatique) et aux usages, qu'elle est jugée « absolument incompréhensible » (voir Bruno Lussato : http://www.brunolussato.com/archives/46-Sonate-pour-piano-K310-de-Mozart.html) et n'est respectée par *aucun* interprète.

2. Par exemple, si dès la première mesure, il y eût un *do*# plutôt qu'un *do* naturel.

la tête tranchée » sur un ton sombre, enjoué, désespéré, goguenard, etc., comme l'apprennent tous les aspirants comédiens, on peut dire les premières phrases de la sonate de Mozart (qui dit donc, dans la langue tonale, plus précisément en *la* mineur, un certain rapport de succession entre des notes appartenant à cette tonalité, soutenues par des accords en croches répétées, etc.) sur le ton de Dinu Lipatti ou sur celui de Glenn Gould.

Ainsi, la raison de l'expressivité musicale se trouverait moins dans la réponse à la question « Que dit la musique ? » que dans la réponse au « Comment ça le dit ? » – question qui n'a d'ailleurs pas forcément de réponse, puisqu'il y a des (bonnes) musiques aussi émouvantes qu'inexpressives. Certes, le cas Mozart-Gould est limite : il est rare, en musique classique, qu'une interprétation soit aussi distante de toutes les autres et de ce qu'un compositeur a probablement cherché à exprimer. Mais après tout, on peut bien faire rire en disant « correctement » des vers de *Polyeucte*, ou faire pleurer avec *Feu la mère de Madame* – le cas n'est pas rare, et certains metteurs en scène paraissent parfois s'y employer. Dira-t-on que ce n'est pas ce que Corneille ou Feydeau ont *écrit* ? On pourra dire tout au plus que ce n'est pas ce que leurs textes semblaient vouloir *exprimer*. Toutefois, cette analogie entre expressivité de la parole à la charge de l'acteur, et expressivité musicale à la charge de l'interprète, a ses limites : elle vaut évidemment pour le chant, où les émotions exprimées par le texte sont soulignées par les inflexions mélodiques, mais ne concerne que les musiques instrumentales dans lesquelles une ligne mélodique se détache de son soutien harmonique et semble comme une voix humaine portée par un climat ambiant. C'est bien ce qu'expliquait déjà la théorie des Lumières : la musique exprime des émotions en imitant les inflexions et les intonations de la parole. Mais cette théorie n'est pas généralisable.

En outre, il est souvent difficile de distinguer entre discursivité et expressivité, notamment dans le cas des musiques improvisées qui sont simultanément « composées » et jouées : la notion même d'interprétation n'a pas de sens en jazz, si ce n'est peut-être pour les moments d'exposition du standard. Ce que dit une « phrase » de Charlie Parker est inséparable de la manière dont elle est dite. Les phrases d'un chorus improvisé importent moins que leur intonation, leur inflexion ou leurs sonorités ; leurs contours, souvent hachés, peu mélodiques, sont plus souvent un mode d'expressivité (une *manière* de rendre le standard méconnaissable, de s'éloigner des lignes, de complexifier l'harmonie, de jouer avec la rythmique, en somme d'être soi) qu'une manifestation de discursivité (des airs clairement identifiables). En dépit de ces réserves, l'expression de climats opposés par des interprétations de la « même » musique permet une distinction conceptuelle rudimentaire entre le *quoi* et le *comment.* Dans le *quoi* (discursivité), on mettra tout ce qui dépend de la hauteur des notes et de leur valeur relative : autrement dit du côté de la qualité des événements, la mélodie et l'harmonie, et du côté de l'événementialité, la mesure et le rythme. Dans le *comment* (expressivité), on mettra tout ce qui dépend du tempo (vitesse générale d'exécution) et de ses variations (*accelerando, diminuendo*), de l'intensité (*piano, forte*) et de ses variations (la dynamique proprement dite), et des attaques. (Et, au fond, cela correspond à peu près aux inflexions vocales dans l'interprétation d'un texte par un comédien.) On notera cependant quelques ambiguïtés, puisque l'événementialité, source de notre émotion physique, relève en partie du *quoi* et du *comment.* La mesure relève de la discursivité, mais elle peut être plus ou moins marquée selon les accentuations, qui, elles, relèvent de l'attaque, donc de l'expressivité. Le timbre semble tenir à la fois des deux genres : l'instrumentation dépend plutôt du *quoi* (mais non toujours : on ignore l'instrumentation de nombreuses pièces anciennes ou baroques), tandis que la sonorité dépendrait du *comment.* Le phrasé semble imposé par le discours[1], mais peut être plus ou moins souligné selon les interprétations. (Mais au fond, il en va de même au théâtre : comment dire les virgules d'un texte donné ?). Malgré ces ambiguïtés, puisque le *comment* peut toujours modifier ou contredire l'expressivité suggérée par le *quoi*, nous appellerons les uns (le *quoi*) « constituants de discursivité » et les autres (le *comment*) « constituants d'expressivité ». Il y a plusieurs différences entre eux.

Expressivité et discursivité

Les constituants de la discursivité musicale sont ceux sans lesquels il n'y aurait pas de musique. Rappelons-le, pour qu'il y ait musique, il faut deux types de condition : l'existence préalable d'un monde

1. Comme le montrent les études sur le « groupement » des notes de Fred Lerdahl et Ray Jackendoff : *A Generative Theory of Tonal Music*, *op. cit.*

musical (notamment des unités de hauteurs discrètes, les notes, et des unités de temps) et l'existence *a posteriori* d'une relation intrinsèque de causalité entre les événements sonores. C'est elle qui crée *une* musique, c'est-à-dire un processus sonore autonome entendu comme unique à partir d'éléments disjoints – un mouvement continu fait d'événements successifs. Sans *connexion* entre les notes, pas de musique. Les constituants d'expressivité, eux, sont « émergents » par rapport aux constituants de discursivité, parce qu'ils sont des modifications dynamiques d'un mouvement sous-jacent préexistant : la musique elle-même. Il faut déjà qu'on entende *un* processus sonore pour qu'on puisse percevoir qu'*il* accélère, qu'il ralentit, que son volume augmente, diminue, etc. Même si l'on joue un morceau en notes non liées (*staccato* ou piquées), il faut qu'on les entende comme déjà liées entre elles par le « discours musical » – mélodiquement, harmoniquement, rythmiquement – pour percevoir l'expression que donne à cette ligne ce *non legato*. Sans mouvement préexistant, pas de modification de *ce* mouvement. C'est la raison pour laquelle les différentes « humeurs », dans l'expérience transculturelle des Américains et des Kreung[1], étaient aussi bien exprimées par des modifications d'une *série de notes* successives que par des modifications des *mouvements* d'une balle.

Cette différence entre ce qui relève du mouvement qu'*est* la musique et ce qui relève du mouvement qu'*a* la musique n'est pas sans fondement. En effet, les constituants de l'expressivité musicale existent dans le monde sonore *réel*, tandis que les constituants de la discursivité musicale n'existent que dans le monde musical ; ou, pour être plus précis, pour peu qu'on remarque que le rythme appartient aussi à la poésie (il contribue justement à sa musicalité), ils n'existent que dans les mondes de l'*art* et ne sont jamais donnés immédiatement dans ce qu'on entend du monde réel. En effet, les sons du monde n'appartiennent pas à une échelle de notes discrètes dont pourraient résulter mélodie et harmonie – à l'exception peut-être de quelques chants d'oiseaux qui donnent cette impression, ou cette illusion. En tout cas, on ne peut jamais le dire d'aucun mouvement *humain*, d'aucune action, d'aucune parole. De même, les sons du monde naturel n'obéissent pas à un rythme musical parce que, même s'il y a des phénomènes naturels qu'on dit rythmiques (marche, pouls,

1. Voir ci-dessus p. 235-237.

ressac, etc.), ce sont presque toujours des phénomènes d'alternance périodique, et jamais des phénomènes proprement musicaux, lesquels supposent soit la superposition de plusieurs isochronies mobilisant le « corps pensant », soit la répétition prévisible de cellules imprévisibles mobilisant la « raison incorporée »[1]. Le monde de la discursivité musicale est toujours construit. En revanche, de tout processus sonore naturel on peut toujours dire qu'il s'accélère, qu'il ralentit, que son intensité croît – ne serait-ce que lorsqu'il se rapproche de nous, etc. Les modes d'expressivité musicale sont donc *naturellement donnés* – et c'est pourquoi les grandes oppositions d'humeurs ou de climats (gai, triste, calme, nerveux) sont transculturelles. À l'inverse, la discursivité musicale étant construite, elle est *culturellement variable.*

Les constituants de l'expressivité musicale (le tempo et ses variations, l'intensité et ses variations dynamiques, l'accentuation et ses variations) sont la part des sons naturels qui nous permet de savoir comment évoluent les *processus* dynamiques du monde réel, c'est-à-dire aussi bien les mouvements naturels ou artificiels que les actions humaines. Écoutons les bruits du monde, comme le fait un bébé, ou comme les prisonniers de la caverne sonore qui s'efforcent d'identifier ce qui se passe. Nous percevons les mouvements de la marée *montante*, la marche du chat *qui s'éloigne doucement*, l'orage qui *approche brusquement et puis éclate violemment*, le train qui *démarre d'un coup, accélère et puis roule régulièrement.* Il faut d'abord reconnaître le mouvement – et cela peut se faire par divers sens parce que la perception des mouvements réels est généralement « multimodale », elle passe par différents canaux sensoriels. Mais une fois le mouvement reconnu, son évolution est identifiée par ces constituants d'expressivité. Et c'est d'eux que se tire la signification que le mouvement peut avoir pour nous. Il y a donc le *quoi* du mouvement et son *comment* ; mais ce *comment* nous importe : ça se rapproche, ça menace, ça empire, ça s'éloigne, ça se calme, etc. Il y a ce qui arrive et comment ça arrive ; et finalement il y a l'effet que ça nous fait – ou que ça pourrait nous faire. Tel est le climat : c'est cet effet du *comment.* C'est l'effet que font, *sur un sujet percevant*, les modifications dynamiques des mouvements naturels. Il en va de même dans la musique : il faut d'abord qu'il y ait un *quoi* du mouvement (discursivité) pour qu'il y ait un *comment* (expressivité). Il faut d'abord que se crée un mou-

1. Voir ci-dessus p. 112-113.

vement proprement musical à partir de la connexion causale entre éléments disjoints (notes ou accords) et purement sonores (la perception musicale, elle, n'est pas multimodale) pour que ce mouvement soit susceptible, par la manière dont il se déroule, de créer un climat : calme, agité, inquiétant, menaçant. Tel est le climat musical : c'est la reproduction, par les modifications dynamiques des mouvements musicaux, des effets que font, sur un sujet, les modifications dynamiques des mouvements naturels. L'expression est à la musique ce que l'adverbe est au verbe.

Il en va de même, *a fortiori*, des processus dynamiques que sont les actions humaines. Les constituants d'expressivité sont les qualités « adverbiales » de toute séquence d'actes humains ; ce sont les signes qui, indiquant comment se fait ce qui se fait, nous informent sur les motifs ou les sentiments de celui qui le fait. Écoutons les actions des hommes comme le ferait un bébé ou comme le font les prisonniers de la caverne sonore qui tentent de savoir ce que « nous » faisons : marcher, courir, ramper, trotter, galoper, grogner, manger, dévorer, souffler, soupirer, respirer, frapper, heurter, frotter, etc. Au verbe (« qu'est-ce qu'ils font ? ») se joint d'adverbe (« comment le font-ils ? ») : plus ou moins vite (tempo), plus ou moins fort (intensité), plus ou moins violemment (accentuation). De là, ils infèrent l'humeur de celui qui agit. Un enfant tape sur son assiette violemment : il est irrité ; il sautille d'un pied sur l'autre : il est gai, etc. Dans ce cas, le *comment* du mouvement n'est pas interprété comme un *climat* – l'effet que ça fait à un sujet percevant, celui qui entend les bruits du monde – mais comme une *humeur*, celle du sujet agissant, celui qui fait du bruit dans le monde. La musique exprime donc des climats lorsqu'elle exprime les effets subjectifs des modifications de l'état du monde ; et elle exprime des humeurs lorsqu'elle exprime les manifestations sensibles des états subjectifs des agents. Et elle n'exprime rien lorsque aucun sujet n'est manifesté : ni celui qui perçoit les mouvements du monde, ni celui qui modifie l'état du monde. Alors on n'entend, dans la musique, que sa discursivité, le simple rapport de causalité interne entre ses éléments. On entend un mouvement mécanique animé par son propre moteur.

Deux types d'actions humaines sont plus particulièrement expressifs, parce que ce sont des actions essentiellement sonores et parce que la distinction entre le *quoi* et le *comment* y est nette : parler et jouer de la musique. Un enfant parle vite, de n'importe quoi, mais de façon hésitante et hachée : il est angoissé. Il parle lentement, en baissant la voix : il est triste. Etc. Les grands acteurs sont ceux qui peuvent ainsi exprimer mille nuances d'humeurs en parlant, quoi qu'ils disent. Il en va de même des chanteurs. Il y a le texte et il y a la musique qui le soutient ; les sentiments suggérés par le texte, la musique peut les exprimer. Lisons une lettre de Mozart à son père du 26 septembre 1781[1]. À propos de l'air de Belmonte de l'*Enlèvement au sérail* « *O wie ängstlich* » ⓻⓸ : « Savez-vous comment il est rendu ? Le cœur qui bat, plein d'amour, est déjà annoncé d'avance, par les [premiers et seconds] violons, à l'octave. [...] On y sent le tremblement, l'irrésolution, on y sent la poitrine gonflée qui se soulève, ceci exprimé par un crescendo – on y entend la voix qui chuchote, qui soupire, ceci rendu par les premiers violons avec sourdine et une flûte unisono. » L'émotion est dans le personnage, elle va être déclarée par le texte mais elle est déjà annoncée par l'accompagnement musical, notamment ses sonorités (violon, flûte), ses harmonies parfaites (octave, l'unisson) ; et les mouvements du sentiment (cœur battant, corps tremblant, voix chuchotante, respiration soupirante) sont rehaussés par la dynamique musicale (crescendo, sourdine). Parfois même, les paroles importent peu, tout est dans la manière. Janis Joplin chante « Summertime » d'une façon désespérée ⓻⓹. Il y a ce que disent les paroles, la description insouciante d'une nature allègre (« *Summertime and the livin' is easy, Fish are jumpin' and the cotton is high* », etc.), et il y a ce qu'elle exprime par le *comment* de son acte : le désespoir. La musique instrumentale ne se limite pas à exprimer les mille nuances d'un texte chanté, comme le voulait la théorie des Lumières, puisque sa propre expressivité est capable de contredire les émotions exprimées par le texte.

Quant au musicien, s'il interprète une partition écrite, donc une musique existant déjà virtuellement, il « actualise » de façon sensible une musique n'existant que de façon conceptuelle. C'est l'acte par lequel il l'interprète, c'est-à-dire par lequel la musique passe à l'acte, qui assure l'expressivité de ce mouvement et *par conséquent* du texte écrit. Pas d'expressivité sans cet acte. L'humeur ou le climat ainsi créés dans l'instant sont entendus comme étant *dans* la musique – et non dans le musicien qui ne fait que le passer à l'acte. Il en va de même, *a fortiori*, pour la musique qui n'existe qu'en train de se faire, celle

1. Cité par Brigitte et Jean Massin, *Wolfgang Amadeus Mozart*, *op. cit.*, p. 894.

de l'improvisateur. Ce qui compte, ici encore, c'est l'acte de faire de la musique, une musique qui actualise ainsi ses potentialités. Dans les deux cas, que ce soit l'acte de l'improvisateur qui *fait* la musique ou celui de l'interprète qui la *dit*, c'est la manière de faire qui porte l'expressivité plus que le discours lui-même.

L'expression des émotions n'est donc qu'un cas particulier de l'expressivité musicale en général ; celle-ci n'est elle-même qu'un cas particulier de l'expressivité des modes d'action humaine ; et celle-ci à son tour n'est qu'un cas particulier de la manière dont nous entendons les modifications des mouvements naturels. Pour comprendre l'expressivité en général, il faut donc rompre avec trois présupposés. Premier présupposé : admettre sans discussion que la musique (ou l'art en général) n'est que dans les grandes œuvres (Bach, Mozart ou « Duke » Ellington) et n'est pas d'abord dans les musiques les plus communes, même inchoatives, celle de l'air qu'on sifflote ou celle de l'enfant qui tape avec sa cuillère. Deuxième présupposé : imaginer spontanément que la musique est quelque chose qui est et demeure, comme un objet, un état, ou une œuvre, alors que c'est quelque chose qui devient, un processus – une série ordonnée d'événements – ou une action – une série finalisée de gestes et d'actes – donc quelque chose de dynamique. Enfin, troisième présupposé : adopter uniquement le point de vue de l'auditeur (c'est-à-dire d'un supposé destinataire de l'« art ») et non du musicien (génie ou profane), et limiter la musique à quelque chose qui *s'écoute* sans voir qu'elle est *aussi* quelque chose que l'on *fait*. Car même l'auditeur comprend la musique qu'il entend comme un processus qui se fait ou un acte qu'on fait. Souvenons-nous du premier réflexe de nos prisonniers libérés : faire des « ombres chinoises sonores » ! Les problèmes d'expressivité s'éclairent lorsqu'on considère la musique comme un processus autonome ou comme un acte que tout un chacun peut faire. L'expressivité est un problème « adverbial », non « adjectival ».

Le philosophe John L. Austin a montré que parler n'est pas seulement dire quelque chose, c'est aussi faire quelque chose[1]. C'est ce qu'illustrent d'abord les verbes « performatifs » : quand on s'excuse ou quand on promet, on accomplit une action avec des mots. Il

1. John L. Austin, *Quand dire, c'est faire* (titre original : *How to do Things with Words*), trad. fr. de G. Lane, Seuil, 1972.

faut et il suffit de dire « je le promets » pour promettre. Promettre, ce n'est rien d'autre que le dire. Ce disant, on ne constate rien, on fait. À la limite, montre Austin, presque toutes les paroles comportent ce qu'il appelle une « force illocutoire » – on *fait* quelque chose en parlant. Les mots ont une signification, mais, en les disant, on accomplit un acte, même lorsqu'on se contente de parler, sans rien faire d'autre : ce faisant on *interroge*, on *répond*, on *décrit*, on *constate*, on *suppute*, etc. Toute parole est donc aussi un acte. Mais il ne faut pas confondre cette « force illocutoire » des paroles avec ce qu'il appelle leur « force perlocutoire », c'est-à-dire avec l'effet qu'elles ont sur ceux à qui elles sont adressées. Quand quelqu'un ordonne, il peut, selon les cas, être obéi aveuglément ou provoquer des rires moqueurs : tout dépend de qui parle, à qui, à quel moment, dans quelles circonstances, etc. Ordonner, c'est donc à la fois dire quelque chose, faire quelque chose avec des mots, et faire quelque chose à quelqu'un.

On peut inverser la proposition d'Austin. Au lieu de dire que parler, ce n'est pas seulement exprimer un constat, c'est aussi agir, on dira qu'agir, ce n'est pas seulement faire quelque chose, c'est aussi exprimer quelque chose, variable selon la manière dont on le fait. C'est ce que montrent par excellence les actes purement expressifs, qui ne sont que la manifestation externe des états internes, sourire, grimacer, faire la moue, froncer les sourcils – actes expressifs qui sont le pendant des verbes performatifs, qui, eux, ne sont que des actes. L'expression des émotions n'est donc qu'un cas particulier de l'expressivité en général, c'est-à-dire de toute manifestation adverbiale d'un être dans ses actes : car c'est toujours et seulement la part *publique*, *manifeste* des émotions (leur seconde composante[1]) qui est exprimée dans la musique, dans la danse ou dans quelque représentation que ce soit. À la limite peut-on dire, inversant Austin, tous les actes ont une « force expressive », comme les paroles ont une « force illocutoire » : en faisant quoi que ce soit, on exprime son humeur. Mais il ne faut pas confondre cette « force expressive » des actes d'autrui avec les effets qu'ils ont sur nous. Le même acte (sauter), avec la même force expressive (joie), peut nous toucher, nous dégoûter, nous laisser indifférent : tout dépend de qui fait, en vue de quoi, à quel moment, dans quelles circonstances, etc.

1. Voir ci-dessus p. 250.

Les deux raisonnements précédents valent pour la musique, parce que la musique est à la fois acte (processus) et discours (elle dit quelque chose d'un monde imaginaire). Faire de la musique, ce n'est pas seulement en *faire*, ce n'est pas seulement produire un *discours* musical improvisé ou *dire* ce qui est écrit (le chanter ou le jouer quand on interprète une partition), c'est aussi, ce faisant ou ce disant, exprimer quelque chose. C'est ce que montrent par excellence les musiques expressives « tout court », expressives du simple fait que, ce faisant, quelqu'un s'exprime, sans même nécessairement exprimer quelque humeur particulière – même si, forcément, elles veulent *aussi* dire quelque chose. Mais quoi ?

Car si le *comment* est éclairci, reste le *quoi*.

De nombreuses et d'excellentes musiques n'expriment rien. Mais toute musique, si elle est musique, bonne ou mauvaise, « veut dire » quelque chose. Et même *représente* quelque chose. Quoi ?

Chapitre 2

Ce que représente la musique

« La musique est la *représentation* d'un monde d'événements purs », disions-nous. Étrange paradoxe. Car la musique, du moins la musique pure, semble bien ne rien *représenter* du tout. Quand elle semble « dire » quelque chose, c'est tout au plus qu'elle l'exprime. Mais affirmer qu'elle « représente » quelque chose, c'est inverser la question de l'expression : ce n'est plus considérer le rapport de la musique à ce qui est (supposé) *en elle*, comme si elle pouvait le manifester, c'est considérer son rapport à ce qui est (supposé) *hors d'elle*, comme si elle pouvait s'y référer. Autrement dit : c'est à nouveau poser le problème sémantique mais en substituant à un modèle linguistique (la musique pure *dit*-elle quelque chose à la manière d'un discours ?), un modèle iconique. C'est se heurter à une antinomie analogue. La musique *représente*-t-elle quelque chose à la manière d'une image, ou est-elle abstraite comme l'art du même nom ? Les deux thèses paraissent réfutables.

L'antinomie de la représentation

Réfutation du formalisme. Si la musique ne représentait rien, si les sons musicaux n'étaient qu'eux-mêmes et ne renvoyaient à rien d'autre, il n'y aurait aucune différence entre la musique et n'importe quelle suite de sons. Mais de même que, à regarder certaines configurations de couleurs, nous y voyons bien autre chose, à écouter certaines suites de sons, nous y entendons autre chose. Là sur le papier, nous regardons des taches de couleur qui ne sont que des marques sensibles ; mais nous voyons une image : un bonhomme, des poires, un paysage, quelque chose que nous comprenons. L'image est donc la représentation sensible de quelque chose d'intelligible. Il en va de même en musique. Nous écoutons le premier mouvement de la *Première suite pour violoncelle seul* de Bach ou le dernier mouvement de la *Neuvième Symphonie* de Mahler. La musique nous absorbe entièrement ; qui pourrait dire qu'il n'entend alors que des sons, même ordonnés, même nombrés et mesurés, même beaux ? Certes nous écoutons les sons, qui ne sont que des signes sensibles ; mais ce que nous entendons, c'est autre chose, c'est la musique, laquelle est, au-delà des sons, quelque chose que nous comprenons. Nous écoutons du sensible, nous entendons de l'intelligible. La musique est donc la représentation de *quelque chose* d'intelligible.

Mais de quoi, grands dieux ? proteste le formaliste !

Réfutation du représentationalime. Si la musique était la représentation de quelque chose, dit-il, nous pourrions dire, nous pourrions savoir, nous pourrions nous mettre d'accord sur ce qu'elle représente. Quoi ? Le monde ? Mais chaque musique a le sien. Alors de la pensée ? Mais de quel genre est cette pensée ? Sûrement pas des concepts, trop déterminés. Alors des images ? Mais chaque auditeur a les siennes.

Car, ajoutera le formaliste, qui tente de dire ce qu'une musique représente pour lui ne peut que demeurer vague et se heurte au fait qu'elle ne représente pas les mêmes scènes, les mêmes situations ou les mêmes choses pour autrui. Et si la musique ne représente pas la même chose pour tous, elle ne représente rien du tout. En effet, lorsque des « images », comme celles du test de Rorschach par exemple, peuvent être interprétées de mille manières, c'est qu'elles ne sont pas des images de quoi que ce soit. Ce que représente la musique en général, ou telle musique en particulier, n'est donc ni clairement imaginable ni vraiment déterminé. Le premier mouvement de la sonate dite « Au clair de lune » représente pour vous le clair de lune ? Très bien. Mais écoutez-le sous le nom de sonate « Au bord de l'eau », elle vous évoquera le bord de l'eau. Imaginez qu'elle s'intitule « Perte d'un ami très cher », vous croirez qu'elle illustre la douleur du deuil ou une méditation sur la finitude de la condition humaine. *Les Quatre saisons* représentent les quatre saisons ni plus ni moins qu'un tableau abstrait portant ce titre, et justement pas comme une peinture figurative ! Oui, on peut imaginer que « les tempêtes, le froid qui hâte le pas des hommes, les frissons, etc. » qu'évoque le sonnet de Vivaldi accompagnant son *Concerto en fa mineur* « L'Hiver », et qui sont figurés par des coups d'archet graves violemment répétés, pourraient aussi bien être représentés par des coups de pinceaux de peinture sombre violemment appliqués sur une toile expressionniste abstraite, plutôt que par un tableau figuratif de Pieter Brueghel l'Ancien ou de Cézanne. Non décidément la musique ne représente rien. Elle est « abstraite ». Ou, comme disait Eduard Hanslick, bien avant l'invention de la peinture non-figurative en Occident, elle est comparable à des arabesques, dans lesquelles nous voyons « des lignes incurvées, qui tantôt s'abaissent doucement, tantôt remontent en bonds audacieux, qui se rejoignent et se séparent, se répondent dans le détail ou dans de grands arcs, apparemment incommensurables et pourtant toujours parfaitement coordonnées » ; ou plutôt, ajoutait-il, semblable à une « arabesque non pas sans vie et sans mouvement, mais s'animant devant nos yeux comme une génération spontanée », ou plus encore à « l'arabesque vivante comme le rayonnement actif de l'esprit d'artiste ». Telle serait la musique : « des formes sonores en mouvement[1] ». Il n'y aurait donc rien à y voir. Rien à imaginer, sinon les fantaisies de chacun. Rien de représenté en tout cas.

Avec le modèle linguistique, on disait : la musique semble dire quelque chose mais on ne saurait dire ce qu'elle dit. Avec le modèle iconique, on peut dire : elle paraît représenter quelque chose, mais comme on ne voit pas ce qu'elle représente... Le formaliste gagne à tous les coups.

La spécificité de la représentation musicale

En fait ce double échec de la sémantique musicale est dû à un simple préjugé.

Ce qui bloquait la sémantique dans le modèle linguistique, c'était le préjugé désignatif : c'était l'idée que signifier, c'est forcément *nommer*. On croit que toute dénotation langagière est d'essence nominale. Pour que la musique veuille dire quelque chose hors d'elle-même, il faut, croit-on, qu'elle puisse désigner des choses nommables : le clair de lune, le château de Barbe Bleue, l'Empereur, etc. Or, comme on ne trouvera aucun nom ou description nominale déterminée qui puisse définir à coup sûr et nécessairement telle musique, on en déduit

1. Eduard Hanslick, *Du beau dans la musique*, *op. cit.*, p. 86.

qu'elle ne veut rien dire hors d'elle-même. Cette inférence est naturelle. Car pour désigner les choses, nous n'avons d'autre ressource que des noms (l'hiver, le printemps, la mer, le couronnement, la création, la résurrection, etc.) ou des descriptions plus ou moins définies (l'Empereur, « la vie d'un héros », « le carnaval des animaux »...), car c'est bien *de* cela que nous pouvons nous parler : il faut que les conditions de la référence entre interlocuteurs soient *a priori* fixées et tenues pour telles, et c'est justement à cela que servent les noms. Pas de sémantique linguistique sans nom.

Pourtant, rien n'indique que, si notre manière de dire le monde n'était pas asservie aux exigences de la communication, il n'y aurait pas un autre moyen de dire tout ce qui y arrive sans l'aide de noms désignant les choses. C'est ce à quoi peut nous servir la fiction d'un langage constitué seulement de verbes : certes, chacun de ces verbes ne pourrait servir qu'à dire un événement unique ; mais ils pourraient se coordonner entre eux pour dire comment s'enchaînent les événements qu'ils désignent[1]. Un tel langage nous donnerait bien une structure ordonnée, nécessaire, absolument déterminée, sans pouvoir s'accrocher à aucune « chose » déterminée. Nous pourrions nous référer à tout ce qui arrive mais ne pouvant dire *à quoi* cela arrive (à quelle « chose »), nous ne pourrions pas dire de quoi cela parle.

Ce qui bloque la sémantique iconique, autrement dit l'idée que la musique représente quelque chose, c'est un préjugé parallèle, un préjugé visualiste. On croit que la musique n'est pas représentative ou figurative parce qu'on suppose que toute figuration doit être visuelle et donc représenter des « choses », des « habitants du monde spatial », des êtres humains, des animaux, des objets, ayant forme et grandeur, etc. – à la manière du dessin ou de la peinture. Ne trouvant aucune chose que, à coup sûr et nécessairement, une musique représente pour tous, on en déduit à tort qu'elle est par essence abstraite. Pas de sémantique iconique sans chose. Pourtant, il y a dans le monde au moins un autre type d'entités que les objets physiques existant dans l'espace, ce sont les événements qui surgissent dans l'ordre du temps ; et ce type d'entités est doté de qualités que nous ne pouvons pas voir mais entendre. La musique est donc figurative, mais elle ne

1. C'est l'expérience de pensée, purement abstraite, que nous faisons dans *Dire le monde* (*op. cit.*, p. 72 *sq.*). Toute musique est la réalisation concrète de cette expérience.

figure pas des choses, mais des événements purs de toute chose. Elle ne nous fait pas imaginer des choses, comme une image, mais elle représente des événements, dans son ordre propre, auditif et temporel, exactement de la même façon que l'image représente des choses dans son ordre propre, visuel et spatial. Le rapport entre musique et image est donc *analogique* : le rapport de la musique aux événements audibles est le même que celui de l'image aux choses visibles.

La représentation musicale n'est pas « chosique ». Et la signification musicale n'est pas nominale. Car les deux préjugés, nominaliste et visualiste, sont liés. Ce qu'on voit en imagination, quand on ferme les yeux, ce sont essentiellement des *choses* ; et ce à quoi on donne des noms, c'est encore et toujours essentiellement des *choses*. Mais, outre les noms, qui passent pour être les éléments essentiels du langage, il y a des verbes ; et outre la vue, qui serait le sens privilégié de la représentation, il y a l'ouïe. Telle est bien la représentation musicale. Nous entendons que la musique parle, mais sans noms : elle parle pour ainsi dire un langage purement verbal d'événements. De là l'impossibilité où nous nous trouvons de désigner ce dont elle parle. Nous entendons bien qu'elle représente quelque chose, mais sans rien d'imaginable visuellement. De là la difficulté à imaginer cette sorte de représentation. La musique a une structure dénotative sans rien pouvoir nommer ; et elle a une structure représentative sans avoir rien de visuel. À l'écoute, nous entendons bien la nécessité de l'enchaînement de ses phrases et l'extrême précision de ce dont elle parle et de ce qu'elle figure, sans que nous puissions dire de quoi elle parle ni nous figurer ce qu'elle représente. On dira que c'est là l'incomplétude de la musique, puisqu'elle échoue à rien désigner par des noms ou à représenter par des images. On pourrait dire aussi bien que c'est là sa *complétude*, ou même sa perfection propre : sans rien pouvoir nommer, elle parvient à nous parler et sans figurer aucune chose, elle réussit si bien à représenter. Car c'est la complétude même d'un langage idéal de ne recourir qu'à des verbes, comme la musique, de même que la peinture ne recourt qu'à un langage idéal de noms. C'est la complétude d'une représentation de pouvoir être seulement auditive – ou seulement visuelle, comme ce qu'on nomme une image. C'est la complétude d'un monde imaginaire que de pouvoir être organisé seulement selon l'ordre événementiel. Toute musique représente une succession à la fois nécessaire et inattendue d'événements dans un monde idéal. Nous comprenons cet ordre rationnel, et nous y entendons parfois l'expression des émotions, attentes, déceptions, désirs et craintes de celui qui le représente. C'est en effet ainsi que s'éclaire le rapport entre « discursivité » musicale et « expressivité ». Ce que représente la musique, le *quoi*, c'est ce monde imaginaire, purement verbal, d'événements rationnellement liés ; et la manière dont elle le représente, le *comment*, est adverbiale, ce sont les manifestations extérieures de l'acte même de le représenter – doucement, violemment, joyeusement, tristement, etc.

Regardons le mur jaune et coloré qui s'écaille. Nous y voyons des formes et des couleurs, nous voyons la chose même colorée, le mur. Mais, à force de regarder ces formes et ces couleurs, nous voyons autre chose, nous voyons une image surgir du mur et s'en détacher : une figure de bonhomme. Cependant, parfois, il y a plus : à regarder certaines images de l'art, tel ou tel tableau, une nature morte de Chardin, nous apercevons, au-delà de ce que représente l'image, un bol, deux oignons[1], le monde possible d'où elle émane. Il en va de même du monde sonore. Nous entendons le train qui démarre. Mais, à force d'écouter ses chocs et ses battements, nous entendons autre chose, nous entendons un rythme, une musique, surgir de ce fond sonore qui se détache lui-même des choses matérielles. Cependant, parfois, il y a plus : à écouter certaines musiques, une fugue de Bach par exemple, dans laquelle s'entremêlent les sujets et les voix, nous entendons l'écho d'un monde intelligible d'où elle émane. C'est donc que, dans la musique, les sons représentent autre chose qu'eux-mêmes. Ils cessent d'être les accidents des événements causés par des choses, ils deviennent *par eux-mêmes – c'est-à-dire en tant que sensibles – manifestations d'autre chose.*

Les prisonniers de notre caverne, au contraire de ceux de la caverne platonicienne, cherchent à percevoir le sensible par lui-même. Alors que le sensible est, dans l'attitude cognitive, la simple manifestation de la réalité, l'attitude esthétique nous enjoint de regarder ou d'écouter le sensible autrement, de le percevoir indépendamment de ce dont il est la manifestation. Dans l'attitude esthétique, il y a *présentation* du sensible. Mais lorsqu'il y a « art des

1. *Égrugeoir avec son pilon, un bol, deux oignons, chaudron de cuivre rouge et couteau*, 17 × 20,5 cm, Paris, Musée Cognacq-Jay. Lire le commentaire qu'en propose André Comte-Sponville dans *Chardin ou la matière heureuse*, Adam Biro, 1999, p. 63-66.

images » ou « art des sons », il y a plus qu'une simple attitude esthétique, il y a une attitude *compréhensive* du sensible. Dans la simple attitude esthétique visuelle, le sensible est perçu indépendamment des choses matérielles qui en sont le support et dont il est en fait la simple manifestation : les choses matérielles, bien que présentes, disparaissent au profit de leur manifestation. Mais dans l'attitude que requiert l'œuvre d'art, il y a plus : le sensible devient lui-même, positivement, le support matériel présent de choses idéales absentes, il se met à représenter ; les choses intelligibles apparaissent. Nous comprenons alors le sensible par son ordre propre, qui est en l'occurrence de renvoi à autre chose. La présentation seulement esthétique se prolonge en représentation artistique. Bien sûr, celle-ci n'efface pas celle-là *quand il s'agit d'art*. Ce n'est pas le cas lorsque nous avons affaire à des représentations qui n'appellent pas d'attitude esthétique. Si nous voyons le mur qui s'écaille, la perception de la représentation (la figure du bonhomme) se substitue à l'éventuelle attitude esthétique. Nous voyons un bonhomme, nous ne contemplons pas le mur pour lui-même, en tout cas nous cessons de le contempler. Mais lorsqu'il s'agit d'une œuvre d'art qui appelle à la fois attitude esthétique et représentation, l'attitude esthétique et l'attitude représentationnelle se conjuguent : nous contemplons le sensible dans la représentation.

Au lieu d'être tenu pour l'effet apparent de son propre support matériel sous-jacent (la couleur de la chose), le sensible est tenu pour le support matériel de quelque chose de non matériel, d'idéel : le représenté. Ainsi, dans la peinture, les couleurs vues ne sont pas la manifestation visible de leur propre support matériel (elles ne sont pas la coloration de la toile), mais elles sont au contraire le support matériel d'un représenté idéel (un bol, deux oignons). Il en va de même en musique. Les sons, au lieu d'être tenus pour l'effet apparent de leur propre support matériel sous-jacent (les mouvements des choses, les événements du monde), sont entendus non seulement pour eux-mêmes (comme dans la simple attitude esthétique) mais comme le support d'autre chose, quand nous entendons qu'autre chose est représenté. Comme l'écrit saint Augustin : en écoutant de la musique (c'est-à-dire des rythmes et des mélodies), nous passons « des réalités corporelles aux incorporelles[1] ».

1. Saint Augustin, *La Musique*, VI, II, 2, éd. cit., p. 681.

Bien entendu, comme dans l'image, il peut y avoir en musique attitude esthétique sans représentation, représentation sans attitude esthétique ou combinaison des deux. On peut se plaire à écouter le chant des oiseaux, en oubliant que ce sont des oiseaux, sans chercher à y entendre la musique de quelque chose comme s'il y avait une *intention* représentative. On peut aussi, de temps en temps, y entendre la répétition d'un rythme ou d'un motif mélodique, on l'entend alors comme une représentation. On peut aussi entendre des sons comme représentatifs sans attitude esthétique : j'entends le clairon qui sonne, mon Dieu, c'est la retraite ! – comme on reconnait un pictogramme sur la porte des W.-C. : pas la moindre attitude esthétique là-dedans ! On peut enfin, face aux musiques composées pour cela, entendre le représenté musical dans les sons qui le représentent, sans cesser, et pour cause !, de contempler esthétiquement les sons de la représentation.

Autrement dit, il y a dans la musique comme dans l'image, un processus de transmutation du matériel en spirituel. Alors même qu'on n'a devant soi que des choses matérielles, un mur, du papier, un manche de bois figurant un cheval, la chose qu'on voit dans l'image n'est pas matérielle ; elle n'a rien en elle qui pèse ou qui pose. Elle est dénuée de mouvement, de changement, de modification. Dans l'image, *la chose représentée existe sans sa matière et hors du temps*. L'image la fige, telle qu'en elle-même, dans son instantanéité éternelle. Une essence platonicienne. Il en va de même en musique : alors que les événements sonores qu'on entend ne sont que des choses matérielles en mouvement, un archet qui frotte, des baguettes qui frappent une peau tendue, des roues qui cognent, un moteur qui tourne, la musique entendue n'est pas matérielle, elle n'a rien en elle qui pèse ou qui pose. Les sons sont entendus parce qu'une chose vibre mais sans la chose qui vibre – alors que, en fait, c'est cela qui parvient à nos oreilles : les vibrations d'une chose matérielle. Les événements sonores sont dépouillés de leurs causes réelles. Mais tandis que les choses représentées dans l'image n'existent que dans l'espace, hors du temps, la musique représentée dans les événements sonores n'existe que dans le temps, hors de tout espace. La musique les déploie dans l'unique dimension de la temporalité irréversible. De même que les écailles sur le mur se détachent imaginairement de leur fond pour pouvoir être vues *comme* une image, les sons des bogies se détachent imaginairement de leur environnement sonore pour pouvoir être entendus *comme* un rythme. On entend les frottements de l'archet *comme* une musique, une musique imaginaire, une mélodie par exemple.

La musique représente *comme* l'image. Elle représente ses objets propres (les enchaînements d'événements) exactement comme l'image représente les siens : les choses du monde, qui sont et demeurent ce qu'elles sont. Les sons *de* la musique *représentent* un processus causal autonome et idéal, *de la même façon que* les formes et les couleurs de l'image représentent des choses réelles ou imaginaires. Autrement dit, il y a bien trois niveaux, dans l'image comme en musique. Il y le sensible, le pur sensible : des couleurs, des sons. Il y a le fait que, parfois, on voit la configuration des couleurs comme une image ou qu'on entend l'ordre des sons comme une musique. Couleurs et sons sont devenus des signes, ils sont alors représentatifs. Et il y a, au troisième niveau, ce qu'ils représentent : des choses réelles ou imaginaires pour l'image ; l'ordre des événements purs d'un monde imaginaire pour la musique.

Représentation, imitation, ressemblance : les deux sémantiques de l'image

Plusieurs objections majeures s'élèvent contre cette idée.

Une première objection s'impose immédiatement. On dira : une image de bison représente un bison, parce qu'elle en reproduit certains traits visibles (la forme, ou du moins le contour projeté sur un plan) ; et finalement elle ressemble à un bison. Au contraire, une musique ne représente rien parce qu'elle ne ressemble perceptivement à rien d'autre qu'à elle-même.

Réponse : cette objection souffre de deux confusions. D'une part elle confond deux types de sémantiques de l'image : représentation et reproduction. Or, comme nous le verrons, la musique *représente* certes quelque chose du monde idéal mais elle ne le reproduit pas. Serait-ce dire qu'elle n'a pas de pouvoir *reproductif* – ou imitatif ? Nullement. La musique a aussi un pouvoir reproductif, mais il n'est pas où on le situe habituellement.

D'autre part, l'objection confond ces deux sémantiques elles-mêmes avec un certain rapport entre une image et son modèle : la ressemblance. Pourtant, une première différence entre ressembler et représenter (ou reproduire) est évidente. La ressemblance est à double sens : si A ressemble à B, B ressemble à A (comme deux frères) ; la représentation (ou la reproduction) est à sens unique : si A représente (ou reproduit) B, B ne représente pas (ni ne reproduit) A.

Mais la différence entre représenter et reproduire n'est pas moins importante. Ce sont là deux relations sémantiques distinctes. Une image peut représenter quelque chose d'absent sans en reproduire – ou imiter – les traits visuels apparents. Inversement, une image peut reproduire (ou imiter[1]) certaines apparences visuelles un modèle sans prétendre en tenir lieu. Comme son nom l'indique, une *représentation* imagée doit *rendre présent* pour quelqu'un quelque chose d'absent. En revanche, une *reproduction* imagée doit *imiter* certaines apparences visuelles d'un modèle. La représentation a de multiples fonctions. On peut *représenter* quelqu'un ou quelque chose pour de nombreuses raisons : on veut le rendre présent parce qu'il est absent, ou parce qu'il est momentanément éloigné, ou inatteignable, ou transcendant, ou irreprésentable, etc. On peut représenter par de nombreux moyens : signe conventionnel, indice sonore, partie de la chose, substitut quelconque, etc. L'image est un de ces moyens, et elle comporte de nombreux types, chacun avec sa ou ses fonctions propres : un pictogramme, un plan, une carte, un symbole, une icône, un tableau, une photographie, etc. De même, la reproduction a de multiples fonctions : on peut *reproduire* ou *imiter* quelque chose ou quelqu'un pour de nombreuses raisons : le mimé est un modèle dont on veut apprendre quelque chose, ou que l'on veut comprendre, ou que l'on admire, ou dont on veut se moquer, etc. On peut reproduire par de nombreux moyens : gestes, attitudes, accent, intonation, etc. L'image est un de ces moyens. La reproduction imagée a diverses fonctions parmi lesquelles il convient de citer la fonction décorative ou ornementale : les papillons ou les cœurs tatoués sur la peau, les feuilles d'acanthe sur les chapiteaux corinthiens, les dessins de bateaux sur du papier peint, des têtes d'animaux mythologiques sur des tapis, les tulipes entrelacées dans les mosaïques ottomanes, les stars sur des tee-shirts d'adolescents. Quelle que soit leur fonction,

1. Reproduire ou imiter désignent pour nous une seule et même relation sémantique. Selon les contextes, nous emploierons l'un ou l'autre verbe. Pour imiter quelque chose ou quelqu'un, il faut en reproduire au moins *certains* traits.

ces images ne prétendent nullement *rendre présent* leur modèle ou se substituer à lui.

Il est vrai que la reproduction ne va pas sans une part d'imitation. Les images peuvent être plus ou moins ressemblantes à leur modèle (elles sont le plus souvent stylisées) mais elles devront à coup sûr en imiter telle ou telle caractéristique visuelle : sa couleur, sa forme, ou au moins son contour. Parfois la supposée ressemblance est purement conventionnelle (un dragon sur la peau ressemble-t-il à un « vrai » dragon ?).

Dans le cas de la représentation imagée, la ressemblance visuelle, même partielle et limitée entre représentant et représenté, n'est nullement nécessaire. En tout cas, la réussite de l'image ne dépend pas de son degré de ressemblance, comme le remarque judicieusement Descartes[1]. À la limite, une image peut très bien représenter sans rien emprunter de proprement visuel au représenté. Tout dépend de la fonction de la représentation. Ainsi ce cheval de bois sur lequel médite Ernst Gombrich lorsqu'il s'interroge sur la représentation imagée[2] : ce qui compte, c'est que le cheval puisse, pour l'enfant, « représenter un cheval », c'est-à-dire servir la fonction qu'il attribue au jouet dans son jeu de « faire semblant » : par exemple qu'il puisse le « chevaucher ». La ressemblance est fonctionnelle. Un vieux cheval de bois à bascule gravement détérioré, même sans tête ou sans queue, représente assez le cheval absent dont il a besoin. Un manche à balai pourrait même faire l'affaire : pour peu qu'il imagine que le manche puisse être la tête (il pense : « on dirait que ce serait la tête »), et que la brosse soit la queue, il n'y a guère d'éléments visuels appartenant à un vrai cheval qui aient besoin d'être reproduits dans cette image. Le manche à balai est une représentation suffisante pour jouer aux cow-boys, et sans doute infiniment meilleure qu'une photographie en couleurs ou qu'une statue de cheval en pied ! Dans ces trois cas, on peut dire en vérité : « *c'est* un cheval ». Une photographie est une représentation préférable pour qui veut admirer le vainqueur du Grand-Prix, la statue vaut mieux pour édifier un tombeau à un cheval héroïque, mais l'une et l'autre sont de piètres images pour qui veut « jouer au dada ».

1. Voir René Descartes, *Dioptrique*, IV ; cité ci-dessous p. 317.

2. Voir Ernst H. Gombrich, *Méditations sur un cheval de bois et autres essais sur la théorie de l'art*, rééd. Phaidon, 2003. Nous nous référons au premier texte, lequel a donné son nom à l'ensemble du recueil.

Il y a une différence essentielle entre un papier peint à fleurs (image reproductive) et un tableau représentant des fleurs (image représentative)[1].

Même si, à la limite, les deux images étaient très ressemblantes, voire absolument identiques, l'intention représentative du peintre demeurerait tout à fait différente de l'intention reproductive du décorateur : le peintre *représente* la fleur au moyen d'une image, le décorateur *reproduit* une fleur et en fait une image. Le peintre nous fait aller de l'image vers la fleur, du tableau vers ce qu'il représente, par un mouvement « exogène », jusqu'au point de nous faire oublier le tableau pour nous montrer la chose elle-même – à *sa* manière, évidemment, selon sa patte, son style, son génie, etc. L'architecte qui décore ses chapiteaux corinthiens ne représente pas des fleurs, il en imite les traits visuels les plus saillants, il les inscrit sur son support en un mouvement « endogène », de l'extérieur vers l'intérieur, du modèle vers l'image. Dans le premier cas, face au tableau, l'observateur dira : « ce sont des fleurs, ce sont *bien* des fleurs ». (Il pourrait ajouter : « quel rendu ! ») Il verra non pas un tableau mais des fleurs. Face à un tableau *représentant* une pipe, on dit « c'est une pipe » et non « c'est une image de pipe ». Et sous ce tableau, on écrit « pipe » et non « tableau représentant une pipe ». Dans la représentation classique, le tableau, le support, le médium, se rend invisible, l'image doit être le plus possible transparente pour faire voir le représenté lui-même : « c'est lui, c'est bien lui ». C'est l'inverse dans la reproduction, au sens que nous donnons ici à cette fonction sémantique. Le support (chapiteau, papier peint, vase, etc.) se laisse voir. On dit : « c'est un chapiteau », et non : « ce sont des acanthes ». Le support souvent se montre lui-même plus que l'image qu'il montre. L'observateur n'est donc jamais tenté de prendre l'image pour ce qu'elle représente puisqu'elle ne le représente pas. Il voit le *papier peint* fleuri, il admire le *chapiteau* décoré par des feuilles d'acanthe, l'*épaule* tatouée, ou le *tee-shirt* honorant la star. Son œil va de la réalité présente (le chapiteau) à l'image imitée, mais il voit l'image de la feuille d'acanthe comme une image. Au contraire, dans la représentation, l'œil de l'observateur va de l'image à la réalité qu'elle représente, et il cesse de voir l'image elle-même, dans sa réalité d'image, pour voir ce dont elle est l'image – même si parfois, en esthète, il garde un œil sur le tableau.

1. Voir Roger Scruton, *Aesthetics of Music*, *op. cit.*, p. 120.

Il est vrai que, très souvent, dans les arts visuels, les deux fonctions sémantiques ont été associées au point d'être confondues. C'est dû à deux types de raisons. Un héritage de la notion antique de *mimesis*, et un tournant essentiel dans l'histoire de l'art.

La notion antique de *mimesis* mêlait en fait trois concepts : la représentation, l'imitation et la ressemblance. Le *mimema* (le produit de la *mimesis*) copie un modèle dont il reproduit certains traits significatifs (l'acteur imite les tics d'un avare, le peintre imite le lit qu'il a sous les yeux, etc.) que, par là même, il *représente* (la statue d'Hermès représente le dieu Hermès, la beauté éphémère représente la beauté éternelle) de sorte qu'il y a entre l'imitation et l'objet imité une relation de *ressemblance*. C'est pourquoi la *mimesis* était considérée comme la meilleure et la pire des choses. C'est la meilleure lorsqu'elle est la *représentation* la plus fidèle possible de réalités qu'on ne peut atteindre autrement : c'est par exemple, chez Platon, l'œuvre de l'artisan du monde d'imiter au mieux les Formes éternelles[1]. Et pour Aristote, la *mimesis* est le meilleur moyen de saisir le sens des actions humaines grâce au théâtre[2]. Mais ce peut être aussi la pire des choses, lorsque, par suite de la ressemblance entre représentant et représenté, on confond la copie avec le modèle *reproduit* : on prend l'acteur pour son personnage[3], ce qui est une dangereuse méprise, on croit que la statue est le dieu en personne, ce qui est idolâtre, ou que la beauté d'Hélène est la vraie beauté, ce qui est une illusion métaphysique[4].

Il y eut un moment, à la Renaissance, où les deux sémantiques, représentation et reproduction, vinrent se conjoindre dans les arts visuels. Dans l'art « primitif », dans l'art byzantin ou les icônes, la représentation était essentielle, pour ne pas dire l'unique fonction. C'est généralement le cas lorsque les arts de l'image ont une destination religieuse et lorsque l'iconographie s'inspire des mythes fondateurs ou des textes sacrés. On représente les dieux de l'Olympe, les scènes bibliques, les épisodes de l'Évangile ou de la vie des saints, lesquels sont ainsi offerts à la ferveur populaire. Ce qui compte, ce

1. Platon, *Timée*, 27 d *sq.*

2. Aristote, *Poétique* 9, 1451 a 36 *sq.*, sur la supériorité cognitive du drame par rapport à l'histoire réelle.

3. Platon, *République*, III, 394 e *sq.*

4. Sur les confusions dues à la *mimesis*, voir Platon, *République* X, 595 e *sq.*

n'est pas que le Christ soit bien « imité » (sur quel modèle ?), ou que les saints soient vêtus « comme à l'époque », c'est que les images *représentent* toujours les mêmes scènes, de la même façon, dans les mêmes attitudes, avec ce qu'il faut de convention et de stylisation : le fidèle doit s'en pénétrer *comme si* elles étaient présentes, vivantes et actuelles, il doit pouvoir reconnaître à coup sûr : « *C'est* le Christ, c'est la Vierge, c'est saint Sébastien, c'est l'Annonce faite à Marie, la Nativité, le Christ en croix, la descente de croix, etc. » Et puis, progressivement, à la Renaissance, on passe de cet art « significatif » comme dit Lévi-Strauss[1] à un art « reproductif ». L'*image* est devenue *picture*, selon l'expression de Jacques Morizot[2]. Elle ne peut plus se suffire à elle-même. Elle doit être désormais l'enregistrement d'une expérience visuelle. Il doit y avoir un modèle aux images, ce modèle doit exister, et si possible ici-bas. Il faut peindre d'après nature. Et réciproquement, la vue du tableau doit être *elle aussi* une expérience visuelle. Le spectateur, en passe de devenir un « esthète », doit voir à la fois le tableau (et ainsi l'apprécier esthétiquement) et ce qu'il représente (« c'est cela, c'est bien cela »), autrement dit il embrasse du même regard l'image et ce dont elle est l'image. Le peintre doit faire entrer la réalité dans l'image en un mouvement endogène, alors même que l'image continue de tenir lieu de réalité absente, en un mouvement exogène. La représentation peut se laïciser (portraits, scènes de cour, scènes de genre), elle s'humanise, elle finit par s'unir à la reproduction : l'*imitation* des apparences visuelles d'une chose prise comme modèle devient le moyen même de la *représentation*, et ce, jusqu'à la fin du XIXe siècle.

Le XXe siècle a vu les deux sémantiques de l'image se disjoindre et repartir chacune de leur côté. Les arts populaires, par exemple la bande dessinée ou la publicité, ont privilégié la reproduction sans représentation. Les arts savants se sont d'abord partagés entre deux voies : d'un côté, la représentation sans reproduction imitative : par exemple, représentation d'apparences en mouvement (cubisme), ou retour à une représentation stylisée (fascination pour l'art « primitif », de Picasso à Newman, plus tard art « brut »). D'autres jetèrent le bébé

1. Georges Charbonnier, *Entretiens avec Claude Lévi-Strauss*, *op. cit.*, p. 72-76. Le rapprochement est fait par Jacques Morizot, *Qu'est-ce qu'une image ?*, Vrin, 2005, p. 31.

2. Jacques Morizot, *ibid.*

avec l'eau du bain et abandonnèrent la représentation elle-même. En voulant se débarrasser de la reproduction (appelée « figuration »), on décida d'abandonner toute forme de représentation (la figure, autrement dit l'image) – et ce fut l'art dit abstrait – qui fut tantôt un art iconoclaste (peindre mystiquement la beauté irreprésentable, Mondrian), tantôt une tentative transcendantale pour représenter les conditions mêmes de la représentation (Kandinsky, Malevitch) – les formes et les couleurs –, les peindre *comme si c'était des images*, alors que ce n'en était plus[1] ! Peindre des « images en soi », images pures, si l'on peut dire en un oxymore, et non images de quelque chose, car il ne fallait surtout pas les prendre pour des reproductions non représentatives, comme celles des arts décoratifs (*horresco referens* !). Mais les arts savants ont renoué plus tard avec la reproduction, pour en jouer, au second degré. Ainsi le pop art *représente* en images la *reproduction* des images. Chez Andy Warhol, il s'agit bien de reproduire les boîtes de *tomato soup* « Campbell's », non de les représenter. Ou plutôt, il s'agit de représenter sur le tableau, donc de faire voir au-delà de lui, non ces boîtes elles-mêmes, mais leur reproduction même par l'image publicitaire. Représentation exogène de reproductions endogènes infinies. Comme les feuilles d'acanthe sur les chapiteaux, les boîtes de conserve ne sont pas représentées ; mais, au contraire des feuilles d'acanthe, on ne se contente pas de les reproduire, on *représente* cette reproduction même. Il en va de même chez Roy Lichtenstein : sur ses tableaux, ce sont les images *reproduites* de la BD qui sont *représentées* en images. Images d'images, mais non dans le même sens.

Les deux sémantiques de la musique : représentation et reproduction

Dans la musique, les deux fonctions, représenter et reproduire, sont elles aussi distinctes. Elles sont même plus facilement distinguables que dans les arts de l'image, qui, en Occident et pendant quelques siècles, les ont associées. Car si une image peut représenter et reproduire un même objet (une tulipe) pris à la fois comme représenté et comme modèle, la musique représente et reproduit par imitation

1. Voir ci-dessus p. 82-84.

deux types d'objets étroitement liés mais bien distincts. D'un côté, elle *représente* des événements liés causalement entre eux en un unique processus, en sorte qu'on entend *une* musique dans laquelle les événements semblent déterminés les uns par les autres. (Ne parlons pas des « poèmes symphoniques », les *Préludes* de Franz Liszt ou *Don Juan* de Richard Strauss, etc., dont le programme ne représente qu'*une* succession *possible* d'événements parmi une infinité, comme la sonate « Au clair de lune », avec ou sans lune). D'un autre côté, elle *reproduit* quelque chose, mais nullement des choses ou des états de chose, comme la peinture, laquelle peut à la fois les représenter et les reproduire. Certes, il arrive à la musique d'imiter, en passant, un ruisseau, un orage, le tangage d'un train ou le chant du coucou, etc. : mais dans ce cas, la musique ne reproduit pas, avec son propre langage, des choses ou leurs mouvements, mais elle se contente de mimer le bruit qu'ils font naturellement – ce qui peut, en effet, contribuer à éveiller l'imagination *visuelle* de l'auditeur ou à renforcer le préjugé nominaliste : « c'est un train » ou « un coucou ». Mais les choses ne sont pas l'objet intentionnel de l'imitation musicale. Ce que la musique reproduit par vocation, ce sont des humeurs ou des climats. Elle reproduit les émotions qui sont ou seraient causées en nous par ces événements qu'elle représente comme causés les uns par les autres – ou les atmosphères qui sont ou seraient émotionnellement causées en nous par des états de chose. *Ce que nous appelions le pouvoir expressif de la musique selon un modèle linguistique (voir chapitre précédent) est ce que nous pouvons désormais appeler son pouvoir reproductif selon un modèle iconique.* C'est le même pouvoir, la même valeur. En d'autres termes, la discursivité musicale (le *quoi*) est représentative, l'expressivité musicale (le *comment*) est reproductive : telles sont les deux sémantiques de la musique.

En effet, lorsque nous entendons une « marche funèbre », nous entendons que la musique « imite » certains des traits sensibles d'une personne en deuil ou d'un convoi mortuaire : lenteur, nuance *piano*, rythme binaire, etc. Ce faisant, la musique « exprime » les états d'âme liés à des funérailles ou les climats qui leur sont associés. Il s'agit là de sa sémantique reproductive (ou imitative). Elle ne « représente » pas ces humeurs ou ces climats pour les rendre présents, comme si elle pouvait se substituer à eux : la preuve en est qu'elle peut les reproduire sans les susciter ! (C'est toute la différence, sur laquelle nous n'avons que trop insisté, entre ce qu'exprime une musique et ce qu'elle peut nous faire.) Elle se contente de reproduire, *en elle* et donc selon l'ordre temporel, certains caractères extérieurs audibles (par exemple le tempo ou l'intensité sonore) des événements ou des états de chose audibles, de la même façon qu'un chapiteau reproduit, *à sa surface* et donc selon l'ordre spatial, certains caractères extérieurs visibles des choses visibles, par exemple la forme d'une tulipe ou le contour d'un bateau vu de profil. Comme le chapiteau, la musique est le simple support de l'imité. Les humeurs ou les atmosphères sont *dans la musique* comme les feuilles d'acanthe sont *sur* le chapiteau – ou comme la rougeur est sur la pomme selon Bouswma[1]. Sur le chapiteau, le tapis ou le tee-shirt, il y a des choses plus ou moins imitées, plus ou moins stylisées, tandis que, dans telle partition de piano romantique ou dans tel hymne national, il y a des humeurs ou des climats, eux aussi imités ou stylisés : la tulipe ottomane a toujours trois pétales rouges, comme la tristesse romantique est toujours lente et en mineur. Mais il y a des tapis, des chapiteaux, des mosaïques, des tee-shirts, qui ne sont support d'aucune image, qui ne reproduisent aucune chose ; et ça ne les rend pas moins « beaux » ni moins « réussis ». De même il y a des musiques qui ne reproduisent aucun climat ni aucune émotion, et elles ne laissent pas d'être émouvantes.

D'un côté, la musique *représente, selon une sémantique exogène*, des événements du monde, ou plutôt de mondes possibles, en les abstrayant des choses qui en réalité les causent ; d'un autre côté elle *reproduit, selon une sémantique endogène*, des états de l'âme (gaieté, tristesse, colère, tranquillité, effroi) ou leurs projections sur le monde (climats) voire l'état d'une subjectivité qui s'épanche (expressivité « tout court »), en imitant les manifestations sensibles (tempo, dynamique, régularité, écarts de hauteurs, etc.) que ces événements *nous causeraient* en réalité. *Ce qu'elle représente est hors d'elle, ce qu'elle reproduit est en elle.* On peut l'entendre comme un tableau qui nous renverrait hors de lui-même à ce qu'il représente, ou comme un chapiteau à la surface duquel serait inscrit ce qu'il reproduit. D'un côté, la musique *représente hors d'elle* un monde idéal où les événements se causent les uns les autres au lieu d'être causés par les choses matérielles, d'un autre côté elle *imite en elle* les humeurs ou les climats causés par ces mêmes événements en les abstrayant

1. Voir ci-dessus p. 231.

de leur causes réelles, qui sont justement les choses matérielles. Ce qu'une musique représente, c'est la causalité idéale liant entre eux ses événements ; ce que certaines musiques reproduisent, c'est ce que cette causalité idéale causerait idéalement en nous ou ce qu'elle produirait sur le monde. Idéalement mais non réellement, parce que les émotions ou les climats présents dans la musique sont dépourvus de tout objet intentionnel[1] ; ils sont donc réduits à leur qualité « tonale », sans dimension cognitive ou même affective. Les deux types de sémantique musicale (endogène et exogène) sont donc bien distincts ; ses deux modèles, linguistique (chap. 1) et iconique (chap. 2) aussi.

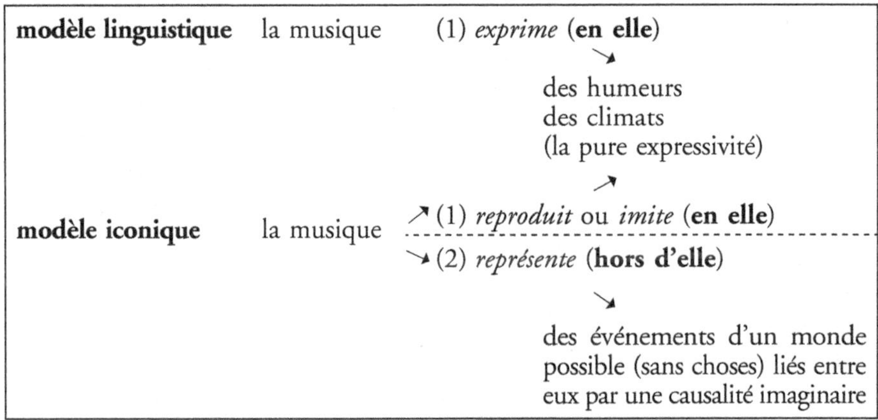

Les deux modèles sémantiques de la musique : linguistique ou iconique
Les deux types, endogène (1) et exogène (2), de sémantique musicale

Comme pour les arts visuels, il y eut pourtant un moment, à la Renaissance, où les deux sémantiques, le pouvoir représentatif et le pouvoir reproductif (ou expressif), vinrent à se conjoindre. Pour la musique aussi, cette rencontre dura jusqu'au début du XXe siècle. Dans la musique médiévale, le plain-chant par exemple, la représentation était essentielle, voire unique. Il fallait que les notes, à chaque voix, s'enchaînassent d'une façon rationnelle, ou du moins parfaitement ordonnée, en sorte de former un unique processus. Il ne fallait surtout pas imiter des émotions humaines, des passions charnelles, voire des climats trop sensuels, synonymes de désordre. Il fallait représenter

1. Voir ci-dessus note 2 p. 101.

l'ordre idéal, l'harmonie de l'au-delà. Et puis, au XVIe siècle, tout change. On renoue, à Florence, avec l'Antiquité, c'est-à-dire avec une musique qui a une autre finalité sémantique : reproduire les mille nuances du cœur humain. C'est la naissance de l'opéra[1]. Et jusqu'au début du XXe siècle, les deux sémantiques, la représentation de l'ordre causal et la reproduction des émotions humaines (ou des climats susceptibles de les provoquer), resteront associées non seulement dans l'opéra, mais dans les messes, les oratorios, les cantates sacrées et profanes, et bientôt aussi, à partir de la fin du XVIIIe siècle, dans la musique instrumentale – sonates, concertos et symphonies – et évidemment tout au long du XIXe siècle, époque où les compositeurs trouvent les moyens d'exprimer ces mille nuances du cœur humain avec des moyens strictement instrumentaux.

Comme pour les arts visuels, le XXe siècle musical voit à nouveau les deux sémantiques se disjoindre et reprendre leur autonomie. Certes, les musiques populaires (celles du monde entier ou presque), sont restées fidèles à une représentation qui puisse être aussi reproductive, dans la chanson par exemple. Mais la musique savante s'est partagée entre diverses voies : d'un côté, certains jetèrent eux aussi le bébé avec l'eau du bain (la seconde école de Vienne) et confondirent la représentation musicale avec un de ses moyens, la *prévisibilité* du discours, comme d'autres confondaient l'image avec la *ressemblance*. Ceux-ci, pour se débarrasser de la ressemblance, en étaient venus à rompre avec la représentation imagée elle-même, la figuration. Pour se débarrasser de la prévisibilité, ceux-là en vinrent à rompre avec la représentation musicale elle-même, c'est-à-dire *la causalité en général*, qui ne se confond nullement avec elle. Il est clair par exemple que la fameuse *Bagatelle sans tonalité* de Liszt (76) n'est pas tonale, mais on y entend pourtant bien nos quatre causes : elle est sans tonalité mais non sans causalité. Ainsi, par exemple, une montée chromatique est atonale mais elle est pourtant clairement motrice et même efficiente. Il en va de même de la ressemblance, qui n'est qu'un moyen possible de la représentation imagée : la réussite de la représentation n'est nullement proportionnelle à son degré de ressemblance. Certes une image « antiressemblante » (qui s'interdit toute forme de ressemblance) deviendrait une sorte d'image « pure » qui ne serait plus image

1. Voir ci-dessus p. 240.

de rien – comme dans l'art abstrait de Mondrian. De même une musique radicalement imprévisible ne représente plus qu'elle-même, c'est-à-dire une suite de sons sans aucun lien de causalité, et n'est plus représentative de rien. La prévisibilité n'est qu'un effet possible de la causalité et la réussite représentative d'une musique dépend de ses multiples causalités et de leur entrelacs ; une musique peu prévisible tant ses causalités diverses sont mêlées, peut demeurer très représentative et peut donc être réussie. Mais une musique absolument imprévisible perd son pouvoir représentatif. Schönberg et ses élèves, inventèrent, on l'a dit, non une musique « atonale » (car il y a tant de manières pour la musique de n'être pas tonale), mais une musique *antitonale.*

Une musique antitonale est une musique dont la succession des hauteurs des notes est radicalement imprévisible et qui s'interdit toute liaison causale : ni cause matérielle (pas de tonique, par exemple), ni formelle (la série n'est qu'une fausse forme parce qu'elle se définit essentiellement de façon négative, par évitement des répétitions de notes de même hauteur) et surtout aucune causalité dynamique : ni cause efficiente ni cause finale (tension-attraction/résolution). Certes, elle conserve en fait, globalement, certains éléments de prévisibilité, grâce à ses autres constituants (intensité, rythme, et timbres, du moins le plus souvent[1]) : sa volonté d'imprévisibilité se limite au rapport entre hauteurs. C'est pourquoi la musique de l'école de Vienne demeurait « musique », mais une musique d'où avait disparu la dimension de la musicalité tenue pour essentielle à l'écoute ; de la même façon, la peinture abstraite gardait toutes les conditions de la représentation (le tableau, les formes, les couleurs) mais une représentation d'où avait disparu le représenté visuel. La musique antitonale se privait donc de la causalité entre hauteurs en voulant se débarrasser de la prévisibilité, de la même façon, ou presque, que les peintres abstraits s'étaient privés de l'image, en voulant se débarrasser de la ressemblance. Et les uns et les autres se privaient de la puissance sémantique centrale de l'art (visuel, sonore) depuis toujours : la représentation.

Cela dit, cette musique savante antitonale avait beau être antireprésentative à force d'être imprévisible, elle pouvait bien et elle

1. Webern eut très tôt l'idée de mélodies de timbres : ainsi ses *Cinq pièces pour orchestre op. 10*, de 1913.

peut encore – ce n'est pas le moindre de ses paradoxes – être *reproductive* et pour cette raison même. Ainsi, il y a des musiques de film antitonales, non par système ou par avant-gardisme rétrograde, mais par simple souci d'efficacité reproductive, parce qu'elles n'ont d'autre fonction que d'*imiter* telle ou telle qualité émotive (l'angoisse, le désarroi) ou tel climat (l'égarement, l'anxiété) sans la moindre visée représentative[1]. Elle doivent cette efficacité au fait que tout ordre causal en a disparu : c'est parce qu'elles sont radicalement imprévisibles qu'elles imitent bien l'angoisse sans objet (le sentiment terrible et oppressant, que tout, n'importe quoi, peut arriver). Le paradoxe veut que l'antitonalité qui se voulait une recherche de la « pureté » musicale, une tentative de libération des facilités hédonistes de l'expressivité sentimentale, réussisse finalement fort bien à être imitative des plus fortes émotions – ce qui ne signifie nullement à les susciter. Quelle que soit leur efficacité, et donc leur réussite reproductive, il n'est pas sûr qu'on les écoute volontiers sans les images qu'elles accompagnent ou qui les soutiennent ; du moins si l'on y cherche un plaisir proprement musical, lequel dépend de leur pouvoir représentatif et du jeu des causalités internes, et donc d'un minimum de prévisibilité du discours. Cela ne prouve nullement la supériorité du système tonal ou de tel ou tel langage sur un autre : ce n'est qu'une preuve *a posteriori* du fait qu'en musique, un langage *a priori* est nécessaire. En effet, il ne peut pas y avoir de pouvoir représentatif, donc de sentiment de continuité du discours, sans un langage déjà existant, et en particulier sans des degrés inégaux ; et un langage se reconnaît justement au fait qu'il rend une infinité de discours compréhensibles.

D'autres voies nouvelles, moins puritaines que l'antitonalité, étaient possibles : car on peut conserver le pouvoir représentatif de la musique avec d'autres moyens que la « tonalité fonctionnelle », celle qui assigne des fonctions causales distinctes aux différents accords et aux différents degrés de la gamme majeure : cause matérielle pour le

1. Parmi ses incontestables réussites, on peut citer, dans *Shining* de Stanley Kubrick, l'utilisation de la musique de Penderecki, *Polymorphia* et surtout *De natura sonoris n° 1 et n° 2, The Dream of Jacob*. Écouter aussi la musique de Jean Prodromidès pour le *Danton* d'Andrzej Wajda (77). Sur certains usages de la musique atonale au cinéma, voir Michel Chion, *La Musique au cinéma, op. cit.*, p. 213.

premier degré, cause finale pour le septième, et différentes fonctions causales, efficiente ou finale, pour les autres degrés selon le contexte. On peut trouver, ou retrouver, la causalité, et donc forcément une part de prévisibilité du discours, en utilisant une polytonalité ou un des nombreux langages modaux, comme l'ont montré la plupart des compositeurs du XXe siècle, de Debussy, Ravel et Stravinsky à Chostakovitch ou Dutilleux. Au confluent du savant et du populaire, le jazz, avec tous ses dérivés (d'un côté Gershwin ou Bernstein, d'un autre la soul ou le rock), s'est révélé la création musicale la plus originale du XXe siècle. La réussite du jazz suffit à montrer la fécondité de l'union des deux sémantiques dans ce grand siècle musical ; car au « sens historique » qui caractérisait déjà le XIXe siècle (pour la première fois de l'histoire, l'écoute s'élargissait à des musiques qui n'étaient pas contemporaines[1]), le XXe siècle a ajouté une sorte de « sens géographique » qui lui a permis de s'ouvrir à des musiques venues d'ailleurs et parfois de les hybrider.

Il n'en demeure pas moins que, depuis la Renaissance, il y a des musiques qui sont représentatives sans être reproductives : une fugue de Bach, une étude pour piano de Ligeti, une improvisation de Keith Jarrett, etc. Il y a aussi, parfois, au sein de telle ou telle musique, à la fois représentative et reproductive, certains motifs musicaux qui ne visent qu'à imiter, en passant, telle émotion ou tel climat, de façon stylisée et presque conventionnelle, comme les feuilles d'acanthe sur les chapiteaux : c'est le cas de *certains* des leitmotive wagnériens qui imitent des émotions : la joie, la haine, l'enchantement voire l'arrogance. Plus généralement, nous avons déjà noté[2] que les compositeurs de toutes époques ont utilisé les ressources du langage tonal pour imiter telle ou telle passion, telle ou telle atmosphère, alors même que leurs musiques, destinées à être écoutées pour elles-mêmes, étaient (forcément) représentatives. Dans les musiques « traditionnelles », on se sert d'autres langages que de la tonalité, et souvent, pourtant, *des mêmes éléments de musicalité* (tempo, régularité, intensité, écarts de

1. On considère généralement que le premier concert de « musique non contemporaine » de l'histoire est celui du jeune Felix Mendelssohn dirigeant à la Singakademie de Berlin la *Passion selon Saint Matthieu* de Bach le 11 mars 1829, soit 100 ans après sa création. Jusque-là la musique jouée en public était forcément et exclusivement celle de l'époque.

2. Voir ci-dessus p. 234-235, à propos des analyses de Deryck Cooke, *The Language of Music*, Clarendon Press, 1959.

hauteurs, etc.) pour exprimer humeurs et climats[1] : ce qui prouve leur caractère imitatif. Mais la plupart des musiques recourent aux deux sémantiques. C'est pourquoi, on ne sait ce qui domine, de la représentation ou de la reproduction, dans un concerto de Mozart, une sonate de Schubert, une symphonie de Mahler ou un chorus au saxophone de Charlie Parker.

Une musique plus reproductive n'est évidemment ni meilleure ni plus émouvante qu'une musique plutôt, voire exclusivement, représentative : on peut être bouleversé par un chant grégorien ou par un prélude pour clavier de Bach – qui n'imitent rien. Représenter et reproduire sont deux possibilités sémantiques de la musique, deux manières de dénoter quelque chose d'extérieur. Ce sont deux types de relation de la musique au monde. L'un des *relata* est dans la musique, l'autre est dans le monde, les deux existent objectivement, aucun d'eux n'est en nous. Pas plus qu'une image n'est meilleure ou plus belle si elle est plutôt représentative ou plutôt reproductive, une musique qui reproduit des climats ou même des émotions n'est pas plus émouvante qu'une autre qui représente un processus idéalement ordonné. L'émotion esthétique, l'émotion « tout court », non qualifiée – dont celle qui est associée au jugement de beauté – dépend d'ailleurs du pouvoir représentatif de la musique plutôt que de son pouvoir reproductif, même si, lorsque nous comprenons une musique dynamiquement (quand nous entendons *ses* causes, quand nous entendons ce qui *la meut*) et émotivement (quand nous entendons ce qu'elle exprime), les deux émotions se mêlent en nous au point d'être indistinctes. De fait, les deux sémantiques, représentative et reproductive, sont, le plus souvent *associées*, comme on l'entend dans les musiques accompagnées de paroles : chansons, cantates, opéra, messes. D'un côté, ces musiques *représentent*, par leur propre causalité interne, un ordre d'événements qui est en quelque sorte autonome – elles le font au moyen des relations de causalité quantifiables, celles de l'événementialité (mesure, rythme) ou qualifiables (notamment rapport entre les hauteurs : mélodie, harmonie) ; d'un autre côté elles *reproduisent* musicalement ce que disent les paroles, passions, émotions, sentiments, climats, et elles utilisent pour cela davantage les constituants d'expressivité,

1. Voir ci-dessus p. 235-237, à propos de l'expérience transculturelle sur l'expression des émotions entre Kreung et Américains.

l'intensité, le tempo, les attaques, etc. C'est même la raison pour laquelle la musique est, le plus souvent, accompagnée de paroles : on entend mieux ce qu'elle reproduit, c'est-à-dire les humeurs ou les atmosphères qu'elle imite, lorsque les paroles les suggèrent, même si on peut déjà les entendre dans les introductions instrumentales lorsqu'elles sont réussies.

L'ambiguïté de l'opéra peut une fois de plus servir ici d'exemple. On y entend clairement le jeu d'opposition et de fusion de ces deux sémantiques, endogène et exogène. Dans le récitatif qui précède l'aria, la sémantique imitative (endogène) est essentielle : le contour mélodique suit les inflexions et le rythme de la voix, qui à leur tour obéissent à l'évolution des états de l'âme du personnage et *se modèlent* sur eux. Mais lorsque commence l'aria, les deux sémantiques deviennent aussi essentielles l'une que l'autre et doivent s'accorder l'une à l'autre. C'est pourquoi l'état de l'âme du personnage doit, à ce moment, être à peu près fixé – il exprimera *une* émotion et une seule, même si cette émotion est justement hésitante, inquiète, indécise – parce que la musique doit se soumettre à sa propre dynamique, celle de la représentation (exogène). Alors que dans le récitatif, la musique n'obéissait causalement qu'à l'ordre de succession des événements extramusicaux, par exemple les péripéties de l'action ou les mouvements de l'âme du personnage, dans l'aria, la musique obéit à une double sémantique : d'une part elle *imite*, par son tempo, sa dynamique, ses écarts de hauteur, l'état d'âme du personnage ou le climat décrit par le texte, et d'autre part elle *représente* un processus idéal en se soumettant à son ordre causal propre. Pour que ce processus autonome soit entendu, il faut que les événements musicaux eux-mêmes soient compris comme causés les uns par les autres selon les quatre causes que nous avons distinguées. Tout le génie du compositeur consiste à unir ces deux sémantiques dans la même musique, exactement comme le peintre classique s'efforce de *représenter* le caractère d'un « joyeux buveur » tout en *reproduisant* le modèle réel qu'il a devant lui[1] – ce qui ne signifie nullement en faisant plus « ressemblant ».

Prenons un exemple – d'autant plus complexe que l'émotion exprimée est justement marquée par le mouvement de l'inquiétude :

1. Voir Frans Hals, *De vrolijke drinker* (« Le joyeux buveur »), 1628-1630, Rijksmuseum, Amsterdam.

les *Noces de Figaro* de Mozart, Acte I, scène 5. Une série très vive et très théâtrale d'échanges entre Cherubino, le jeune page, et Suzanna, la fiancée de Figaro, a fait progresser l'action par récitatifs : récit par Cherubino de ses aventures avec Barbarina et avec le Comte qui l'a chassé, souhait d'intercession de la Comtesse en sa faveur, jeux de scène, coiffe de nuit, ruban dérobé, facéties... Cherubino sort alors de sa poche une feuille sur laquelle il a écrit sa « chansonnette » adressée à toutes les femmes :

Suzanna *(en récitatif)* : « *Povero Cherubino, siete voi pazzo !* » (« Pauvre Cherubino, vous êtes fou ! »)

Commence alors l'aria en *mi♭* 78. Cherubino confesse (en traduction française) : « Je ne sais plus qui je suis, ni ce que je fais, tantôt je suis de feu et tantôt de glace, toutes les femmes me font changer de couleur, toutes les femmes me font trembler » – ce dernier vers répété trois fois. Puis Cherubino commence à se perdre dans ses propres sentiments et la musique se transforme, le climat change, *la tonalité de mi♭ semble aussi se perdre*, et c'est comme si, par deux montées quasi chromatiques successives séparées d'un ton montant, l'air cherchait lui-même désespérément, pendant une vingtaine de mesures, une tonalité où se poser, voire une tonique où reposer ce désir multiple, insatiable et sans objet : « Il n'y a que les mots d'amour ou de plaisir qui troublent et perturbent mon cœur ; et c'est un désir d'amour que je ne puis expliquer, qui me force à parler. » Pour finir, Cherubino retombe, par hasard et par le génie de Mozart, sur le *si♭* (dominante) d'où il est parti et cette note lui permet (exigence propre à la forme de l'aria – mais qui, en l'occurrence, s'accorde avec l'état de bégaiement émotif du personnage) de reprendre *da capo* et de répéter : « Je ne sais plus qui je suis, ni ce que je fais... » Après une nouvelle confession (« Je parle d'amour en veillant, je parle d'amour en dormant, à l'eau, à l'ombre, aux montagnes, aux fleurs, à l'herbe, aux fontaines, à l'écho, à l'air, aux vents qui emportent avec eux le son de mes cris inutiles »), la musique s'arrête sur un point d'orgue (nouveau *si♭*) et reprend *adagio* : « Et si je n'ai personne pour m'entendre... » (musique lente, chantée *piano*, descentes quasi chromatiques, comme deux soupirs de tristesse)... Mais brusquement l'aria s'achève, *forte* triomphal, sur cette confession auto-érotique (« [...] je me parle d'amour tout seul ! ») comme un immense éclat de rire : le désir était inapaisable, l'amour bien qu'indéfini était immense, mais ils n'étaient après tout qu'une poussée hormonale adolescente facile à soulager : accord de *mi*♭ majeur enfin atteint !

Qu'a-t-on entendu là, musicalement ? D'un côté la *représentation* d'un processus sonore *autonome*, déterminé par ses propres causes internes – forme générale de l'aria, causes efficientes ou finales, rythmique, mélodique et harmonique – qu'il serait possible d'analyser mesure par mesure – comme si toute la musique allait de soi, entraînée par son propre *mouvement* avec sa beauté propre ; et, parallèlement à ce mouvement de *représentation*, on entend la *reproduction* imitative de l'émotion du personnage, elle-même d'abord fixe et déterminée (contrairement à ses mouvements incessants dans le dialogue précédent en récitatifs), alors même qu'elle n'est qu'un désir mobile, incertain et confus. Mais le désir lui-même, au début invariable dans son inconstance, évolue, se transforme, et la musique qui l'imite évolue de concert, jusqu'à ce que l'une et l'autre se résolvent enfin, comme souvent dans les arias, avec la décision affirmative propre à la coda. La *représentation* d'un processus sonore et la *reproduction* de l'émotion ne font qu'une. Notre émotion esthétique face à la beauté de l'air s'est teintée de l'émotion érotique insaisissable de Cherubino.

La musique, comme la peinture, est un art à la fois imitatif (reproductif, expressif) et représentatif, mais elle ne l'est pas des mêmes objets. Avant de voir comment elle assume cette capacité représentative, il faut faire droit à une seconde puis à une troisième objection.

Représenter comment ?

Soit, dira-t-on, il y a une certaine analogie entre l'image et la musique. Mais cela suffit-il à parler de *représentation* musicale ? *Comment* la musique pourrait-elle représenter ?

Réponse : comme l'image. Elle ne représente pas des images, mais elle représente ses objets comme l'image représente les siens. La musique (du moins la musique qui ne se veut pas seulement reproductive ni « expérimentale ») représente selon le même *processus* imaginatif que la peinture figurative.

Demandons-nous comment des traits, des couleurs ou des formes, peuvent se mettre à représenter. Comment peuvent-ils cesser d'être vus comme des traits ou des couleurs, là, devant nous, pour apparaître brusquement comme une image d'autre chose, comme la représentation visible et présente d'une chose visible mais absente ? Comment des marques sur une surface, par exemple les taches noires dispersées d'une gravure, les défauts d'un mur qui s'écaille, des nuages dans le ciel diurne, une constellation d'étoiles dans le ciel nocturne, deviennent-elles dénotatives d'un bonhomme, d'une tête d'animal, d'une femme de profil, d'une ourse ? Comment un manche à balai peut-il finir par représenter un cheval ? Ces mystères, nous pouvons les nommer le « devenir image des traces ». C'est en les éclairant que nous pourrons comprendre le « devenir musique des événements sonores ». Des sons cessent d'être entendus comme produits ici et maintenant par des événements *présents*, advenant dans le monde réel, pour devenir les signes sonores et présents d'un processus sonore imaginaire. Une suite de sons entendus successivement (les claquements des bogies d'un train qui démarre, le cliquetis régulier d'un moteur ou des frottements d'archet sur les cordes d'un violoncelle) devient un unique processus sonore, une dynamique autonome, des événements qui s'enchaînent et se causent les uns les autres : une musique. Le « devenir représentation de la présentation » est dans les deux cas analogue. Trois caractères leur sont communs.

D'abord, on l'a vu, la transmutation du matériel en spirituel. On écoute des sons, qui ne sont que sensibles, on entend de la musique, qui est quelque chose d'intelligible, au-delà du sonore.

Mais ce miracle de la transmutation n'est possible que par une métamorphose du regard ou de l'écoute. L'image ne se produit que si les points, les traits, les taches, sont vus globalement, comme un tout qu'on aperçoit d'un seul regard.

L'observateur doit se situer à distance suffisante des divers éléments qui constituent l'image, et c'est seulement s'il la voit toute qu'il peut l'appréhender comme *une* image. Tel est le devenir image des traces : on y voit des signes, on voit une image. Il en va de même pour la représentation auditive, à ceci près que la synthèse n'est pas spatiale, mais temporelle. La musique n'est perçue comme telle que si une série d'événements, notes, accords ou silences, sont entendus comme un tout ; il faut que, à chaque instant, les événements consécutifs de la série soient entendus comme relevant d'un unique processus dynamique. Tel est le devenir musique des sons : on y entend des signes, on entend un air. Dès lors, il y a de la musique, à condition que l'écoute se situe à la « distance temporelle » suffisante. La synthèse d'événements successifs faisant appel à la mémoire, et étant par conséquent moins immédiate que la synthèse d'éléments spatiaux coprésents, le médium (le temps) est généralement « prédécoupé » de façon isochronique, ce qui facilite le repérage des unités constituantes. L'isochronie sert de grille temporelle sur laquelle peuvent s'inscrire les événements, tandis que l'image se passe généralement de grille spatiale. Le temps musical est tenu pour « discret » et la représentation sonore est « numérique », tandis que l'espace de l'image est généralement continu et la représentation visuelle est « analogique ».

Voir une image ou entendre une musique, c'est donc les comprendre comme des représentations. « Comprendre » est ici à prendre dans son double sens d'embrasser différents éléments en un tout et comprendre ce que ça représente. Pour l'image, la compréhension tient en un : « c'est ceci ! ». Sans cette compréhension, on n'y voit rien, on ne voit pas de quoi il y a image. « Ah ? c'est le nez ! je n'avais pas compris, dit-on, devant un dessin d'enfant. Mais alors où est la bouche ? » Pensons encore à la manière dont un radiologue sait lire et comprendre une échographie lorsque nous n'y voyons que des ombres plus ou moins obscures : ici, c'est un rein, ici l'intestin, etc. Ainsi, lorsqu'on nous dessine ceci : « 0 + 0 =… la tête à toto », c'est *brusquement*, lorsqu'est tracé le rond final qui entoure les autres lignes, qu'on voit, c'est-à-dire qu'on comprend, ce que ça représente.

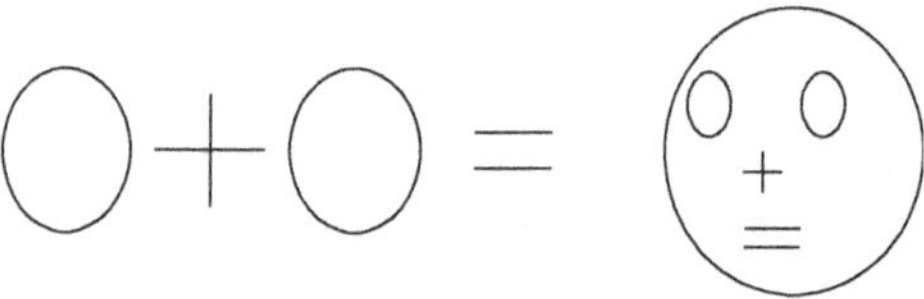

Tout change alors : ce ne sont plus des traces éparses sur une feuille de papier, c'est une tête de bonhomme. On voit les traits *comme* une image, parce qu'on perçoit – ou plutôt on imagine – leurs *relations* possibles à l'intérieur d'une totalité. On peut alors commencer à voir les deux 0 comme étant les yeux, le signe + comme représentant le nez (un peu plus bas et au milieu des deux 0), le signe = comme représentant la bouche, le rond final représente la tête et achevant l'image comme image. L'image naît d'une synthèse spatiale *imaginaire* entre les éléments perçus dispersés : traits, taches, formes.

De même, les différents éléments d'une musique doivent être entendus, donc compris, comme les parties d'un tout, voire de plusieurs touts successifs dans lesquels chaque élément est en relation avec ceux qui le précèdent et avec ceux qui les suivent, et *par conséquent* avec le ou les touts dont il fait partie. Les différentes synthèses d'événements sonores (notes, accords, silences, etc.) relèvent de différentes échelles temporelles (cellule, air, motif, mélodie, développement, mouvement...) et de deux niveaux distincts : d'un côté la mesure ou le rythme, autrement dit la perception d'une relation quantitative entre les durées des événements (facilitée par l'isochronie implicite[1]) et d'un autre côté la mélodie et l'harmonie, autrement dit la perception d'une relation qualitative entre les hauteurs. Ainsi, par exemple, lorsqu'on entend se répéter la même cellule rythmique constituée par la suite des frottements des bogies sur les rails, on peut percevoir chacune d'elle dans son autonomie et comme une forme se répétant, toujours la même. Et lorsqu'on pianote maladroitement un air très simple, *do-mi-sol-fa-mi-ré-do*, c'est, brusquement, lorsqu'on parvient à la dernière note que l'on entend la succession des notes comme formant un tout que l'on comprend le tout qu'elles forment et la relation que chacune a avec toutes les autres. Les sept notes de cet air fonctionnent comme « 0 + 0 = la tête à toto ». La compréhension de la représentation ne s'exprime pas par une *identification de ce que ça représente globalement* (« c'est ceci ! ») mais par une *reconnaissance du processus globalement représenté* : « dans ce tout, cela a été causé par ceci ».

Mais l'image ainsi vue, l'air ou le rythme ainsi entendus, ne sont que les conditions minimales de la représentation visuelle ou auditive. Le plus souvent, la représentation est plus complexe. Un tableau par exemple comporte généralement différentes images ; on doit alors se placer à une distance permettant de percevoir non seulement le rapport entre les taches comme relevant d'une même image mais le rapport entre les différentes images constituant l'unique tableau global. Il faut les comprendre à tous les sens du terme. De même, face à une musique polyphonique qui comporte non seulement divers processus successifs relevant de différentes échelles temporelles mais différents processus simultanés (contrepoint, harmonie), chaque processus est

1. Sur cette fonction de repérage cognitif dans le temps de l'isochronie, analogue à celle des hauteurs discrètes dans les fréquences, voir ci-dessus p. 50-51.

perçu dans sa relation avec les autres comme relevant d'un processus dynamique qui les englobe[1]. Les images du tableau, les motifs de la musique doivent être vus ou entendus dans leur relations mutuelles, et donc *compris* intellectivement comme les *parties* d'un même tout. La juste distance temporelle de l'écoute obéit alors à deux normes de sens opposé : d'un côté, il convient de percevoir synthétiquement non seulement les événements successifs comme relevant d'un même processus mais les processus *successifs* comme relevant d'une même forme, ce qui exige une écoute durative ; d'un autre côté, il convient de percevoir analytiquement les événements et les processus *simultanés* comme relevant d'une autre forme (par exemple l'harmonie), ce qui exige un autre découpage de la temporalité : non plus la juste distance durative, mais le bon « feuilletage », si l'on peut dire, de l'épaisseur durative.

Notons que les relations spatiales ou temporelles entre les éléments visibles ou audibles ne sont pas vues ou entendues, à proprement parler, mais imaginées. Si l'ensemble des éléments, traits, taches, etc., constituent globalement l'image, c'est la totalité des relations *imaginées* entre eux qui font l'essence du représenté. Ces relations peuvent être projectives : « au-dessus » (du nez), « au-dessous » (des yeux) ; « à gauche », « à droite », « derrière », « devant », etc. ; elles peuvent être aussi topologiques (continuité, discontinuité, à l'intérieur, à l'extérieur, etc.) ou métriques (plus grand, moins grand, etc.). C'est bien la totalité de ces relations imaginées qui permet l'identification : *c'est* un bison, *c'est* un cheval. La totalité en question, c'est l'essence une du représenté : un bison, un cheval. De même, ce sont les différentes totalisations des éléments musicaux qui font l'essence du représenté pour l'auditeur. Et ces relations inouïes, manquantes, absentes, imaginées, sont les différentes relations causales (matérielle, formelle, efficiente et finale), qui jouent le même rôle entre les éléments épars dans le temps musical que les différentes relations projectives, topologiques ou métriques dans l'espace de l'image bidimensionnelle. Les notes se suivent d'une façon qui fasse imaginairement un tout, en sorte que l'auditeur puisse entendre au présent à la fois la possibilité de l'avenir et la nécessité rétrospective du passé. Les différentes synthèses temporelles deviennent ainsi imaginairement causales.

1. Voir ci-dessus « Causalités et interaction », p. 73 *sq*.

La preuve que le représenté ne dépend pas des éléments, même globalement perçus, mais des relations imaginaires dont l'aperception nécessite la compréhension intellective de l'image, Descartes nous la donne. À propos des tailles-douces, il écrit :

> [...] souvent leur perfection [représentative] dépend de ce qu'elles ne leur ressemblent pas tant *qu'elles pourraient faire*, comme vous voyez que les tailles-douces, n'étant faites que d'un peu d'encre, posée çà et là sur du papier, nous représentent des forêts, des villes, des hommes, et même des batailles et des tempêtes, bien que, d'une infinité de diverses qualités qu'elles nous font concevoir en ces objets, il n'y en ait aucune que la figure seule dont elles aient proprement la ressemblance, et encore est-ce une ressemblance fort imparfaite, vu que, sur une superficie toute plate, elles nous représentent des corps diversement relevés et enfoncés, et que même, suivant les règles de la perspective, souvent elles représentent mieux des cercles par des ovales que par d'autres cercles, et des carrés par losanges que par autres carrés, et ainsi de toutes les autres figures ; en sorte que souvent, *pour être plus parfaites en qualité d'images et représenter mieux un objet, elles doivent ne lui pas ressembler*[1].

L'excellence de la représentation dépend du fait que l'imagination doit suppléer au manque de la perception visuelle. Plus ces relations spatiales de la chose représentée sont imaginées au lieu d'être vues dans les éléments de la gravure, plus la représentation est réussie : moins d'éléments vus suffisent à représenter la totalité de la chose. De même, en musique : moins il y a de « notes de passage » d'une tonalité à l'autre, par exemple, ou, inversement, plus une note ou un accord pourront être entendus comme appartenant en même temps à plusieurs relations causales distinctes (mélodique, harmonique, reprise d'un motif antérieur, etc.), plus l'effet représentatif sera réussi[2]. Plus un même élément est diversement causal ou diversement causé, plus le tout sera représentatif. Il faut et il suffit que l'auditeur puisse pour ainsi dire *entendre pourquoi* ça arrive quand ça arrive, exactement comme celui qui voit divers traits, y voit une image et voit *ce que c'est* en fonction des différentes relations spatiales imaginées entre les parties de l'image.

---

1. René Descartes, *Dioptrique* IV, A-T VI, 112-113 (nous soulignons).
2. Par exemple, le *la* de la mesure 7 de l'air « *La donna è mobile* » des p. 61-62 et de l'Annexe 1.

Une image, même très « ressemblante », laisse toujours une place essentielle à l'imagination de nombreuses relations spatiales. Une musique, même très prévisible, laisse toujours place à l'imagination d'autres événements possibles à venir étant donné ceux qui sont passés. Supposons ainsi un dessin de bison de profil très ressemblant sur la paroi d'une grotte : tous les points de l'image correspondent parfaitement au contour d'un bison – supposons-le, du moins, on sait que ces dessins préhistoriques sont en fait stylisés. Même dans ce cas, il revient à l'imagination de l'observateur (et inversement, au travail de l'artiste) de figurer la grandeur réelle du bison et la troisième dimension, mais surtout, il lui revient de comprendre ce qu'est le *contour* (visuel) lui-même – qui n'est nullement un caractère du bison. Les choses possèdent sans doute une « figure », comme dit Descartes, c'est-à-dire une forme fixe – du moins à un instant donné parce qu'il arrive qu'elles se déforment. Mais la forme en question ne pourrait être appréhendée visuellement que par synthèses successives, si le sujet tournait autour de la chose elle-même immobile et inchangeante – ou, inversement, si la chose était mobile et changeante et se montrait sous tous ses aspects à un observateur immobile. (Ce fut d'ailleurs le principe de la représentation cubiste : représenter la forme de la chose plutôt que son contour, lequel supposait la chose et l'observateurs fixes, selon le principe de la représentation classique.) Le *contour* (visuel) est ce qui détache imaginairement, du fond des autres choses, une chose immobile aperçue par un sujet immobile. Autrement dit le contour (visuel) d'un objet tridimensionnel ne lui appartient qu'en tant qu'il est *imaginé* projeté bidimensionnellement. Pour le dire plaisamment avec Umberto Eco[1], le contour d'un cheval est l'unique propriété qu'aucun cheval ne possède. Il s'avère pourtant suffisant à reconnaître la chose représentée. Le contour du cheval sur l'image implique l'imagination compréhensive des relations spatiales et elle tient lieu de la série de synthèses successives nécessaire à voir la forme même du cheval.

Plus généralement, il n'y a pas d'image parfaitement ressemblante. Une image rigoureusement ressemblante serait une image dans laquelle la synthèse imaginative de la totalité des relations spatiales

1. Umberto Eco, *Kant et l'ornithorynque*, Grasset, 1999, p. 485, cité par Jacques Morizot, *Qu'est-ce qu'une image ?*, *op. cit.*, p. 37. Sur ces questions, nous renvoyons aux pages de ce dernier livre.

du représenté serait entièrement donnée par l'ensemble actuel des éléments perçus et de leurs relations. Même dans ce cas, il resterait toujours à imaginer les relations spatiales qui ne sont pas données : la grandeur réelle, ou la tridimensionnalité, ou les parties invisibles, ou les parties mobiles, etc. C'est ce jeu avec lequel jouait l'hyperréalisme en peinture : mimer le plus parfaitement possible l'identité au moyen de la ressemblance photographique, mais une ressemblance aperçue d'un point de vue arrêté sur un monde lui-même arrêté.

Il en va de même en musique. Supposons une musique qui serait aussi *prévisible* qu'une image serait *ressemblante*. Ce serait une musique pour laquelle la synthèse imaginative du tout, y *compris de ce qui est à venir*, serait entièrement donnée dans le tout déjà donné à la perception auditive : par exemple, la même forme a toujours été répétée et on attend donc que, dans les parties à venir, il en aille de même. Mais là non plus, ce n'est jamais le cas. Comme l'image ressemblante laisse place à l'imagination de l'invisible, l'inouï est toujours possible, même dans la musique dite répétitive, et l'à-ouïr ne peut être inféré en toute nécessité du déjà-ouï. Il y a des variations toujours possibles, et c'est précisément à ce jeu que se livre la musique répétitive, notamment chez Philip Glass. La synthèse temporelle du tout n'est jamais identique à la somme actuelle de ses parties. On l'a dit[1] : ce n'est pas la forme qui se répète, c'est la répétition qui se transforme. C'est de l'hyperréalisme, mais en musique : mimer le plus parfaitement possible l'identité de la cellule au moyen de sa répétition, mais aperçue d'un point de vue – ou d'un « point d'ouïe » – sans cesse mouvant.

Représenter quoi ?

La troisième objection est évidemment la plus forte. Elle est la reprise insistante de notre réticence initiale, la seconde branche de l'antinomie. L'image, dites-vous représente. Soit. Mais c'est parce qu'on peut dire ou savoir *ce* qu'elle représente. La musique, dites-vous, représente. Mais on ne peut pas dire ou savoir *ce* qu'elle représente. Donc, la musique ne représente rien, elle ne représente pas.

Réponse. Représenter, pour une image, c'est représenter par des formes ou des couleurs une chose absente ou idéale. Représenter, pour

1. Voir ci-dessus p. 193-194.

une musique, c'est représenter par des sons, empruntés généralement à un monde musical (notes, accords, silences, temporalité isochrone), des processus idéaux ou absents, c'est-à-dire des enchaînements possibles d'événements ordonnés. Dans la représentation visuelle, on voit des choses, dans la représentation auditive, on entend des processus, autrement dit des transformations mais sans rien qui se transforme, des changements sans chose changeante, des mouvements sans moteur ni mû. En voulez-vous la preuve ? En entendant une musique, vous ne pouvez pas dire ce dont il s'agit, parce que justement il ne s'agit d'aucune chose, mais vous pouvez toujours dire *comment* ça agit, puisqu'il s'agit de processus. Des verbes sans noms, des verbes d'action seulement à la forme impersonnelle, c'est difficile à dire : il manque le sujet ou l'agent. En revanche, vous entendez clairement, distinctement, « comment ça agit » : calmement ou non, régulièrement ou non, fiévreusement, etc. Tout le monde s'accordera sur les attributs des changements qui sont dans la musique, ou plutôt qui *sont* la musique. La divergence d'interprétation commencera lorsqu'il s'agira de dire de quel processus réel ou possible ces qualités dynamiques sont le support. On pourra peut-être, avec quelque hésitation, remonter des adverbes aux verbes (des qualités aux changements), on ne pourra pas remonter jusqu'aux noms (des changements aux choses). Du moins chacun aura les siens : « clair de lune », « bord de l'eau », « perte d'un être cher », etc.

Prenons un exemple : Écoutez les premières mesures du troisième mouvement (scherzo) de la *Septième Symphonie* de Beethoven[1] 79. Vous pouvez sans problème décrire *adverbialement* ce que vous entendez. Ça éclate explosivement deux fois, en intensité croissante, puis ça monte d'un coup en bondissant, puis ça redescend degré par degré, vite et légèrement, et puis ça redescend d'un peu plus haut, degré par degré, à la même vitesse, à la même légèreté, etc. Mais si on vous demandait : « *ça* quoi ? », vous pourriez donner une infinité de réponses : vous pourriez dire que c'est quelqu'un qui aperçoit une chose plaisante, éclate d'abord d'un rire qui se calme doucement mais qui repart ensuite de plus belle ; que c'est quelqu'un qui reçoit une bonne nouvelle inattendue, qui saute d'abord de joie et se met ensuite à faire des petits bonds, ou se met à embrasser toute l'assistance, etc. (pourquoi pas ?). Vous pouvez aussi imaginer que c'est quelque

1. La partition se trouve en Annexe 10.

chose et non quelqu'un, voire que c'est un processus autonome, une série d'événements enchaînés, heureux, surprenants, etc. Cela dépend de votre humeur ou de votre fantaisie. Car l'essentiel n'est pas là. L'essentiel n'est pas *quelle chose* ça représente, ça c'est toujours vague, mais quel processus *générique* est *très précisément* représenté par ses qualités singulières. Les événements représentés sont vagues, et par conséquent le processus représenté est générique parce qu'il vaut pour une classe infinie d'événements possibles, mais il est en même temps extrêmement précis parce que l'*enchaînement* en question est singulièrement représenté par *ces* qualités dynamiques uniques. En effet, les qualités dynamiques de la musique sont exprimées par les adverbes ; elles ne représentent précisément ni des choses, ni les *événements* possibles exprimables par des verbes (car les événements dépendent en partie des choses), mais les caractéristiques uniques, singulières, d'enchaînements *intelligibles* d'événements possibles. Dans le monde de la musique, les processus, qui sont des ordres compréhensibles d'événements, étant totalement indépendants des choses (nommables), sont en partie indépendants des événements (verbalisables).

Revenons à l'analogie avec l'image. Par le représentant, on comprend le représenté. Quand la chose absente ou idéale est « correctement » représentée, on peut savoir *ce qu'est* cette chose. C'est ceci ou cela : un cheval, saint Sébastien martyr, etc. Par exemple, quelque chose dans le représentant « ressemble » au représenté – couleur, forme, contour, aspect – en sorte qu'on peut reconnaître celui-ci dans celui-là. À la limite, ce serait une ressemblance presque parfaite, photographique par exemple. Représenter, pour une musique, c'est représenter par des sons un ensemble idéal d'événements purs liés causalement entre eux. Par le représentant, là encore, on comprend le représenté. Quand ce processus idéal est correctement représenté, on peut savoir *pourquoi* les événements qui le constituent se produisent. Par exemple : parce que telle note, tel accord, telle cellule rythmique, tel motif s'est produit qui permettait d'entrevoir ce qui allait se passer. À la limite, ce serait une prévisibilité presque parfaite, comme celle d'une musique réduite à la répétition obstinée d'une unique cellule rythmique – dans certains raps par exemple. La prévisibilité est donc bien l'équivalent dans l'ordre de la représentation musicale de ce qu'est la ressemblance dans l'ordre de la représentation imagée. Totale ou quasi totale, elle peut fasciner, intriguer, provoquer une sorte d'« inquiétante étrangeté » (l'image excessivement ressemblante des hyperréalistes) ou d'ivresse (la répétition excessivement prévisible de certaines musiques techno) : elle est une représentation limite, le moyen apparemment le plus propre à la représentation mais en fait le degré le plus bas de l'image ou de la musique.

À l'inverse, s'il n'y a *aucune* ressemblance dans l'image ou *aucune* prévisibilité dans la musique, elles cessent d'être des représentations, elles cessent d'être image ou musique. Même le manche à balai, qui ne ressemble guère à un cheval, ne peut être une image de cheval pour l'enfant qui joue au cheval que parce qu'il conserve quelques traits, sinon sensibles du moins fonctionnels, du cheval absent ou idéal : il peut être enfourché, il peut être tenu à l'avant, il permet de se déplacer en sautant, etc. Même des images presque conventionnelles, comme les pictogrammes indiquant les W.-C. réservés aux hommes ou aux femmes, conservent quelques traits ressemblant à un être humain (un rond pour la tête, un gros rectangle pour le tronc, deux rectangles verticaux pour les jambes, deux à mi-hauteur pour les bras) ou permettant de différencier les sexes (un trapèze évasé vers le bas pour représenter une robe de femme, par exemple). Il n'y a pas d'image, c'est-à-dire de représentation, sans ce minimum de ressemblance sensible ou d'analogie fonctionnelle qui permet au moins de rapporter certaines parties du représentant à certaines parties du représenté. Il en va de même de la musique. Une musique *totalement* imprévisible n'est plus musique. Tendrait-elle à l'être que l'écoute y chercherait encore la causalité manquante.

Peut-on représenter ce qui n'existe que par sa représentation ?

Reste une dernière objection. Admettons, dira-t-on, que la musique représente un processus causal autonome qu'elle ne reproduit pas, de la même façon qu'une image représente son modèle. Il y a cependant une opposition manifeste entre la représentation imagée et la représentation musicale. L'image représente une chose, mais la chose représentée, *qu'elle soit réelle ou imaginaire*, est supposée exister *hors et indépendamment* de sa représentation. Si une statue de pierre représente pour le dévot la vierge Marie (même sans l'imiter à proprement parler, et pour cause !), on doit bien supposer que celle-ci « existe » déjà d'une certaine manière ou quelque part ; et si une image représente le père Noël, celle-ci est fictivement la représentation du père Noël, sinon elle ne pourrait pas en être la *représentation.* Or la musique est supposée représenter un monde qui non seulement n'existe pas, ce qui n'est pas un problème, mais qui n'existe pas *hors et indépendamment de sa représentation, ni antérieurement à elle.* Comment peut-on *re*-présenter ce qui non seulement n'est nulle part présent et ne l'a jamais été, mais ne le devient que parce qu'on le représente ? N'est-ce pas une contradiction dans les termes ? Ne devrait-on pas dire, au mieux : la musique est la « présentation » sonore d'un monde d'événements purs ? Pourquoi vouloir à tout prix de la « représentation » – notion dont, par ailleurs, de nombreux penseurs du siècle dernier ont tenté de se débarrasser, en métaphysique comme en esthétique ?

C'est vrai : la sémantique représentative ne fonctionne pas de la même façon dans les deux cas. On peut le dire en d'autres termes : la représentation imagée est « constative », elle rend présent une chose réelle ou imaginaire, actuelle ou passée, qui lui préexiste ou qui existerait sans elle ; la représentation musicale est « performative[1] », elle rend présent un processus causal, réel ou imaginaire, mais qui ne lui préexiste pas et n'existe que par elle : *elle fait être ce qu'elle représente.* Car le monde représenté par l'*Art de la Fugue* de Bach, la *Cinquième Symphonie* de Beethoven ou le *Quatuor à cordes* de Debussy n'existaient pas avant ces musiques : leur composition fait exister ce monde qu'ils *représentent*, leur exécution et leur écoute le fait être ou renaître à chaque fois, sans toutefois cesser de le représenter. Voici donc ce qu'est finalement la musique : la représentation *performative* d'un monde idéal d'événements purs.

Pourtant, cette distinction entre les images, qui sont des représentations constatives, et les musiques, qui sont des représentations performatives, n'est vraie que « le plus souvent ». Car par exception, des musiques elles aussi peuvent être constatives. Et parfois aussi, des images peuvent être performatives et en *devenant* images, faire *être* ce qu'elles représentent[2].

---

1. Rappelons que, selon la distinction désormais classique de John L. Austin (*Quand dire, c'est faire, op. cit.* ; voir ci-dessus p. 284), une expression linguistique est constative lorsqu'elle se réfère à un état de chose (réel ou imaginaire) préexistant, et performative lorsqu'elle fait être ce qu'elle dit.

2. Nous ne nous référons ni aux « performances » ni à l'*action painting* qui n'ont pas pour finalité de créer des images – au sens étroit qui est le nôtre (image *de* quelque chose).

Le rapport ordinaire que nous avons aux images est essentiellement statique : nous avons une relation à l'image *faite* et non pas à l'image en train de *se faire*. Et pour une bonne raison : une image en train de se faire n'est pas encore image. C'est seulement une fois achevée qu'elle commence son œuvre d'image : représenter. Avant, elle n'est rien : de simples traits épars sans unité, de simples taches insignifiantes. Il semble impossible de saisir le « devenir image » de l'image, le moment où de rien, elle devient tout. C'est pourtant un instant quasiment magique. C'est cet instant que cherche à saisir le jeu enfantin de « 0 + 0 = la tête à toto ». Il n'y avait que des traits dispersés sur le papier, il y a un visage de bonhomme ; au moment précis où, après que *j*'ai tracé le « = » (ce qui ne fait toujours rien), *je* referme le cercle autour de 0 + 0, *elle* (l'image) se met à exister. Le passage de ce *je* (mon acte de représenter) à ce *elle* (elle représente quelque chose) est le devenir image de l'image. C'est le passage instantané de la représentation comme acte (*faire* quelque chose, « performativement ») à la représentation comme état (*être* la représentation d'autre chose, « constativement ») : comme si au moment où cessait mon acte de représentation, commençait l'état représentatif de l'image. C'est cet acte performatif de représentation qui produit la représentation constative.

La représentation musicale est comme l'étirement de cet instant. Un instant qui dure tant que dure la musique. Au contraire de l'image, elle ne se met pas à représenter au moment où elle s'achève. C'est évidemment l'inverse : quand elle s'achève, elle cesse de représenter. Elle retourne au silence (parfois insensiblement, comme à la fin de la *Neuvième Symphonie* de Mahler [80]) ou aux sons insignifiants, comme pour revenir à son état primitif, bruital, « anté-représentatif », qui serait comme des traits et des taches épars sur le papier [écouter la fin d'*Arcana* d'Edgar Varèse [81]]. La représentation de l'image commence quand cesse l'acte de sa représentation, après que les deux représentations ont coïncidé un instant. Dans la représentation musicale, les deux représentations coïncident tant que dure la musique. Et c'est bien naturel, puisque la musique est justement un devenir, un processus qui s'actualise – un *acte*. La musique ne peut exister hors de cet acte, celui de sa propre représentation.

L'instant quasi magique dont s'amuse l'enfant lorsqu'il fait apparaître le visage du bonhomme, lorsque son acte de représentation devient l'acte de l'image, fascine les êtres humains. Il est souvent l'objet d'attention scrupuleuse et de soins religieux. Car les cultes liés aux images sont liés à cette *coïncidence* entre la représentation performative et la représentation constative. C'est par exemple l'instant de la « consécration de l'image », l'étape ultime de sa réalisation, le moment bienheureux où elle reçoit les dernières touches, dans une sorte de rite sacré, qui est à la fois d'achèvement et d'inauguration. « Le meilleur exemple [...] est probablement la "cérémonie des yeux" des bouddhistes cinghalais du Theravada, au cours de laquelle les yeux de la statue de Bouddha, qui seuls manquaient, sont enfin peints, acte suprême par lequel la statue accède à la vie[1]. » L'artisan-compositeur accomplit successivement toutes les parties de l'image (0 + 0 = ...), mais, pas plus que les participants de la cérémonie, il n'a pas le sentiment de faire l'image comme un tout (la tête à toto). Les fidèles, fascinés comme l'enfant, ont l'impression que celle-ci est faite, et d'un seul coup, lorsque sont peints les yeux, par ce qu'elle représente une fois achevée. Le passage du statut de matière brute à celui de corps vivant se fait au moment où est peint ce signe de vie que sont les yeux. Ce même type de représentation performative de l'image sacrée se retrouve dans l'Église catholique orthodoxe[2]. L'icône est une image sainte, faite par un artisan, l'iconographe, qui, selon un procédé absolument stéréotypé entouré de prières, reproduit un archétype, toujours le même, sur une toile tendue par une planche de bois, c'est-à-dire une image du corps du Christ ou d'un saint, centré sur le visage, toujours le même, entouré d'or. « Toute l'attention est attirée par le regard des yeux parfois immenses qui sont tournés vers le spectateur[3]. » En outre « la perspective est en général inversée : la ligne de force va de l'intérieur de l'icône vers l'œil du spectateur[4] ». Tout indique, là encore, le changement de nature de l'image une fois achevée et consacrée, et l'inversion de sa cause dans et par l'acte de représentation : en devenant image de l'autre monde, l'autre monde se présente lui-même par l'*acte* (au double sens du terme : geste et actualisation) de sa *représentation* (au double sens du terme : performatif et constatif). Instant fascinant du devenir image de l'image

1. David Freedberg, *Le Pouvoir des images*, Gérard Montfort, 1998, p. 105.
2. Cité par Alain Besançon, *L'Image interdite*, Fayard, 1994, p. 180.
3. Alain Besançon, *ibid.*, p. 184-85.
4. Alain Besançon, *ibid.*, p. 185.

pour l'enfant ; instant mystique vécu par les iconophiles pour qui ce *devenir* de l'image constitue son *être* le plus essentiel. Instantané pour l'image, ce devenir est pour la musique son être le plus ordinaire, et se confond avec sa propre temporalité : dès lors qu'elle est entendue comme musique, elle *représente* un monde idéal qui *se présente* lui-même. De là son *évidence* – du moins pour les musiques qui nous accrochent : « Comme tous ces sons semblent s'enchaîner naturellement ! » pense-t-on, alors même qu'on ne les avait jamais entendus. Et, bien sûr, ils s'enchaîneront encore plus naturellement à leur ré-écoute, et le plaisir de la répétition de la représentation s'en trouvera accru. Évidence d'entendre que ces enchaînements sonores représentent quelque chose qui n'existait pas avant leur représentation. Tel est le devenir musique de la musique, parce qu'elle n'est autre qu'un devenir.

Du moins le plus souvent. Car, dans des contextes comparables justement, il arrive inversement, du moins peut-on le suggérer, que la musique, au lieu d'être entendue comme un *devenir*, soit saisie comme un *être* ; et alors, la représentation musicale, au lieu d'être seulement « performative », est aussi « constative » – au sens où elle représente littéralement quelque chose de déjà réel et existant, et même de suprêmement et transcendentalement existant et réel. C'est le cas dans certaines musiques sacrées qui ont pour objet de faire entendre l'autre monde. Ainsi, il y a des cultes tantriques dans lesquels les musiques n'ont pas seulement pour fonction d'entrer en contact et de communier avec le sacré, mais bien de le rendre présent. Tel est le pouvoir des mantras. Certaines vibrations sonores [écouter la musique des moines du Monastère de Gyüto au Tibet central, par exemple le « Tantra dit de l'Assemblée secrète » 82], celles de tonalités vocales graves répétées indéfiniment en gorge profonde, ont, par leur régularité, leur lenteur, leur sérénité, leur invariabilité, la puissance de représenter littéralement le monde réel au-delà des apparences mouvantes. De même, dans le soufisme, l'invocation répétée du nom Allah dans les musiques du dhikr (cérémonie de la « mention » ou du « souvenir » de Dieu) a pour objet de ne faire plus qu'un avec lui [écouter le chant soufi de Syrie : « dhikr qâdirî khâlwatî de la zâwiya hilaliya », Alep 83]. Dans tous ces cas, la musique ne fait rien entendre qui n'existe déjà. Dans ces exemples, et peut-être plus généralement dans toute musique

« sacrée », la limite entre représentation performative et constative n'est ni nette ni absolue[1].

En dépit de ces exceptions, la distinction entre la représentation imagée, qui est généralement constative, et celle de la musique, qui est ordinairement performative, permet de différencier leurs critères respectifs de « réussite » (ou de « félicité ») par analogie avec les verbes ainsi nommés. Une expression linguistique constative est réussie lorsqu'elle est « adéquate » ou « conforme » à ce qui existe, autrement dit si elle est *vraie* ; et elle échoue dans ses prétentions, délibérément ou non, si elle est fausse. Dire « il fait jour » quand il fait nuit est faux : erreur ou mensonge. Les conditions de réussite d'une expression performative sont, elles, tout à fait différentes. Il n'y a pas de sens à dire que « je te remercie » est vrai ou faux : mais pour que le remerciement soit réussi, pour qu'il soit effectivement un remerciement, il faut une série de conditions : qu'il y ait eu un service rendu par la personne remerciée à son obligé, que celui-ci en ait eu conscience, que le remerciement soit effectivement et clairement exprimé par l'obligé à celui à qui il est redevable, que cette expression soit sincère, etc. Les conditions de réussite des expressions performatives sont variables mais reviennent toutes à ceci : l'acte fait exister une entité qui n'existait pas auparavant, cette entité n'étant pas une chose à proprement parler, mais un état de choses, *une relation* nouvelle entre les interlocuteurs (remerciement, pardon), ou entre les hommes et le monde (formule d'un baptême, proclamation d'une loi, etc.). Le performatif est réussi lorsqu'il permet un changement dans l'état du monde conforme à son intention locutive. Dans le cas contraire, il échoue : par exemple, si un quidam énonce une formule de mariage ou une interdiction sans en avoir le pouvoir, son énoncé demeurera lettre morte.

On peut dire qu'il en va de même, analogiquement, pour les représentations : images ou musiques.

Une expression linguistique constative est réussie si elle est vraie. Une représentation imagée est réussie si elle est, non pas exactement « vraie » mais adéquate à son représenté. On pourrait dire « fidèle » – si l'idée de fidélité ne laissait pas entendre que la réussite de la

1. C'est aussi le cas des expressions linguistiques. En effet, comme le montre pour finir Austin (*Quand dire, c'est faire*, *op. cit.*, Onzième et Douzième Conférences), même les constatifs sont un cas particulier de performatifs.

représentation tient à la ressemblance. On pourrait plutôt dire que la représentation imagée « rend » bien son modèle, puisque le rendu ne dépend pas nécessairement de la ressemblance et permet en effet la reconnaissance adéquate. En voyant une bonne représentation, on dit : « oui, c'est lui » ou « c'est tout à fait elle ». Il y a conformité de la représentation à sa visée : une *chose* du monde supposée existante ou pouvant exister. Une expression linguistique performative est réussie si elle fait être son objet, c'est-à-dire si elle crée un nouvel état de choses conforme à son intention. Une suite de sons est réussie s'il en résulte de la musique, c'est-à-dire l'ordre intelligible d'un monde imaginaire, sous la forme d'une relation rationnelle possible entre événements, qui n'existait pas auparavant. Autrement dit une représentation sonore est réussie si elle fait être de la musique et elle échoue si nul n'entend de la musique.

Ce n'est pas une pétition de principe. Reprenons l'exemple de l'image performative. Au moment même de son achèvement, au moment où elle devient image, elle change de statut, au point que, pour les fidèles, elle fait être ce qu'elle représente, le dieu : il devient vivant par le fait d'être représenté. (Pour les agnostiques, comme vous et moi, c'est simplement le moment où l'image se met à représenter.) C'est la meilleure illustration de l'acte performatif qu'est la représentation musicale la plus commune. Au moment où la suite de sons devient musique, elle cesse d'être une suite de sons, elle fait être un monde qui n'existait pas, elle crée pour notre imagination un (ou divers) ordre(s) de causalité entre événements alors que les aliens amusiques n'entendent que des suites de sons désordonnés. Le dieu devient vivant, ou plutôt l'image « devient » image, parce que la dernière touche crée des relations réciproques entre ses parties sans lesquelles il n'y aurait pas de totalité, ni d'harmonie d'ensemble et donc pas de vie à proprement parler, pas d'âme si l'on veut, ou plus simplement pas de représentation. Mais il n'est nul besoin d'être croyant en quoi que ce soit pour entendre la musique, parce que la réalité de la musique *est* son devenir alors que celle de l'image est dans son être et non dans son devenir – qui n'est que pure illusion. Nul besoin de croire, il suffit d'être humain, et de n'être ni alien ni amusique. Les sons deviennent vivants dans la musique parce que les synthèses imaginatives successives, parfois de plus en plus englobantes (du motif à la phrase, de la phrase au développement, du développement au mouvement d'ensemble, et parfois du mouvement à toute la symphonie), créent des relations entre les parties successives de la musique, sans lesquelles il n'y aurait pas de compréhension des totalités successives ou enchâssées, et donc pas de musique à proprement parler, pas de vie, pas de représentation.

Peut-être convient-il de préciser, pour finir, que ce que nous nommons « représentation performative » pour toute musique n'est justement pas la « performance » musicale elle-même, au sens de l'exécution d'une partition préexistante. Ce que nous appelons « représentation performative » ne concerne pas la performance d'un interprète. Car celle-ci, au contraire, obéit à des critères ou à des valeurs de représentation *constative*, et non performative ! Une « bonne » interprétation doit faire entendre, mieux qu'une autre si possible, tout ce qui est dans la musique, ou même, pour les meilleures, révéler ce qui s'y trouvait déjà mais demeurait inouï. Elle n'a pas pour objet de faire exister un ordre nouveau, mais, comme la « bonne » image achevée, de montrer, d'exposer, de dévoiler, le plus et le mieux possible, un (ou des) ordre(s) existant déjà dans la musique elle-même. Comme l'image, elle se plie à l'obligation du « rendu ». Autrement dit, en musique, la performance n'est pas performative : elle est une représentation constative. Ce qui est performatif, c'est l'acte créatif de la musique, à condition qu'il ne demeure pas inerte dans la partition, quand il y en a, mais qu'il soit *entendu*, réellement sous forme sonore, ou imaginairement dans l'esprit de celui qui lit la partition et la comprend.

Représentation et reproduction dans l'image et dans la musique : inversion des valeurs

Quoi qu'il en soit de l'opposition entre représentation imagée, essentiellement constative, et représentation musicale, essentiellement performative, la représentation n'est, pour l'image comme pour la musique, qu'une des deux sémantiques, une des deux façons de se rapporter au monde, l'autre étant la reproduction : dans l'image, c'est la reproduction de choses du monde (les feuilles d'acanthe) ; dans la musique, c'est la reproduction (ou expression) d'humeurs et de climats. Ce sont deux dimensions possibles de ces deux médiums, voire de ces deux arts ; elles ne sont pourtant pas investies, historiquement et anthropologiquement, des mêmes valeurs.

Dans les arts de l'image, c'est à la fonction représentative qu'on prête les plus enviables ou les plus redoutables effets, et c'est elle dont on cherche à maîtriser, à limiter ou à utiliser les pouvoirs précieux ou terribles ; la fonction reproductive, elle, apparaît généralement inoffensive. Représentation imagée : méfiance ! Reproduction imagée : confiance ! Dans l'art musical, c'est l'inverse. C'est la fonction reproductive (ou expressive) qui passe pour dangereuse, au contraire de la fonction représentative qui est valorisée sans limitation ni condition. Reproduction musicale : méfiance ! Représentation musicale : confiance !

Là où il y a humanité, même chez l'enfant, il y a image. Partout, toujours, des figures, des dessins, des gravures, des fresques, des statues, des colosses, des hermès, des idoles, etc. Mais l'anthropologie comparée suggère que les humains ont une attitude différente vis-à-vis des images lorsqu'elles sont des représentations tenant lieu des choses et lorsqu'il s'agit seulement de les reproduire sans prétendre s'y substituer. L'être humain ne se contente pas de fabriquer des images de tout, partout, toujours, dans toutes les civilisations. Ces images qu'il fabrique exercent sur lui, dès qu'elles sont produites, une série d'effets considérables. « Il les brise, les mutile, les embrasse, pleure devant elles », « voyage pendant des semaines pour les voir ou les rencontrer » (pensons à toutes les images sacrées de divinités, de dieux, de saints, dans presque toutes les religions). « Face à elles, il est apaisé, ému, poussé à la révolte[1]. » Il peut être stimulé sexuellement par elles. Des images implorent : pensons aux images votives. Des images consolent, comme ces milliers de *tavolette*, représentant d'un côté une scène de la Passion du Christ et de l'autre côté un martyr, destinées à la méditation des condamnés à mort et fabriquées en Italie entre le XIVe et le XVIIe siècle[2]. On peut se battre *pour* des images, pour leur conquête ou leur possession, on peut se battre *contre* des images (bris des idoles, destruction des bouddhas géants de Bamiyan par les talibans afghans), cracher sur le portrait de l'ennemi comme sur sa personne, abattre des statues du dictateur mort pour le renverser à tout jamais. Mais ce qui fait leur prix, ce qui fait qu'on peut mourir pour elles, qu'on les désire, qu'on les aime ou qu'on les craint, qu'on les censure ou qu'on les brise, ce qui fait qu'elles sont invariablement

1. David Freedberg, *Le Pouvoir des images*, *op. cit.*, p. 21.
2. David Freedberg, *ibid.*, p. 27 *sq.*

l'objet de règles sociales, de tabous religieux ou d'interdits moraux, tient à leur pouvoir *représentatif* – c'est-à-dire au fait qu'elles représentent quelque chose d'absent, qui est soit irreprésentable (Dieu), soit chéri (le *portrait* de l'aimé), soit haï (le *spectre* de l'ennemi). L'image fait exister la chose comme une essence immuable. Et le drame de l'image phénoménale, ou tout simplement sa valeur insigne, c'est que, par là, la chose représentée se met à exister, dans un autre monde, nouménal. C'est ce passage, plus ou moins nécessaire selon les contextes, qui provoque toutes ces émotions et toutes ces précautions. On a l'illusion, on craint, on espère, on croit, on voit bien, que la chose *existe*. Ou, on *fait croire* (le trompeur), on fait *comme si* (l'enfant qui joue, qui fait semblant) elle existait. On rend *présent* la chose, et ce faisant, on la fait exister : quelle chance ! Ou : on rend présent ici-bas ce qui ne doit pas y exister, ou pas en représentation, ou ce qui n'existe pas : quel malheur ! *Le pouvoir émotionnel de la représentation consiste dans ce passage imaginaire de l'essence (la chose, réduite à son immuabilité) à l'existence.*

En revanche, qu'une image reproduise quelque chose n'a rien de redoutable ni d'ailleurs de désirable. Aucun pouvoir, aucune crainte. On peut reproduire à l'infini des feuillages sur les murs, ce ne sont pas des représentations, elles ne viennent pas brouiller les frontières entre l'existence et l'inexistence, entre le permis et l'interdit, entre le profane et le sacré. L'existence de la chose ne peut pas s'immiscer par surprise dans sa reproduction comme elle s'immisce parfois dans sa représentation. L'art musulman prohibe la *représentation* imagée, mais il a toléré la *reproduction* des formes naturelles, dans la tapisserie, par exemple. L'art chrétien, lui, a longtemps prohibé la *reproduction* musicale des passions humaines ; mais il a toléré la *représentation* dans la musique des états du monde idéal, sa régularité, son harmonie, etc. On se méfie en peinture de la représentation, parce qu'on craint toujours que le représenté se fasse prendre pour le représentant ; on se méfie en musique de la reproduction, parce qu'on craint toujours ce qu'elle reproduit.

Le pouvoir désiré et redoutable de la musique n'est en effet nullement sa capacité représentative. Précisément parce qu'elle représente, non quelque chose d'absent, d'éloigné, mais quelque chose qui n'existe pas encore, et qu'elle tend, en tant que représentation, vers l'idéal d'un monde ordonné, rationnel où tout arriverait comme il doit. Écoutez ces musiques qui sont typiquement représentatives comme un chant grégorien, dont l'isochronie représente ce monde de l'au-delà, peu importe que ce soit de façon constative ou performative.

En revanche, ce qui est désirable autant que redoutable dans la musique, ce qui fait qu'elle emporte toujours avec elle des règles, des tabous, des commandements et des interdits moraux, c'est son pouvoir reproductif, et notamment reproductif des émotions et des passions humaines ou de leur écho sur les choses, les climats. Platon se méfiait légitimement de la *mimesis* musicale et de la *mimesis* picturale, mais non pour les mêmes raisons justement. Ce qu'il redoutait des images, c'est qu'elles représentent, qu'elles se fassent passer pour le réel et que les spectateurs soient trompés. Rien à craindre de ce côté-là avec la musique. Mais ce qu'il redoutait dans la musique, c'est qu'elles imitent les émotions humaines, et que les auditeurs soient tentés de faire, mais surtout de ressentir, ce qu'elles reproduisent. Dans sa *République*, il veut limiter les pouvoirs « mimétiques », tant ceux des images que ceux de la musique, mais c'est pour des raisons bien distinctes. Pour les mélodies, les rythmes et les modes, ce qu'il faut encourager, c'est celles et ceux qui reproduisent les bonnes émotions, celles qui sont morales (la bravoure du guerrier, la modération du sage), ce qu'il faut condamner, c'est celles et ceux qui, reproduisant des émotions déplorables (la plainte ou la mollesse), sont censées les produire par là même chez ceux qui les jouent ou les entendent (*Rép.* III, 398 c-401 a). Pour les images, le risque est différent (*Rép.* X, 601 b-604 a) : le peintre, en représentant les choses naturelles ou artificielles, n'en montre que l'apparence et non la réalité (601 b-c) ; c'est un créateur de « fantômes » (*eidôla*, 601 b), d'illusions (602 c-d), de simulacres (*phantasma*, *Sophiste* 236 b) qui se font prendre pour des réalités, un « thaumaturge » qui exploite l'« infirmité de notre nature » et fait passer les images pour « les choses mêmes » (602 d). Le risque de confusion ontologique entre image et réalité a des conséquences catastrophiques sur le plan épistémologique, puisqu'elle nous fait prendre le faux pour le vrai, et sur le plan passionnel, puisqu'elle suppose un dérèglement de l'âme et une obéissance de sa partie rationnelle à sa partie émotionnelle (603 a-c).

Autrement dit, alors que le pouvoir, le redoutable pouvoir des images, c'est qu'elles *représentent* les choses comme si elles existaient, le pouvoir, le redoutable pouvoir des musiques, c'est qu'elles risquent de produire en nous les émotions qu'elles sont supposées *reproduire*. Alors que le pouvoir désirable et redoutable de l'image vient de sa capacité représentative et tient au *passage de l'essence à l'existence*, le pouvoir de la musique est analogiquement le même mais vient de sa capacité imitative : il tient au *passage de la reproduction à la production.* La chose dont elle représente l'essence, l'image pourrait la faire *être* pour nous – tel est son risque ontologique et la source de son singulier pouvoir émotionnel. Les émotions ou les atmosphères que la musique reproduit, elle pourrait aussi les *produire* en nous – tel est son risque ontologique et la source de son singulier pouvoir émotionnel.

À chaque époque, on a redouté ce pouvoir productif de passions impliqué par le pouvoir reproductif de la musique. Ainsi à la Renaissance, on condamna le surgissement des passions humaines, bassement humaines, dans l'opéra. Ainsi, sous le romantisme, on se méfia du surgissement impudique de l'intime. Ainsi, tout au long du XXe siècle, on fut choqué par le débordement obscène et barbare du *Sacre du printemps*, « grand rite sacral païen ». Et puis par le déchaînement sauvage et sensuel des pulsions, dans le jazz, d'abord ; et dans le rock, le hard, le rap, et tout ce qu'on voudra. Toutes ces musiques furent ou sont encore accusées, non sans raison d'ailleurs, de libérer les émotions les plus inavouées, de déclencher les passions les plus sauvages, de produire ce que, si expressément, si bruyamment, si tapageusement, elles *reproduisent*, grâce à leurs timbres, leurs rythmes, leur intensité, leur dynamique, leurs harmonies. À chaque fois, on a réprouvé ces musiques pour leur pouvoir *expressif*, on leur a reproché de n'avoir pas, ou plus, aucun pouvoir *représentatif* – ce qui était en fait vrai pour toutes ces formes, du moins à leurs débuts. Car souvent, ces nouvelles formes musicales, qu'elles soient savantes ou populaires, de l'opéra au rap en passant par le jazz, s'imposent d'abord grâce à leur pouvoir reproductif d'émotions jusque-là musicalement bridées, interdites ou inexprimables, mais elles finissent toujours par être apprivoisées, et la sémantique représentative finit par s'équilibrer avec la sémantique reproductive. L'opéra, le jazz, le rap, deviennent ainsi, à mesure de leur évolution, de plus en plus « musicaux » (mélodiques, harmoniques, déterminés par les relations causales des *notes* entre elles) alors même qu'ils étaient initialement pure expressivité émotionnelle ou physique – et parfois simples vibrations à l'état brut.

Pourquoi les deux sémantiques ont-elles des valeurs anthropologiques inversées dans l'image et la musique ? Précisément parce que l'une est globalement constative et l'autre performative. La représentation, dans l'image, abaisse le modèle idéal jusqu'au réel sensible ; le tenant-lieu est dégradation : on représente le supérieur par l'inférieur. Dans la musique, c'est l'inverse : le mouvement de représentation est performatif : on va du réel, des sons, vers l'idéal représenté, vers un monde d'événements épurés du chaos. Inversement, la reproduction est, pour l'image, peu dangereuse : elle montre qu'elle n'est pas ce qu'elle reproduit, il n'y a pas de risque de dérapage ontologique. La reproduction imagée est endogène : ce n'est pas la chose même, c'est une simple reproduction. La reproduction musicale, au contraire, procède de l'inférieur (l'humain, le trop humain) vers le supérieur : elle exprime les passions humaines dans un monde supposé *représenter* « performativement » un monde idéal d'événements purs, un idéal qui n'existe pas avant l'art, mais qui se met à exister par lui.

Ce que la musique fait au temps

Par les images, nous avons accès *sensiblement* à un monde de choses sans temps. C'est un monde intelligible que nous n'avons aucun mal à représenter ou à nous représenter : « c'est un bonhomme », « c'est des poires », « c'est un paysage de montagne », etc. L'image met les choses à notre portée, elle les domestique, elle les apprivoise, en leur ôtant toute modification, toute forme de devenir. Corrélativement, elle met l'espace réel, immense, sans limite ni mesure, à notre portée, imaginaire. Cet espace-là tient sous notre regard. Parfois même dans notre main. Privées, grâce à l'image, de leur quatrième dimension, c'est-à-dire de leur temporalité et de leurs changements, les choses dans l'image peuvent même être amputées sans dommage de leur troisième dimension, proprement spatiale. Quelques traits sur une surface suffisent à les représenter. Elles sont d'autant plus intelligibles *sensiblement* qu'elles sont ainsi appropriées à une spatialité à notre portée.

Par la musique, nous avons accès à un monde d'événements sans choses. Elle représente un ordre temporel sans spatialité. Cet ordre est moins facilement représentable que celui des choses sans événements parce que, dans le monde réel, les événements n'existent pas sans les choses qui en sont à la fois le support et la cause, alors que les choses réelles peuvent être vues, et *a fortiori* comprises, sans qu'il leur arrive quoi que ce soit. Allons plus loin : plus les choses sont dépouillées de toute événementialité, réduites à leur essence immuable, plus elles sont facilement intelligibles, alors que, au contraire, l'autonomie des événements par rapport aux choses les rend plus difficiles à appréhender et à comprendre. C'est pourquoi le monde représenté par la musique paraît plus abstrait que celui représenté par les images. C'est pourquoi aussi, ce monde d'événements ne préexiste pas à la musique alors que l'image représente constativement un monde ordonné seulement dans l'espace et sans temporalité. C'est pourquoi enfin, la musique ne rend pas seulement intelligibles par eux-mêmes les événements sonores, elle rend *intelligible le temps même du monde par des moyens purement sensibles.*

Comment ?

On dit que la musique est l'« art du temps ». Certes, tout art a besoin du temps : il en faut pour voir tout un tableau, et plus encore pour faire le tour d'une sculpture ou d'un monument. Cependant dans ces arts « plastiques », le médium de l'œuvre n'a rien de temporel. Les arts du récit (contes, roman, théâtre, cinéma, etc.), eux, mettent en scène le déroulement temporel, la succession des épisodes. La danse, de même, avec la succession des figures et des mouvements. Mais l'art des sons est le seul qui n'aurait besoin que du temps : ni de corps dans l'espace, comme le théâtre ou la danse, ni d'images dans l'espace, comme le cinéma ou la BD, ni même d'imagination spatialisante comme le conte ou le roman. Même ces arts dynamiques nécessitent l'espace, incarné dans des corps, représenté dans des images ou évoqué par des mots. La musique peut se passer de toute spatialité mais non de la temporalité. Le lien qu'elle a avec elle est beaucoup plus intime que tout autre art.

Faisons une expérience de pensée. Supprimons d'un coup toutes les choses du monde. Aucun art impliquant des corps réels n'est plus possible : ni danse, ni mime, ni théâtre. Il nous reste pourtant certains arts du récit, parce qu'il nous reste l'espace vide que nous pouvons peupler à volonté de tous les corps et paysages imaginaires que l'on voudra nous raconter. Alors supprimons l'espace. Il ne reste que le temps. Notre corps n'est plus, mais nous pouvons encore penser. Dans ce monde idéal, il peut encore y avoir de la musique : pour notre pensée, pour la pensée. Une musique certes amputée, parce que nous ne pouvons plus danser ni vivre à son rythme. Une musique peut-être devenue superflue car, dans un monde sans corps, on n'aurait sans doute pas besoin de musique. Mais la musique, elle, demeurerait possible parce qu'elle se passe de corps.

Et en tout cas, elle n'a nullement besoin de l'espace. On dira : mais il faut bien que le son se répande dans l'espace ! Les vibrations physiques, sans doute, mais non les sons audibles, encore moins la musique. Si vous êtes musicien, vous entendez la musique en pensée en lisant la partition, vous n'avez pas besoin d'une transmission dans l'espace. Beethoven était sourd, il *percevait* la musique. Et je peux me faire ma propre musique. Vous n'êtes pas musicien ? Mettez donc un casque ! La musique semblera sortir de votre pensée. Sans espace, il y a de la musique, mais non sans temps. Dans un monde purement temporel, la musique nous resterait, car elle pourrait dire ou représenter des actes et des événements possibles qui n'ont besoin que de temps pour exister et pour se manifester à nous. Il reste à savoir ce que l'art des sons *fait* à ce monde purement temporel des événements audibles. Comment il transforme le temps lui-même.

Deux thèses peuvent être opposées à ce propos, que l'on pourrait indexer aux noms de Bergson et de Lévi-Strauss. Selon Bergson, la musique est la manifestation même du temps dans sa vraie réalité, ce qu'il appelle la « durée » : c'est « la forme que prend la succession de nos états de conscience quand notre moi se laisse vivre, quand il s'abstient d'établir une séparation entre l'état présent et les états antérieurs [...] comme il arrive quand nous nous rappelons, fondues pour ainsi dire ensemble les notes d'une mélodie[1] ». Selon Lévi-Strauss, au contraire, la musique est la négation du temps : « Tout se passe comme si la musique et la mythologie n'avaient besoin du temps que pour lui infliger un démenti. L'une et l'autre sont en effet des machines à supprimer le temps [...]. Si bien qu'en écoutant la musique et pendant que nous l'écoutons, nous accédons à une sorte d'immortalité [...][2]. » La perception musicale nous permet-elle donc d'accéder à la réalité même du temps ou au contraire de nous en échapper ?

1. Henri Bergson, *Essai sur les données immédiates de la conscience*, *op. cit.*, p. 74-75.
2. Claude Lévi-Strauss, *Le Cru et le Cuit*, *op. cit.*, p. 24.

Peu importe. Bergson et Lévi-Strauss ont raison l'un et l'autre, parce qu'ils disent au fond la même chose. Ce qui les différencie n'est pas ce qu'ils affirment de la musique mais ce qu'ils pensent du temps.

Écoutons une mélodie, nous dit Bergson, ou rappelons-nous en les notes en imagination. Nous comprenons ce qu'est le temps : ce n'est pas le présent (cette note que j'entends), ce n'est pas non plus le passé (ces notes que j'ai entendues), ce n'est pas non plus la juxtaposition du présent avec le passé – pas plus qu'une succession désordonnée de notes ne fait une mélodie –, c'est la fusion en un tout indécomposable du passé dans un présent duratif : si l'on entend un air, c'est qu'on entend l'ordre des différentes notes, inséparables les unes des autres, comme si elles étaient coprésentes à la conscience, alors même que, justement elles sont successives. C'est cela le temps dans sa réalité la plus profonde, selon Bergson, non pas le temps de la nature mesurée par le physicien, mais ce temps qui, à la limite, se confond avec la conscience que nous en avons. C'est, au fond, la continuité durative qui résulte de l'indistinction entre ce qui relève du passé et ce qui relève du présent.

Écoutons de la musique, nous dit Lévi-Strauss : elle se déroule nécessairement dans « le temps irrémédiablement diachronique puisqu'irréversible », qui est notre « temps physiologique »[1] : telle est en quelque sorte la matière de la musique. Mais l'« organisation interne » de l'œuvre, sa *forme* pourrait-on dire, transmute cette matière en une « totalité synchronique » et immobilise le temps qui passe. Là encore, par la musique, le présent fusionne avec le passé.

Pour l'un comme pour l'autre, la musique agit sur la conscience que nous avons du temps : elle unit « l'état présent et les états antérieurs » pour Bergson, elle retient l'incessant passage du présent dans le passé pour Lévi-Strauss. Durée vraie pour l'un, démenti du temps pour l'autre. Ils s'opposent sur le temps, ils s'accordent sur ce que lui fait la musique. Resterait à comprendre pourquoi et comment la musique peut, en effet, avoir cet effet sur notre conscience du temps.

Accordons-leur ceci : on ne peut entendre de la musique qu'à la condition de l'inclusion du passé dans le présent. Tant qu'on n'entend les sons qu'au présent, on n'entend pas de la musique. Ils nous renvoient à leur *cause* efficiente présente (le tonnerre ou le clairon), et non à d'autres sons, qui, bien que passés, demeurent

1. Claude Lévi-Strauss, *ibid.*

pourtant présents à la conscience comme causes actuelles de ceux qu'on entend présentement. En devenant musique, elle fait entendre le passé au présent. Lorsqu'elle nous absorbe vraiment, elle rend même ce passé rétrospectivement nécessaire. En outre : nous anticipons son futur, nous le pressentons au présent comme possible, et même, parfois, nous entendons ce possible réalisé au présent comme ayant été nécessaire. En sorte que les trois dimensions de la temporalité, ou, si l'on préfère, de la conscience du temps, deviennent par la musique coprésentes, sans qu'il soit besoin de faire appel au souvenir du passé ni à l'imagination de l'avenir. De ce point de vue, la musique ne se distingue guère, comme le remarque Lévi-Strauss, des arts du récit : mythe par exemple, ou tragédie. On comprend ce qui arrive par ce qui est arrivé, et on pressent ce qui va arriver comme possible et, lorsqu'il arrive, on en comprend la nécessité.

Mais il y a plus, et c'est pourquoi Bergson et Lévi-Strauss n'ont pas entièrement raison. Car la musique ne change pas seulement le rapport de la *conscience* au temps, et donc notre rapport au présent, au passé et au futur. Elle ne se contente pas de transformer l'une dans l'autre ces trois dimensions de la temporalité, elle change le rapport que nous avons aux êtres temporels *eux-mêmes* ; elle transforme la manière dont *ils sont* pour nous *dans le temps*. (Nous entendons par « êtres temporels » toutes les entités concrètes du monde, objets, événements, personnes, processus, etc., par opposition aux « êtres intemporels », les entités abstraites (idées, concepts, nombres, etc.) ou fictives.) Car s'il y a trois manières, et seulement trois, pour une conscience de se rapporter aux êtres temporels, lesquels sont *pour elle* passés, présents, ou futurs, il y a trois manières, et seulement trois, pour les êtres temporels, d'*occuper* le temps : ils sont permanents, successifs ou simultanés. Permanence, succession et simultanéité sont en effet les trois *relations internes* au temps, et elles sont *objectives*, indépendantes de toute conscience. Or la musique *rationalise* notre perception de la permanence, de la succession et de la simultanéité – et c'est cela qui explique cet effet que Bergson, Lévi-Strauss et beaucoup d'autres se contentent de remarquer sans en rendre raison : le fait qu'elle fusionne, *pour notre conscience*, passé, présent et parfois même futur.

Musique et rationalisation perceptive du temps

Par la musique, une expérience seulement sonore devient complète[1]. Les événements deviennent intelligibles par eux-mêmes, sans besoin des choses. Nous pouvons ajouter que, se passant de l'espace, la dimension temporelle de nos perceptions devient *autonome – sans besoin de spatialité.* À la question de savoir comment un monde d'événements sans choses était possible, la musique nous donnait une solution perceptive : selon notre définition, en effet, elle fait entendre les événements de ce monde d'événements comme déterminés par d'autres événements plutôt que par les choses. Et désormais, à la question de savoir comment un monde temporel peut être intelligible par lui-même, la musique donne aussi une solution perceptive : ce monde uniquement temporel, elle le fait *entendre* – au double sens où elle le rend sonore *et* intelligible, intelligible dans les sons et eux seuls. Comment serait-ce possible ?

Car, à première vue, le temporel ne peut pas être autonome – ou du moins ne saurait-il être intelligible par lui-même ; sans les repères des choses dans l'espace, un monde seulement temporel devrait nous apparaître absolument chaotique. C'est la caverne sonore. Il y manque les conditions d'une expérience complète. Comme le dit Kant, « une expérience n'est possible que par la représentation d'une *liaison nécessaire* des phénomènes » – c'est ce qu'il appelle les « analogies de l'expérience[2] ».

En effet, dans le monde réel, nous faisons d'abord l'expérience que certains êtres ont une certaine *permanence.* Par exemple un objet ou une personne existent dans le temps en ce sens qu'ils persistent, ils sont les mêmes, ils sont eux-mêmes durant tant de temps. Et cette permanence des choses, nous pouvons la mesurer : une heure, dix ans,

---

1. Voir ci-dessus p. 84.

2. Emmanuel Kant, *Critique de la raison pure*, Analytique des principes, troisième section, III « Analogies de l'expérience ». Comme nous l'avons fait pour les quatre causes, empruntées à Aristote, nous nous permettons d'« emprunter » à Kant cette « figure de la pensée » : les « analogies de l'expérience ». Nous espérons par là servir l'*expérience* que nous faisons du rapport de la musique au temps, sans trahir le sens du *concept* kantien dont la valeur s'étend, comme beaucoup d'autres, bien au-delà du « système kantien » et qui peut donc être appliqué instrumentalement à des objets qu'il n'avait pas vocation de penser.

deux siècles, etc. : c'est le laps de temps qui sépare leur commencement de leur fin, c'est leur extension temporelle. À tout instant, c'est le même être, mais les instants sont différents. Telle est la *permanence.*

Il nous semble aussi que certains êtres « sont » dans le temps parce que nous pouvons les y indexer, par exemple repérer le moment où ils se produisent, où ils surviennent, où ils se mettent à exister, leur date de survenue : « maintenant », « hier » ou « à trois heures et quart », « le 6 août 1944 », etc. Ce sont des événements. Et deux événements sont, l'un par rapport à l'autre, soit en relation de *succession,* soit en relation de *simultanéité.* Dans l'expérience de la succession, d'un ordre des existences (ceci *puis* cela), les êtres sont différents et les instants aussi ; nous pouvons mesurer le laps de temps qui sépare ces survenues : une seconde ou heure après, trois jours ou deux siècles plus tard, etc. Dans l'expérience de la simultanéité, du *en même temps,* les êtres sont différents mais l'instant est le même. Cette fois, c'est les êtres que l'on doit pouvoir compter : combien d'événements sont simultanés, deux, trois, n, une infinité ?

En somme l'expérience d'êtres temporels, c'est celle de leur permanence, de leur succession ou de leur simultanéité. Car, lorsque nous pensons du temps, nous pensons :

– soit à un même être en divers moments – c'est la permanence : combien de temps ça dure ?

– soit à divers êtres en divers moments – c'est la succession : combien de temps les sépare ?

– soit à divers êtres au même moment – c'est la simultanéité : combien d'êtres en même temps ?

Il n'y a pas d'autre possibilité[1]. Amputée d'une de ces trois modalités, l'expérience du temps serait incomplète.

Pourtant, si l'on veut *connaître* ces êtres temporels, et plus généralement *comprendre* le monde, cette triple expérience est insuffisante. Si l'expérience que nous faisons des êtres du monde se bornait à leur permanence, nous ne pourrions rien en connaître ni même rien en dire. Car nous ne faisons pas l'expérience de la permanence sans faire en même temps celle du changement. Rien n'est absolument permanent qui ne soit aussi changeant. Mais si tout était seulement changeant, l'expérience perçue nous semblerait un chaos, car il faut bien quelque

---

1. Une autre possibilité, un seul être en un seul moment, serait purement logique et ne s'appliquerait à aucun être temporel.

chose de permanent *qui change*. Permanence et changement semblent opposés ; ils vont pourtant de pair dans notre monde – celui de la caverne. Il faut que nous présupposions implicitement un concept qui nous permet de parler du monde et de le comprendre : celui de « substance ». Nous parlons des choses comme de substances permanentes et nous en disons ce qui leur arrive de changeant : « *Socrate* est instruit », « la *table* est blanche », etc. Toutes ces choses qui peuplent le monde, nous devons supposer qu'elles *demeurent* ce qu'elles sont alors même qu'elles changent. La substance, ce qui est sous-jacent dans tous nos dires et nos pensées du monde, *permet de rationaliser notre perception* des êtres temporels. Kant dirait : c'est une condition même de l'expérience du monde. « Ce permanent, par rapport auquel tous les rapports temporels peuvent seulement être déterminés, est la substance dans le phénomène[1]. » Autrement dit, c'est ce qui est toujours le même tout en pouvant toujours être autre. Sans ce concept, notre monde serait inintelligible, parce que nous n'y ferions jamais l'expérience de la permanence des choses. Et, corollairement, nous ne ferions jamais non plus l'expérience de leur changement, parce que nous ne percevrions pas qu'*elles* changent. Seul ce qui demeure peut changer. Ainsi Marie, à qui je dis : « comme tu as changé ! ». C'est donc qu'elle est la même puisque je la reconnais et que je m'adresse à elle en lui disant « tu ». Et pour pouvoir parler de *cet* objet qui a perdu sa couleur, de *cette* maison désormais délabrée, et de tous *ces* êtres qui, étant dans le temps, changent avec le temps, il faut les reconnaître, et donc leur attribuer une certaine permanence. Dans la connaissance rationnelle, et même dans tout *discours* intelligible sur les êtres temporels, le *concept* de substance doit s'ajouter, ou même se substituer, à la simple *expérience* de la permanence.

Il en va de même en musique, laquelle doit réussir ce même défi *de façon purement perceptive*. Notre écoute a besoin de s'appuyer imaginairement sur des êtres substantiels, sans lesquels notre perception du changement serait celle d'un chaos, un pur changement sans rien *qui* change. En effet, dans l'expérience complète, ordinaire, qui est à la fois spatiale et temporelle, ce qui demeure permanent est *visible*, touchable, en tout cas spatial : c'est ce qui est affecté de changement, ce qui en est le support, le substrat permanent. Mais dans un monde

1. Emmanuel Kant, *Critique de la raison pure* (A 182), Gallimard, « Bibliothèque de la Pléiade », I, p. 918.

temporel, sans repère spatial, tout change tout le temps, donc *rien* ne change puisqu'il n'y a rien qui change. Un monde seulement temporel semble donc inintelligible. À moins qu'il y ait un principe de permanence dans l'unidimensionalité temporelle, qui soit l'équivalent, purement interne au temps, et perçu, seulement perçu, donc *sonore*, du principe de « permanence de la substance ». La musique, sans pouvoir inventer de choses dans l'espace, invente son équivalent rationnel : la substance, chose permanente et changeante, changeante parce que permanente. Et elle doit être sonore, seulement sonore. Telle est la fonction de ce que nous avons appelé la « cause matérielle » de la musique[1]. D'un côté, *la pulsation isochrone* permet de reconnaître la permanence de l'événementialité sous le changement des événements. D'un autre côté, le *son-maître*, la tonique ou le centre tonal, c'est-à-dire la permanence implicite d'une hauteur fixe, permet, *quel que soit le mode utilisé*, d'entendre un repère permanent par rapport auquel toutes les autres notes sont entendues comme ses modifications. La double substantialité sonore (pulsation régulière et hauteur fixe) permet, dans *toute* musique, une compréhension purement perceptive de la permanence des choses dans un monde sans choses. Telle est la première « analogie de l'expérience » musicale.

Il en va de même de la succession. Mais cette fois, ce qui serait inintelligible, ce n'est plus *ce que sont* les choses, c'est *pourquoi* les événements arrivent. En effet, si l'expérience que nous faisons de ce monde, celui de la caverne, se bornait à la succession, il nous apparaîtrait comme un chaos : ceci *puis* cela, *puis* cela, etc. Pour pouvoir le comprendre, il faut supposer que certains événements s'expliquent par d'autres : cela *parce que* ceci ; ils se succèdent selon une règle. Dans tout discours rationnel sur les êtres temporels, le *concept* de causalité doit s'ajouter, ou même se substituer, à la simple *perception* de la succession[2]. Il en va de même dans la musique, laquelle doit réussir ce défi d'inventer des *règles* de succession des événements qui les lient entre eux, dans un monde seulement temporel et d'une façon perceptive, autrement dit purement sonore. Notre écoute a besoin de s'appuyer imaginairement sur des relations causales entre événements sonores, sans lesquelles notre perception de la succession serait un

1. Voir ci-dessus p. 163 *sq*.

2. C'est la deuxième « analogie de l'expérience ». Voir Emmanuel Kant, *Critique de la raison pure* (A 189), éd. cit., I, p. 925.

chaos. Telle est la fonction de ce que nous avons appelé les deux causes motrices de la musique, la cause efficiente (par exemple la succession mélodique par degrés conjoints) et la cause finale (attraction harmonique ; tension-résolution). Les événements sonores qui se produisent paraissent être causés par ceux qui précèdent, et parfois même par ceux qui les suivent. Telle est la deuxième « analogie de l'expérience » musicale.

Pour qu'il y ait musique, il faut donc que la permanence soit comprise, et entendue, grâce à un équivalent sonore de la substance ; il faut aussi que la succession soit comprise, et entendue, grâce à un équivalent sonore des règles de succession, des causalités motrices internes. Ainsi s'explique l'effet de la musique que Bergson et Lévi-Strauss ont constaté sur notre *conscience* du temps : le passé s'invite au présent grâce à la substance, le présent s'invite au passé grâce à la cause efficiente, et le futur même s'invite au présent grâce à la cause finale. Mais ces manifestations ne sont que la conséquence subjective de ce qui se passe réellement, ou plutôt imaginairement, dans le monde objectif des événements musicaux. Et l'effet phénoménal sur notre conscience du temps n'est que la conséquence de ce que la musique fait réellement au temps. Réellement, c'est-à-dire dans la réalité même de ce monde imaginaire créé par la musique. En s'en tenant aux relations de la musique aux trois modes de la « temporalité » pour une conscience (passé/présent/futur), au lieu d'analyser ce que la musique fait aux êtres temporels eux-mêmes et à leurs relations, notamment permanence et succession, la plupart des analystes de la musique ont omis de rendre raison de ce qu'ils décrivaient.

Mais ce qu'ils ont en outre, et par voie de conséquence, manqué en général, c'est de décrire et d'expliquer ce que la musique faisait à la simultanéité, qui est la troisième relation possible entre êtres temporels. Il est bien évident que si l'on s'en tient aux rapports entre présent, passé et futur, la simultanéité n'a aucun sens. Car la simultanéité n'est que le rapport du présent... au présent. Donc rien. C'est pourquoi aussi la plupart des philosophes ou des musicologues qui cherchaient à théoriser la temporalité musicale s'en sont tenus à la relation horizontale de succession, et prenaient comme exemple musical « *une* mélodie », pour vague qu'elle soit. Et il est vrai que dans une mélodie, ou même dans un air qu'on sifflote, ou encore dans un rythme qu'on entend ou qu'on frappe, le passé et le présent fusionnent, *parce que* la permanence et la succession sont *rationnel-*

lement perceptibles. Et il est vrai aussi que mélodie et rythme sont suffisants pour qu'il y ait musicalité. Mais la plupart des musiques font entendre une dimension verticale, une relation de simultanéité entre événements musicaux. Et pour la comprendre, c'est-à-dire pour comprendre ce que la musique fait à cette troisième modalité de la relation entre événements, il faut cesser de penser le temps musical en termes de « temps de la conscience » pour le penser comme une relation objective entre êtres temporels eux-mêmes. Pensée en ces termes, la simultanéité n'est plus la relation inconcevable du présent au présent, c'est une des deux relations possibles entre événements : ils sont successifs *ou* simultanés – même en physique relativiste !

Nous pouvons dès lors reprendre notre analyse. Dans l'expérience que nous faisons de notre monde chaotique, celui de la caverne, certains événements sont simultanés. Combien ? Deux ? trois ? dix ? cent ? une infinité ? Nul ne peut le dire. Le champ de l'expérience présente est indéfini parce qu'il est contextuellement variable. Notre attention se porte sur les choses environnantes et nous percevons des événements simultanés. Mais, pour *comprendre* ce monde, il faut supposer des interactions entre événements simultanés et plus généralement entre toutes les choses telles qu'elles sont ou pourraient être données. Ils sont en connexion les uns avec les autres en sorte qu'ils ne peuvent s'expliquer que comme des éléments d'un même système. Comme le dit Kant (c'est la « troisième analogie de l'expérience ») : « Toutes les substances en tant que simultanées sont dans une communauté universelle, c'est-à-dire dans un état d'action réciproque[1]. » À la limite, tout le champ de l'expérience est structuré par les interactions indéfinies que nous postulons entre êtres temporels. L'intelligibilité même du monde suppose en effet une unité totale de l'expérience que nous en faisons : tout doit être en relation avec tout et chaque chose peut interagir sur toute autre. C'est cela même « le » monde, entendu comme une totalité simultanée donnée. Dans la connaissance rationnelle, le *concept* d'interaction doit s'ajouter, ou même se substituer, à la simple *expérience* de la simultanéité. Mais dans un monde sans choses, comment distinguer les événements simultanés ? Comment donc savoir *combien* ils sont ? Deux ? Mille ? Et surtout : dans un monde seulement temporel, comment pourrait-il y avoir des relations intelligibles, et pourtant seulement perceptibles,

1. Emmanuel Kant, *Critique de la raison pure* (A 211), éd. cit., I, p. 942.

entre événements simultanés ? C'est ce que peut la musique, du moins toute musique polyphonique, et c'est ce qu'elle fait au temps. Nul mieux que Bernard Sève n'a insisté sur cet aspect fondamental du temps musical. Parmi les virtualités offertes, selon lui, par les rapports entre événements musicaux, il insiste à juste titre sur la *polyphonie* – qui « démultiplie le temps parce qu'elle oblige à écouter plusieurs lignes à la fois[1] ». Dans et par la polyphonie, nous entendons non seulement plusieurs événements sonores simultanés, mais nous entendons des événements distincts et déterminés : les trois notes d'un accord par exemple ou les notes simultanées des différentes voix d'une fugue à quatre voix, chacune appartenant à sa « ligne mélodique » réglée par sa causalité dynamique (cause efficiente et/ou finale) propre.

Dans la musique, nous entendons donc un nombre déterminé d'événements qui saturent le champ de l'expérience sonore – alors que le nombre d'événements dans le champ de l'expérience perceptive complète du monde demeure toujours indéterminé. (On considère généralement que l'oreille, ou plutôt le cerveau humain, ne peut pas distinguer clairement plus de quatre voix simultanées.) Et surtout : la simultanéité temporelle est devenue *interaction*, ce qui rend la relation entre êtres temporels, les notes, *intelligible*. Notre écoute a besoin de s'appuyer imaginairement sur des relations d'interaction entre notes distinctes sans lesquelles notre perception de la simultanéité demeurerait chaotique. Ainsi, dans une écriture harmonique, ou verticale, on n'entend pas les trois notes simultanées d'un accord, mais leur interaction mutuelle dans l'unité de leur diversité, selon les lois de l'harmonie, en partie naturelles, en partie historiquement variables[2]. Et dans une écriture contrapuntique, on n'entend pas les voix distinctes comme étant seulement simultanées, ou comme étant

1. Voir Bernard Sève, *L'Altération musicale*, *op. cit.*, p. 280 ; selon lui, les « lignes de temporalisation qui définissent l'institution musicale de la temporalité », sont, outre la polyphonie, le rythme, le retour et le jeu des modulations tonales (*ibid.*, p. 277 *sq.*).

2. Voir ci-dessus p. 152. Ce qui est à peu près invariable, donc « naturel », c'est la relation de consonance entre harmoniques. Mais tel accord entendu comme dissonant à telle époque sera entendu comme consonant à une époque ultérieure, quand il aura été « apprivoisé » par de nouvelles musiques. Ainsi, pour prendre un exemple classique, cela fait longtemps qu'on n'entend plus l'accord de septième de dominante comme dissonant – telle est la part historiquement variable – même s'il est toujours entendu comme moins consonant que l'accord parfait, telle est la part constante.

causalement déterminées l'une par l'autre (comme c'est le cas dans un simple canon) mais comme étant en *interaction* les unes avec les autres[1]. Si nous n'entendons aucune interaction entre notes ou voix simultanées dans une musique polyphonique, nous la *cherchons*, et notre intelligence musicale s'épuise à la trouver. Si elle échoue, alors c'est comme lorsque notre intelligence perceptive manque à entendre les causalités motrices entre notes successives : nous n'entendons plus de la musique. L'interaction joue le même rôle dans l'écoute polyphonique que la causalité dynamique dans l'écoute mélodique. Elle fait de la musique avec des événements sonores. Car l'interaction est à la simultanéité ce que la causalité est à la succession : la condition de l'intelligibilité de l'expérience.

Ainsi le temps du monde nous apparaît sous la triple modalité de la permanence, de la succession et de la simultanéité. Mais borné à cette expérience, il serait chaotique, inintelligible et sans doute indicible. Pour que cette expérience seulement sonore devienne rationnelle et complète, il est nécessaire que, à la permanence des êtres se substitue leur *substantialité* (les êtres temporels sont à la fois permanents et changeants) ; que, à la succession se substitue la *causalité* (certains événements se succèdent selon une règle intelligible) ; et que, à la simultanéité se substitue l'*interaction* (certains êtres ne surviennent en même temps que parce qu'ils sont connectés entre eux). Ces trois concepts assurent l'intelligibilité des phénomènes temporels. Ainsi fait la musique : elle nous sort du temps de la caverne sonore. Pour qu'une expérience du monde purement sonore soit rationnelle et complète, il faut les trois « analogies de l'expérience musicale » : il faut entendre une certaine permanence de la substance sonore sans laquelle la musique ne serait pas comprise comme un changement ; il faut entendre la causalité entre événements successifs et l'interaction entre événements simultanés. Que fait donc la musique au temps ? Avec de la succession, elle fait de la substance changeante et de la causalité, et avec de la simultanéité elle fait de l'interaction. Elle rationalise le perceptif. Avec du sensible, du seulement sensible, à condition qu'il soit purement temporel (donc avec du sonore), elle fait exactement ce que, selon Kant, nos « catégories » intellectuelles de la relation (substance/accident ; causalité/dépendance ; action réciproque) font à l'intuition du temps, elles nous rendent les phénomènes qui ont

1. Voir ci-dessus p. 73 *sq*.

lieu dans le temps intelligibles selon les règles que Kant appelle les trois « analogies de l'expérience ». Nous devons supposer, pour comprendre et connaître les phénomènes naturels qui nous entourent, qu'ils sont faits de substances auxquelles il arrive des accidents, qu'ils se succèdent causalement et qu'ils sont en interaction réciproque. Dans un monde temporel seulement sensible, c'est-à-dire sonore, cette intelligence du sensible ne peut pas se faire par des catégories intellectuelles, mais seulement par des moyens sonores. La musique est ce moyen. Loin de pouvoir nous faire connaître le monde réel, *elle nous fait comprendre un monde possible, seulement temporel.*

Ces mondes possibles, toutes les musiques les représentent. Et loin de nous les faire connaître conceptuellement, elle nous les fait comprendre sensiblement. Car l'art est l'intelligence sensible du sensible. Et la musique est l'intelligence sensible du monde des événements.

QUATRIÈME PARTIE

Pourquoi la musique… et les autres arts ?

Il y a de la musique. Partout où il y a des hommes, il y a de la musique.

Mais pourquoi faut-il qu'il y ait de la musique ? Pourquoi faut-il qu'il y ait, dans les sons des hommes, certains qui soient pour eux de la musique ? Pourquoi de la musique plutôt que rien ? Ou plutôt : pourquoi de la musique plutôt que seulement des bruits – bien utiles – plutôt que le silence – apaisant – plutôt que des paroles – autrement signifiantes et essentielles – plutôt que des sons simplement agréables à l'oreille, comme le ressac de la mer, le chant des grillons ou le rire de l'être aimé ? Pourquoi faut-il que les hommes fassent et écoutent de la musique ?

Quelques réponses anthropologiques

Cette question n'est pas une interrogation oiseuse et spéculative réservée à quelques métaphysiciens de cabinet, mais un des problèmes les plus actuels dans les disciplines empiriques qui interrogent la musique. Elle est au centre des recherches de biomusicologie[1] notamment la biologie évolutionniste. « Pourquoi la musique ? » signifie alors : « Quel rôle adaptatif la musique a-t-elle joué dans l'évolution humaine ? » La musique est en effet un universel anthropologique : si loin qu'on remonte dans le temps, il n'y a pas d'humanité sans musique – la question de sa présence chez les néandertaliens, ces « autres humains », n'étant pas encore tranchée. Prise en ce sens, la

1. Voir les références ci-dessus aux travaux notamment de Nils L. Wallin, Björn Merker et Steven Brown, *The Origins of Music*, *op. cit.*

question « Pourquoi la musique ? » est héritée de Darwin qui soutenait que la musique avait précédé le langage et que « les tons musicaux et le rythme étaient employés par les ancêtres semi-humains de l'homme, pendant la saison des amours, alors que tous les animaux sont entraînés par l'amour et aussi par la jalousie, la rivalité ou le triomphe. Ainsi [...] les sons musicaux pourraient réveiller en nous, d'une manière vague et indéterminée, les fortes émotions d'un âge reculé[1] ». Autrement dit, la musique jouerait le même rôle pour les hommes que la queue pour le paon. Cette question « Pourquoi la musique ? » a été revivifiée par la réponse radicale que lui apporta jadis le célèbre biologiste évolutionniste Steven Pinker : « pour rien ! ». Il soutenait en effet : « En termes de causes et d'effets biologiques, la musique est inutile. La musique pourrait disparaître sans que le mode de vie de notre espèce en soit modifié[2]. » L'anthropologue Dan Sperber en parle comme d'un « parasite évolutionnaire[3] » eu égard au développement du module de la communication vocale. Cela ne signifie nullement qu'elle ne soit pas extrêmement plaisante pour beaucoup d'êtres humains et même essentielle pour certains ; seulement elle ne répondrait à aucun besoin adaptatif de l'espèce humaine. Ces thèses ont constitué un défi pour la plupart des paléoanthropologues qui s'efforcent, surtout depuis la fin des années 1990, de trouver la fonction de l'apparition de la musique dans l'évolution humaine[4].

Du côté de l'ethnomusicologie ou de la sociologie de la musique, on interprète la question « Pourquoi la musique ? » tout autrement. On n'interroge plus l'espèce mais la communauté sociale. On se demande : « Pourquoi toutes les sociétés humaines ont-elles besoin de musique ? » Et parmi les réponses les plus courantes, il y a les suivantes, qui ne sont pas forcément exclusives : la musique permet une coordination des comportements dans le groupe, elle est le vecteur essentiel de la cohésion sociale, elle sert au maternage (par exemple le rythme et les sonorités des berceuses), elle est au service de l'expression émotionnelle collective, elle est un régulateur des émotions, voire,

1. Charles Darwin, *La Filiation de l'homme et la sélection sexuelle*, 3e éd, Librairie Rheinwald, Schleicher Frères, 1891, trad. E. Barbier, p. 693.

2. Steven Pinker, *Comment fonctionne l'esprit*, Odile Jacob, 2000, p. 556-57.

3. Dan Sperber, *Explaining Culture. A Naturalistic Approach*, Blackwell, 1998, p. 142.

4. Par exemple Steven Mithen, *The Singing Neanderthals : The Origins of Music, Language, Mind and Body*, Harvard University Press, 2006.

selon certains « cognitivistes », elle permet à l'esprit humain d'explorer sa propre flexibilité.

Pourtant, les réponses qu'on suggèrera ici n'ont guère de rapport avec ces théories scientifiques et relèveraient plutôt de spéculations métaphysiques. Aux mauvaises excuses habituelles du philosophe, notamment une préférence pour les expériences de pensée plutôt que pour le travail de terrain, s'en ajoute ici au moins une bonne qu'il est possible de tirer des principes mêmes de la biologie de l'évolution. Toutes les raisons qui pourraient expliquer l'apparition de la musique, il y a quelques dizaines ou, plus vraisemblablement, quelques centaines de milliers d'années, ne permettraient pas de répondre à la question « Pourquoi y en a-t-il maintenant ? » En effet, on estime généralement qu'il faut au moins 50 000 ans pour que les mutations génétiques bénéfiques à l'espèce se manifestent dans le génome : c'est ce qu'on appelle le « décalage évolutionnaire ». Donc aucune de ces raisons ne peut expliquer un phénomène radicalement nouveau, et récent par rapport à l'évolution biologique, apparu au mieux il y a quelques siècles : la musique est devenue un spectacle, le concert, avec des musiciens d'un côté et des auditeurs de l'autre. Avant cela, la distinction des uns des autres était rarissime. Plus encore : l'idée de séparer la musique du mouvement, et pas seulement de la danse, a longtemps semblé incongrue. Or, de fait, il se trouve que la musique est aujourd'hui quelque chose qui s'écoute ! Un « art des sons », n'est-ce pas ? Pas seulement bien sûr : il y a toujours des musiques à tout faire. Un autre phénomène peut-être encore plus récent s'ajoute au précédent : il y a de la musique sans paroles. Certes la majorité des musiques écoutées dans le monde demeurent accompagnées de texte, mais le fait est qu'il y a aussi des musiques qu'on écoute. Simplement. En silence. Et ces musiques, on les « comprend » alors même qu'elles ne parlent de rien. Tout cela n'était pas prévu au programme de l'évolution. Notre question « Pourquoi la musique ? » est donc métaphysique : pourquoi faut-il qu'il y ait, pour cet être qu'est l'homme, de la musique qui puisse être simplement écoutée ? Qu'est-ce que cela nous indique de son rapport au monde ?

(Une autre question, dont la réponse importe peu, serait : pourquoi faut-il qu'il y ait, pour cet être que vous êtes ou que je suis, un amour de la musique simplement écoutée ? Est-ce à défaut de pouvoir en faire ? Pourquoi, avant même de pianoter maladroitement « La

Lettre à Élise », m'enfermais-je dans ma chambre pour faire imaginairement la musique même que j'écoutais ? Il me revient que, debout face à l'électrophone familial Teppaz et muni d'une baguette extraite du coffret du « Petit magicien », je dirigeais frénétiquement ce disque, 33 tours 25 cm, sur lequel étaient gravés des extraits de Sylvia *et* Coppélia *de Léo Delibes. Et puis il y eut ma première drogue forte,* L'Auberge du cheval blanc *(de qui au fait ?), avant la* Symphonie du Nouveau Monde *de Dvořák.)*

Il ne s'agit toutefois pas de se demander : pourquoi y a-t-il *aujourd'hui* de la musique, de la musique pure ? Car l'existence d'une musique qui n'est faite que pour être faite ou pour être écoutée est le signe d'une disposition expressive ou contemplative de l'humanité qui était inscrite en elle. Peut-être même nous indique-t-elle que, dans ces manifestations anthropologiques qui la mêlent aux danses et à la poésie, s'exprime déjà un besoin de musique pour elle-même. Il y aurait dans l'art des sons une dimension qu'on pourrait appeler l'« art de faire des sons qu'on écoute » et elle serait présente en toute musique même lorsqu'elle n'est pas développée et cultivée comme telle. Si cela est vrai, cela invaliderait, ou du moins cela limiterait la portée des réponses antérieures, qu'elles soient celles de biomusicologues ou d'ethnomusicologues pour qui la musique n'est jamais autonome, c'est-à-dire séparable de ses fonctions sociales ou des autres formes d'expression. Et cela justifierait que nous cherchions une réponse philosophique, ou si l'on préfère « métaphysique », à notre question.

Cette enquête finale sera l'occasion d'un regard synoptique sur l'ensemble de notre parcours.

Les « briques » du monde où nous vivons. Et des arts qui s'ensuivent

Il y a deux types de métaphysiques ou d'ontologies. La plupart d'entre elles sont « réformatrices » comme dit Peter Strawson (en fait il dit *revisionary*)[1]. Elles s'efforcent de dire ce qu'il y a *réellement* en deçà des apparences ou au-delà de nos croyances immédiates. Le métaphysicien réformateur soutient par exemple que la réalité fondamentale, ce sont des Idées, des nombres, de l'Un, de la matière,

1. Peter F. Strawson, *Les Individus*, *op. cit.*, p. 9-13.

de l'énergie, des esprits, de l'âme, de la Volonté, etc. (Et il en va de même au fond de la science physique, qui rend compte de la nature environnante au moyen de quarks ou de bosons de Higgs.) D'autres ontologies, les métaphysiques « descriptives », s'en tiennent à une analyse des constituants minimaux de la réalité telle qu'elle s'impose *apparemment* à nous[1]. Elles tentent de décrire les éléments constitutifs du monde que nous percevons *et* dont nous parlons les uns aux autres. Car les schèmes du langage contribuent à structurer le monde perçu, sans qu'il soit possible de distinguer clairement ce qui relève en lui de ce que nous en percevons et de nos façons de le mettre en commun. Quoi qu'il en soit, ces tentatives pour distinguer le dit et le perçu, ou le « concept » du « donné » (si toutefois il existe et n'est pas un « mythe »), ne sont pas ici notre objet. Nous nous sommes efforcé, dans *Dire le monde*[2], de décrire les structures nécessaires du monde dont nous parlons. Nous nous efforcerons ici de décrire les structures nécessaires de la *perception* du monde ainsi structuré – et d'en déduire les « arts » qui s'ensuivent. En d'autres termes, nous souhaitons exposer la face « esthétique » dont *Dire le monde* exposait la face « logique » – ces deux concepts étant à prendre d'abord au sens littéral : « logique », ce qui relève du *logos*, autrement dit du langage et secondairement de la raison ; « esthétique » ce qui relève d'abord de l'*aisthesis*, autrement dit de la perception et du sensible, et secondairement de l'expérience esthétique et des « arts ».

Nous autres, *homines sapientes*, vivons dans ce monde. Qu'y a-t-il donc ? Quelles sont les « briques » (c'est-à-dire les entités minimales constituantes) de ce monde face à nous, lorsque nous le percevons et lorsque nous en parlons ? Que faut-il qu'il y ait, pour que nous puissions percevoir quoi que ce soit et en parler, nous parler de ce que nous percevons, percevoir ce que l'on nous en dit ? Peut-être y a-t-il des « choses en soi », au-delà des apparences. Laissons-les être « en soi » !, ce n'est pas d'elles qu'il est question lorsqu'il s'agit de comprendre les « arts du sensible ». Tenons-nous en aux *conditions nécessaires* pour que ce monde dit et perçu nous apparaisse. Posons

1. On n'ose parler ici de « phénoménologie » parce que le terme est réservé à un courant philosophique particulier (« la » phénoménologie) ou du moins à une certaine conception étroite du « phénomène », réduit à l'apparence sensible, généralement visuelle, ainsi qu'à sa « description » faite en « première personne », c'est-à-dire du point de vue d'une conscience.

2. Francis Wolff, *Dire le monde*, *op. cit.*, 2004.

que l'ontologie de base de notre monde est l'articulation des structures minimales du langage et de celles de la perception. Tentons une simple description. Esquissons une ontologie minimale, avec tout ce qu'elle peut comporter apparemment de naïf.

Comment pouvons-nous nous *parler* du monde ?

À propos de quelque chose (un « sujet »), nous pouvons dire quelque chose (un « prédicat »). Nous parlons du « chat » et nous disons qu'il « mange », qu'il « griffe » ou qu'il « miaule ». Pour que nous puissions nous parler, il faut qu'il y ait hors de nous des sujets dont nous parlons et sur l'existence desquels nous nous accordons. Il faut que ces choses, sujets ultimes et identifiables de nos actes de paroles, soient et demeurent ce qu'elles sont, même si elles changent, même si nous disons qu'*elles* changent. C'est nécessaire à notre communication. Car pour pouvoir dire qu'« elles » changent, nous devons présupposer qu'« elles » sont toujours les mêmes : c'est le même « chat » hier et aujourd'hui, c'est le même chat pour les deux interlocuteurs. Manger, miauler, griffer sont les prédicats variables d'un sujet invariable. Nous parlons des choses et nous pouvons en prédiquer ce qui leur arrive : des événements[1]. Telle est la structure syntaxique de base de notre langage : la structure prédicative. Et une structure sémantique de base lui correspond : l'articulation de noms (qui désignent des choses) et de verbes (qui désignent des événements).

Que pouvons-nous *percevoir* du monde ?

L'animal en nous (comme les animaux hors de nous) a besoin de tous ses sens pour vivre. Par le toucher, le goût, l'odorat, qui sont ses sens « immédiats » ou chimiques, ce vivant que nous sommes expérimente son environnement : il en prélève des parties, les manipule, les goûte, les sent, afin de les utiliser, de les transformer, de les consommer. Tel est le monde du vivant : un environnement à la disposition de la vie, un milieu avec lequel nous autres animaux sommes en constante interaction. Mais, au-delà de ce « milieu » dont nous nous servons ou que nous accaparons, il y a le monde perçu *de l'extérieur*, « en troisième personne », qui s'offre à notre connaissance et à notre contemplation. Ce monde, nous n'y accédons que par la

1. C'est ce que dans *Dire le monde*, nous avons appelé le « premier langage-monde » : le nôtre.

vue ou par l'ouïe. Car seuls ces deux sens nous mettent, nous autres être humains, à la *distance* suffisante – et ce mot est à prendre au sens propre comme au sens figuré – pour permettre une connaissance objective et une expérience esthétique.

Voyons donc. Il y a d'abord ce que nous pouvons appeler des *choses.* Nous les voyons justement là, devant nous. Elles sont de nature très variée : naturelles ou artificielles, vivantes ou non. Ce sont des corps dans l'espace. C'est la pierre, la chaise, la lune ; c'est une rose, un chacal, un enfant. Mettons en effet, pour l'instant, dans ce même sac des choses, les objets, les animaux et les personnes. Tous nous apparaissent comme des corps tridimensionnels bien découpés. Toutes ces choses visibles ne sont pas seulement existantes, comme le feu, l'eau ou les rêves, elles ont une existence déterminée, garantie par trois qualités éminentes.

Elles sont d'abord dotées d'une unité minimale qui permet de les dénombrer, *une* chaise, *deux* grains de sable, *trois* hommes ; elles sont déterminées, définies, et bien limitées : c'est *ceci*, qui se distingue de *cela*. Autrement dit, ce sont des individus.

En outre, elles sont désignables par des *noms* : une montagne, une maison, un arbre, un chat, le soleil, Paul, Marie. La question qu'un esprit s'ouvrant sur le monde (un jeune enfant par exemple) pourrait se poser à leur égard est : « qu'est-ce que c'est, ça ? » – et c'est d'ailleurs ce que, apprenant à parler, il demande. Cette question est celle de l'identification. Elle suppose reconnaissance et *réidentification* : ceci-ici-maintenant est la même chose que cela-tantôt. Le nom de la chose souvent suffit à satisfaire cette curiosité. Parfois, on répète la question à propos du nom donné : mais « qu'est-ce que c'est, une maison ? », ou « un chat ? », ou « papa » ? Les choses étendues dans l'espace sont des individus appréhendables par leur nom. Un nom commun les délimite et leur donne une identité spécifique (tout arbre est, en tant qu'arbre, identique à tout arbre), parfois un nom propre désigne une identité numérique (*ce* chêne, c'est ce chêne ; « Paul » est Paul ; « maman », c'est maman), et la raison peut les compter, une à une. L'unité, la déterminité, l'identité et la nominabilité sont les propriétés des choses spatiales qui en font des éléments de base de notre monde dit et perçu.

Mais ces choses ont aussi des propriétés sensibles, par lesquelles nous les appréhendons. Ces propriétés sont des entités de second ordre : leur existence dépend des choses, mais l'existence des choses ne dépend généralement pas d'elles, puisqu'elles peuvent changer sans qu'on dise que la chose même n'est plus la même : la maison a été peinte, mais c'est toujours la même maison. Paul a grossi mais il est toujours lui-même. Parmi ces propriétés sensibles, certaines sont visibles : la couleur et la forme. Ces dernières peuvent à leur tour être hiérarchisées ontologiquement : la couleur est *propre* à la vue – c'est ce qu'Aristote appelait un « sensible propre[1] ». C'est même la seule propriété propre à la vue. La forme, ou plutôt la figure, elle, est commune (au moins) à la vue et au toucher – c'est ce qu'Aristote appelait un « sensible commun[2] ». On peut reconnaître une courbe ou la forme d'un objet par la vue ou par le toucher. Mais un aveugle-né ne saura jamais ce que sont la lumière et les couleurs. En un sens, donc, la couleur est *pour la vue* la qualité primordiale : sans vue, pas de couleur. Mais, en un autre sens, la figure apparaît première, moins dépendante des particularités de notre sensibilité, ne serait-ce que parce qu'elle est « rationalisable » : elle est mesurable géométriquement ; ainsi, un esprit pur, dès lors qu'il aurait une idée de l'espace, pourrait savoir ce qu'est une figure, un cercle ou un cube. C'est ce que la philosophie classique appelait une « qualité première », laquelle se trouve *dans* les corps eux-mêmes, par différence avec une « qualité seconde » comme la couleur qui dépend du pouvoir qu'ont les corps de susciter en nous des sensations par leurs qualités premières[3] – par exemple par la composition de leur matière. Donc ontologiquement, les « qualités premières » sont antérieures aux « qualités secondes ». Celles-ci dépendent de celles-là, de même que les choses sont antérieures à leurs propriétés sensibles – comme les adjectifs dépendent des noms qu'ils qualifient.

Pourtant, sur le plan de la connaissance, la priorité s'inverse : les propriétés sensibles sont premières, et les choses en dépendent. Car c'est par ces propriétés qu'elles sont primitivement perçues et donc connues. Sans propriétés, nous ne saurions rien des choses. Pas même qu'elles existent. Elles en sont les indices. Dans les arts, elles seront donc suffisantes à les représenter, puisque l'art fait abstraction des choses mêmes ou plutôt de leur existence réelle, pour se satisfaire de leur apparence – de ce qu'on nomme justement leur « représentation » – pour en tenir lieu.

1. Aristote, *De l'âme*, II, 6, 418 a 9 *sq*.
2. *Ibid*. 418 a 16 *sq*.
3. Voir John Locke, *Essai sur l'entendement humain*, II, VIII, 10.

Ainsi, les arts visuels vont suivre cette précellence cognitive. Pour *représenter* les choses, ils vont emprunter leurs propriétés visibles et s'en tenir à elles : c'est ainsi qu'ils en feront des images[1]. Mais puisque la « figure » est un « sensible commun », il y a divers média hétérogènes – et donc plusieurs espèces d'art – représentant la figure des choses : dessin[2], peinture, sculpture, elle-même de divers types : modelage, taille, relief, ronde-bosse, etc. Mais la couleur étant une qualité seconde, il ne peut y avoir d'art représentant les choses à partir de leurs seules couleurs sans que la figure y soit aussi présente d'une manière ou d'une autre. Car toute couleur est couleur d'une forme. Mais l'inverse n'est pas vrai : la figure elle-même (ou certaines de ses propriétés topologiques – puisqu'elle peut être projetée pour être représentée) peut suffire à *tenir lieu de* la chose même : c'est ce qui se passe dans la représentation sculptée ; dans le dessin ou la gravure, c'est le contour de la figure (sa projection sur un plan) qui joue ce rôle ; dans la peinture, c'est la couleur délimitée par des formes. L'œuvre de tous ces arts visuels sera la *représentation de la chose dans ce qu'elle a d'immuable*, comme si elle était toujours identique aux conditions de son identification en une circonstance donnée, c'est-à-dire aux conditions nécessaires et suffisantes de la réponse à la question « Qu'est-ce que ? ». Face à une image, pour peu que ses propriétés sensibles permettent de reconnaître ce dont elle est l'image, nous disons : « c'est cela, c'est bien cela[3] ». Ce plaisir de l'identification, qui n'épuise évidemment pas la satisfaction esthétique et parfois même n'y prend aucune part, est inversement

1. Ce qui nous guide depuis le début cette enquête, rappelons-le, c'est avant tout l'art au sens général et anthropologique du terme, autrement dit le *besoin d'art* (faire ou écouter des sons « musicaux », faire ou regarder des images), beaucoup plus que les manifestations de ce besoin dans l'histoire institutionnelle des arts, celle des Beaux-Arts, des « artistes », voire des « œuvres ». C'est pourquoi, pour comprendre l'art des sons, nous avons pris d'emblée la voie « Qu'est-ce qu'un son ? » plutôt que « Qu'est-ce que l'art ? ». De même, nous prenons la voie de l'image pour définir des « arts visuels ». Il est bien évident que, étant donné l'équivocité du mot « art » (voir ci-dessus p. 28), tous les « arts visuels » ne procèdent pas de l'image, et que « l'histoire de la peinture » a, depuis le début du XXe siècle, des rapports disons « mouvementés » avec l'image !

2. Nous entendons ici par dessin une image sans couleur.

3. « On se plaît à la vue des images parce qu'on apprend en les regardant et on infère ce que représente chaque chose, par exemple : c'est Untel. » Aristote, *Poétique*, 4, 1448 b 15-17.

proportionnel aux moyens de représentation utilisés ; quand, sans le moindre doute, nous reconnaissons dans un dessin, la personne, son attitude, son humeur passagère ou son caractère singulier par le miracle de quelques coups de crayon, comme chez Ingres ou Matisse, nous nous exclamons avec surprise et joie : « mais oui, c'est elle, c'est exactement elle ! ».

Et maintenant, *écoutons*. Les choses matérielles ne sont pas sonores tant qu'elles ne bougent pas[1]. Mais dès qu'elles se meuvent, ça fait du bruit : la branche casse *crac*, le vent siffle *pffui*, la pierre tombe *bong*, le robinet goutte *plic ploc*, le chat miaule *miaouu*. La question qu'un esprit s'ouvrant sur le monde (un jeune enfant par exemple) pourrait se poser à l'égard de ces événements serait d'abord, « qu'est-ce que c'est ? » – ce à quoi le nom de la chose suffirait à répondre : c'est le robinet ; c'est le chien. Mais une autre question interroge l'événement lui-même : « *Pourquoi* se produit-il ? » Et à ce *pourquoi*, il y a deux façons de répondre : soit en rapportant l'événement à une chose comme à son *sujet* (le robinet goute, le chat miaule), soit en le rapportant à un événement antérieur qui en est la *cause* : on avait mal fermé le robinet ; le chat a été effrayé, etc. La question fondamentale posée par les choses est celle de leur identification (*qu'est-ce que c'est ?*), la question fondamentale posée par l'événement est celle de la causalité (*pourquoi ?*).

Les sons se situent donc à un troisième degré ontologique. Au plus bas degré, il y a les briques du monde : les *choses*. Au second degré, il y a les *événements*, qui ne peuvent se produire sans les choses tandis qu'elles peuvent bien demeurer immobiles et en silence : c'est même ainsi que les représentent les arts de l'image[2]. Au troisième degré, il y a les *sons* – dont l'existence dépend de ces événements, du mouvement des choses. C'est pourquoi, on se le rappelle[3], la sortie de la caverne sonore pour fonder un art de la représentation des événements nécessite deux étapes, tandis que la sortie de la caverne visuelle pour fonder un art de la représentation des choses n'en requiert qu'une.

1. Voir ci-dessus p. 31.
2. Nous excluons bien sûr les arts de l'image en mouvement, comme le cinéma (voir ci-dessous).
3. Voir ci-dessus p. 41-42.

Les choses, déjà individualisées et identifiables pour et par la vue, étant d'emblée de « bons habitants » du monde réel, leurs qualités premières (figure, contour) offrent un matériau disponible pour leur représentation ; en revanche les événements, ne pouvant être individualisés ni identifiés sans l'aide des choses, une étape intermédiaire est nécessaire qui fasse de leurs qualités sensibles (les sons) de bons habitants[1] du monde musical et des qualités de ces qualités (timbre, durée, hauteur) le matériau de leur représentation.

Cette dépendance ontologique des événements aux choses est tout uniment « esthétique » (on entend le son *d'*un mouvement *d'*une chose vue) et « logique ». D'un nom, on peut désigner telle ou telle chose : branche, vent, pierre, robinet, chat. On sait *de quoi* on parle. Il n'en va pas de même des événements : casse, siffle, tombe, goute, miaule. Qui ? Quoi ? Les verbes signifient des événements mais ils ne suffisent pas à dire quoi que ce soit si l'on ne dit pas de quoi on parle : la branche, le vent, la pierre, le chat, etc. Les événements dépendent ontologiquement des choses comme les verbes dépendent syntaxiquement des noms. Sur le plan sémantique, un nom désigne généralement une chose, et un verbe un événement ou une action[2] ; et sur le plan syntaxique, un verbe est un prédicat, il est même *toujours* prédicat. Il dit quelque chose de quelque chose d'autre – le sujet – et n'existe donc pas sans celui-ci[3]. *Sauf dans la musique* justement – laquelle peut être décrite comme un processus sémantique d'événements sans choses ou comme un processus syntaxique de verbes sans sujets. À première vue, une musique dit quelque chose comme : ça va, ça vient, ça repart, ça revient, ça cherche, ça cherche encore, ça insiste, ça erre, soudain ça monte, ça monte encore, ça retombe, ça se relève, ça divague, etc. À tous ces verbes, il manque évidemment *soit des sujets*, soit des *liens de causalité* – les deux façons de répondre

1. Sur cette notion, et notamment sur les propriétés ontologiques des notes, voir ci-dessus p. 53-55.

2. Le cas particulier des actions sera examiné ci-dessous. Nous ne nous intéressons pour l'heure qu'aux événements.

3. Mark C. Baker (*Lexical Categories, Verbs, Nouns and Adjectives*, « Cambridge Studies in Linguistics », Cambridge University Press, 2004, p. 14) cite divers auteurs selon lesquels, dans un acte de communication, la fonction prototypique d'un nom est de « référer », celle des verbes est de « prédiquer », et celle des adjectifs de modifier. La thèse de l'auteur lui-même est à peine différente : son idée fondamentale est que « *only verbs are true predicates* » (*ibid.*, p. 20).

au *pourquoi* face à un événement : dans le premier cas, on parle du monde réel ; dans le second cas, on comprend un monde imaginaire, celui que fait entendre la musique.

Si les sons se situent au troisième degré ontologique, leurs propriétés se situent au quatrième. Parmi elles, il y a hauteur et durée[1]. Les hauteurs (grave/aigu) sont « propres » aux sons, tandis que la durée est une propriété commune à tous les êtres temporels (choses, événements, actions, processus, etc.). De même que la couleur est un « sensible propre » de la vue, la hauteur est une « qualité propre » aux sons ; et tandis que la figure est un « sensible commun » des choses spatiales, la durée est une « propriété commune » aux êtres temporels. Ainsi, de même qu'un aveugle-né ne pourra jamais savoir ce que sont le bleu et le rouge, un sourd de naissance ne saura pas ce que sont le grave et l'aigu, mais il pourra avoir accès aux rapports entre les durées des sons et plus généralement à l'événementialité des événements, même s'ils sont sonores – ainsi que le prouve le cas de ces percussionnistes sourds[2]. Inversement, ces propriétés communes à tous les événements, à leur événementialité (le fait qu'ils arrivent et leurs durées respectives), n'étant pas des « sensibles propres », sont rationalisables : de même que la figure visuelle est mesurable géométriquement, les durées des sons sont mesurables temporellement. Et dès lors que ces durées appartiennent au monde musical, elles deviennent commensurables entre elles ; leur relation est alors exprimable par un rapport numérique simple (double, triple, quadruple, etc.). C'est pourquoi, même si la hauteur est pour le son sa qualité primordiale, les durées des sons et leur rapport entre elles apparaissent premières, moins dépendantes des particularités de notre sensibilité puisqu'un esprit purement rationnel, dès lors qu'il aurait accès à la temporalité, pourrait les comprendre et les mesurer. Le rapport entre hauteur (qualité propre au son) et durée mathématisable (qualité commune à toutes les entités temporelles) est le même, pour les sons, que le

1. Le timbre, autre qualité *propre* au son, a une grande importance sonore (dans la reconnaissance des événements) et esthétique (voir ci-dessus p. 149) mais n'est pas directement impliqué dans les conditions nécessaires de la musicalité, dès lors qu'il y a permanence du même timbre. Il en va de même des autres propriétés comme l'intensité (quantifiable comme la durée) et l'enveloppe – qui comprend l'attaque – en dépit de leur importance fondamentale du point de vue de l'expressivité (voir ci-dessus p. 280 *sq.*).

2. Voir ci-dessus p. 96.

rapport entre couleur (sensible propre à la vue) et forme mathématisable (sensible commun) pour les choses.

Les « arts des événements » leur empruntent leurs propriétés sonores et s'en tiennent à elles pour les représenter, comme les arts visuels empruntent aux choses leurs propriétés visibles pour les représenter. Et puisque leurs durées sont une propriété commune (comme la figure pour la vue), il y a divers média, et donc plusieurs espèces d'art (comme il y a divers arts de la forme visuelle-tactile) représentant les rapports entre durées des événements – ce qu'on appelle le rythme : il y a la poésie, il y a la danse, et il y a aussi la musique qui est souvent associée à l'une ou à l'autre pour cette raison. Inversement, parce que le grave et l'aigu sont des qualités secondes, il ne peut y avoir d'art représentant les événements à partir des seules hauteurs des sons sans que leurs durées y soient représentées aussi d'une manière ou d'une autre. Car de même que toute couleur est la couleur d'une figure, toute hauteur d'un son a une certaine durée. Il n'y a pas d'art des hauteurs sans événementialité, ni d'art des couleurs sans formes. Inversement, les durées elles-mêmes (ou plus exactement leur commensurabilité) peuvent suffire à *représenter* le rapport entre événements. Car il y a un rythme musical dans les mouvements visibles ou exécutables (c'est la danse), il y a un rythme musical dans les mots audibles ou prononçables (c'est la poésie) ; et un rythme dont les événements sont réduits à leur seule événementialité, aux pulsations sonores, est déjà à lui seul musique, comme l'exemple initial du train qui démarre nous a permis de le montrer. En d'autres termes, alors qu'il y a divers arts du rythme, donc du rapport temporel entre événements, la musique est *le seul art qui représente des événements purs*, sans choses, mais aussi sans mouvements, sans espace et sans mots. Et un rythme musical représente leur événementialité, le fait que, simplement, les événements arrivent les uns *par* les autres. Le rythme est dans l'ordre temporel ce que le dessin est dans l'ordre spatial : le contour de la chose suffit à la représenter, c'est-à-dire à faire comprendre *ce qu'elle est*, l'événementialité des événements suffit à les représenter, à condition de représenter en outre *pourquoi* ils arrivent. Le rythme est une condition suffisante de la musique, même si la plupart des musiques sont *aussi* un jeu de hauteurs – et, évidemment, de timbres. Mais le timbre peut être unique (une voix, un instrument), alors que, s'il y a hauteurs, elles sont nécessairement multiples, et c'est le jeu de leurs rapports qui fait musique.

La musique est donc la représentation de la succession des événements à partir de leurs propriétés audibles, de même que les images sont des représentations des choses spatiales à partir de leurs propriétés visibles.

Des deux manières de comprendre les choses et les événements

Comment *rendre raison* du monde ? À cette question le métaphysicien descriptiviste répond : tout dépend s'il s'agit de rendre raison des choses ou des événements. Les *choses*, on en « rend raison » en disant ce qu'elles sont. On les nomme, on dit à quel genre elles appartiennent, on précise de quelle espèce elles sont, en somme, on les définit. Le rêve du métaphysicien réformateur, c'est de pouvoir dire *totalement* ce qu'est *chaque* chose, dans son individualité, et la subsumer sous son propre concept : cette chose-ci, c'est ceci et rien d'autre. L'*essence* individuelle et immuable est la réponse idéale à tous les *qu'est-ce que* posés par les choses. Le cauchemar du métaphysicien réformateur, c'est le nominalisme : il n'y a pas d'essences, pas de choses, elles ne « sont » rien, il n'y a que des noms conventionnels et variables.

Les événements, on en rend raison en disant *pourquoi* ils arrivent. On indique leurs causes. On rend raison de tout événement *par d'autres* événements, ceux sans lesquels il n'existerait pas. Pourquoi ceci arrive-t-il ? Parce que cela, et cela, et cela, etc. On rend raison des choses *par elles-mêmes* (*qu'est-ce que ?*), on rend raison des événements par d'autres événements (*pourquoi ?*). Le rêve du métaphysicien réformateur, c'est de pouvoir rendre raison de tout en remontant jusqu'à la cause première. Son cauchemar est de se perdre dans la régression à l'infini des causes, la cause de la cause de la cause, etc.

Des choses, dans le monde de la vie, on n'a pas besoin de rendre raison. Elles ne nécessitent pas d'être ainsi individuellement comprises ni intégralement définies. Les *qu'est-ce que* radicaux sont inutiles. Le monde tel qu'il s'offre à l'usage suffit à y vivre, du moins c'est tout ce que le vivant en attend. Mais il est, pour l'homme, insuffisant. Il suffit à vivre animalement, mais non à bien vivre, à vivre humainement – en « animal rationnel ». L'*homo sapiens* est rationnel et par conséquent métaphysicien. Il est aussi artiste – et pour les mêmes raisons. En métaphysicien, il voudrait savoir pour savoir, et donc pouvoir répondre de façon satisfaisante et complète à la question fondamentale qu'il pose aux choses du monde ou qu'elles lui posent. Certes les choses dans l'espace sont identifiables, on peut dire ce qu'elles sont, mais les conditions de leur réidentification sont toujours précaires et menacées d'incertitude. Tout simplement parce qu'elles changent, elles ne sont pas ce qu'elles étaient. Elles ne sont donc jamais tout à fait les mêmes qu'elles-mêmes. C'est ce « devenir » que le métaphysicien réformateur oppose à l'« être ». Chaque chose n'est jamais identique à sa propre essence, elle subit à chaque instant des accidents qui la transforment : à partir de quand une chose, un être, une personne sont-ils encore eux-mêmes, et non pas autre chose ? L'eau devient vapeur, la beauté se fane, le vivant devient cadavre et puis poussière, etc. Trouble : le monde n'est pas entièrement conforme aux exigences de la rationalité, qui ne sont rien d'autre que les conditions idéales pour que nous puissions en parler, ou du moins *nommer* une bonne fois pour toutes, chaque chose singulière, une à une. Car dans ce monde où nous devons vivre, les choses sont soumises au *temps*, et par conséquent à la naissance et à la mort, à la génération et à la corruption, à l'apparition, à la détérioration et à la disparition, et toujours à l'accidentalité. En somme les choses varient et elles dépendent des événements. Les seules qui ne changent pas sont les *essences* des choses matérielles ou les universaux : *le* bison, c'est-à-dire l'essence du bison, si cela existe, ou l'universel « bison », par opposition à *ce* bison particulier, ici, visible, changeant parce que vivant, appétissant et effrayant, mort demain. Mais son « âme » existe peut-être immuablement, ou si l'on préfère son essence éternelle, c'est-à-dire lui-même tel qu'il est sans le devenir ni l'être jamais devenu. Les essences pourtant, ça n'existe pas, du moins pas ici-bas ; et si elles existent, quelque part dans ce monde ou ailleurs, elles ne sont de toutes façons pas visibles ou perceptibles, parce que ce que nous voyons, c'est toujours cet arbre ou *un* bison singulier ici présent. L'*homo metaphysicus* est un métaphysicien réformateur : il invente donc un monde idéal, hors de celui-ci, séparé de ce monde matériel des choses, un monde où les choses ne sont rien d'autre que ce qu'elles sont, et où elles le sont immuablement. Un monde *imaginaire* mais sur mesure pour sa *raison*. Un monde idéal de pures formes, d'idées sans matière, etc. Un monde d'essences qui serait premier, antérieur à celui-ci, précaire et changeant, qui n'en serait que la pâle copie. Des essences individuelles.

L'artiste visuel fait de même. C'est l'autre manière de comprendre les choses : non plus intellectuellement, mais sensiblement. Non plus en en rendant raison, en les nommant, en les définissant, une par une, en tentant d'identifier leur essence immuable ; mais en les représentant sensiblement, une par une. De l'enfant qui griffonne son « bonhomme-têtard » à l'artiste de la grotte Chauvet, du barbouilleur du dimanche à Rembrandt, tous créent, et pour les mêmes raisons, un monde d'essences, en procédant à l'inverse du métaphysicien : ils prélèvent ce qui n'est que la manifestation la plus extérieure des choses, leurs propriétés visibles, pour les représenter *comme des essences immuables*, éternelles. Ils imaginent un monde d'essences, dans les deux sens du mot « imaginer » : ils forgent dans leur esprit et ils produisent des images. Ils font hors d'eux ce qu'ils forgent en eux. C'est ce qu'on appelle « *représenter* » – produire des tenants lieu. Il y a le même effort, la même ascèse pourrait-on dire, de la part du métaphysicien et de l'artiste (si toutefois ils sont distincts, ce qui n'est pas toujours le cas), mais avec un autre matériau : le pur visible d'un côté, le pur intelligible de l'autre. La pure intelligibilité n'a rien d'immédiat : elle s'efforce d'atteindre l'individualité des choses au moyen des seuls concepts. Mais la pure visibilité n'a rien d'immédiat non plus : elle se conquiert par abstraction à partir du phénomène tel qu'il est globalement perçu. Et pour la même finalité : se rendre maître imaginairement des choses ; et celles qu'on ne peut pas suffisamment comprendre, on les possède en effigie. Dans les deux cas, cela s'accompagne d'un plaisir : celui de la compréhension conceptuelle des choses ; celui de leur compréhension sensible. Dans les deux cas : « c'est cela, c'est bien cela, c'est exactement cela ». L'art visuel réalise sensiblement ce que la métaphysique imagine. Il atteint le monde idéal vers quoi elle tend vainement.

Représenter les choses singulières et précaires comme des essences immuables, telle est l'origine de la peinture et sa vocation la plus constante. Au départ, on représente maman, papa, une maison, une fleur ; ou des bisons, des chevaux, un sexe : on les fixe à leur propre contour. Dans la peinture dite figurative, les choses sont peintes comme nous en *parlons* en les nommant. Le premier plaisir du peintre – mais non le seul, ni même peut-être l'essentiel – est de représentation, et corrélativement celui du « spectateur » est d'identification et de reconnaissance. La peinture répond d'abord à la question « Qu'est-ce que ? », et tout *qu'est-ce que* s'adresse à des choses, dotées d'identité – elles demeurent les mêmes – et d'ipséité – chacune est elle-même et non une autre[1]. Seulement la peinture y répond vraiment, c'est-à-dire totalement et radicalement, alors que les réponses que nous pouvons donner aux *qu'est-ce que* à propos des choses et avec les ressources de notre langage ne peuvent jamais être totales ni radicales.

Nos réponses conceptuelles aux *qu'est-ce que* ne sont pas radicales parce qu'un nom propre ne dit rien, qu'un nom commun ne dit rien de propre, et qu'aucune description définie n'épuise la singularité de ce qui se donne à voir. Elles ne *peuvent* pas être radicales[2] parce que les choses singulières de notre monde ne sont pas des essences (elles n'ont pas d'identité permanente) et que, inversement les essences dites par notre langage ne sont pas singulières (nous ne parlons pas un langage de noms propres). Le peintre, ou plutôt le faiseur d'image, réussit donc là où le langage échoue. Il représente les choses singulières comme si elles étaient des essences.

On objectera, sans aucun doute, que la peinture, ou ce que l'histoire de l'art appelle la « peinture », fait bien plus que représenter des choses singulières et précaires comme des essences immuables – ce qu'elle faisait pourtant à l'évidence dans l'art « primitif », et encore dans les portraits, les autoportraits ou les natures mortes de la Renaissance ou de l'âge classique. On remarquera aussi que cette fonction traditionnelle, celle d'essentialiser l'instantané, la peinture l'a forcément transmise à un autre art de l'image, la photographie, dès son apparition. Émancipée de son devoir d'image, la peinture pouvait alors jouer avec les conditions de la représentation, ou s'efforcer, par tous les moyens excédant son propre médium, de représenter tout ce que l'image, en tant qu'image, était impuissante à représenter – c'est Cézanne et la naissance de l'art « moderne ». Faire voir dans un tableau plus que ce que l'image peut montrer.

Pourtant le besoin de *faire* des images a survécu à sa reproduction technique. Même lorsque toute figure a disparu de la représentation,

1. Voir *Dire le monde*, *op. cit.*, p. 71-72.

2. Sur cette visée du *qu'est-ce que*, voir *Dire le monde*, *ibid.*, p. 71-75. Sur l'échec de notre langage à y répondre, voir *ibid.*, p. 95-98.

dans ce qu'on nomme bien mal l'art « abstrait », le spectateur continue de chercher le représenté dans le bien nommé « tableau » : on le regarde comme représentant l'essence de quelque chose ; une chose absente, certes, mais dont les formes et les couleurs, si elles suscitent une expérience esthétique, nous donnent pour ainsi dire la nostalgie de ce qui s'est absenté. La peinture abstraite ne peint pas des objets réels, mais elle pose ses représentations comme des formes éternelles, condition de toute représentation : « carré blanc sur fond blanc ». En sorte que si, à l'origine, ce ne sont que des *choses* qu'on dessine sur les murs ou qu'on modèle dans la terre, à la fin, n'importe quoi peut faire image, pourvu qu'on le regarde comme une essence immuable dans un monde absolu, sans événements. Où tout serait dicible par des noms, sans besoin de verbes. Des noms qui seraient comme des étiquettes accrochées pour toujours, ou comme des cartels inscrits sur le cadre des tableaux ou sur le socle des statues.

Nos réponses conceptuelles aux *qu'est-ce que* ne peuvent pas non plus être *totales* : il faudrait pour cela qu'en définissant chaque chose, on puisse en même temps dire son lien avec toutes les autres. Les concepts sont comme des îles, chacun est comme un monde, et les choses ne sont donc pas du même monde[1]. Mais par la peinture, au lieu que les essences demeurent séparées les unes des autres, l'organisation *a priori* de l'espace de la toile les fait cohabiter. C'est ce qui fait la différence entre la simple image d'une chose et des images plus complexes ; voire cet art qu'on appelle « peinture », de la Renaissance à l'art moderne. Il ne s'agit pas seulement de rendre identifiable ou reconnaissable une chose, il ne s'agit pas seulement de la représenter. Il faut que les choses représentées soient aussi rendues présentes les unes aux autres – faire d'une pluralité l'unité d'un *ordre* des choses. Il faut pour cela organiser un espace et déterminer l'unité de la représentation, en se basant par exemple sur l'unicité corrélative du point de vue fixe d'un spectateur d'après les règles de la perspective ; ou au contraire construire cette unité de la représentation sur l'unité

1. Sur le monde visé par le *qu'est-ce que*, nous écrivions dans *Dire le monde*, *op. cit.*, p. 75 : « Chaque chose est pleine de son propre être sans rien d'autre, absolument indépendante de toutes les autres. Et ainsi à l'infini pour chacune d'elles. La perfection des choses de ce monde a cependant une contrepartie. C'est que ce monde, ce monde comme un tout n'est pas. Pour constituer un monde, il manque du lien entre les choses qui, elles, ne manquent de rien : étant sans lien, elles ne sont pas dans un même monde. »

et la fixité des choses représentées elles-mêmes indépendamment de la démultiplication des points de vue, selon la pratique des cubistes ; suggérer par la palette ou par l'entrecroisement des lignes des relations secrètes entre choses peintes, en somme faire que ces choses, essences singulières, loin d'être seulement posées ou juxtaposées, isolément les unes des autres, soient toutes comme en un seul lieu et d'un seul monde, le monde imaginaire où elles offriraient conjointement leur présence et où elles existeraient éternellement ensemble. Le peintre là encore réussit à faire voir ce que notre langage échoue à dire, parce que la nomination sans la prédication isole les choses les unes des autres. Le peintre, lui, peut non seulement montrer ce qu'est radicalement chaque chose, il peut aussi montrer les relations entre choses dans l'unité d'un espace : c'est comme s'il tissait des liens entre leurs noms. Dans ce monde imaginaire, tous nos *qu'est-ce que* sont satisfaits. C'est la condition de toute émotion esthétique. Car cette satisfaction n'est pas, du moins pas encore, une émotion esthétique, laquelle suppose une attitude esthétique et non cognitive. L'attitude esthétique, on l'a dit, partage avec l'attitude cognitive une *tension* du regard sur les choses, mais qui ne porte pas sur les choses mêmes, mais sur leur pure apparence sensible : couleurs, formes[1]. Dans l'attitude esthétique vis-à-vis des choses, l'esprit, tout entier concentré dans son regard, tente de rendre raison des choses par leurs qualités seules visuelles et dans la pure spatialité : c'est bien ainsi que l'image les représente.

Le métaphysicien réformateur imagine un monde de choses sans événements. L'artiste le peint. Ce sont deux manières de comprendre les choses. Il y a de même deux manières de comprendre les événements. En répondant à tous les *pourquoi* ; en rendant raison de la manière dont les événements s'expliquent par d'autres événements, et ainsi de suite pour tous les événements, au risque de régression à l'infini. En imaginant un monde d'événements sans choses. Ou... en faisant de la musique. Car par cet art on peut aussi comprendre comment les événements s'expliquent par leurs causes, en imaginant comment ils s'enchaînent idéalement. La musique, reliant les événements sonores par des réseaux de causalité et d'interaction imaginaires, leur donne une « logique » que la réalité leur refuse et comble

1. Voir ci-dessus p. 39 *sq*.

notre désir de répondre aux *pourquoi*. Le monde représenté par la musique est fait d'événements sans choses. Cela ne signifie pas qu'elle soit incapable de suggérer des choses immuables ; mais elle le fait métaphoriquement (« Voiles », tiré des *Préludes*, livre I, de Debussy) comme la peinture est capable de suggérer métaphoriquement le mouvement (« La liberté guidant le peuple » d'Eugène Delacroix). C'est même le défi auquel répond tout art : représenter la dimension du monde interdite par les conditions formelles de sa représentation. La peinture est obsédée par la troisième dimension et le mouvement, alors qu'elle est bidimensionnelle et fixe ; la musique est obsédée par les choses inchangeantes et les climats immuables alors qu'elle n'est qu'un processus dynamique.

Pas plus que la pure visibilité, la pure audibilité ainsi produite n'a rien d'immédiat : elle se conquiert non seulement par abstraction à partir du phénomène globalement perçu, mais à partir des événements du monde de la vie tels qu'ils sont à la fois conçus, perçus et éprouvés : il faut, pour entendre la musique elle-même, qu'on cesse d'écouter ce que font les choses qui causent les sons. On entend alors que les événements se causent les uns *par les autres*, et on comprend pourquoi ils arrivent, aussi clairement qu'on voyait ce qu'étaient les choses représentées par leurs images. De l'enfant qui tape sur son assiette avec sa cuillère au flûtiste du Paléolithique, du chanteur des rues à Chostakovitch, tous les musiciens représentent un monde idéal d'événements qui adviennent en ordre et se comprennent les uns par les autres ; et ce monde, ils le créent ou ils l'imaginent à partir des propriétés sensibles des événements, leurs sons, leur durée, hauteur, timbre, intensité. La musique réalise des mondes imaginaires que la métaphysique ne peut pas même imaginer, où nos *pourquoi* sont satisfaits.

Dans les deux cas, image des choses sans événements, musique des événements sans choses, l'imaginaire des représentations répond à une demande de la raison. Qu'on puisse faire entrer toutes les choses du monde, celles que nous pouvons nommer, celles que nous pouvons voir, celles qui peuplent l'espace, dans un *ordre immuable*, peut satisfaire ce besoin métaphysique de répondre à la demande d'essence que recèle chaque *qu'est-ce que* particulier. Le dessin de maman dit : « maman est ici et restera toujours maman ». C'est ainsi que l'enfant s'approprie, en pratique, le monde des choses. Que, en outre, il puisse régner, entre les événements, ceux qui pourraient arriver, ceux que nous peinons à désigner par des verbes sans sujets, ceux qui peuplent le temps, un *ordre causal* aussi inattendu que rationnel, peut satisfaire ce besoin métaphysique de répondre aux *pourquoi* – et ce d'autant plus aisément que, musiquant, on se fait soi-même cause des ces événements, comme les prisonniers, aussitôt libérés de leurs chaînes, se mettent à taper sur les murs. Dans le rythme musical, on crée et on entend un ordre où se croisent une régularité isochronique exigée par la dynamique de notre corps et une superposition de formes commensurables exigées par la raison. Il en va de même de la mélodie, faite elle aussi de ce mélange d'imprévisibilité réelle qui semble venir d'elle et de prévisibilité imaginaire qui semble venir de nous, tant elle semble répondre à nos attentes, tant il nous paraît toujours rétrospectivement possible d'en maîtriser l'advenue pourtant toujours incertaine.

Musique et processus

Les arts visuels accomplissent une *métamorphose ontologique*. Sous la conduite de la raison, ils transforment les choses réelles en essences imaginaires. L'art musical accomplit une autre métamorphose ontologique : sous la conduite de la raison, il épure les événements sonores des choses dont ils dépendent et transforme ces nouveaux événements en un processus continu.

Mais qu'est-ce qu'un processus ? C'est une entité autonome, qui n'est réductible ni à une *chose* ni à des *événements* et qui peut être décrite comme la fusion d'événements en une chose. Plus rigoureusement, on pourrait dire : c'est une entité autonome dont la matière est événementielle et dont la forme est substantielle. En toutes ses parties, un processus n'est constitué que d'événements successifs. Mais en sa totalité, il est comme une chose unique et indivise. Ainsi, une partie d'échecs est un processus, analysable en une série d'événements et synthétisable en une dynamique unique qui lui donne sens. De même, mais ce n'est pas un simple exemple, *une vie*, celle de n'importe quel vivant, est un processus. Non pas le *vivant* lui-même, qui est une substance (ou si, l'on préfère une chose) qui demeure la même en dépit de ses propriétés changeantes ; non pas son *existence*, c'est-à-dire tout ce qui lui arrive, tous les événements biologiques, physiques, voire mentaux, les incidents ou les épisodes qui l'affectent « existentiellement », dont elle s'alimente et qu'on pourrait décrire successivement ; mais bien la *vie* même de ce vivant, le processus par lequel le vivant persiste dynamiquement dans son être de vivant en se transformant lui-même à mesure de ses accidents successifs. La vie tient des deux entités, chose et événements : c'est un processus composé d'événements existentiels successifs transformés en la chose qu'est *ce* vivant lui-même. La musique est comme la vie. Elle est faite de notes, d'accords, de silences, en lesquels elle peut être analysée – événements que, par la grâce des relations de causalité qui les lient, elle transforme en un tout autonome. Les causes font lien. Il n'y a jamais que des événements, et on n'entend pourtant que leur fusion en une chose.

Comme les choses, les processus sont dénombrables, individualisables et identifiables : *un* processus est clairement identifié, tel processus est distinct de tel autre. Des événements, le processus hérite le dynamisme : comme les événements qui se succèdent, il est un mouvement, un devenir. De la chose, il hérite la stabilité : comme une chose, ou comme une substance, il est l'union indissoluble des parties en un tout. Mais à la chose, il arrive des accidents : elle demeure la même essentiellement et change accidentellement. Aux événements, il n'arrive rien : ils apparaissent et disparaissent. Si l'on peut dire, à la rigueur, qu'un événement change, c'est quand il passe du futur au présent (il apparaît, plus ou moins attendu ou surprenant), ou quand il passe du présent au passé (il disparaît aussitôt qu'apparu). Mais le processus, lui, étant un changement, ne change pas. À tout moment, il est à la fois synthétiquement toujours le même, tout en étant toujours autre, puisqu'il est analytiquement constitué d'événements.

Les deux entités parentes du processus musical, chose et événements, sont en même temps les deux conditions transcendantales de la musique, correspondant aux deux étapes de la sortie de la caverne. Créer d'abord des *événements distincts* et *discrets* à partir du continuum des bruits de la vie. Réintroduire ensuite une *continuité causale* à partir des événements musicaux. Les deux unités parentes sont aussi essentielles l'une que l'autre dans toute musique particulière.

Cependant, certaines musiques tendent à n'être qu'une chose en mouvement, un flux : par exemple les notes sont *legato* et se suivent toujours en degrés conjoints, on n'entend plus d'événements bien distincts, comme dans certaines pièces de Debussy [écouter par exemple la pièce intitulée « Brouillards », tirée des *Préludes*, livre II (84)] où les notes semblent se fondre l'une dans l'autre. On peut aller encore plus loin dans la recherche du *continuum* sonore, par exemple dans la musique « planante » – ou « spatiale » [écouter par exemple, de Tangerine Dream, le titre « Alpha centauri » dans l'album du même nom (85)]. Les notes peuvent même disparaître, comme lorsqu'on joue de la scie musicale : il n'y a plus de degrés repérables ni de pulsations isochrones. À quoi tient alors la musique ? À la continuité timbrale et surtout à la contiguïté des hauteurs, à leur glissando. Le processus est ainsi préservé, comme une vie subsistant dans un souffle, par la seule puissance de ses ressources internes. On n'entend plus que cette cause intrinsèque, ce conatus musical, sans la moindre rupture ni le moindre saut qui signerait sa mort [écouter par exemple certaines musiques de Tristan Murail comme « Couleurs de mer » (86)].

Inversement, d'autres musiques tendent à n'être que des suites d'événements : à la limite, toute relation de causalité semble s'en absenter, comme dans telle musique atonale qui « échoue à créer un discours autonome » et dans laquelle « il est difficile de percevoir autre chose qu'une série de déflagrations sonores, une succession d'instants qui se veulent inouïs mais n'arrivent qu'à s'annuler les uns les autres » – au point que, à force de multiplier ces événements inattendus « ces entrechocs de blocs sonores, ces perpétuels sauts de registres, ces variations rythmiques infimes », on ne crée « en définitive qu'une musique très statique, qui plafonne, où il ne se passe rien »[1]. C'est comme si, sans lien, les événements retournaient au chaos originel de l'univers sonore, mais sans le support des choses qui leur conféreraient au moins une signification à défaut d'une raison d'être. Il est vrai que c'est de la musique faite pour être composée et non pour être écoutée [écouter quand même si l'on peut, par exemple, de Brian Ferneyhough, *String Trio* par l'Ensemble Recherche (87)].

La musique, celle qui fait chanter, danser ou pleurer, *est* processus : tantôt plus « événementielle » lorsqu'on entend sa pulsation, tantôt plus « chosique » quand elle est plus fluide, mais toujours l'une et l'autre. Il faut des événements sans choses que la raison propose à l'imagination et des événements fusionnés dynamiquement dans une

1. Nicolas Ruwet, *Musique, langage, poésie*, *op. cit.*, « Contradictions du langage sériel », p. 24.

chose unique que l'imagination propose à la raison. Les événements découpés sur mesure par la raison pour l'imagination sont les notes. Et l'imagination répond à la raison en fusionnant dynamiquement ces notes par des relations de causalité qui créent l'illusion d'une continuité (mélodique ou rythmique). Mais une musique est généralement plus qu'un processus : elle est la superposition voire l'entrelacs polyphonique ou polyrythmique de divers processus. On n'entend pas seulement des événements successifs transformés en processus, on entend des processus simultanés mais autonomes (c'est le contrepoint), ou des processus qui tantôt se disjoignent et se rejoignent, tantôt fusionnent harmoniquement par l'action réciproque des différentes lignes causales.

Le réel et ses représentations

Dans le monde réel, les choses n'existent pas sans événements ni les événements sans choses qui en soient le support. Mais dans le monde des représentations, il n'en va pas de même : ces deux genres d'art nous offrent une expérience *perceptive* complète des choses *ou* des événements : les figures, éventuellement colorées, se suffisent à elles-mêmes – de même que les sons. Ils nous donnent accès à des mondes imaginaires réglés par les seules exigences de la raison. Que faut-il préférer ? Notre monde réel ontologiquement hybride et esthétiquement imparfait, ou ces mondes imaginaires et purs forgés par les arts ? Autrement dit, vaut-il mieux, pour les êtres humains, rester dans leur caverne, visuelle ou sonore, ou tenter de s'en évader par l'art ?

Certes la connaissance, notamment scientifique, nous permet de sortir de la caverne des croyances immédiates et de répondre rationnellement aux *qu'est-ce que* et *pourquoi*, mieux que par tout fantasme, mythe ou idéologie. Mais la connaissance ne suffit pas à faire de nous, êtres parlants, des êtres pleinement humains et à satisfaire les besoins de cette « raison » que nous portons en nous pour notre délivrance et comme un fardeau. Car apprendre à être humain, autrement dit l'hominisation de l'homme, passe aussi par la création de mondes imaginaires. Les hommes se libèrent de leur propre étrangeté au monde réel en en domestiquant imaginairement les choses ou les événements. Dès l'enfance, ils dessinent des choses ou frappent en rythme dans leurs mains. Telle est la première étape de la conquête du réel par l'imagination. Platon imagine des hommes pieds et poings liés sans *paideia*, c'est-à-dire sans éducation, mais c'est une curieuse main invisible qui les force à s'éduquer[1]. Nul besoin de ce *deus ex machina* : ni Dieu, ni sauveur, ni tribun ne force les hommes à rompre leurs chaînes. C'est par eux-mêmes que les hommes se libèrent d'un monde irrationnel en créant imaginairement des mondes de choses ou d'événements sur mesure pour leur raison. La première étape, dans la caverne visuelle, c'est celle des ombres chinoises : on crée hors de soi des images fixes de ce qu'on a saisi une fois[2] ; et dans la caverne sonore, on bat des mains, car on porte hors de soi la pulsation isochrone qu'on porte en soi. Dans les deux cas, c'est par la pratique qu'on met le monde réel à l'épreuve de la raison et qu'on crée ainsi des mondes imaginaires ; par exemple des mondes pleins de forces magiques, de dieux ou d'ancêtres. C'est ce qu'on appelle les arts. Et ils ont fait l'homme autant qu'il les a faits.

Il faut donc vivre dans la caverne ; et il faut s'en évader pour ressaisir ce que l'on y vit.

Ce monde réel a une supériorité sur les mondes de l'art : c'est un monde dont nous pouvons parler parce que nous y vivons, un monde dont nous devons parler pour pouvoir y vivre ensemble ; un monde où nous pouvons nous parler les uns aux autres à l'infini, parce que c'est dans la puissance de cette sémantique noms-verbes et de cette syntaxe sujet-prédicat que réside pour nous la possibilité de tout dire. Un langage fait seulement de noms étiquetables à des choses ou à des situations bien déterminées (comme il y en a sûrement chez certaines espèces animales, par exemple les vervets[3]) serait en fait

1. « Qu'on détache l'un de ces prisonniers, qu'on le force à se dresser immédiatement, à tourner le cou, à marcher, à lever les yeux vers la lumière », *République* VII, 515 c.

2. Dans *La Plus Vieille Énigme de l'Humanité*, Fayard, 2013, Bertrand David et Jean-Jacques Lefrère imaginent et s'efforcent de démontrer que les hommes préhistoriques auraient utilisé l'ombre portée de figurines sculptées pour tracer les contours d'un cheval ou d'un bison sur la paroi des grottes, éclairés par une lampe à graisse placée derrière les statuettes. Thèse discutable mais bien suggestive.

3. Les singes vervets ont un système de communication efficace, fait d'une demi-douzaine de cris distincts selon le type de prédateur en vue : aigle, léopard, serpent. Il n'y a évidemment aucune articulation prédicative ni aucune distinction entre « noms » et « verbes » (genre : « un léopard s'avance »).

fort limité. Et un langage sans la syntaxe de la prédication n'aurait qu'une puissance finie alors que le nôtre a une puissance infinie : il permet la production et la compréhension permanente de phrases nouvelles et inouïes.

Mais ce schème conceptuel qui fait la richesse de notre langage et donc de notre rapport logique au monde fait aussi sa faiblesse et demeure insatisfaisant eu égard à nos attentes esthétiques et émotives, ou à nos besoins théoriques et métaphysiques, lesquels, pourtant, sont en grande partie engendrés par ce même schème conceptuel. Nous ne pouvons pas dire le monde par les seuls noms ni par les seuls verbes mais seulement par leur entrelacs. Pourtant, ces deux mondes idéaux – celui des choses pures, dicibles par des noms, et celui des événements purs, dicibles par des verbes – existent sensiblement par l'art. Celui de la musique est cependant beaucoup plus irréel que celui des arts visuels, et ce n'est pas sans raison qu'il passe pour plus abstrait. Car un monde de choses sans événements, même s'il est logiquement impossible, est facilement *imaginable* – aussi facilement qu'un langage fait seulement de noms posés comme des étiquettes sur les choses ou qu'un protolangage montrant toutes les choses par le pointage de l'index : et c'est d'ailleurs pour cela que, sous les tableaux, on peut accrocher des cartels, souvent un nom (pipe, bison, Innocent X), ou une expression nominale (« Le Sacre de Napoléon », « Le Radeau de la méduse », « Le Déjeuner sur l'herbe »), alors que « sous » la musique tout nom paraît arbitraire. En revanche, un langage purement verbal est *inimaginable* ; de même qu'un processus sans sujet – que pourtant n'importe quelle musique représente facilement. Dans le monde du *qu'est-ce que*, le monde idéal des choses peintes, on ne peut pas dire ce qui se passe, parce qu'il ne se passe rien, et c'est pourquoi les choses y sont éternelles et parfaites même lorsqu'il s'agit d'instants fugaces ; mais dans le monde du *pourquoi*, où il arrive toujours quelque chose, on ne peut dire *à quoi* cela arrive, ou ce que *ça* désigne, parce qu'il n'y a pas de choses. Et ça, évidemment, ce n'est pas imaginable. Comme une suite *sans lien* de verbes à la forme impersonnelle. La musique est ce lien, ou plutôt ces liens, qui les rend intelligibles à notre sensibilité. Ce monde inimaginable peut ainsi nous émouvoir plus immédiatement, en tout cas plus physiquement, que le monde des choses pures. Cela ne signifie évidemment pas que les images nous procurent moins d'émotions esthétiques que la musique. Du moins n'ont-elles pas exactement la même teneur les unes et les autres. L'image est arrêtée. Elle est suspendue. Elle peut donc nous saisir, nous interdire, nous pétrifier. La musique est mouvement et elle nous meut. Elle nous traîne et nous entraîne. L'image ravit. La musique bouleverse.

Voilà pourquoi il plaît aux hommes de sortir de la caverne : percevoir la raison des choses et des événements, s'en émouvoir sans le risque du réel et les comprendre sans effort.

Le monde du pur visible-intelligible, celui des essences au-delà des apparences[1], est souvent présenté, à juste titre, comme le rêve métaphysique par excellence : les Idées, les Formes, l'Être, les Essences, etc. L'admiration du visible serait le premier pas vers la contemplation de l'intelligible. Mais le monde du pur sonore-intelligible[2] a-t-il été l'objet de l'invention métaphysique ? Peu de métaphysiciens ont plaidé pour l'existence d'un monde d'événements sans substrat. Héraclite ? Qui sait ? En tout cas, on imagine mal le métaphysicien sur le chemin de l'intelligible à partir de l'audible, s'il est vrai qu'un certain « platonisme » est une constante de l'histoire de la philosophie. Diverses raisons peuvent l'expliquer. La vue semble mieux se prêter que l'ouïe à l'intuition immédiate et à la contemplation – donc aussi à l'attitude proprement esthétique. Le métaphysicien semble « en arrêt » face aux Idées comme l'esthète devant sa toile. L'écoute de musique est, elle, rarement nommée « contemplation », ne serait-ce que parce qu'on ne « contemple » pas des processus. Pensez à un autre monde, au-delà de celui-ci et meilleur que lui : vous l'imaginerez en repos plutôt qu'agité. En outre, comment concevoir un monde à la fois temporel et idéal ? Le temps n'est-il pas généralement associé à la dégradation, à la dispersion, à la disparition, à l'entropie, au désordre ou à la mort ?

Certains métaphysiciens réformateurs, comme Bergson ou Whitehead, ont cependant tenté de réhabiliter métaphysiquement le « flux » ou le « processus » contre les essences éternelles. Ils ont été sensibles au fait que le « vrai monde » s'écoute plutôt qu'il ne se regarde. Un seul cependant, Schopenhauer, a tiré de cette métaphy-

1. C'est celui que nous avons appelé, dans *Dire le monde*, le deuxième langage-monde : celui du *qu'est-ce que*.

2. Celui que nous avons appelé, dans *Dire le monde*, le troisième langage-monde : celui du *pourquoi*.

sique une esthétique de la musique. Le vrai monde est celui de la Volonté, mais il nous apparaît comme Représentation sous forme de choses spatialisées. Et ce vrai monde, seule la musique est capable de l'exprimer. C'est une Volonté impersonnelle, une puissance aveugle de vie, sans fondement et surtout sans intention ni finalité, une force de désir sans conscience, propre au monde en général, une volonté immuable, éternelle, dont chaque chose de ce monde est aussi une expression particulière selon le principe de raison suffisante (A s'explique par B) – par opposition à la représentation spatiale, réglée par le principe d'identité (A est A). (Ce monde de la représentation schopenhauerienne, c'est celui que nous appelons le monde des « choses », celui de la volonté, c'est celui que nous appelons le monde des « événements ».)

Seule la musique, art métaphysique par excellence, parce qu'elle s'inscrit dans l'irréversibilité du temps, est capable d'accéder à l'expérience directe de cette Volonté. Schopenhauer pensait donc, lui aussi, contre les formalistes, que la musique est un art représentatif mais il estimait, avec les formalistes, qu'elle ne représente aucune de ces choses apparentes mais seulement ce qui, justement, ne peut faire l'objet d'aucune représentation : le « vouloir-vivre », le désir insatiable, la puissance inextinguible du « plus être ». Il y a en effet, écrit-il, un « lien étroit entre la musique considérée comme un art représentatif et une chose qui de sa nature ne peut jamais faire l'objet d'une représentation[1] », car la musique est l'« expression directe de la volonté elle-même[2] » – ce qui explique qu'elle est à même de rendre les nuances infinies du désir.

Ce que Schopenhauer a dit de la musique et du monde dans les termes d'une ambitieuse métaphysique réformatrice, nous tentons de le suggérer dans les termes d'une simple métaphysique descriptive : aux deux manières distinctes que nous avons de « dire le monde » de l'extérieur (par les noms ou par les verbes), aux deux modes perceptifs par lesquels nous le contemplons (le voir ou l'entendre), aux deux ontologies idéalisées qui s'en tirent (les choses pures et les événements purs), correspondent deux genres d'art : les arts visuels et les arts du temps. Ce n'est pas que ces deux mondes idéaux soient les « vrais

1. Arthur Schopenhauer, *Le Monde comme volonté et comme représentation*, Livre III, § 52, trad. fr. d'A. Burdeau, PUF, p. 328.

2. Arthur Schopenhauer, *ibid.*, Supplément au Livre III, chap. XXXIX, p. 1189.

mondes », ce n'est pas non plus que l'un (celui du processus-Volonté) serait vrai, et l'autre (celui des choses-Représentations) faux, comme dans une métaphysique réformatrice ; c'est qu'ils sont l'un et l'autre forgés par l'art, c'est-à-dire par l'imagination au service de la raison, à partir du passage à la limite des exigences propres au monde où nous vivons, nous les êtres humains – celui que nous pouvons percevoir et dont nous pouvons parler : notre « langage-monde », qu'on pourrait bien aussi nommer notre monde perçu « en troisième personne ». Car il ne s'agit que du monde connu et contemplé *de l'extérieur.*

Le monde en première personne

Il faut en effet revenir à notre ontologie descriptive et la compléter. Car nous ne sommes pas seulement au monde comme au spectacle. Nous ne sommes pas hors du monde pour le voir et l'entendre. Nous sommes dans le monde comme acteurs. Nous le contemplons à la troisième personne sans y être, mais d'un autre côté nous y sommes en personne, en *première* personne. Dans le monde vu et entendu, il n'y a que des choses et des événements, il n'y a ni agent, ni acte. Pourtant nous imaginons, nous postulons, ou nous savons, que tout ce qui arrive n'est pas simplement le fait d'aveugles relations de causalité ; nous imaginons, nous postulons, ou nous savons bien qu'il y a dans le monde des personnes (et pas seulement des choses) et des actions (et pas seulement des événements). L'un ne va pas sans l'autre. Car qu'est-ce qu'une action ? C'est tout simplement un événement causé par un agent qu'on peut par conséquent appeler une personne. Qu'est-ce qu'une personne ? Tout simplement une chose *agissante*, qui peut non seulement causer des effets comme la chose qu'elle est (comme quand on tombe), mais causer des actions, autrement dit agir, et donc avoir des *raisons* de le faire. Un même accident du monde est appelé « acte » lorsqu'il est causé par une personne et « événement » lorsqu'il ne met personne en cause[1]. Personnes et actions sont donc les deux faces d'un seul et même concept : nous pensons qu'il y a des personnes dans le monde si et seulement si nous pensons que certaines choses agissent – des choses que nous considérons alors

1. Voir *Dire le monde, op. cit.*, chap. 3, « De l'imputation », et p. 151, « Le troisième personne et la première personne ».

comme des personnes ; et nous pensons qu'il y a des actions dans le monde si et seulement si nous pensons que certains événements sont voulus et faits par des personnes.

Une personne n'est donc pas nécessairement un être humain. Une personne, ce peut être un dieu ou un démon, un animal ou une puissance naturelle « personnifiée », comme on dit. Ce peut être aussi une entité abstraite (« la France ») ou collective (« la classe ouvrière »). Il suffit qu'elle agisse. Ou plutôt, car tout le problème est là, il suffit qu'on croie qu'elle agisse. On peut imaginer, à tort ou à raison, que les dieux de l'Olympe, les divinités de la forêt, les animaux sauvages ou familiers agissent, au sens où ils sont causes *ultimes* de certains événements qui arrivent dans le monde : c'est lui, c'est elle, qui a fait cela ! D'un côté, nous interprétons leurs comportements ou leurs agissements à partir de ce que nous imaginons qu'ils désirent ou qu'ils croient – autrement dit de leur « esprit » – qui fait d'eux des « personnes ». D'un autre côté, nous imaginons que ce qui fait qu'ils sont des personnes, et non des choses, c'est qu'ils sont capables d'être causes par leur esprit de ce qu'ils font et que nous voyons arriver dans le monde. S'il n'y avait pas de personnes, c'est-à-dire des êtres, humains ou non, que nous pensons agissantes grâce à leur esprit, c'est-à-dire à leurs désirs et leurs croyances, s'il n'y avait que des choses existantes et des événements occurrents, le monde nous apparaîtrait très différent de ce qu'il est. Il serait probablement *sans valeur*. Mais le monde *dont* nous parlons est aussi un monde où nous pouvons *nous* parler les uns aux autres, agir et vivre les uns *avec* les autres (et l'étendue et le sens de ce « nous » quand nous disons « nous » dépend justement de ceux que nous considérons comme des personnes agissantes), un monde où il y a du bien et du mal, un monde qui a du *sens* et pas seulement un monde qui *s'explique*. C'est un monde de personnes, dotées d'un esprit, comme moi, et qui pensent comme je pense[1].

Remarquons en effet qu'il n'est pas facile ni immédiat de savoir si un accident qui survient dans le monde est un événement ou une action. Ça ne se voit pas ! Ça ne s'entend pas non plus ! Par exemple : il pleut. C'est un événement, sans doute. Mais on pourrait aussi pen-

1. C'est ce que nous avons appelé, dans *Dire le monde*, la « parole-monde », où nous parlons, par opposition au « langage-monde » (celui de la prédication) dont nous parlons.

ser – cette croyance est assez banale – que c'est un dieu bienfaisant qui fait pleuvoir et que nos prières ont été exaucées : l'événement devient action. Autre exemple : je frappe dans mes mains, la mouche s'envole. Est-ce un événement ou une action ? A-t-elle agi, ou a-t-elle seulement réagi comme un robot bien conçu pourrait répondre au même signal ? La réponse n'est pas triviale. Même pour les êtres humains, la réponse n'est pas toujours évidente. L'arrière central a fait tomber l'avant-centre de l'équipe adverse. Événement qui s'explique par d'autres événements, ou action qui se comprend par des désirs ou des intentions d'un agent ?

Tout cela est souvent *de fait* indécidable. Et même : *de droit* qu'est-ce qui nous prouve qu'il y a des personnes dans le monde ? Rien que nous puissions y voir ni entendre, rien même que nous puissions en savoir *en troisième personne* en toute certitude. Dans le monde tel qu'il nous apparaît, de l'extérieur, comme au spectacle, il n'y aurait peut-être pas de place pour des personnes et des actes si nous n'imaginions ou ne postulions qu'il y a des êtres qui, comme nous, peuvent se dire et se penser à la première personne, « je ». Admettre qu'il y a des actes dans le monde, c'est postuler qu'il y a des êtres qui ne sont pas au monde comme des choses, mais qui peuvent comme moi y être en agents. « Je suis, donc je peux agir. » Je suis cause de quelque événement qui arrive et qui par là même est un acte, le mien. Il y a sûrement d'autres êtres qui ont des raisons d'agir parce qu'ils ont un esprit, plus précisément des croyances et des désirs en première personne qui déterminent ce qu'ils font. Qui sont ces êtres ? Sûrement maman, et papa aussi. Peut-être mon ours en peluche. Évidemment mon chat. Sans doute tous les êtres humains. En tout cas le bon Dieu. Et peut-être aussi le diable. Peut-être aussi des entités comme les « Juifs » et les « Arabes », etc. Après tout, on prête à ces entités des actions et des raisons d'agir.

Notre ontologie descriptive minimale est donc finalement triadique. Il y a *dans le monde* ce dont on parle et il y a ce qu'on en dit : autrement dit il y a des *choses*, réglées par le principe d'identité – elles sont ce qu'elles sont ; et des *événements* réglés par le principe de causalité – ils arrivent causés les uns par les autres. Et par ailleurs, et il y a ceux qui sont *au monde*, et peuvent y agir et en parler les uns aux autres : des *personnes* qui sont réglées par le principe d'imputation – elles sont causes de leurs actions. Elles sont comme des choses qui seraient causes ultimes d'événements. Les choses, nous les voyons, elles sont là ; elles répondent au *qu'est-ce que*. Nous pouvons les nommer. Les événements, nous pourrions les entendre, ils arrivent ; ils répondent au *pourquoi*. Nous tentons de rendre compte des uns par d'autres, au moyen de leurs causes. Nous les désignons par des verbes. Les personnes et les actes, répondent à la question *qui*. Nous ne les voyons pas. Nous les supposons. Nous tentons de rendre compte des actes *par* les personnes, au moyen d'une causalité intentionnelle ou expressive : il ou elle a *fait* cela. Nous désignons les personnes par des « pronoms personnels » – à prendre au sens strict du terme : des pronoms qui tiennent lieu d'un nom désignant une personne, sur le modèle de la « première personne » du singulier, l'indexical « je ». Car si je pense qu'il ou elle est une personne, je suppose qu'il ou elle peut comme moi penser et agir.

Mais comment se fait-il que nous puissions et devions le supposer ? « Je » est un mot qu'on nomme en linguistique un « indexical ». C'est un mot dont le sens est univoque (il signifie toujours celui qui parle) mais dont la référence varie en fonction du contexte l'énonciation (il désigne à chaque fois un locuteur différent selon qui parle). « Je » désigne Francis Wolff quand je le dis mais désigne chacun d'entre vous qui l'avez lu quand vous l'avez lu. Celui qui dit « je » n'est *a priori* pas plus une chose qu'un événement puisqu'il ne peut se dire lui-même que par un événement de parole toujours nouveau et datable. Pourtant on considère que celui qui dit « je » ou qui peut penser « je » est comme une chose, *cause* de certains événements (*ses* actes) dont elle est responsable et demeurant toujours la même dans son identité. Ces deux constituants de la personne doivent être distingués comme nous avons distingué les deux étapes constitutives de la musique dans la sortie de la caverne : l'étape d'individualisation et d'identification des sons (monde musical) et l'étape de causalité interne entre sons.

Il y a en effet deux conditions de l'existence d'une personne : il faut qu'on puisse imputer un événement à un esprit – sujet de désirs et de croyances. Au lieu d'une causalité matérielle, formelle, efficiente ou finale[1] (comme il peut y en avoir dans le monde des évé-

1. Rappelons que l'intelligibilité du vivant exige souvent le recours à la cause finale, ce qui n'a rien à voir avec le fait de supposer des esprits, ayant désirs et des croyances : la mastication se produit *en vue* de la digestion et celle-ci se produit *en vue de* l'assimilation, etc.

nements), on invoque une *causalité intentionnelle* qui suppose désirs et croyances, c'est-à-dire les raisons d'agir d'un agent. L'événement est ainsi abstrait du monde confus des événements pour intégrer le monde des actes. Les actes sont identifiés et individualisés par leur responsable. Mais l'agent n'est pas encore une personne. Il faut une deuxième condition et une deuxième causalité : la *causalité expressive*. Il faut supposer que l'agent est et demeure le même à travers tous *ses* actes, qu'il est comme une chose réglée par le principe d'identité alors même qu'il est *cause* d'actes toujours nouveaux qui *l'expriment* : c'est ce qu'on nomme « l'identité personnelle ». Disons-la dans les termes de Paul Ricœur :

> Dire l'identité d'un individu ou d'une communauté, c'est répondre à la question : qui a fait telle action ? Qui en est l'agent, l'auteur ? Il est d'abord répondu à cette question en nommant quelqu'un, c'est-à-dire en le désignant par un nom propre. Mais quel est le support de la permanence du nom propre ? Qu'est-ce qui justifie qu'on tienne le sujet de l'action, ainsi désigné par son nom, pour le même tout au long d'une vie qui s'étire de la naissance à la mort ? La réponse ne peut être que narrative[1].

En effet le concept de narration résout la difficulté d'une chose qui, en un sens, doit être toujours la même sans quoi on ne pourrait lui imputer au présent ce qu'elle a fait dans le passé, et qui est pourtant cause d'actes qui ne sont pas seulement l'effet d'événements antécédents, mais bien à chaque fois voulus par son esprit. Ni Don Juan ni César[2].

Leibniz pose en effet que tous les actes de César (ou de qui que ce soit) devraient pouvoir être, en théorie, déductibles analytiquement de sa définition complète. Au fond, César agit toujours et seulement conformément à ce qu'il est déjà, et il est et sera pour toujours ce qu'il a toujours été. C'est comme s'il manquait à cette image de César la première condition que nous supposons être celle d'une personne : ses actes sont les *siens*, mais « trop siens » pour ainsi dire ; ils émanent de son essence constante sans que l'événementialité de ses actes (leur nouveauté même, leur imprévisibilité de droit essentielle)

1. Paul Ricœur, *Temps et récit, 3. Le temps raconté*, Seuil « Essais », 1985, p. 442.
2. Nous avons opposé ces deux figures dans *Dire le monde*, *op. cit.*, p. 131-141.

soit prise en compte[1]. Car nous supposons qu'une personne est à chaque fois l'agent de son acte parce qu'elle a l'intention *particulière* de le commettre, et non pas seulement parce qu'elle est la personne qu'elle est. Tous ses actes *expriment* ce qu'elle est, mais aucun acte particulier ne semble répondre à une causalité singulière, être le fruit réfléchi d'une intention propre et de ses circonstances. Trop de causalité expressive semble annihiler la causalité intentionnelle – et donc aussi l'imputation. (On ne reproche pas à une personne d'être ce qu'elle est, mais de faire ce qu'elle fait : sa « nature » n'est jamais une excuse suffisante).

Kierkegaard imagine à l'inverse que Don Juan n'est jamais le même, que « sa vie est en effet une somme de moments épars et sans aucune connexion ; elle est comme moment une somme de moments, et comme somme de moments, un moment[2] ». Au fond, sa personnalité est si éparpillée en chacun de ses actes disparates qu'il n'est pas lui-même parce qu'il n'est jamais le même. On ne peut jamais lui imputer ses actes mais c'est pour une raison contraire : ils n'ont pas le même auteur. (On ne reproche pas à quelqu'un les actes de la personne qu'il n'est pas, il faut bien qu'on suppose que l'agent d'un acte passé est le même que cet agent ici présent.) Chaque acte répond à une intention particulière de Don Juan, mais on ne peut pas dire qu'ils sont ses actes, parce qu'ils ne sont pas *les siens*. Ils ont bien été à chaque fois commis, mais ils sont l'effet de croyances circonstancielles et d'un désir particulier, incommensurable à tout autre, qui n'expriment aucune personnalité constante. Trop de causalité intentionnelle annihile la causalité expressive. Ou, pour le dire dans les termes de Ricœur : « […] le problème de l'identité personnelle est en effet voué à une antinomie sans solution : ou bien l'on pose un sujet identique à lui-même dans la diversité de ses états, ou bien l'on tient […] que ce sujet identique n'est qu'une illusion substantialiste[3] ». Le dilemme disparaît grâce à la narration. En me racontant, j'identifie et individualise chacun de mes actes et je les

1. Bien entendu, ce n'est nullement ce que veut dire Leibniz. Ce que nous voulons seulement souligner, c'est que cette image ne correspond pas à notre concept minimaliste de « personne » selon une métaphysique descriptive. La métaphysique leibnizienne est réformatrice, non descriptive.

2. Søren Kierkegaard, *L'Alternative*, « Les stades immédiats de l'Eros et la musique », dans *Œuvres complètes*, t. 3, éd. de l'Orante, 1970, p. 89 et 93.

3. Paul Ricoeur, *Temps et récit, 3. Le temps raconté*, *op. cit.*, p. 443.

renvoie à leurs circonstances particulières, j'en extrais la causalité intentionnelle singulière. Mais en même temps, « je » relie entre eux tous ces actes pour les faire *miens*, et ainsi « je » me construis une identité, « moi », et je la reconstruis, dans sa continuité supposée, à chaque acte. Il y donc bien deux temps dans la constitution de l'identité personnelle.

Les hommes racontent pour *être*. Un enfant se raconte lui-même ; souvent il dit à la troisième personne ce qu'il a fait, ce qu'il veut, ce qu'il désire, pour pouvoir *être* à la première personne et se sentir sujet de ses actions, le sujet qu'il est en train de devenir par là même. Il se raconte pour devenir une personne et il raconte des histoires pour faire être et agir d'autres personnes. Le récit est ce qui fait advenir des agents en personnes. Ainsi en va-t-il aussi de tout être humain et de toute communauté : une nation, un peuple, une classe, une famille, quels qu'ils soient, ont besoin de récit pour savoir, ou pour croire, qu'ils existent. Il n'y a ni « je » ni « nous » sans récits. *Nous* descendons de… *Nous* sommes ceux qui… C'est *nous*, ou nos ancêtres, qui avons bâti ceci ou combattu ceux-là. Ils nous ont fait ce que nous sommes. Etc.

Ainsi en va-t-il, *peut-être*, de toute constitution d'identité personnelle. Cette thèse, qui est au fond celle de Ricœur, est défendable : il n'y aurait d'autre identité personnelle que narrative. Il se pourrait que moi, je n'existe comme étant moi que grâce à l'histoire que mon imagination, soutenue par ma mémoire, me raconte en permanence sur moi-même[1]. Il se pourrait, plus généralement, que tous ceux que nous considérons comme des personnes *n*'existent *que* grâce à certains récits dans lesquels nous imaginons ces personnes agir ; c'est seulement dans et par ces narrations qu'elles nous semblent être à la fois les agents « libres » de chacune de leurs actions, et les auteurs permanents de toutes celles que nous leur imputons. Ou peut-être non. La thèse est discutable : il y a peut-être d'autres sources à l'identité personnelle que le « je » du langage et le récit de soi qu'il permet. Ne faisons pas d'hypothèse, ce serait outrepasser les réquisits d'une métaphysique descriptive. Cependant la réciproque est indiscutable : il est sûr que les récits, eux, résolvent spontanément et imaginairement

1. Paul Ricœur, *ibid.* : « L'histoire d'une vie ne cesse d'être refigurée par toutes les histoires véridiques ou fictives qu'un sujet se raconte sur lui-même. Cette refiguration fait de la vie elle-même un tissu d'histoires racontées. »

le dilemme de Ricœur, ou notre propre antinomie entre la causalité intentionnelle et la causalité expressive, exemplifiée par les figures opposées de César et de Don Juan – figures *racontées* s'il en est. Mais c'est là entrer dans le troisième monde de l'art.

Le triangle des arts

Combien y a-t-il d'arts ? La question est absurde. Le nombre d'arts est indéfini. Dans l'Antiquité, il y avait neuf muses – mot d'où dérive notre « musique ». Mais qui attribuerait aujourd'hui deux muses distinctes à la poésie (Calliope et Erato) ou deux au théâtre (Melpomène et Thalie) ? De quel art exactement Polymnie est-elle le nom ? Voire Terpsichore (danse et chant choral) ? Qui oserait compter l'histoire (Clio) et surtout l'astronomie et la géométrie (Uranie) au nombre des arts ? Plus près de nous, les « Leçons sur l'esthétique » de Hegel nous proposent une classification plus conforme à ce que nous appelons « art ». C'est d'ailleurs moins un tableau qu'un classement, une mise en ordre progressive des arts : du plus matériel au plus abstrait, en fonction de sa puissance sur le sensible et de son expressivité croissante. Cela donne le « système déterminé et organisé des arts réels » : architecture, sculpture, peinture, musique, poésie. Mais Hegel avoue en passant qu'il y en a d'autres, hybrides, comme la danse – mise dans le même sac que l'« art des jardins[1] », *horresco referens* ! On a beau avoir ajouté une sixième case (les arts du « spectacle vivant »), puis le cinéma, « septième art », ou la BD, le neuvième, la classification demeure insatisfaisante. (Au fait, quel est le « huitième art » ? Radio, télévision, photographie ?) L'insatisfaction a trois sources au moins. La distinction classique beaux-arts/arts d'agrément, ou artiste/artisan, ne nous semble plus guère avoir de sens au XXIe siècle. Et puis, que faudrait-il « classer » ? Des modes d'expression ? – auquel cas il conviendrait de distinguer témoignage, roman, poésie ; mais où s'arrêter dans la distinction des genres littéraires ? Classe-t-on des média ? Il faudrait alors distinguer dessin, gravure, peinture sur toile, photographie, etc. ; ou encore différencier la sculpture en modelage, taille, assemblage, etc. Et que faire de tous les « nouveaux

1. Georg Wilhelm Friedrich Hegel, *Cours d'esthétique*, traduction J.-P. Lefebvre, Aubier, 1996, tome 2, p. 251.

médias », sans cesse dépassés par d'autres ? Et où fixer les frontières, par exemple entre la poésie et la musique[1], puisqu'une infinité de modes d'expression, de genres autonomes, voire d'arts les séparent et les unissent ? En somme, la liste des arts est infaisable parce qu'on ne sait ni les limites de l'art en général, ni ce qu'on classe, ni comment classer.

Nous différencierons pourtant trois *genres d'art* comme les *trois sommets du triangle de la représentation.* Ces trois arts correspondent aux trois genres de termes nécessaires à tout langage proprement humain : pas de langage sans noms ; pas de langage sans verbes ; et au-delà des noms et des verbes, pas de langage sans pronoms personnels. Autrement dit, syntaxiquement : il faut des sujets, des prédicats et des indexicaux. À ceux-ci correspondent trois types d'entités irréductibles : choses, événements, personnes. Et les trois genres d'art sont respectivement : ceux de la représentation des choses (pures) par des images ; de la représentation des événements (purs) par la musique ; de la représentation des personnes agissantes par des récits. Ces trois sommets du triangle de la représentation n'empêchent pas une infinité d'arts réels ou possibles le long de ses côtés, selon la fusion des différents modes de représentation et selon la variété des modes d'expression ou la diversité des médias.

Les arts de l'image créent un monde autonome de la pure visibilité des choses. La musique crée un monde autonome de la pure sonorité des événements. Leurs deux conditions de possibilité se retrouvent dans les arts du récit : ceux-ci transforment des événements en actes et représentent des personnes (dotées d'une essence) comme les agents de ces actes. Ils rendent sensibles ces mondes intelligibles de personnes agissantes[2], où l'on pourrait répondre vraiment à la question « Qui ? ». (Même si souvent la réponse, tragique, est : personne !) Qui fait quoi ? Qui a fait quoi ? Et pourquoi ? Dans la narration, l'événement devient action ou passion, et l'agent ou le patient sont alors des personnes.

1. Voir ci-dessus p. 19 *sq*.

2. Aristote semble faire de la « représentation de [personnages] en action » l'objet de *tous* les arts (*Poétique*, chap. 2, début, 1448 a 1) ; il est vrai qu'il n'en tire toutes les conséquences que pour les arts du récit, et particulièrement le théâtre.

Une personne, ça ne se constate pas empiriquement. Et ce monde de personnes avec lesquelles nous vivons ne peut pas être clairement délimité en théorie. Cependant il est possible de le fonder pratiquement et esthétiquement. Il y a sans doute un postulat pratique de l'existence de sujets qui agissent : dans tout monde humain, il est nécessaire d'imputer des actes à des personnes, qu'elles soient hommes, animaux ou dieux ; le sens du monde est à ce prix, et donc le vivre-ensemble, la morale, la politique, et leurs prolongements dans ces croyances et représentations qu'on appelle « religieuses ». Mais il y a aussi une fondation esthétique des personnes – et évidemment cette fondation est étroitement liée à la fondation pratique au point qu'elles sont souvent indissociables. Il faut des récits, lesquels peuvent avoir une prétention de vérité (l'histoire, la biographie, le journal intime, etc.) ou de fiction (comptine, conte, fable, mythe, légende, épopée, drame, nouvelle, roman, pièce de théâtre, film, bande dessinée, etc.), à moins que leur prétention demeure indéterminée, entre vérité et fiction (les grands mythes fondateurs, le récit national, etc.). Pour qu'il y ait récit, il ne faut pas seulement qu'il y ait narration d'événements qui s'enchaînent et se déterminent dans le temps, il faut des actes. Il faut donc qu'il y ait des personnes (humaines ou non), dotées d'intentions, fussent-elles contrariées par les intentions d'autrui ou par les événements. La fable qui fait parler les animaux les pose comme dotés d'un esprit, au sens où ils ont des intentions et agissent. Les mythes qui font parler les dieux, les livres saints qui font agir Dieu, procèdent de la même façon. Les histoires, les épopées, les Évangiles qui racontent les travaux et les jours, les vies et les œuvres de ces grands hommes, ces vaillants, ces héros, ces saints, ces fondateurs de lignées, bâtisseurs de villes, pères de peuples, découvreurs de la vraie doctrine, pasteurs de la vraie foi, ne procèdent pas autrement. Ils en racontent les Actes, petits et grands, de la naissance à la mort : leur existence est comme une totalité rationnelle, une unité qui se déploie dans le temps, comme la vie d'un vivant. Le récit fait d'un être vivant une personne. Il transforme une vie en une existence. La condition de tous ces récits est l'existence de personnes qui, d'un côté, causent *intentionnellement* ce qu'elles font (même si, par ailleurs, elles subissent aussi toujours, un peu ou beaucoup selon le genre de récit dont il s'agit, plus épiques les uns, plus tragiques les autres, les contrecoups d'événements qui ne dépendent pas d'eux) et, d'un autre côté, agissent en *exprimant* ce qu'elles sont, un peu comme une mélodie unifie en un processus continu des événements musicaux déjà individualisables et abstraits de l'univers sonore confus et inintelligible d'où ils émanent.

Il fallait deux conditions pour constituer un processus sonore autonome et donc une musique ; c'était les deux étapes de la sortie de la caverne : d'abord, à partir de l'univers sonore, constituer un monde musical d'individus sonores ; c'est dans ce monde que peuvent ensuite être produites une infinité de musiques. Il faut deux conditions analogues pour constituer une identité personnelle – et donc un récit possible : *individualiser* un événement par une personne qui en est la cause intentionnelle, puis *identifier* une personne par ses actes dont elle demeure la cause expressive. On peut pousser plus loin le parallèle. Le premier événement sonore dans une musique, autrement dit l'atome de musicalité, c'est le premier intervalle, par exemple le passage du premier degré au cinquième ; pour ainsi dire : « ça s'éloigne » (plus ou moins vite, plus ou moins fort, violemment, calmement, etc.). Mais la musique minimale, c'est l'enchaînement de deux intervalles, par exemple le départ de la tonique vers la dominante, puis le retour à la tonique : « ça s'en va et ça revient »[1]. Et ce qui fait tenir ensemble ces deux événements musicaux, ce « et » qui les coordonne, c'est ce que nous entendons comme une relation de causalité. Il en va de même dans un récit. L'élément de base d'un récit n'est pas un événement, c'est une action, qui est la causalité d'un événement par un sujet : « Ulysse s'en va. » Et le récit minimal, autrement dit l'intrigue atomique, est l'enchaînement de deux actions : « Ulysse s'en est allé. Puis il est revenu. » Le « puis », autrement dit ce que les narratologues nomment la « séquentialité[2] » du récit, ne tient nullement à une relation de causalité « motrice » entre les deux actions, mais à la permanence d'une même personne (c'est le même Ulysse qui, d'abord, est parti puis...) ainsi qu'au caractère opposé des deux actions qui lui sont attribuées et dont la seconde marque la clôture de la « suspension » engendrée par l'énoncé de la première – analogue à la tension où

1. Voir ci-dessus p. 66-67.

2. Voir par exemple Raphaël Baroni, « L'intrigue minimale », dans *Le Récit minimal. Du minime au minimalisme. Littérature, arts, médias*, sous la direction de Sabrinelle Bedrane, Françoise Revaz et Michel Viegnes, Presses Sorbonne Nouvelle, 2012, p. 81-92.

nous met la dominante avant le retour « apaisant » à la tonique. Mais c'est précisément parce que l'unité de l'intrigue est assurée par la permanence substantielle du sujet des actions que l'enchaînement de ces actions se passe de toute relation de causalité extrinsèque. Dit inversement : c'est parce que la musique « se dit » à l'impersonnel que l'enchaînement des événements ne peut s'opérer que par des relations de causalité[1].

On peut faire un pas de plus dans le parallèle. Car, ce que font ces récits, c'est entremêler les existences des personnes, chacune suivant sa ligne d'action où s'exprime son identité, permanente mais mobile ; le récit est comme l'entrelacs de ces lignes, plus ou moins droites, courbes ou brisées, faites de péripéties singulières, tantôt actes exprimant les identités des personnes, tantôt événements causés par d'autres événements. Un récit s'apparente ainsi à une polyphonie ou à une polyrythmie, tantôt plus monodique, une simple mélodie, tout au plus harmonisée ou accompagnée, comme dans les Évangiles ou les hagiographies qui ne racontent qu'une vie se détachant à peine d'un décor vague ; tantôt plus contrapuntique, comme dans l'*Iliade* et l'*Odyssée*, ou dans ces romans de Dostoïevski qu'on a qualifiés de polyphoniques[2] ; ou encore dans ces films qu'on a rangés sous cette même étiquette (*Babel* d'Alejandro González Iñárritu, *Traffic* de Steven Soderbergh ou *Magnolia* de Paul Thomas Anderson), et qui entremêlent les existences, en insistant, selon les cas, sur la plus grande harmonie entre les différentes lignes « vocales » qui composent les récits, coïncidentes ou divergentes, ou au contraire sur leur plus grande dispersion, leur multiplicité inachevable et leur unité impossible – « comme dans la vie réelle ».

Pourtant, quelle que soit la valeur heuristique de ces analogies, ni la matière ni le temps musicaux ne sont exactement le temps et la matière des arts du récit. Certes, dans le « grand genre » par excellence, l'opéra (« l'Œuvre », comme son nom l'indique), récit et musique tendent à former une unité organique. Cela ne signifie pas que le temps musical soit le même que le temps narratif : nous

1. On pourrait faire ici une exception pour la cause matérielle qui tient lieu, dans la continuité musicale, de la substance, et donc joue, dans l'enchaînement des événements, le rôle de la « personne » dans l'enchaînement des actions.

2. Selon les analyses de Mikhaïl Bakhtine, *Esthétique et théorie du roman*, Gallimard, 1978.

avons montré certaines limites de cette supposée coïncidence[1]. C'est pour cela que l'opéra est un genre aussi exaltant qu'imparfait. En effet, il n'y a pas de récit sans que des personnes agissent, mues par leur caractère et leurs émotions. La temporalité narrative est donc scandée par ce rapport de l'identité des personnages à la suite de leurs différentes actions ; et dans le drame, plus particulièrement, l'expression du caractère et des émotions qui meuvent leurs actions doit être explicite, publique même. Cela correspond, on l'a vu, aux moments de récitatifs de l'*opera seria*[2]. Cette identité ainsi exprimée doit structurer la temporalité dramatique puisque c'est elle qui fait le lien vraisemblable entre les différentes actions du personnage. Au contraire, dans la musique, la temporalité, étant impersonnelle, est structurée par les relations de causalité internes qui tissent le lien entre les événements sonores : c'est le moment de l'aria. Jusque dans ses plus hautes réussites, comme celles de Mozart, l'œuvre alterne les passages où domine la temporalité proprement musicale et ceux où domine la temporalité proprement narrative. Et, à mesure que, au cours du XIXe siècle puis du XXe siècle, les deux temporalités progressent vers leur fusion, dans ce qu'on a appelé la « mélodie continue » ou « infinie », c'est rarement dans un parfait équilibre tout au long de l'œuvre, et c'est le plus souvent au détriment de la ligne de chant et donc des exigences propres à la temporalité musicale. L'opéra ne pouvait sortir de ce conflit de temporalités (et de causalités incompatibles) qu'à condition d'opter plutôt pour le drame : ladite « mélodie continue » s'apparente en fait à une suite continue de récitatifs, qui se chantent sans doute mais qui ne « chantent » plus guère. Cette imperfection constitutive n'est évidemment pas due à la « faiblesse » des compositeurs, car les plus géniaux s'y sont attelés et l'opéra compte des œuvres géniales : elle est due à l'incommensurabilité entre la temporalité d'un récit, structurée autour de personnages agissant, et la temporalité de la musique, structurée par une causalité autonome. C'est pourquoi l'opéra offre sans doute les passages parmi les plus *émouvants* de l'histoire de la musique (lorsque l'émotion exprimée par le personnage se confond pour nous avec l'émotion que nous ressentons à l'écoute de la musique et du chant) mais ce ne peuvent être que des

1. Voir ci-dessus p. 241-242.
2. Voir ci-dessus p. 311.

sommets momentanés, car le récit, ou plus rarement la musique, doit rapidement reprendre ses droits. Tel est le drame de tout art total. Il ne peut être total qu'à condition d'être imparfait – ce qui n'empêche pas les chefs-d'œuvre.

(Pendant la représentation d'un des grands opéras du XIXe siècle, tantôt je suis tendu vers le drame et tantôt vers le chant ; rarement les deux m'emportent ensemble d'un seul mouvement.)

Les arts musicaux et les arts du récit sont des arts du temps domestiqué. Et c'est pourquoi un bon récit comme une bonne musique n'est jamais tout à fait prévisible, ni tout à fait imprévisible. Un bon récit est « vraisemblable », selon la vieille théorie de l'*eikos* aristotélicien. « Le rôle du poète [tragique] est de dire non pas ce qui a eu lieu réellement, mais ce qui pourrait avoir lieu dans l'ordre du vraisemblable et du nécessaire[1] ». La nécessité donne sa dimension tragique au récit mais, s'il n'était réglé que par la nécessité, il perdrait tout intérêt, les péripéties seraient entièrement prévisibles. Mais la vraisemblance est ce lien qui constitue le récit et permet aux événements imprévus, parce qu'ils se lient aux précédents, d'apparaître rétrospectivement comme n'ayant pas pu ne pas se produire. Le vraisemblable est une machine à transformer à chaque instant l'imprévu en nécessaire, dans le récit comme en musique. C'est pourquoi on peut toujours imaginer, et c'est bien ce que prétend illustrer la musique « à programme », que le temps musical est structuré comme une narration. Inversement, on peut toujours, comme certains critiques ont tenté de le faire, analyser telle ou telle musique symphonique, pourtant sans le moindre programme, comme un véritable récit, avec personnages et actions, et comportant même la présentation d'une situation initiale, un élément déclencheur, des péripéties, les épreuves du héros, une résolution et une situation finale. C'est ce que fait par exemple la plus ardente défenseuse des interprétations narratives de la musique instrumentale qu'est Susan McClary qui décrit les moindres détails musicaux de la *Quatrième Symphonie* de Tchaïkovski comme les péripéties d'un récit qu'elle forge de toutes pièces : la vie d'un homme victime à la fois des espoirs que son père met en lui et des pièges que lui tend une femme ; toutes ces entraves l'empêchent de

1. Aristote, *Poétique*, 9, 1451 a 36.

réaliser son « vrai moi » ; les espérances déçues de son père laissent entrevoir, selon la sagacité ou les spéculations de la musicologue, le fantasme d'un attachement homosexuel pour son fils, qui ne s'avère être en réalité qu'un des pièges de la femme, tandis que le fils de son côté, etc.[1]. On voit à quelle débauche d'imagination, on n'ose pas dire à quels délires interprétatifs, peut conduire un antiformalisme sans limite ni critère. Quand on veut trouver du sens dans n'importe quoi, on le trouve forcément, comme le prouvaient, dans un autre genre, les efforts fantasques de Jean-Pierre Brisset, dont la méthode pour retrouver l'origine des langues tenait en un principe avoisinant et aussi extravagant : « Toutes les idées que l'on peut exprimer avec un même son, ou une suite de sons semblables, ont une même origine et présentent entre elles un rapport certain, plus ou moins évident, de choses existant de tout temps ou ayant existé autrefois d'une manière continue ou accidentelle[2]. »

Cette machine du vraisemblable qui transforme à chaque instant l'imprévu en nécessaire, dans le récit comme en musique, vaut aussi bien pour une monodie ou pour la vie racontée d'un seul personnage, que pour une polyphonie, contrapuntique ou harmonique, ou pour les vies entremêlées des personnages ou des lignes vocales. C'est pourquoi ces deux genres d'art font de la causalité le ciment du monde imaginaire. Ce qui fait que la personne racontée n'est pas une chose et que ses actes ne sont pas seulement des événements, c'est qu'elle en est cause et c'est cela qui fait lien – autrement dit récit. Ce qui fait que les événements musicaux ne sont pas seulement successifs, c'est qu'ils sont causes les uns des autres, et c'est ce qui fait musique. Mais bien sûr, le mot ne doit pas tromper : il ne s'agit pas du même type de causalité. La personne agit selon une causalité *expressive* : tous ses actes *expriment* et chacun à sa façon le même esprit. Point n'est besoin d'esprit en revanche pour comprendre le déroulement du processus musical qui est impersonnel et obéit, comme mécaniquement ou organiquement, aux quatre causalités entrecroisées de ses événements. Pas de musique ni de récit sans domestication du temps par la causalité.

1. D'après Susan McClary « Sexual Politis in Classical Music », dans *Feminine Endings : Music, Gender ans Sexuality*, University of Minnesota, 1991. Nous citons ici cet article d'après Peter Kivy, *Introduction to a Philosophy of Music*, *op. cit.*, p. 145.

2. Lire Michel Foucault, *Sept propos sur le septième ange*, Fata Morgana, 1986.

Mais là s'arrête l'analogie. Car image, récit et musique sont trois sommets d'un triangle ; aucun de ces arts n'est réductible à l'autre, ni dans sa matière, ni dans ses effets. De ce triangle, on peut décrire les côtés, c'est-à-dire les liens qui unissent les arts et la distance qui les sépare.

Les arts du récit se distinguent des arts musicaux par ce qui les unit aux arts de l'image. Non pas seulement parce que certains (le cinéma en particulier) sont des arts du récit en images, mais parce qu'ils représentent l'imaginaire comme s'il était réel, comme s'ils se contentaient de le *présenter*. Ils créent l'illusion. Mieux : ils incitent le lecteur, l'auditeur ou le spectateur à cette « suspension consentie de l'incrédulité » – cette « *willing suspension of disbelief* » dont parle Coleridge à propos de la fiction –, formule qu'on peut sans difficulté appliquer à l'image. En voyant la lune comme une tête de bonhomme, en voyant « L'incendie du Parlement » de Turner comme autre chose que des taches de jaune sur une surface plane, j'accepte volontiers de ne plus être incrédule ni de faire l'esprit fort : « mais non, voyons, ce n'est qu'un astre dans le ciel » ; « on voit bien l'épaisse couche de peinture étalée sur la toile » ; d'ailleurs qu'est-ce que la peinture si ce n'est « une surface plane recouverte de couleurs en un certain ordre assemblées » ?, selon la formule de Maurice Denis si souvent invoquée. D'un portrait ou d'un autoportrait, on dit « c'est lui, c'est tout à fait lui », et l'histoire telle qu'elle est racontée est suspendue à la *vraisemblance*, en un autre sens du terme : non plus au sens où, comme dans la musique, elle s'oppose à la nécessité, mais au sens où, comme dans l'image, elle se présente comme si elle était vraie. Cette image est-elle vraie ou fausse ? Rien apparemment ne permet de le dire. Et même lorsqu'on voit bien qu'elle est fausse, elle est vue comme vraie, elle est vraisemblable, sinon on ne la verrait pas comme une image. Et cette histoire, est-ce un roman ou un récit ? Rien ne permet de le dire. Pas plus que l'image elle ne porte *en elle-même* les signes de sa vérité ou de sa fausseté : même la fiction la plus fantastique représente l'enchaînement de ses péripéties suspendu à un « comme si » qui nous enjoint l'acceptation ludique de ses prémisses implicites. C'est parce que les arts de l'image et ceux du récit sont des arts de l'*essentialisation du réel*. Les uns et les autres produisent des essences qui demeurent identiques à elles-mêmes. Ces essences obéissent au même principe d'identité. Identité des choses d'un côté : A est A, la chose saisie dans l'instant est ce qu'elle est pour toujours ; identité des personnes d'un autre côté : Ulysse est toujours Ulysse quoi qu'il fasse, la personne est construite progressivement dans le temps et finit par être ce qu'elle a toujours été. C'est cette double identité, celle des choses qu'on voit, celle des personnes qu'on raconte, que les arts de l'image et du récit ont cherché à ébranler, à contourner, ou à mettre en cause tout au long du XXe siècle.

Resterait à décrire le segment qui relie, et sépare, les deux sommets du triangle que sont la musique et les arts de l'image. Or, ce segment est vide. Nous nous sommes efforcés dans le chapitre précédent de montrer l'*analogie* entre ces deux types d'art : la musique représente les événements exactement comme l'image représente les choses. Il y a entre ces arts toute la distance qui sépare la vue des choses dans l'espace et l'écoute des événements dans le temps, et toute la proximité qui réunit des arts de cette contemplation distanciée. Ils s'opposent conjointement aux arts de la « première personne », roman, théâtre ou cinéma, et ne laissent nulle place à l'*identification* (« lui, c'est moi », « moi, c'est elle »), à la constitution imaginaire de l'identité personnelle et donc aux questions de la moralité concrète : qu'aurait-il dû faire ? qu'aurait-elle pu faire ? qu'aurais-je fait à leur place ? Mais, précisément parce qu'ils sont analogues, il n'y a pas et *ne peut pas y avoir* d'art musical de l'image, ou de peinture des événements. Le cinéma est sonore en tant qu'il est un art du récit, en tant qu'il représente des actions, non des choses. Ce segment entre les deux sommets de notre triangle est donc *nécessairement* vide. Et ce vide constitue, à nos yeux, la preuve *a posteriori* de notre distinction principale. L'art peut représenter les choses, et alors il les essentialise, ou représenter les événements, et alors il en exhibe les causes. Il ne peut à la fois représenter les choses et les événements, sous peine de ne plus *représenter* du tout, car c'est précisément le monde tel qu'il se *présente* à nous, êtres parlants, qui est fait de choses précaires que changent sans cesse des événements. Ou alors il représente des choses, qui ne sont plus vraiment des choses parce qu'elles causent des événements, lesquels ne sont plus vraiment des événements. Il nous représente des actions, ce qui est bien le troisième sommet de notre triangle.

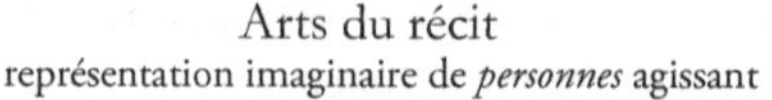

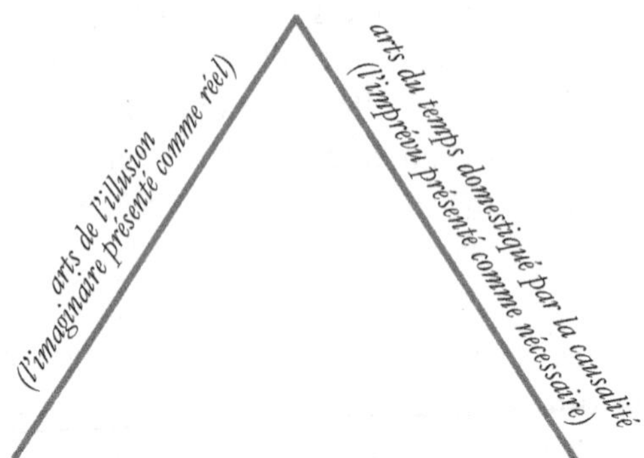

Arts de l'image
représentation visuelle de *choses* pures comme des essences

Arts musicaux
représentation sonore d'*événements* purs liés causalement

Le triangle des arts[1]

Pourquoi les arts ?

Les trois genres d'art renvoient à trois constituants ontologiques du monde perçu et dit : choses, événements, personnes. Ils renvoient à trois universaux du langage : pouvoir *nommer*, pouvoir *prédiquer* et pouvoir dire et penser « *je* ». Ces trois universaux sont trois manières possibles de dire le monde : nommer, prédiquer, se dire. Les trois arts sont trois modes universels de représentation : musiquer les événements, imager les choses, raconter les actions. Ils supposent trois types de rapport au monde : à la troisième personne, qui n'est pas une personne, on le voit ou on l'entend ; à la première personne, et donc aussi à la deuxième personne, on y est avec d'autres et on y agit.

1. On ne trouvera pas sur ce schéma, qu'on pourrait aussi bien nommer « triangle de la représentation », « tous » les arts : l'architecture, l'art des jardins, etc. On n'y trouverait pas non plus « la » poésie en général, bien qu'on y situe sans mal telle poésie épique ou telle poésie dramatique. En effet, il ne s'agit pas de réunir tous les modes d'expression qu'on a pu appeler « arts », mais d'appeler « arts » les grands modes de représentation, par les êtres humains, du monde ou d'eux-mêmes. Il ne s'agit pas de définir l'art mais l'humanité.

Ces trois genres de *représentation* sont les trois échos, forgés par l'imagination pour les besoins de la raison, des trois types de rapports que nous avons au monde tel qu'il se *présente*, indissociablement parlé et perçu.

Ce sont trois manières de créer des mondes, trois manières de combler imaginairement les exigences insatisfaites de ce monde dit et perçu. Créer un monde de la pure visibilité. Faire des images (dessins, peintures, sculptures, gravures, photographies, etc.) pour représenter les choses hors du temps, parce qu'elles ne sont jamais parfaitement compréhensibles par elles-mêmes : les événements les balaient, le temps les fane, on meurt. Créer un monde de la pure audibilité. Faire de la musique (chanter, jouer d'instruments, taper en rythme, etc.) pour représenter des événements qui ne sont jamais parfaitement compréhensibles par eux-mêmes : les choses les brouillent, leurs successions ne sont jamais à la mesure de notre esprit ni de notre corps, leurs causes sont incertaines. Créer un monde narrable. Raconter des histoires (mythe, roman, drame, film, etc.) pour représenter des personnes agissant et leur donner une identité intelligible. Car nous n'existons pas seulement dans le monde où nous vivons, nous existons humainement dans des mondes que nous devons imaginer et que nous pouvons créer.

Voilà pourquoi partout où il y a des hommes, il y a des images, il y a de la musique, il y a des récits.

Pourquoi nous les hommes faisons-nous des récits ? Parce que nous naissons comme étrangers les uns aux autres dans ce monde où nous devons bien vivre ensemble et exister séparément. Nous devons nous raconter pour savoir qui nous sommes. Qui est ce nous, ce moi. Pour être. Avoir une identité. Être soi : fils de… ou fille de… Des histoires de famille. Être français, être juif, être arabe. Tout ça, c'est de l'histoire. Ou des histoires. De l'émotion.

Pourquoi nous les hommes faisons-nous des images ? Parce que le monde des choses nous est étranger et qu'il faut les apprivoiser. Pour sortir de la caverne où elles ne sont qu'utiles. Les comprendre. Les posséder imaginairement. Les abstraire de leurs circonstances et de leurs accidents, les arracher à l'oubli, les garder dans l'esprit ou les graver dans la pierre. Les contempler. Avec émotion.

Pourquoi la musique ? Parce qu'il y a du *pourquoi*. Le monde imaginaire de la musique est le monde des *pourquoi* comblés. Sous leur forme brute, les sons sont signes des événements imprévisibles et constituent, pour un être vivant, la preuve sensible qu'il vit dans un monde étranger, instable ou menaçant. De là le besoin humain de *faire* ce que l'animal en lui se contente de *subir*, d'introduire la régularité du corps dans le temps chaotique du monde : jeu de l'enfant avec la répétition, rythme, ritournelle, refrains, etc. Les sons se mettent à être agis au lieu d'être subis, les événements sonores se font actes, le corps discipline le monde de la vie et le plie à son ordre, l'esprit produit volontairement des événements selon la règle qu'il se donne. De là aussi, le plaisir d'écouter, c'est-à-dire de contempler l'écho d'un tel monde au lieu de subir les effets pratiques du « vrai monde ».

Pourquoi nous les hommes faisons-nous de la musique ? Parce qu'il faut apprivoiser les événements. Les comprendre. Les abstraire des choses. Les incorporer à notre corps et aux exigences de la raison. Sortir de la caverne où nous ne faisons que vivre. Forger un monde imaginaire sans choses et où elles ne manquent pas. Vibrer. Chanter, danser, être ensemble. Pleurer seuls, parfois, lorsque la musique nous impose son silence.

ANNEXES

Annexe 1

Comment une suite de notes devient une phrase mélodique

L'exemple de « *La donna è mobile* »

Comment une suite de notes peut-elle être entendue comme une musique ? Soit l'exemple de « *La donna è mobile* » de la p. 61.

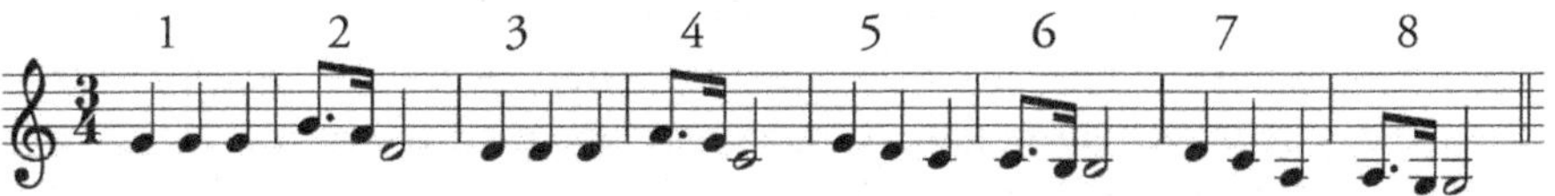

Dans *L'Esprit musicien* (trad. fr. Liège-Bruxelles, Éditions Mardaga, 1988, p. 79-82), John A. Sloboda, s'appuyant sur la grammaire générative de Sundberg et Lindblom[1], énonce des règles générales permettant d'engendrer une phrase mélodique à partir de la « grammaire tonale » (l'exemple de « *La donna è mobile* » est donné p. 81). Supposons que soient déjà donnés un cadre harmonique (dans l'exemple *do* majeur) et un cadre rythmique : dans cet exemple, il s'agit de huit mesures à 3/4, constituées de quatre paires de deux mesures, une composée de trois noires, une composée d'une croche pointée suivie d'une double croche et d'une blanche. Pour produire une phrase mélodique, il suffit d'appliquer les règles suivantes.

Règle 1 : « on peut choisir une note dans l'accord de l'harmonie implicite à cet endroit » ;

Règle 2 : « on peut insérer une note entre deux notes réelles d'un accord donné pour autant qu'elle forme avec l'une des notes ou avec les deux un degré de l'échelle (note de passage) » ;

1. Johan Sundberg et Björn Lindblom, « Generative theories in language and music descriptions », *Cognition*, 4, 1976, p. 99-122.

Règle 3 : « on peut remplacer deux interventions de la même note par une paire qui comporte cette note précédée d'une note dont la hauteur lui est supérieure d'un seul degré (appogiature) ».

John A. Sloboda observe qu'il reste encore, dans l'air de Verdi, une note qui ne peut s'expliquer par les trois règles précédentes et qui semble même y déroger : le *la* de la mesure 7 – alors que l'application de la règle 2 laissait attendre un *si*, passage entre *ré-do* qui précèdent, et *la-sol* qui suivent et constituent la réalisation toute provisoire (sur la tension de la dominante *sol*) de la phrase mélodique : la phrase est en effet inachevée, on attend le *do* qui résoudra la tension. Mais ce *la* est justement la marque du génie mélodique de Verdi et la différence entre une ligne mélodique simplement acceptable et une mélodie musicalement réussie. L'auteur explique que cette note constitue un compromis entre deux exigences opposées. La phrase étant rythmiquement constituée de quatre paires identiques de mesures, le contour mélodique imite apparemment cette structure rythmique. Le segment mélodique des mesures 3 et 4 répète donc celui des mesures 1 et 2 un degré plus bas ; on s'attendrait à ce que, symétriquement, le segment mélodique des mesures 7-8 répète celui des mesures 5-6 ; mais alors, la mesure 8 ne pourrait se réaliser sur le cinquième degré de *do* majeur (*sol*) contrevenant donc à la règle 1. « Le compromis de Verdi consiste à faire glisser les quatre dernières notes un ton plus bas. Ceci préserve le contour du segment précédent, et imite en outre, à la mesure 7, la forme mélodique des mesures 2 et 4 » (c'est-à-dire le schéma final de chacune des deux premières paires, une seconde majeure descendante, suivie d'une tierce mineure descendante). L'auteur conclut : « Ce mélange d'imitation et de légère déviation par rapport à la répétition exacte, ajouté à la légère dissonance de la dernière note "étrangère" de la mesure 7, donne de l'intérêt à la mélodie. Un compositeur moins imaginatif aurait pu fournir une solution plus stricte, qui soit davantage "correcte" – en concluant la phrase, par exemple, à la place des mesures 5 à 8 précédentes, par celles-ci (*ibid.*, p. 82) », beaucoup plus banales :

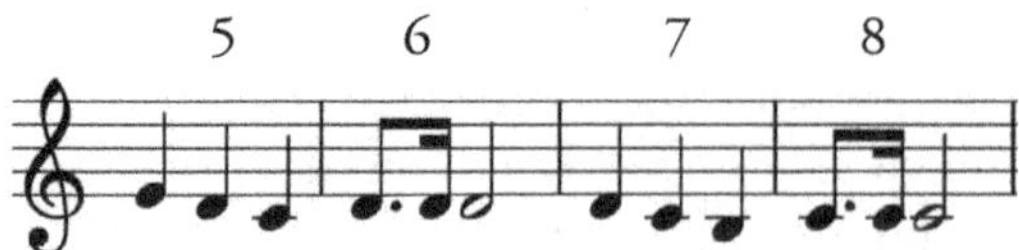

Ce que nous nous efforçons de faire, ici et là, dans ce livre, en recourant au vocabulaire de la causalité, c'est de comprendre ce qui fonde ces règles de la « grammaire tonale » (qu'elle soit celle invoquée ici, ou celle de Lerdhal et Jackendoff) et de les redéfinir en termes plus généraux (donc forcément moins précis), si possible valables pour la plupart des mondes musicaux. La notion de causalité événementielle, et plus particulièrement les quatre types de causalité (voir p. 161 *sq.*), s'applique à nos yeux à tous types de musiques et non pas seulement à la musique tonale. Par ailleurs, cette conception de la causalité permet, selon nous, d'expliquer les règles de l'écriture à partir, et à partir seulement de ce qui est *entendu*. Car la musique est l'art des sons.

Annexe 2

Causalités et interaction.
L'exemple d'une « invention »

Pour montrer la différence entre causalité et interaction dans la musique, nous avons pris (p. 73-77) l'exemple d'un canon simple : « Frère Jacques ». Nous pouvons prendre l'exemple d'un contrepoint à peine plus complexe : une « invention ». Voici les deux premières mesures de l'*Invention à deux voix en do majeur n° 1* de Bach.

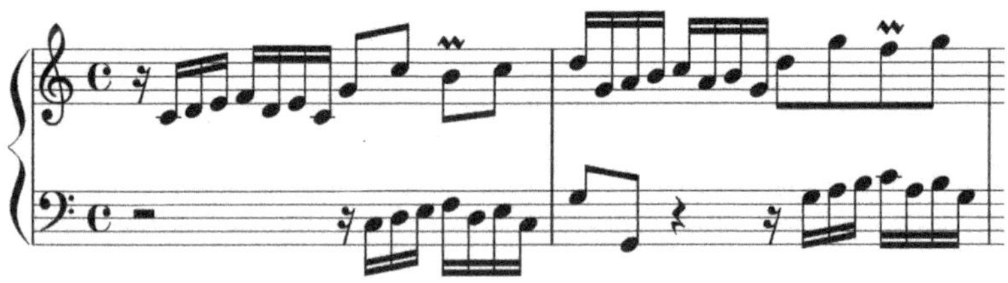

On nomme « invention » une musique qui n'utilise pratiquement que les différentes transformations possibles d'une figure initiale, le « sujet »[1]. Dans cette première invention (88), la plus simple, toutes les notes des vingt-quatre mesures du morceau (à l'exception des « transitions cadentielles »), sont l'effet de ces transformations successives : inversion, augmentation et transposition. Nous sommes donc dans un cas particulier où la causalité interne se manifeste de façon presque caricaturale, proche d'un déterminisme mécanique. Un ordinateur convenablement programmé pourrait (et d'ailleurs peut) produire l'ensemble du discours – et, dans certains cas, cela ne retirerait rien à sa valeur esthétique. Mais tel n'est pas ici notre propos, qui porte seulement sur les différents types

1. Cette analyse s'inspire en partie de celle de Larry Solomon, 2002 : http://solomonsmusic.net/bachin1.htm, et doit aussi aux remarques de Karol Beffa.

de causalités internes et leur interaction et ne concerne que les deux premières mesures.

En voici la paraphrase. La première voix expose d'abord le « sujet », constitué de deux motifs. Le premier (*do-ré-mi-fa*), qui démarre hors du temps, est la montée des quatre premiers degrés de la gamme majeure à partir de la tonique *do*. Quoi de plus simple ? C'est bien cette gamme qui lui sert de *moteur* (imaginaire) interne : ainsi, chacune des notes est entendue comme causée par la ou les précédentes. Cette causalité est perçue avec d'autant plus d'évidence que les quatre notes sont de la même durée (double croche) : la régularité métrique accentue le déterminisme interne de la montée.

La cause du deuxième motif (*ré-mi-do-sol*) est d'abord le premier motif lui-même qu'il imite : comme lui, il ne commence pas sur le temps ; il est, lui aussi, composé de quatre notes dans la même mesure régulière (quatre doubles croches) ; il est comme lui composé des trois mêmes notes initiales, mais ordonnées différemment (*ré-mi-do*) mais il se termine, lui, par le degré *attendu*, le *sol*, la dominante, dont la fonction harmonique est la plus proche de la tonique et dont l'atteinte marque la fin de l'exposition du sujet : le *sol* en question est donc de durée double – ce qui donne une « respiration suspensive ». À l'écoute, cela veut dire : on n'a pas l'impression d'être arrivé au bout du chemin où nous menait le moteur interne (par exemple au bout de la montée de la gamme jusqu'à l'octave), mais à une vraie halte naturelle : on est sur un *sol*, la note la plus proche (harmoniquement) du départ ou de l'arrivée (prévue), et on y reste donc deux fois plus longtemps que sur les bornes du chemin (les notes précédentes). Chacune des notes du deuxième motif semble donc causée par celles qui la précèdent à l'intérieur du motif et aussi, plus largement, à un second niveau, par l'ensemble du motif précédent, à l'exception du *sol* final, qui est, lui, l'*effet* de l'ensemble du « sujet »[1]. Notons cependant que ce *sol* est aussi causé, moins immédiatement (une cause plus profonde, dirait un historien, en tout cas un

1. Les mêmes causes dans le premier motif auraient pu, semble-t-il, déterminer un effet différent sur le deuxième motif tout en déterminant le même effet (le *sol*) sur la deuxième mesure. Car le deuxième motif aurait pu être constitué par les notes *ré-mi-fa-sol*, qui possédaient elles aussi leur propre moteur interne (montée diatonique) ainsi que le moteur du premier motif ; mais, le reproduisant note à note à partir du deuxième degré, il n'aurait pas été entendu comme deuxième partie du même sujet, mais, déjà, comme la transposition du sujet précédent. Ajoutons que la solution adoptée dans le texte est moins mécanique et possède sans doute une supériorité esthétique. C'est pourquoi son contour est descendant alors que le contour du premier est montant : à l'intérieur du sujet, il convient de privilégier les mouvements contraires, pour éviter tout effet de psittacisme (la causalité n'est pas l'enchaînement mécanique) entre les motifs du sujet comme entre les voix.

troisième niveau de causalité) par la montée inachevée de la tonique (*do*) à la dominante (*sol*) que constituait le premier motif (*do-ré-mi-fa... sol*).

Une fois l'exposition du « sujet » ainsi achevée, il pourra être simplement transposé à partir du Ve degré (le *sol* en question) à la deuxième mesure (*sol-la-si-do-la-si-sol-ré*). (Peut-être pourrait-on dire, en termes musicologiques, que les quatre notes de transition (*do-si-do-ré*) constituent une simple « formule cadentielle » (demi-cadence) qui permet d'aboutir sur une quinte (*ré*) au-dessus du *sol*, point de départ, de fait, de la transposition du sujet). Ce qui importe pour nous, qui ne nous intéressons qu'à ce qui est *entendu*, non à ce qui est écrit ou composé, c'est ceci : on entend, à la première voix, l'ensemble de la deuxième mesure comme *causée* par l'ensemble de la première (« sujet » + « formule de transition ») qu'elle se contente de répéter à la quinte supérieure[1], en un quatrième niveau de causalité.

En outre, simultanément à ces quatre notes de transition (*do-si-do-ré*) de la première voix, on entend aussi la deuxième voix (fin de la première mesure) comme *causée* par ce même sujet (les deux motifs réunis) répété à la tonique une octave plus bas. Dès lors, l'auditeur entendra chacune des deux séries causales indépendamment l'une de l'autre (puisque chacune est autonome et possède sa causalité, ou plutôt *ses* causalités internes, de type « événementiel »), mais il entendra aussi leur dépendance : il entendra la plus grave comme causée (avec retard, comme il se doit) par l'ensemble de la plus aiguë (causalité de type « générique »).

Il y a donc deux types de causalité : il y a d'un côté les causalités internes de la première voix (qui constituent son moteur), et d'un autre côté, non pas celle de la deuxième voix (puisque son propre moteur est en réalité le même que celui de la première), mais la causalité de la première voix sur la seconde – causalité externe à la ligne vocale (à la séquence de notes) mais évidemment *interne à la musique*.

Mais il y a aussi un troisième type de relation, ou de connexion, entre notes : il y a des *interactions simultanées* qui constituent un tout autre type de relations internes à la musique qui ne peuvent pas être tenues pour causales[2]. Ainsi le *sol-sol* de la deuxième mesure de la seconde voix est entendu d'une part comme *causé par* ce qui précède (il en est l'aboutissement mélodique au Ve degré) et d'autre part *en interaction* avec les quatre notes de la

1. Comme il n'y a pas de modulation de *do* majeur au *sol* majeur, le *fa* de la deuxième mesure n'est pas altéré – ce qui cause une légère différence intervallique (un ton *sol-fa* au lieu d'un demi-ton *do-si*). On peut cependant imaginer que Bach joue sur l'ambiguïté entre transposition à la quinte et modulation vers *sol* majeur, puisque la troisième note (*si* à la mesure 1, *fa* à la mesure 2) est ornée, ce qui permet pas de ne pas entendre clairement l'intervalle.

2. Nous précisons, p. 344-346, la relation dont elles relèvent.

première voix, dont il fait entendre, pour des raisons harmoniques, la note fondamentale de l'accord de dominante. On remarquera cependant que le second *sol*, qui coïncide avec un *la* à la première voix n'est pas entendu comme en interaction harmonique avec lui (ce serait dissonant) mais en interaction harmonique avec l'*ensemble* du groupe de quatre notes comme tel (*ré-sol-la-si-do*) de la première voix : il y a donc des interactions verticales de différentes portées temporelles, qui s'étendent dans une simultanéité plus ou moins largement définie.

Cette paraphrase de deux mesures d'une « invention », de même que celle de « Frère Jacques », montre que, entendre une musique, c'est entendre trois types de connexion : deux sont causales, diachroniques et univoques (causalité événementielle ou générique) et une est interactive, synchronique et bi-univoque.

Annexe 3

Comment nous entendons la cellule rythmique du *Boléro* de Ravel

La figure rythmique qu'on entend dans le *Boléro* est linéaire et composée de 24 battements joués par la caisse claire.

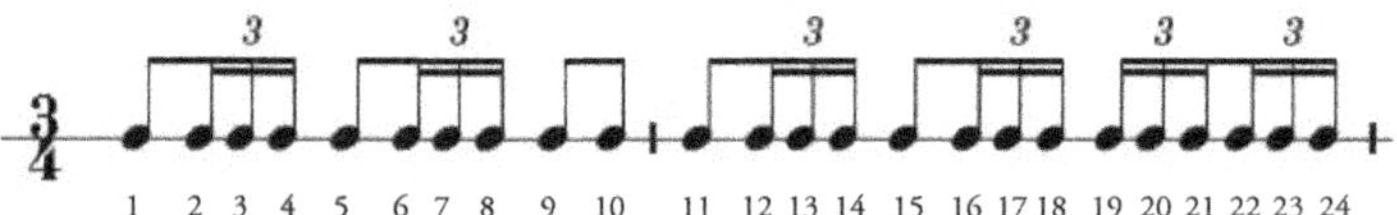

On peut la décomposer comme suit.

Il y a d'abord deux formes qui, quoique empruntées à la mesure sous-jacente, se trouvent aussi *dans* les notes de la musique, c'est-à-dire dans le rythme : cas d'un renforcement du rythme par la mesure, effet moteur garanti.

Appelons (F1) la première forme empruntée à la mesure : c'est l'isochronie de base constituée par l'accentuation des 12 demi-temps (comme si on battait à 6/8), ceux des battements 1-2-5-6-9-10-11-12-15-16-19-22. Pulsation isochrone irrépressible.

Appelons (F2) une deuxième forme elle aussi empruntée à la mesure : c'est l'isochronie plus englobante constituée par la plus forte accentuation des 6 temps forts (cette fois la battue serait à 3/4). Il s'agit des battements 1-5-9-11-15-19. Nouvelle pulsation irrépressible.

Notons que tous les temps et les demi-temps de la mesure tombent sur des notes et non sur des silences (il n'y en a pas). Cela a deux effets complémentaires, un sur la cellule, l'autre sur l'œuvre dans son ensemble : le rythme de la cellule repose sur son moteur métrique interne (F2) – ce qui lui donne sa dynamique rigidement nécessaire : nous entendons en effet le temps fort *entraîner* les temps faibles comme s'il en était la cause[1]. En

1. Sur cet effet moteur, voir p. 118 et 178 *sq*.

outre, la répétition *ad libitum* de cette même cellule par la caisse claire, sans variation de tempo, sans place pour une respiration silencieuse, une fantaisie ou un contretemps, mais avec un crescendo continu donne à l'ensemble, entraîné par ce moteur interne invariable, son côté mécanique, obstiné, à la fois tonique et étouffant.

Au-dessus de ces deux formes, il y a celles qui tiennent au rythme proprement dit, et qui sont, elles, formées de durées inégales.

Appelons (F3) la micro-cellule « croche suivie d'un triolet de doubles croches » (battements 1-4, 5-8, 11-14, 15-18). Elle est, dans chaque mesure, répétée deux fois et en occupe à chaque fois les deux tiers. Notons que la note (relativement) longue tombe sur un temps fort : l'accentuation joue ainsi le rôle de *micro-moteur* interne de cette micro-cellule (le battement 1 semble causer les battements 2-3-4, etc.), d'autant plus puissant que le temps fort est plus durable[1] ; il vient redoubler, et comme relancer périodiquement, le moteur général constitué par la coïncidence du rythme et de la mesure (les formes (F1) et (F2)).

Cependant, on entend en fait, dans la répétition de ces micro-cellules, une asymétrie (produite par une anacrouse, diraient les musicologues) : l'élan rythmique paraît commencer tantôt sur le premier battement de la cellule, la croche, tantôt sur le second, la première double croche, en sorte que la croche semble tantôt entendue comme un point de départ (battements 1 et 11) et tantôt comme un point d'arrivée (battements 5, 9, 15, puis 1, lors de la répétition de la cellule)[2] : c'est ce qui va contribuer au déséquilibre entre les mesures impaires et paires, parce que le battement 19, *attendu* comme une croche longue d'appui, détrompe cette attente et relance en fait encore plus vivement la pulsation, au moyen de deux triolets. En sorte que le mouvement né de l'enchaînement des cellules paraît indéfini, parce qu'on ne sait jamais quand l'une finit et quand l'autre commence ; un peu comme dans un ruban de Moebius, dont on ne peut jamais dire si telle partie se trouve au recto au ou verso.

Il y a aussi la forme (F4). En effet, la double micro-cellule (F3) alterne, dans les mesures impaires, avec une autre micro-cellule, que nous nommons (F4), constituée par deux croches (battements 9-10), en une sorte de

1. Voir ci-dessus p. 179.

2. Cette ambiguïté est renforcée par l'orchestration. En effet, au début de la partition, lorsqu'on n'entend que la cellule rythmique, les battements 1 et 11 sont soutenus par des pizzicati d'une note (*do*) alto/violoncelle, les battements 5 et 15 par des pizzicati doublés à l'unisson des alto (*do*), et les battements 9 et 19 par des pizzicati doublés à l'unisson des violoncelles (*sol*), et le battement 22 par un pizzicato d'une note (*do*) des violoncelles. Rien ne permet de dire où commence et où finit la cellule rythmique : le battement 5 est-il plus accentué que le 1 ou est-ce l'inverse ?

spondée (deux longues) ; le battement 9 étant en fait entendu comme le point d'arrêt de la micro-cellule précédente, le battement 10 est entendu comme une respiration sur un demi-temps faible qui permet le redémarrage de l'élan rythmique sur le battement 11, entendu cette fois plutôt comme point de départ. Notons que les deux croches sont entendues comme un écho symétrique des deux triolets dont elles répètent les longueurs. Mais, comme cette micro-cellule (F4) ne dure qu'un temps, alors que la micro-cellule (F3) est répétée, cela donne à l'ensemble de la mesure son côté asymétrique, ternaire (2 + 1).

Il y a encore la forme (F5). En effet, comme dans les mesures impaires, dans les mesures paires, également asymétriques, la double micro-cellule (F3) alterne avec une micro-cellule (battements 19-24), que nous sommons (F5), constituée de deux triolets, qui sont entendus comme le pendant (asymétrique) de la micro-cellule (F4) des mesures impaires. Mais, par opposition à celle-ci, entendue comme une pause dans l'élan rythmique issu de la répétition des micro-cellules (F3), la micro-cellule (F5) semble une relance indéfinie de l'élan des triolets – indéfinie puisqu'elle ne dispose pas de points d'arrêt sur une croche.

Une forme plus englobante, que nous pouvons nommer (F6), est encore engendrée par l'opposition entre la structure ternaire de chaque mesure (d'un côté (F3) + (F3) + (F4)), d'un autre côté ((F3) + (F3) + (F5)), et la structure binaire de cette opposition entre mesures impaires et paires. D'ailleurs, cette opposition binaire/ternaire se retrouve aussi, en miniature, dans chaque mesure (2 + 1) et dans la symétrie de leur structure : (F3) répété deux fois dans chaque mesure, qu'elle soit impaire ou impaire.

Bien entendu, tout cela ne décrit pas le rythme du *Boléro* lui-même mais seulement la cellule rythmique sur laquelle est construite son ostinato. Le rythme, lui, naît de la répétition de la cellule, du crescendo continu, de l'orchestration, et du balancement entre les deux parties de la longue phrase mélodique résolument répétée.

Annexe 4

Comment nous entendons l'entrelacs des causes formelles dans une phrase mélodique : le thème du *Quatuor à cordes n° 1* de Leoš Janáček, dit « Sonate à Kreutzer »

Soit le thème joué au violoncelle, puis repris successivement par les premier et second violons dans le premier mouvement de ce quatuor.

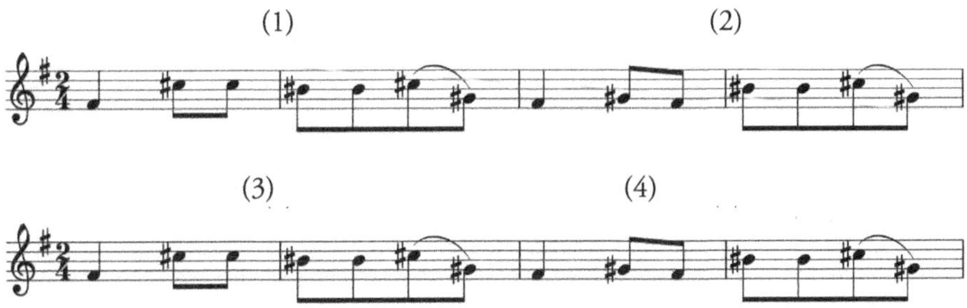

Comment l'entendons-nous ? Nous entendons *une* longue phrase[1], qui est une forme bien définie, séparée de ce qui précède et de ce qui suit par un silence, selon le principe de *proximité* de la cause formelle. Cette phrase commence et s'achève par un *fa*♯ noire – lequel joue le rôle de substrat tout au long de la phrase et demeure comme entendu en toile de fond : c'est la cause *matérielle* du contenu qualitatif de la phrase. La fin de la phrase (*fa*♯) est bien marquée par le fait que la dernière note est entendue comme conclusive (silence) : cette forme est bien première. Même sans la moindre accentuation de mesure, nous entendons que cette phrase est composée de formes secondes ((1), (2), (3), (4)) qui sont les quatre groupes *parallèles* d'événementialité (noire-six croches-noire) tels que la première

1. Dans le programme narratif de ce *Quatuor*, cette phrase illustre le train qui roule, symbolisant le temps qui passe.

note de chacun soit confondue avec la première du précédent : ainsi le premier *fa*♯ de la troisième mesure est entendu à la fois comme le point d'arrivée de la forme précédente et le point de départ de la suivante ; il en va de même du *sol*♯ de la septième mesure. Ce qui donne à la forme première son unité, c'est donc la manière dont les formes secondes sont réunies : au principe général de *parallélisme* s'ajoute cette espèce d'élision de la dernière note de chaque forme au profit de la première de la forme suivante, qui semble conférer une contiguïté aux différents « wagons » du train thématique. À ces deux causes d'unité formelle, s'en ajoute une troisième : c'est que le deuxième groupe semble lui-même empiéter sur le troisième, à cause du remplacement de la noire attendue (*fa*♯) au début de la cinquième mesure, par *symétrie* avec le groupe précédent, par deux croches (*fa*♯-*sol*♯) entendues comme une sorte de conjonction de coordination. Nous entendons ainsi une liaison plus forte entre les formes (2) et (3) (liées par conjonction) qu'entre les formes (1) et (2) ou (3) et (4) (liées symétriquement par contiguïté). Quoi qu'il en soit, il y a bien deux niveaux de forme clairement distincts, emboîtés l'un dans l'autre.

Annexe 5

Un moteur modeste mais suffisant

Le *Prélude n° 2* du premier cahier du *Clavier bien tempéré* de Bach

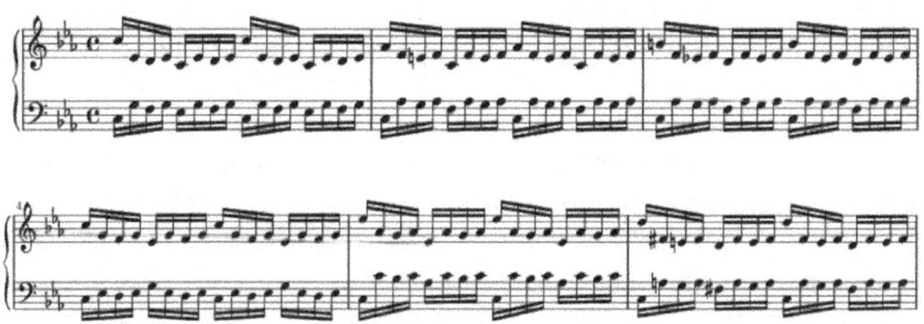

Il y a une pédale sur la tonique *do* (on est en *do* mineur) qu'on entend du début à la fin du morceau et qui joue le rôle de cause matérielle qualitative. Le morceau est entièrement en doubles croches : il y a donc une isochronie parfaite et explicite des durées des notes, laquelle joue, elle, le rôle de cause matérielle de l'événementialité. Cette isochronie est renforcée par le fait qu'elle ne comporte aucun silence et qu'elle est strictement synchronique dans les deux voix. Le fait que l'isochronie soit explicite rend plus claire la dynamique musicale qui anime cette événementialité et permet de la mieux comprendre. Car en mettant en évidence au premier plan ce qui *demeure* du mouvement (sa cause matérielle, la pulsation isochrone), elle permet de mieux entendre ce qui le *détermine*, sa cause efficiente, son moteur. Et ce qui l'anime, c'est, plus que tout, la simple force, minimale mais suffisante, de la mesure à quatre temps. En effet, dans chaque mesure, une même forme qualitative (1) de huit notes est répétée deux fois[1] ; cette forme première (1) est constituée de formes

1. Exemple de la première mesure, première voix : *do*$_4$*-mi-ré-mi-do*$_3$*-mi-ré-mi* est répété deux fois.

secondes (2)[1], deux groupes de quatre notes dont les trois dernières sont toujours identiques[2], mais dont le premier intervalle est descendant dans le premier groupe et montant dans le second à la première voix jouée par la main droite[3], et inversement, montant dans le premier groupe et descendant dans le second à la seconde voix jouée par la main gauche. (C'est du moins le cas dans les 18 premières mesures du morceau ; il y a quelques exceptions vers la fin.)

Nous entendons donc une mécanique fondée sur la répétition de formes aussi bien événementielles (stricte pulsation isochrone) que qualitatives. Le moteur de cette mécanique s'entend clairement : c'est la mesure, au sens que nous lui avons donné de superposition de plusieurs isochronies. En effet :

– nous entendons la pulsation isochrone (la première note, qui tombe sur le temps, de chaque groupe de quatre) *entraîner* (imaginairement) les trois notes suivantes du groupe, qui n'ont guère besoin de beaucoup d'énergie puisqu'elles sont conjointes, autrement dit séparées par des intervalles minimaux (*mi-ré-mi*, *fa-mi-fa*, *sol-fa-sol*, etc.) ; cela correspond bien à nos intuitions mécaniques : *il faut plus de force pour déplacer un même corps sur une plus grande longueur* ;

– comme le premier groupe de quatre notes commence toujours, aux deux voix et à chaque mesure, par un intervalle plus grand que le second, il faut plus d'énergie pour entraîner le premier que le second, et ce d'autant plus que trois des notes du second groupe sont communes avec le premier, et que, conformément à nos intuitions mécaniques, *il faut moins d'énergie pour répéter un mouvement que pour le créer*. Or c'est précisément ce que nous entendons, puisque chaque premier groupe commence par un temps fort (temps 1 et 3 d'une mesure à quatre temps) qui non seulement entraîne son groupe mais peut entraîner aussi le second avec le seul relais d'un temps faible (temps 2 et 4 d'une mesure à quatre temps) ;

– il y a plus : comme, dans chaque mesure, chaque forme de huit notes est répétée, nous comprenons, par les mêmes intuitions mécaniques, que la seconde a besoin de moins d'énergie que la première ; c'est pourquoi le second temps fort de chaque mesure (le temps 3) peut ne pas être aussi puissant que le premier ; en outre, le premier temps de chaque mesure doit d'autant plus paraître entraîner l'ensemble de la mesure qu'il doit pouvoir

1. Exemple de la première mesure, première voix : le groupe : *do_4-mi-ré-mi* d'une part et le groupe *do_3-mi-ré-mi*.

2. Exemple de la première mesure, première voix : dans les deux formes de la note précédente, les trois notes *mi-ré-mi* sont communes.

3. Exemple de la première mesure, première voix : dans la première des deux formes précédentes, le *do* est plus aigu que les notes qui suivent, dans la seconde, le *do* est plus grave que les notes qui suivent.

sembler avoir la puissance de *changer l'harmonie* laquelle, en effet, change à chaque mesure.

C'est ainsi que la mesure à quatre temps, qui, selon notre définition, est un emboîtement de trois isochronies[1], suffit à constituer la triple force motrice, autrement dit la cause efficiente événementielle de tout le morceau : la pulsation isochrone de base entraîne chaque groupe de quatre notes ; mais elle est elle-même entraînée par l'isochronie des temps forts des mesures binaires (une pulsation sur deux : les deux temps forts) qui entraîne chaque forme de huit notes ; mais cette deuxième isochronie est elle-même entraînée par l'isochronie propre aux mesures à quatre temps (un temps fort sur deux) qui entraîne chaque mesure, l'une après l'autre, jusqu'à la fin du morceau.

On dira que c'est supposer que ces trois types de pulsation soient clairement marqués par l'interprète. Nullement. L'imperceptible forme de la mesure suffit à insuffler l'élan dynamique à tout le morceau : étant entièrement isochrone, ne variant pas de tempo, se développant du début à la fin sur un intervalle de hauteurs très restreint, le morceau est très peu « consommateur d'énergie » : *un moteur minimal mais absolument régulier lui suffit* ; le seul balancement presque insensible (haut-bas, etc.) qu'on entend à chaque changement qualitatif de groupe ou de forme est la cause efficiente suffisante de toute la pièce.

1. Voir ci-dessus p. 110.

Annexe 6

Comment la raison construit des lois de succession causale à partir de formes imaginaires : les premières mesures de *Blue Rondo à la Turk* de Dave Brubeck[1]

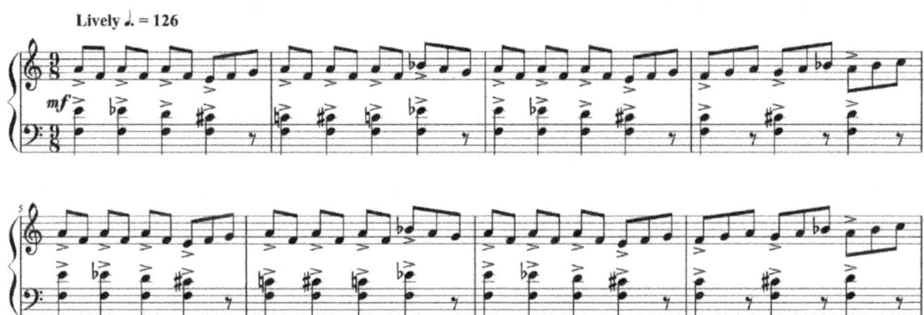

Rappelons[2] les lois inductives successivement construites par la « raison incorporée » à l'écoute du rythme du morceau :

Loi 1, à partir de l'écoute des six premières croches : « toutes les fois qu'une note est accentuée, la suivante ne l'est pas ». Loi contredite par les trois croches suivantes.

Loi 2, à partir de l'écoute des trois premières mesures : « toutes les fois que se produisent trois groupes de deux notes dont la première est accentuée, se produit un groupe de trois notes dont la première est accentuée ». Loi contredite à la mesure 4.

Loi 3, à partir de l'écoute des huit premières mesures : « toutes les fois que se produit un groupe formé par trois groupes de deux notes dont la première est accentuée, suivi d'un groupe de trois notes dont la première est accentuée, se produisent trois groupes de trois notes dont la première est accentuée ». Loi vérifiée pratiquement jusqu'à la fin du morceau.

1. Éditions Derry Music, California, 1960 et 1962.
2. Voir ci-dessus p. 180-181.

Annexe 7

Deux moteurs internes dans le *Prélude n° 1* du *Clavier bien tempéré* de Bach

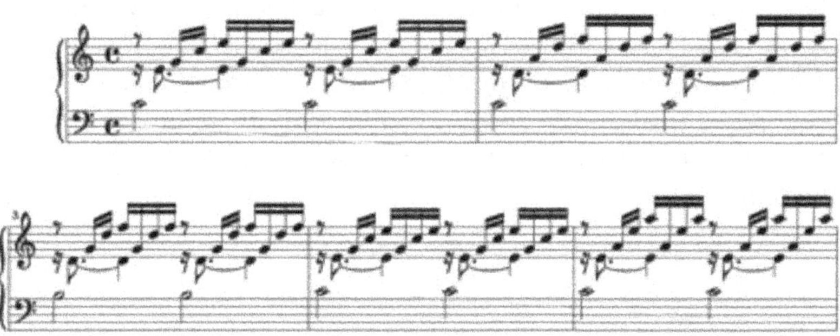

On peut y distinguer deux types de causes efficientes. Sur le plan événementiel, il y a la répétition d'une forme métrique. Le morceau est entièrement constitué monodiquement de doubles croches (pulsation isochrone), mais les deux temps forts de chaque mesure sont accentués par une blanche tenue à la main gauche (moteur de la mesure), qui joue en outre le rôle de cause matérielle – elle donne le ton. Il y a une deuxième cause efficiente, qualitative et non plus événementielle. Une forme de contour est répétée *ad libitum* tout au long du morceau : chaque mesure est en effet la répétition de deux accords arpégés en huit notes qui ont la forme suivante : A-B-C-D-E-C-D-E. L'ordre de A à E est un ordre du grave à l'aigu : A est plus grave que B, lui-même plus grave que C, etc. Les intervalles entre les notes en position A, B, C, D, E, changent à chaque mesure mais non cette forme. Il y a donc fixité formelle du contour mélodique. Le contour, c'est ce qui reste d'une mélodie une fois qu'on a fait abstraction des valeurs des notes (autrement dit la durée des événements et des silences) et du quantum des intervalles les séparant (seconde, tierce, quarte, etc.) pour ne garder que leur « direction » montante ou descendante. Il en va dans l'espace des hauteurs musicales comme dans l'espace géométrique. En géométrie euclidienne, on préserve les mesures, et on étudie ce qui reste invariant après déplacements dans l'espace. En géométrie topologique, on fait abstraction des mesures, et on préserve les relations de proximité, de connexion et d'ordre spatial de position. Diverses recherches des sciences cognitives montrent que la perception du contour est indépendante de celle des intervalles et est acquise très tôt par l'enfant. On remarquera que cette reconnaissance du contour mélodique joue un rôle primordial, non seulement dans la compréhension de toute musique, sous quelque latitude que ce soit, mais dans la compréhension de la langue orale, puisque l'intonation – facteur essentiel de la communication orale – est étroitement liée au contour, même si elle comprend aussi d'autres facteurs : accentuation, rythme, tempo, etc.

Les analyses détaillées de cette partition montreraient par quels procédés harmoniques (modulations vers les tons voisins à partir de *do* majeur[1], marches harmoniques, transpositions) la musique progresse d'une réalisation de la forme à la suivante. Cependant, nous ne cherchons nullement, rappelons-le, à analyser les partitions, seulement à caractériser les différents éléments constitutifs de la *compréhension musicale d'un auditeur*, et ici, plus précisément, les causes imaginaires dont dépend la compréhension dynamique.

1. *Sol* majeur et *fa* majeur, *do* mineur et *ré* mineur (relative de *fa* majeur) à l'armure presque identique à *do* majeur. Les modulations se font donc facilement.

Annexe 8

Début de la *Sonate pour piano n° 8 en la mineur K. 310* de Mozart[1]

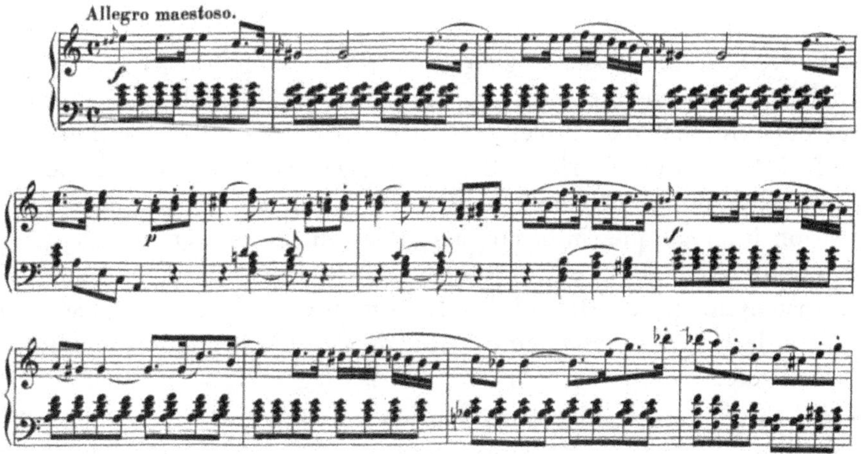

1. Voir p. 225-226 et 275 *sq*.

Annexe 9

Comment la musique tonale exprime certains climats

Deryck Cooke (*The Language of Music*, Clarendon Press, 1959) a analysé les moyens expressifs propres à la musique tonale, en s'appuyant sur des centaines d'exemples tirés du répertoire classique, de Dufay en 1440 à Stravinsky en 1953. Il en a dégagé, par induction, d'une part ce qu'il appelle les « éléments de l'expression musicale » (tension tonale, tension intervallique, intensité, accentuation, durée, tempo, phrasé) et d'autre part les « termes du vocabulaire musical » : par exemple la montée en majeur sur les Ier, IIIe, V^e^ degrés, la montée inverse du Ve degré vers le Ier et le IIIe, la montée, en mineur, du Ier au Ve degré, ou la descente inverse, etc.

À titre d'exemple, on peut citer l'analyse qu'il fait de la fonction expressive de la figure formée par la sixte mineure quand elle fonctionne comme une appogiature de la dominante : il montre qu'elle a été systématiquement utilisée comme un « déclencheur d'angoisse » et qu'on trouverait difficilement un compositeur tonal de n'importe quelle époque qui n'y ait recouru à diverses reprises lorsqu'il s'agissait d'exprimer le chagrin ou le deuil. Et Cooke illustre ce propos (p. 14 et 148-150) par des dizaines d'exemples, depuis Josquin des Prés jusqu'à Debussy, Bartók, Britten, Schönberg ou Stravinsky.

Extrayons-en ces trois illustrations :

De J. S. Bach, *Passion selon Saint Matthieu*, l'air de soprano en *la* mineur sur les paroles « *Aus Liebe will mein Heiland sterben* » (« Il aime et sacrifie sa vie ») :

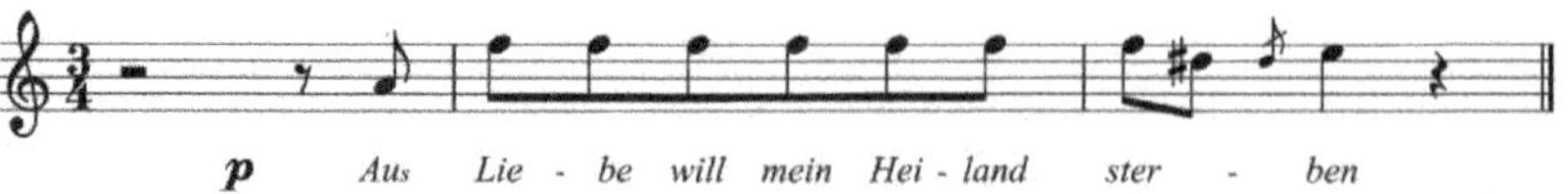

Du « *Die Irae* », extrait du *Requiem* de Mozart, sur les paroles de l'air en *ré* mineur « *Quantus tremor est futurus* » (« Quelle terreur est à venir ») :

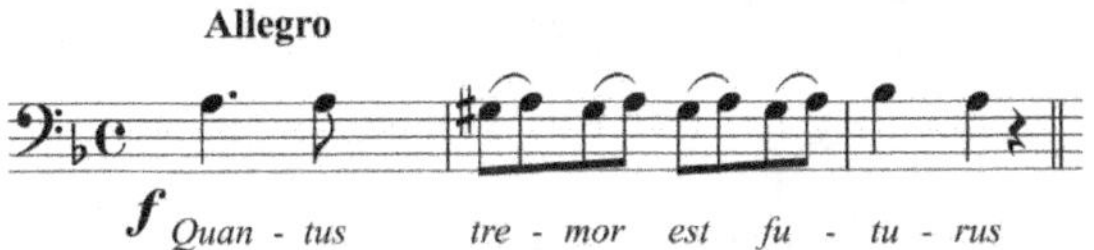

Ou encore, de Schubert, *Le Roi des Aulnes*, l'appel désespéré du fils mourant à son père « *Mein Vater, mein Vater* » (« Mon père ! Mon père ! ») :

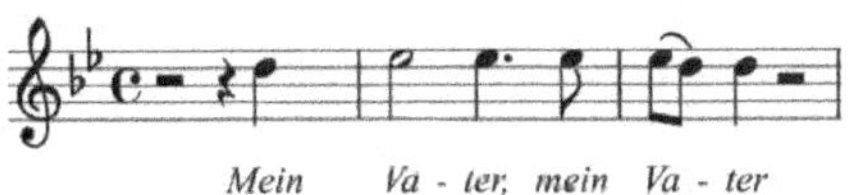

Un autre exemple significatif (*ibid.*, p. 14 et p. 151-156) est la phrase, en majeur, I-III-V-VI-V (par exemple, *do-mi-sol-la-sol*), utilisée spontanément par les compositeurs pour exprimer une joie simple, innocente et sacrée. D'une longue liste d'illustrations, allant de chants de trouvère du XIIIe siècle au *Doktor Fautus* de Busoni, en passant par Haendel, Mozart ou Wagner, extrayons les suivantes.

De J. S. Bach, le chœur d'ouverture, en la majeur, de la *Cantate BWV 67*, « *Halt im Gedächtnis Jesum Christ* » (« Gardez le souvenir de Jésus-Christ ») :

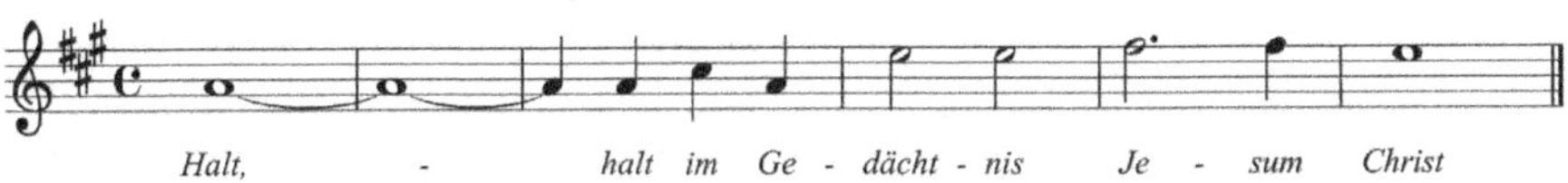

De l'oratorio *Elijah* de Mendelssohn, l'air en *la*♭ majeur du ténor « *Then shall the righteous shine forth* » (« Alors les Justes resplendiront ») :

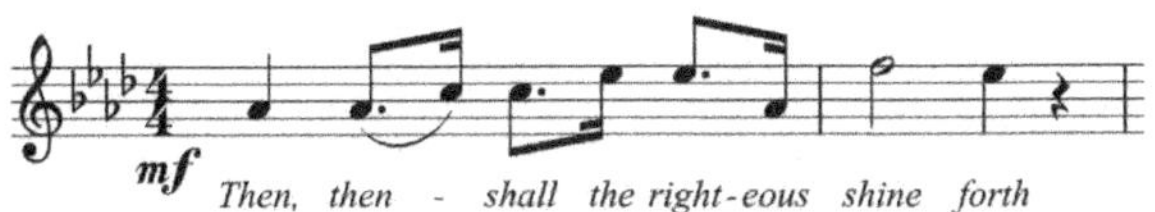

De l'opéra *Hansel und Gretel* de Humperdinck, la prière des enfants en *ré* majeur, « *Abends will ich schlafen geh'n* » (« Le soir, je veux aller au lit ») :

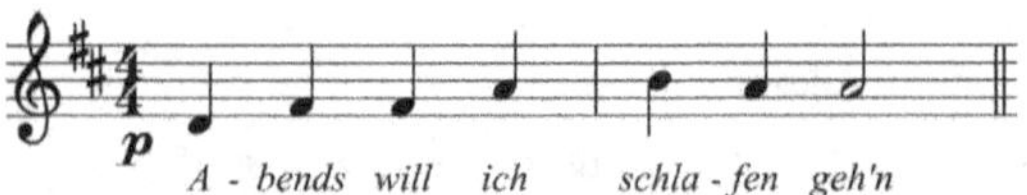

Et de Ralph Vaughan Williams, l'ouverture du chœur final de *The Pilgrim's Progress*, en *sol* majeur, chanté par les voix de la Cité céleste :

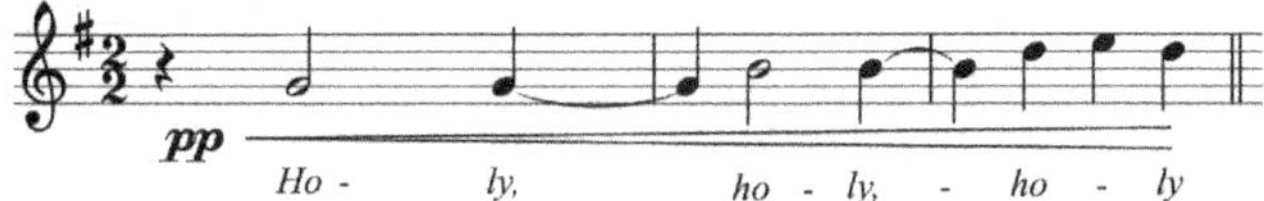

Annexe 10

Premières mesures du 3e mouvement (scherzo) de la *Septième Symphonie* de Beethoven

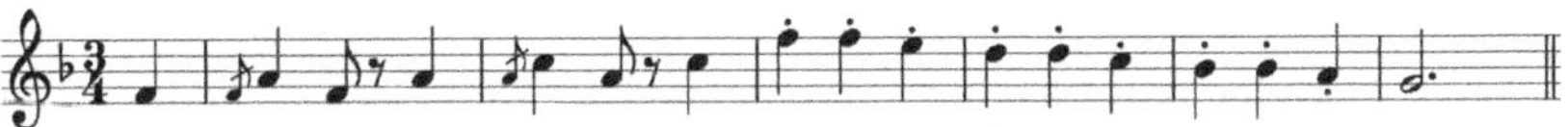

Glossaire

Ce glossaire regroupe quelques notions du vocabulaire musical[1] ainsi que certains de nos propres concepts, signalés en italiques. (Les * renvoient au glossaire lui-même.)

ACTION : Nous entendons par action un événement* causé en dernière instance par une personne*.

ATTITUDE COGNITIVE : Comme l'attitude* esthétique, elle a, selon nous, deux faces : sur sa face négative, elle se caractérise par un désintéressement pour l'existence de son objet ; sur sa face positive, elle se caractérise par une extrême attention aux apparences de cet objet. Mais au contraire de l'attitude esthétique, l'attitude cognitive cherche l'intelligibilité de son objet hors du sensible, dans ce qui peut en être la raison d'être : ce que les choses* sont réellement ou pourquoi les événements* se produisent. Lorsqu'elle y parvient, il y a connaissance.

ATTITUDE ESTHÉTIQUE : Comme l'attitude* cognitive, elle a, selon nous, deux faces : sur sa face négative, elle se caractérise par un désintéressement pour l'existence de son objet vu ou entendu ; sur sa face positive, elle se caractérise par une extrême attention à l'apparence visible ou sonore de cet objet. Mais au contraire de l'attitude cognitive, l'attitude esthétique cherche l'intelligibilité du sensible dans le sensible lui-même. Lorsqu'elle y parvient, il y a satisfaction esthétique : le plaisir physique ou l'émotion* sont possibles.

ATONAL : Certains compositeurs du début du XXe siècle pensaient que le chromatisme* de diverses compositions de la fin du XIXe siècle était le signe

1. Nous avons privilégié le sens suffisant à comprendre notre texte, sans pouvoir entrer dans les discussions terminologiques, ni nuancer le propos autant qu'il eût été nécessaire d'un point de vue musicologique. Pour des explications plus détaillées mais toujours parfaitement accessibles, on se reportera à l'excellent *Guide de la théorie de la musique* de Claude Abromont, coécrit avec Eugène de Montalembert, *op. cit.*

que le langage tonal avait épuisé ses possibilités et ils se mirent à composer de la musique atonale, c'est-à-dire dont les notes ne se rapportent à aucune tonalité* ni à aucun mode* particulier, mais qui utilise indifféremment tous les degrés de l'échelle* chromatique. Arnold Schönberg décida de formaliser ce mode de composition, et fonda le « dodécaphonisme » (utilisation systématique d'une série de douze sons) dans lequel les douze degrés de cette échelle *doivent* avoir un poids mélodique et harmonique égal, par exemple sans tonique* ni dominante*, ni aucune attraction mélodique ou harmonique.

BEAUTÉ : La beauté est, selon nous, objective : c'est une propriété de second ordre des propriétés de premier ordre, qui sont les qualités sensibles de l'objet. Ces qualités de second ordre ne peuvent être perçues que si l'on est dans une attitude* esthétique. Elles peuvent être définies rationnellement par le principe d'économie de moyens ou par le principe de perfection. La beauté est donc une propriété rationnelle appliquée à des propriétés sensibles. Elle peut être cause d'émotion* esthétique. Cependant, un objet peut être jugé beau sans provoquer la moindre émotion ; et un objet peut émouvoir esthétiquement sans être jugé beau.

CADENCE : Formule mélodique ou harmonique qui ponctue un passage musical. Certaines cadences donnent à l'auditeur le sentiment d'une simple respiration, comme une virgule : la « proposition » précédente forme un tout, mais tout n'est pas encore « dit » ; d'autres cadences donnent le sentiment que le passage musical a abouti à sa conclusion, comme un point à la fin d'une phrase. En musique tonale*, la formule cadentielle conclusive par excellence est la « cadence parfaite » qui fait suivre un accord sur la dominante* par un accord parfait sur la tonique* : par exemple en *do* majeur, l'accord *sol-ré-fa-si* suivi de l'accord *do-mi-sol-do* (voir ci-dessus p. 177). Pour l'auditeur, le premier accord entraîne irrésistiblement le second, qui lui-même n'appelle plus rien d'autre : dans l'exemple ci-dessus, le *sol* grave (dominante) « est atttiré par » le *do* (tonique), degré dont il est le plus proche harmoniquement, tandis que le *si*, à l'aigu (dite « note sensible* », le VIIe degré de la gamme majeure, celle qui tend « naturellement » vers la tonique) « se résout » mélodiquement sur le *do* supérieur.

CAUSALITÉ ÉVÉNEMENTIELLE : Nous entendons par causalité événementielle un type de causalité propre aux événements* singuliers ; c'est à elle que l'on recourt pour comprendre l'histoire ou la musique (voir compréhension* dynamique). La causalité événementielle imaginée dans une suite de sons* fait qu'elle est entendue comme une musique* ; cette causalité est en effet imaginaire.

CAUSE : voir efficiente*, finale*, formelle*, matérielle*.

CHOSE : Nous entendons par choses les individus de base du monde perçu et dit « en troisième personne ». Une chose est spatiale. Elle est visible et nommable. Elle a des qualités perceptibles, notamment couleur et forme. On rend raison d'une chose en disant ce qu'elle est. On peut la représenter (voir représentation*) ou la reproduire (voir reproduction*) en image ; et il y a de nombreux arts de l'image.

CHROMATISME : Au sens strict, désigne l'« altération » passagère d'une note quelconque, d'un intervalle d'un demi-ton par rapport à la hauteur qui devrait être la sienne dans la tonalité du passage. On nomme donc gamme chromatique celle qui parcourt les douze demi-tons de l'échelle. On parle par conséquent aussi de chromatisme lorsqu'un passage musical ne cesse de moduler (voir modulation*) : il y a tant de notes altérées que le sentiment de la tonalité* du passage se perd pour l'auditeur (voir sentiment* tonal au sens habituel). Les musiciens, comme César Franck, le dernier Liszt et surtout Wagner, dont les compositions, à la fin du XIXe siècle, changeaient ainsi en permanence de tonalité, utilisaient donc de plus en plus toute l'échelle* chromatique au lieu des seuls degrés d'un mode* particulier. C'est pourquoi on parle parfois de « chromatisme wagnérien ».

CLIMAT : Nous entendons par climat ce que peut exprimer une musique (ou plus généralement un art) de l'état des choses ou des circonstances. Mais la frontière n'est jamais claire ni constante entre humeur* et climat, celui-ci étant la face extérieure et publique dont celle-là est la face intérieure et privée.

COMPRÉHENSION DYNAMIQUE : Comprendre dynamiquement une musique, c'est, selon nous, entendre ce qui la cause, c'est-à-dire ce qui fait qu'elle ne se réduit pas à une série de sons*. La compréhension dynamique d'une musique se fait par les quatre causes : matérielle*, formelle*, efficiente*, finale*.

CONSTITUANTS DE DISCURSIVITÉ : Nous entendons par constituants de discursivité ce dont dépend tout ce que « dit » la musique grâce à sa causalité* événementielle, par opposition à la *« manière »* dont elle le dit (constituants* d'expressivité). Les constituants de discursivité sont, du côté de l'événementialité*, la mesure* et le rythme*, et du côté de la qualité des événements* sonores, la mélodie et l'harmonie. C'est la part qui ne dépend pas de l'interprète. Les constituants de discursivité n'existent que dans la musique (ou plus largement dans l'art) et non dans le monde sonore réel.

CONSTITUANTS D'EXPRESSIVITÉ : Nous entendons par constituants d'expressivité ce dont dépend la manière dont est dite la musique, et en particulier ce qu'elle peut exprimer, par opposition à ce qu'elle dit (constituants* de discursivité). Ce sont le tempo et ses variations, l'intensité et ses variations, les attaques. C'est la part qui revient à l'interprète. Les constituants d'expressivité sont émergents par rapport aux constituants de discursivité, parce qu'ils sont des modifications dynamiques d'un mouvement sous-jacent (mélodie, harmonie, mesure*, rythme*). Les constituants d'expressivité musicale existent aussi dans le monde sonore réel où ils nous permettent de comprendre les émotions* exprimées dans les paroles ou les actions* humaines, ou de connaître comment évoluent les processus dynamiques, qu'ils soient naturels ou artificiels.

CONTOUR (MÉLODIQUE) : Rapport de montée (vers l'aigu) ou de descente (vers le grave) entre les notes successives d'une mélodie, indépendamment de la mesure des intervalles qui les séparent. Par exemple les trois lignes mélodiques suivantes sont différentes mais ont le même contour : *do-mi-sol-mi-do* ; *do-ré-mi-ré-do ; ré-fa-la-sol-do.*

DOMINANTE : Le cinquième degré d'une tonalité* majeure ou mineure est appelé la note dominante (par exemple en *do* majeur : *sol*) parce qu'elle a une fonction harmonique importante ; elle sert de repos secondaire dans une phrase musicale, le repos principal étant assuré par la tonique*. Étant donné que le cinquième degré est celui qui a le plus d'harmoniques* communs avec le premier, ces deux degrés sont le plus proches harmoniquement : un accord de dominante aura tendance à « se résoudre » sur un accord de tonique (voir cadence*.)

ÉCHELLE : Division du continuum sonore en unités discrètes et égales. Exemples : les douze degrés égaux de l'échelle chromatique (voir chromatisme*), ceux qui sont joués sur les touches blanches et noires d'un clavier, et sont séparés par un intervalle d'un demi-ton ; ou les vingt-deux *shrutis* de l'échelle indienne, ou les vingt-quatre quarts de ton de l'échelle arabe. Toutes les octaves* contiguës sont divisées selon la même échelle*. Notons que toutes les échelles de toutes les cultures s'inscrivent à l'intérieur de l'octave. (NB. De nombreux auteurs emploient « échelle » pour désigner l'étalonnement *inégal* des hauteurs auquel recourt implicitement telle ou telle musique. Le mot est alors pris dans un sens proche de celui dans lequel nous employons « mode* ». Pour des raisons expliquées dans le texte (voir note 4 p. 47), nous préférons la solution adoptée par Nathalie Ferrando (« Échelles et modes : vers une typologie des systèmes scalaires », art. cit.) et désignons par échelle une division en intervalles égaux.)

EFFICIENTE (CAUSE) : Nous entendons par cause efficiente une des espèces de la causalité* événementielle de la musique, nécessaire à sa compréhension* dynamique ; c'est une des deux causes motrices, avec la cause finale*. Dans la plupart des musiques, on peut entendre les événements* sonores comme déterminés par ceux qui les précèdent et qui en sont donc perçus comme la cause efficiente, selon certaines lois inductives : c'est, du côté de l'événementialité*, la loi de la répétition d'une forme ; et, du côté de la qualité des événements sonores, la loi de la bonne continuation, mélodique ou harmonique.

ÉMOTION ESTHÉTIQUE : Nous entendons par émotion esthétique l'effet « essentiellement secondaire » de l'attitude* esthétique. Elle naît toujours d'un accord entre imagination et raison.

ÉMOTION (MUSICALE) : Nous distinguons les émotions exprimées par une musique* (ou même attribuées à une musique : joie et tristesse notamment) des émotions qu'elle nous cause. On peut entendre des émotions exprimées dans une musique sans les éprouver ni même éprouver quoi que ce soit ; inversement, de nombreuses musiques émeuvent, sans exprimer quoi que ce soit. Parmi les émotions qu'une musique nous cause, nous distinguons celles qui sont contingentes et subjectives (associations de souvenirs personnels) et celles – les seules qui importent – qui ont leur source objective dans la causalité* événementielle de la musique : les émotions* esthétiques.

ÉVÉNEMENT : Nous entendons par événements des entités de base du monde perçu et dit « en troisième personne ». Cependant un événement ne doit son individualisation et son identification qu'aux choses*, dont il apparaît comme un accident. Un événement est temporel et désignable par un verbe. C'est toujours un événement qui produit un son*. On rend raison d'un événement en disant ce qui le cause. On ne peut représenter (voir représentation*) ou reproduire (voir reproduction*) que des séries d'événements ; lorsque ces séries sont causalement ordonnées, il y a musique.

ÉVÉNEMENTIALITÉ : Nous entendons par événementialité un des deux composants de tout événement* sonore : le simple fait qu'il arrive, par distinction avec ses qualités (voir son*). L'événementialité est à la base de la pulsation* isochrone, de la mesure* et du rythme*.

FINALE (CAUSE) : Nous entendons par cause finale une des espèces de la causalité* événementielle de la musique, nécessaire à sa compréhension* dynamique ; c'est une des deux causes motrices, avec la cause efficiente*. Dans nombre de musiques, et notamment dans la musique tonale*, on peut entendre les événements* sonores comme déterminés par ceux qui les suivent et qui en sont donc perçus comme la cause finale ; c'est, du côté de l'événementialité*, les attentes rythmiques (syncopes*) ; et, du côté de la qualité des événements sonores, les attentes mélodiques ou harmoniques.

FORMELLE (CAUSE) : Nous entendons par cause formelle une des espèces de la causalité* événementielle de la musique, nécessaire à sa compréhension* dynamique. La cause formelle permet de comprendre comment change ce qui change. Dans la plupart des musiques, on peut entendre ou sous-entendre des formes constantes qui en assurent la continuité dynamique, grâce à certains principes empruntés à la « psychologie de la forme » : principe de proximité ou de similarité ; principe de symétrie ou de parallélisme.

HARMONIQUE : Tout son* musical d'une hauteur donnée, c'est-à-dire d'une fréquence fondamentale donnée (par exemple 440 Hz pour le *la*$_3$) fait entendre, en même temps que cette hauteur, des sons de hauteur supérieure, qui sont des multiples de la fréquence fondamentale (par exemple 440 × 2, ou × 3, ou × 4, etc.) : ce sont ses harmoniques. Le rapport d'intensité entre les différents harmoniques détermine le timbre particulier du son (qui comprend toujours, en outre, quelques fréquences inharmoniques*). Les harmoniques différencient, par exemple, le *la*$_3$ du piano de celui de la trompette. Le deuxième harmonique naturel d'une note est situé une octave* au-dessus ; le troisième harmonique est situé une quinte* au-dessus du précédent. Tel est le fondement naturel de l'universalité de ces deux intervalles (octave et quinte). Le quatrième harmonique naturel est situé une octave au-dessus du précédent ; le cinquième est situé plus ou moins à une tierce majeure (intervalle entre *do* et *mi*) au-dessus du précédent. C'est l'argument invoqué en faveur de la « naturalité » de l'accord dit « parfait » composé d'une tierce et d'une quinte (*do-mi-sol*). Lorsqu'un son musical n'a pas une hauteur absolument assignable (c'est le cas, par exemple, du son des percussions), ses composantes partielles ne sont pas des multiples de la fréquence fondamentale, qui sont alors inharmoniques*.

HUMEUR : Nous entendons par humeur la part de l'émotion* privée et dépourvue de toute intentionnalité (rapport à un objet externe). N'ayant aucune relation intentionnelle à un objet réel, la musique peut exprimer des humeurs bien mieux que des émotions. C'est pourquoi elle ne représente (voir représentation*) pas les humeurs mais les reproduit (voir reproduction*). L'humeur ne se distingue d'un climat* que parce qu'elle est attribuée à l'état d'âme d'une personne* et non à l'état des choses et aux circonstances.

INHARMONIQUE : Composante sonore d'un timbre qui n'appartient pas aux harmoniques* naturels.

MATÉRIELLE (CAUSE) : Nous entendons par cause matérielle une des espèces de la causalité* événementielle de la musique, nécessaire à sa compréhension* dynamique. La cause matérielle permet de comprendre ce qui, dans ce qui change, ne change pas. Dans la plupart des musiques, on entend, ou on sous-entend, quelque chose de constant qui assure sa continuité dynamique : c'est, du côté de l'événementialité*, la pulsation* isochrone, et, du côté de la qualité des événements* sonores, le « son-maître » (bourdon, pédale ou tonique*).

MESURE : Nous entendons par mesure une superposition de plusieurs pulsations* isochrones ; il y a mesure dès lors que les battements de la pulsation isochrone de base sont répétitivement recomptés à partir de un, et de façon elle aussi isochrone. La mesure est d'abord en nous, en tant qu'être rationnels et comptant, avant d'être entendue dans la musique*. La musique mesurée nous meut, mais contrairement au moteur du rythme*, celui de la mesure vient de notre « corps comptant » (ou « pensant »).

MODALE (MUSIQUE) : Par opposition aux musiques tonales* (qui sont écrites dans deux modes particuliers : majeur et mineur), les musiques modales sont écrites ou jouées en utilisant d'autres modes*. Les musiques anciennes (médiévales, renaissantes), la plupart des musiques savantes extra-européennes (grecque ancienne, persane, arabe, indienne, chinoise, etc.), les musiques traditionnelles ou folkloriques, mais aussi le blues, une partie du jazz (quoique, en général, le jazz alterne ou mêle tonal et modal) sont modales. Le plus souvent une musique modale installe au départ un certain climat* propre au mode dans lequel est jouée la pièce, et s'en éloigne rarement.

MODE : Au sens large, le mode consiste en une sélection des degrés de l'échelle* séparés par des intervalles inégaux, à partir d'un degré premier, la tonique*. (Lorsqu'on parcourt tous ces degrés à partir de la tonique, on parle alors de gamme, sans que la différence soit nette ni universellement admise.) Non seulement tout mode est situé dans le cadre de l'octave*, mais presque tous les modes existant sont aussi construits autour de l'intervalle de quinte*. Par exemple le mode majeur de la musique tonale* contient sept degrés (*do* majeur : *do-ré-mi-fa-sol-la-si-do*), séparés par les intervalles suivants : 1 ton (entre *do* et *ré*), 1 ton, ½ ton (entre *mi* et *fa*), 1 ton, 1 ton, 1 ton, ½ ton (entre *si* et *do*). D'autres modes sont formés sur ces sept degrés à partir d'une autre tonique, par exemple le mode appelé « dorien » au XVIe siècle est *ré-mi-fa-so-la-si-do-ré* : les degrés sont les mêmes mais la répartition des intervalles à partir de la tonique est différente. Pratiquement tous les modes existants ou ayant existé utilisent entre cinq et neuf degrés. Les différentes gammes pentatoniques, qui en utilisent cinq, sont les plus répandues au monde ; par exemple, la gamme dite « blues » est la suivante : 1 ton, 1 ton ½, 1 ton, 1 ton, 1 ton ½, 1 ton (*do-mi♭-fa-sol-si♭-do*). Au sens large, un mode implique non seulement une sélection de degrés, donc une gamme, mais une hiérarchie entre eux (par exemple dans la musique grecque ancienne, c'est la médiane, le IVe degré de l'échelle qui semble avoir le rôle central ; et dans les modes majeur et mineur, c'est la tonique et la dominante*) ; cette hiérarchie détermine leur position, initiale ou finale, et surtout l'importance qu'on leur reconnaît à l'écoute : les degrés dominants sont plus fréquents, ou accentués, ou plus longs, ou ornés, etc. Chaque mode possède aussi son climat* particulier, ses enchaînements mélodiques ou harmoniques propres. Voir modale* (musique).

MODULATION : Désigne le changement de tonalité* (au sens restreint du terme) au cours d'un morceau de musique : par exemple de *do* majeur à *fa* majeur, ou à *sol* majeur, ou à *la* mineur. (Ces trois modes* sont ceux qui sont les plus proches harmoniquement de *do* majeur parce qu'ils ont six de leurs sept degrés en commun). En théorie, il est possible de *moduler* à partir de toute tonalité vers toute autre, mais il y a des règles harmoniques pour le faire de la façon la plus souple possible. Moduler permet de varier la « couleur » du passage pour éviter la monotonie, voire (par exemple en passant de majeur à mineur) de changer carrément de climat*.

MONDE MUSICAL : Nous utilisons parfois cette expression au sens large pour désigner une civilisation ou une culture musicale particulière, avec ses traditions, les fonctions qu'elle attribue à la musique, ainsi que ses instruments, ses échelles* et ses modes*. Mais nous employons généralement cette expression pour désigner la manière dont telle culture musicale réduit l'univers sonore réel pour en faire un monde sonore dans lequel des musiques* peuvent se produire : un ensemble unifié et total, aussi « bien habité » que le monde visuel des choses*, et donc peuplé d'individus, les notes, aux timbres reconnaissables, aux hauteurs discrètes et identifiables et aux durées commensurables.

MUSIQUE : C'est l'art des sons* ; l'art qui rend les sons autosuffisants. C'est la représentation* d'un monde idéal d'événements* purs ; d'un monde sans choses* où elles ne manquent pas ; d'un ordre causal des événements sonores. C'est l'intelligibilité d'un monde sonore autonome. Dans un monde* musical donné, la musique résulte de la transposition de la causalité externe, qui va de la chose à l'événement sonore – causalité requise par l'écoute « intéressée » du monde de la vie –, en une causalité* événementielle interne qui, dans l'écoute « désintéressée » de l'attitude* esthétique, va des événements sonores aux autres événements.

OCTAVE : C'est l'intervalle fondamental de tout système musical, à la base de toutes les échelles* et de tous les modes*. Une note d'une octave supérieure à une note donnée a un son fondamental d'une fréquence double de celui de cette note. Une octave est donc l'intervalle qui sépare le premier du second harmonique* naturel d'un son* musical. C'est aussi l'intervalle entre le son émis par une corde vibrante et celui émis par la même corde lorsqu'on la pince au milieu de sa longueur. Lorsque plusieurs instruments jouent en même temps les mêmes notes séparées par une ou plusieurs octaves, on dit qu'ils jouent « à l'unisson » ; deux notes séparées d'une octave sont en effet entendues comme distinctes et néanmoins semblables.

C'est pourquoi quand on ne parvient pas à chanter à la hauteur des autres, on chante spontanément les mêmes notes une octave plus haut ou plus bas. (Notons que, si l'intervalle d'octave est défini de façon naturelle et universelle, le nom « octave » est en grande partie conventionnel : il dépend simplement du fait que nous utilisons une gamme (ou des modes) de sept degrés : l'intervalle entre le Ier degré et le VIIIe est donc appelé « octave ».)

PERSONNE : Nous entendons par personnes les individus de base du monde dit « en première personne ». Une personne peut percevoir et dire le monde ; elle peut aussi agir en fonction de ses désirs et de ses croyances. Les personnes sont donc les causes ultimes des actions*. On rend raison d'une personne par la causalité intentionnelle de ses actes (c'est-à-dire les croyances et désirs qui sont à la base de ses raisons d'agir) et par leur propre causalité expressive (la personne demeure la même à travers tous ses actes). Les personnes agissantes, les unes avec les autres ou contre les autres, sont représentables (voir représentation*) dans des récits. Il y a de nombreux arts du récit.

PULSATION ISOCHRONE (OU ISOCHRONIE PULSATIVE) : Nous entendons par là une suite, explicite ou implicite, de battements réguliers séparés par des intervalles de temps égaux. Cette pulsation est d'abord en nous, en nous en tant qu'êtres vivants, avant d'être entendue ou sous-entendue dans la musique*.

QUINTE : C'est l'intervalle qui, après l'octave*, est le plus important. Il est reconnu par la plupart des échelles* et des modes* existants. Il est le troisième harmonique* naturel d'un son* d'une hauteur donné. Quand une note a une fréquence donnée de x, la note située une quinte au-dessus a une fréquence de 3/2 x. La quinte est aussi l'intervalle entre le son émis par une corde vibrante et celui émis par la même corde lorsqu'on la pince au tiers de sa longueur. La quinte est l'intervalle qui, après l'octave, est considéré comme le plus consonant. En musique tonale*, deux gammes dont la tonique* est séparée d'une quinte (par exemple *do* majeur et *sol* majeur, ou *do* majeur et *fa* majeur), ont six de leurs sept degrés communs : ils sont donc harmoniquement très proches.

REPRÉSENTATION : Nous entendons par représentation un rapport sémantique exogène entre l'« image » et ce dont elle est l'« image » pour tout mode d'expression pensé sur un modèle iconique. La représentation se distingue donc de la reproduction* : le spectateur ou l'auditeur de la représentation est renvoyé hors de la représentation vers le représenté dont elle tient lieu. L'image représente une ou des choses*, réelles ou imaginaires ; la musique* représente un ordre imaginaire d'événements* sans choses ; le récit représente des personnes* agissantes, réelles ou imaginaires.

REPRODUCTION : Nous entendons par reproduction un rapport sémantique endogène entre l'« image » et ce dont elle est l'« image » pour tout mode d'expression pensé sur un modèle iconique : le spectateur de l'image voit son support comme porteur intrinsèque de la reproduction d'une chose* sans considérer l'image comme son tenant lieu. Ainsi, par exemple, le chapiteau reproduit *en lui* (ou sur lui) des feuilles d'acanthe ; et l'auditeur d'une musique entend la musique comme porteuse intrinsèque d'émotions*, d'humeurs* ou de climats*, qu'elle reproduit (ou exprime) en elle, sans les représenter*.

RYTHME : Nous entendons par rythme la répétition d'une cellule rythmique, constituée d'événements* de durées inégales, réduits à leur événementialité*. Au contraire de la pulsation* isochrone ou de la mesure*, le rythme est d'abord dans la musique – ou dans la poésie, la danse, etc. – avant d'être en nous. Le rythme est perçu par notre corps qu'il meut ; mais les cellules étant faites de durées inégales, il nécessite d'être compris par la raison. C'est pourquoi nous disons que, contrairement au moteur de la musique mesurée (voir mesure*), celui du rythme est la « raison incorporée » – comme si la raison qui se trouve dans la musique s'était incorporée en nous.

SENSIBLE (NOTE) : En musique tonale*, on nomme note sensible le VIIe degré des modes* majeur ou mineur, situé un demi-ton diatonique au-dessous de la tonique* : ainsi, en *do* majeur ou mineur, c'est *si*. Elle est considérée comme un degré faible, et même instable, parce qu'elle est mélodiquement « attirée » par la tonique.

SON : Le son est pour nous l'indice d'un événement*. Un son a des qualités, notamment timbre, intensité, durée, hauteur.

SYNCOPE : Note attaquée sur un temps faible (par exemple le deuxième temps d'une mesure quelconque) – ou sur la partie faible d'un temps (donc après le battement sous-entendu) – et prolongée sur le temps suivant. Dans une musique mesurée (voir mesure*), la syncope déjoue donc l'attente de l'auditeur.

TONAL (SENTIMENT) : Désigne habituellement le sentiment de la tonalité* (au sens restreint) dans laquelle tel passage musical est écrit ou joué. Mais nous employons cette expression pour signaler le sentiment qu'a tout auditeur d'une musique, qu'elle soit tonale ou modale*, de l'existence, explicite ou implicite, d'une note de référence (le plus souvent la tonique*) par rapport à laquelle s'entend le passage en question (voir cause matérielle*).

TONALE (MUSIQUE) OU TONALITÉ : Au sens général, la tonalité est le langage dominant de la musique savante depuis le XVIIe siècle, et de la plupart des musiques populaires occidentales. Originellement, les tonalités dites « majeure » et « mineure » n'étaient que deux modes* particuliers qui sont devenus exclusifs. L'ancien mode de *do*, dit « ionien » dans l'appellation du XVIe siècle, est devenu majeur, et le mode de *la*, dit « éolien », est devenu mineur. Une des raisons du succès de la tonalité vient de ce qu'elle rend toutes les modulations* praticables, notamment à partir de l'adoption du tempérament égal qui a permis que tous les modes, qu'ils soient majeurs ou mineurs, partagent la même échelle*. (On parle aussi de tonalité au sens restreint pour désigner le mode utilisé, en précisant sa tonique* ; par exemple, tonalité *fa* majeur signifie : mode majeur, tonique *fa* ; tonalité *do* mineur, signifie mode mineur, tonique *do*.)

TONIQUE : C'est le premier degré d'un mode* et celui qui donne son nom à une tonalité* (majeure ou mineure) : par exemple *do* en *do* majeur ou mineur. La tonique a la fonction mélodique fondamentale : dans les cas les plus simples, elle est la première note d'une mélodie, et plus souvent encore, la dernière. Elle sert aussi de repère principal par rapport auquel les notes d'un passage musical sont entendues (voir cause matérielle*).

Index des noms

Index des musiques

Les musiques proposées à l'écoute sont en gras.

Table

DEUXIÈME PARTIE
Ce que nous fait la musique

TROISIÈME PARTIE
La musique et le monde

ANNEXES

Photocomposition Nord Compo
Villeneuve-d'Ascq

Fayard s'engage pour l'environnement en réduisant l'empreinte carbone de ses livres. Celle de cet exemplaire est de :
2,000 kg éq. CO_2
Rendez-vous sur
www.fayard-durable.fr

Achevé d'imprimer
par Dupli-Print à Domont (95)
en janvier 2017

34-0005-5/12
Dépôt légal : février 2015
N° d'impression : 2016122449

Imprimé en France